명리 고전 해설서

낭잇스 자평진전

子平眞詮

국립중앙도서관 출판예정도서목록(CIP)

(나이스) 자평진전 : 명리 고전 해설서 / 원저: 심효첨 ; 명
주: 서락오 ; 해설: 맹기옥. ― 서울 : 상원문화사, 2015
    p. ;   cm

원표제: 子平眞詮
원저자명: 沈孝瞻
중국어 원작을 한국어로 번역
ISBN 979-11-85179-12-4 03180 : ₩35000

명리학[命理學]

188.5-KDO6
133.3-DDC23   CIP2015011985

명리 고전 해설서

낭월 자평진전

子平眞詮

심효첨(沈孝瞻) 原著 / 서락오(徐樂吾) 評註 / 맹기옥(孟起玉) 解說

祥元文化社

서문
명리 고전 현대적 해설서

영어 선생으로 30여 년을 살다가 우연히 만난 명리서命理書에 빠져들어 여기까지 왔다. 아이들을 가르쳐 본 선생님이나 자식을 키워 본 부모님들은 알 것이다. 아이들이 저마다 개성이 다르고 소질이 다르다는 것을……

이렇게 모든 사람들은 저마다의 독특한 소질이나 재능을 가지고 태어나는 데도 불구하고 학교나 사회는 사람들을 하나의 틀 속에 넣고 기계적으로 성장할 것을 요구한다. 그래서 인간관계에 갈등이 생기고, 하는 일에 시행착오가 생기고, 원인을 알 수 없는 스트레스에 시달리게 된다.

타고난 적성과 소질을 알아보고자 하는 시도는 여러 가지 방법으로 연구되어 왔다. 명리학命理學도 태어나는 순간의 기운氣運을 토대로 적성과 소질을 찾아내고자 오랜 시간에 걸쳐 연구되어 온 학문學問 중의 하나이다. 명리학은 보통 운명을 점치는 점술占術로 여겨져 왔으나 사실은 '우주와 지구의 변화 원리'를 통해 시시각각 변하는 우주의 기운이 태어날 때 정해진 각자의 기운氣運과 어떤 반응을 일으키는지 알아보는 과학科學이라고 할 수 있다.

　　명리학의 분야에서 타고난 적성과 진로를 찾는 데 가장 적합한 책이 『자평진전子平眞詮』이다. 심효첨의 저서 『자평진전』의 본래 명칭은 『자평수록子平手錄』으로 39편으로 되어 있다고 한다. 언제 쓰여졌는지 정확히 알 수 없다고 하는데, 대략 청대 1700년대 경으로 추측하고 있다. 『자평진전』은 주로 변하는 운運보다는 타고난 명命을 다룬다. 사람은 태어날 때 세상을 보는 자기만의 색안경을 가지고 나오는데 그 색안경의 종류를 격국格局이라는 이름으로 나누어 다루고 있는 책이 『자평진전』이다.

　　필자는 명리의 3대 보서寶書라고 불려지는 『자평진전』과 『난강망』 그리고 『적천수』를 간략하게 요약한 『나이스사주명리《고전편》』을 출간했었다. 『나이스 사주명리《고전편》』을 수업하면서 명리命理의 고전 古典들을 좀 더 쉽게 설명한 해설서를 내고 싶었는데, 그 첫 시도가 바로 이 책이다. 이 책은 번역서가 아니다. 심효첨의 『자평진전』과 서락오의 『자평진전평주子平眞詮評註』를 중심으로 필자의 의견을 첨가하며 설명 하였다.

처음으로 『자평진전』을 택한 이유는 『자평진전』에서 다루는 격국格 局에 관한 내용들이 팔자를 볼 때 뼈대에 해당한다고 생각하기 때문이다.

명리命理에 막 입문하시는 분이라면 이 책을 바로 보기에는 부담스 러울 수 있다. 그런 독자들은 기존에 출간된 『나이스 사주명리《이론편》』 을 몇 차례 읽고 난 후 이 책을 읽으면 좋을 것이다. 그리고 고전古典은 한 번 보는 것보다 시간時間의 간격을 두고 몇 차례 반복해서 보는 것이 좋겠다. 수많은 세월의 시련을 견뎌온 고전古典들은 볼 때마다 다른 의 미로 다가올 것이기 때문이다.

끝으로 이 책이 출간될 수 있도록 몇 달 동안 수고해 주신 상원문화사 문해성 대표님, 김영철 실장님, 그리고 직원 여러분들께 감사를 드린다. 또한 온라인에서 교정校訂을 봐 주신 카페 회원님들과 오프라인에서 마지막 교정校訂을 봐 주신 강주님, 나성수님, 모윤자님, 박대희님, 박미순님, 봉일스님, 이금선님, 이은수님께도 진심으로 깊은 감사를 드린다. 교정校訂을 보면서 이분들이 없었다면 얼마나 조악粗惡한 책이 나왔을까 하는 생각이 들 때가 많았다.

이 책이 명리命理를 공부하는 학인學人들에게 조금이라도 도움이 되기를 간절히 바라면서…….

2015년 봄
빛고을 광주에서
나이스 孟起玉 드림

目次 목차

제2부 용신론 用神論

제3부 격국론 格局論

간지론
(干支論)

제1부

論十干十二支

십간 십이지지에 대하여

天地之間, 一氣而已. 惟有動靜, 遂分陰陽. 有老少, 遂分四象. 老者極動靜之時, 是爲太陽太陰; 少者初動初靜之際, 是爲少陰少陽. 有是四象, 而五行具於其中矣. 水者, 太陰也; 火者, 太陽也; 木者, 少陽也; 金者, 少陰也; 土者, 陰陽老少, 木火金水沖氣所結也. 有是五行, 何以又有十干十二支乎? 蓋有陰陽, 因生五行, 而五行之中, 各有陰陽. 卽以木論, 甲乙者, 木之陰陽也. 甲者, 乙之氣; 乙者, 甲之質. 在天爲生氣, 而流行於萬物者, 甲也; 在地爲萬物, 而承玆生氣者, 乙也. 又細分之, 生氣之散佈者, 甲之甲, 而生氣之凝成者, 甲之乙; 萬木之所以有枝葉者, 乙之甲, 而萬木之枝枝葉葉者, 乙之乙也. 方其爲甲, 而乙之氣已備; 及其爲乙, 而甲之質乃堅. 有是甲乙, 而木之陰陽具矣. 甲乙在天, 故動而不居. 建寅之月, 豈必當甲? 建卯之月, 豈必當乙? 寅卯在地, 故止而不遷. 甲雖遞易, 月必建寅; 乙雖遞易, 月必建卯. 以氣而論, 甲旺於乙 ; 以質而論, 乙堅於甲. 而俗書謬論, 以甲爲大林, 盛而宜斬, 乙爲微苗, 脆而莫傷, 可爲不知陰陽之理者矣. 以木類推, 余者可知, 惟土爲木火金水沖氣, 故寄旺於四時, 而陰陽氣質之理, 亦同此論. 欲學命者, 必須先知干支之說, 然後可以入門.

하늘과 땅 사이에는 기(氣)가 있다. 그 기(氣)는 쉬지 않고 끊임없이 움직이는데, 움직임의 시작을 양(陽)이라 하고, 움직임의 마무리를 음(陰)이라고 한다. 음양운동(陰陽運動)은 음양(陰陽)이 서로 비율을 달리하며 쉬지 않고 움직이는 운동이다. 오행(五行)이나 사계절의 변화 그리고 천간과 지지의 변화도 그렇다. 어느 순간 갑자기 바뀌는 것이 아니라 계절이 바뀌듯이 서로 다른 기운들과 섞이며 변화를 거듭한다.

음양(陰陽)을 더 세분하면 오행(五行)으로 나눌 수 있다. 木火의 양운동(陽運動)과 金水의 음운동(陰運動) 사이에 土를 넣어 木火土金水 오행(五行)이 된다. 그러나 우주의 오행운동(五行運動)은, 지구에서는 지축의 기울기 때문에 오행(五行)이 아닌 사계절운동을 하게 된다. 즉 지구에서는 木火土金水 오행운동(五行運動)을 하는 것이 아니라 봄〔木〕, 여름〔火〕, 가을〔金〕, 겨울〔水〕 사계절(四季節)운동을 하는 것이다. 이렇게 우주의 오행운동(五行運動)과 지구의 사계절(四季節)운동이 다르기 때문에 천간과 지지의 글자가 따로 생겨났다.

우주의 오행운동(五行運動)은 다시 음양(陰陽)으로 나뉘어 열 개의 천간(天干)이 되고, 지구의 사계절운동은 각 계절이 세 개로 나뉘어 열두 개의 지지(地支)가 되었다.

오행	木		火		土		金		水	
음양	양(陽)	음(陰)	양(陽)	음(陰)	양(陽)	음(陰)	양(陽)	음(陰)	양(陽)	음(陰)
천간	甲	乙	丙	丁	戊	己	庚	辛	壬	癸

열 개의 천간에는 甲乙丙丁戊己庚辛壬癸가 있다. 즉 木은 甲乙로, 火는 丙丁으로, 土는 戊己로, 金은 庚辛으로, 水는 壬癸로 나누어진다. 시작은 양(陽)이 하고 마무리는 음(陰)이 하는 우주의 운동법칙에 따라 각 오행(五行)이 두 개로 나뉠 때, 앞 글자는 양(陽)이 되고 뒷 글자는 음(陰)이 된다.

지지는 각 계절을 세 개로 나누니 봄은 寅卯辰, 여름은 巳午未, 가을은 申酉戌, 겨울은 亥子丑이 된다. 각 계절의 끝에 있는 辰未戌丑은 다음 계절로 전환하는 환절기가 된다.

木운동은 甲木이 시작하고 乙木이 마무리를 하는데, 시작하는 기운인 甲木은 기(氣)이고 마무리하는 기운인 乙木은 질(質)이다. 마찬가지로 火운동을 시작하는 丙火는 기(氣)이고 火운동을 마무리하는 丁火는 질(質)이다. 土운동에서는 戊土가 기(氣)이고 己土가 질(質)이 되며, 金운동에서는 **庚金**이 기(氣)이고 **辛金**이 질(質)이 된다. **水운동**에서는 **壬水**가 기(氣)이고 **癸水**가 질(質)이 된다. 기(氣)에 해당하는 글자가 양(陽)이 되고, 질(質)에 해당하는 글자가 음(陰)이 된다. 따라서 기(氣)는 확산(擴散)이고 질(質)은 응축(凝縮)이다.

공을 높이 던지면 올라가는 높이만큼 내려오게 된다. 올라가는 운동이 양(陽)이고 내려오는 운동이 음(陰)이기 때문에 음운동(陰運動)의 크기는 양운동(陽運動)의 크기에 달려 있다. 예컨대 **甲木**과 **乙木**에서 음운동인 **乙木**의 크기는 양운동인 **甲木**의 크기에 따라 결정된다. **甲木** 운동이 적극적이면 **乙木** 운동도 적극적이 되고, **甲木** 운동이 소극적이라면 **乙木** 운동도 소극적이 된다. 다른 천간도 마찬가지로 이해하면 된다.

양(陽)은 시작하는 힘이므로 힘차게 나아간다. 음(陰)은 양운동(陽運動)의 크기만큼 마무리를 하게 된다. 팔자에 양(陽)만 있고 음(陰)이 없다면 시작만 해놓고 마무리를 잘못할 것이고, 음(陰)만 있고 양(陽)이 없다면 시작은 서툴지만 마무리는 잘할 것이다. 이렇게 팔자에 있는 음양(陰陽)의 글자에 따라 시작은 잘하지만 마무리를 못하는 사람이 있고, 시작은 못하지만 마무리를 잘하는 사람도 있다. 음양(陰陽)은 좋고 나쁘고의 차이가 아니기 때문에 서로 적절히 조화를 이루면 좋다. 운동경기에서 공격을 하는 사람이 있으면 수비를 하는 사람도 있어야 하는 것과 같다.

時	日	月	年
乙	辛	乙	丁
未	巳	巳	酉

- ●천간이 모두 음간(陰干)이다.
- ●음(陰)의 글자는 시작한 일을 마무리한다.
- ●丁火의 양간(陽干)인 丙火는 지장간에 있다.
- ●일간(日干) 辛金의 양간(陽干)인 庚金은 연월일(年月日)의 지장간에 있다.
- ●천간 乙木의 양간(陽干)인 甲木은 지장간에도 없다.
- ●乙木은 남이 시작해 놓은 일을 마무리만 할 것이다.

즉, 천간의 글자가 년간(年干)부터 甲乙丙丁 또는 庚辛壬癸 등으로 되어 있으면 자기가 하는 일을 스스로 마무리하게 된다. 그러나 그렇게 되어 있는 팔자는 거의 없다. 있다 하더라도 운(運)에 의해서 또다시 왜곡될 것이다.

태양계에서 지구는 태양을 중심으로 23.5도 기울어져서 일 년에 한 번씩 공전을 한다. 그리고 하루에 한 번씩 자전을 한다. 지구가 태양을 한 바퀴 도는 공전 시간을 네 개로 나누어 봄·여름·가을·겨울로 정했고, 이를 다시 자세하게 열두개로 쪼개어 12지지를 만들었다. 그리고 다시 지구의 공전 시간을 스물네개로 나누어 24절기를 만들었다. 지구가 태양을 한 바퀴 도는 공전 시간을 365개로 나누면 하루가 된다.

지축의 기울기로 인하여 하늘의 기운은 지구로 온전히 내려오지 못하니 천간의 甲木과 지지의 寅木은 같지 않다. 寅木 속의 지장간에는 甲木이라는 기운 외에도 戊土와 丙火라는 기운도 있다. 마찬가지로 천간의 乙木은 지지의 卯木과 비슷하지만 乙木과 卯木이 같은 것은 아니다. 卯木 속의 지장간에는 甲木도 들어 있다. 이와 같이 丙火는 巳火, 丁火는 午火와 비슷하고, 庚金은 申金, 辛金은 酉金과 비슷하지만 같지는 않다. 그리고 壬水와 亥水 그리고 癸水와 子水도 비슷하지만 역시 같지 않다.

일 년에 봄·여름·가을·겨울이 있다면, 하루에는 아침·낮·저녁·밤이 있다. 또 하루도 열두개로 나눌 수 있으니 12개의 지지로 표시할 수 있다.

계절	봄(春)		환절기	여름(夏)		환절기	가을(秋)		환절기	겨울(冬)		환절기
하루	아침		전환기	낮		전환기	저녁		전환기	밤		전환기
지지	寅	卯	辰	巳	午	未	申	酉	戌	亥	子	丑
시간	3-5시	5-7시	7-9시	9-11시	11-13시	13-15시	15-17시	17-19시	19-21시	21-23시	23-1시	1-3시
월	1월	2월	3월	4월	5월	6월	7월	8월	9월	10월	11월	12월

火土동법

천간은 오행(五行)운동을 하고 지지는 사계절(四季節)운동을 하니 천간과 지지를 연결하다 보면 하나의 오행(五行)이 남게 된다. 봄은 木,

여름은 火, 가을은 金, 겨울은 水가 되니 남아 있는 土가 문제가 된다. 우주운동에서 土는 木火와 金水 운동 사이에 있다. 그러나 지구에서는 木火金水 사계절만 있으니 土를 표시할 곳이 없게 된다. 지구에서는 이미 만들어진 土 위에서 사계절이 생기니 土는 봄·여름·가을·겨울 사계(四季)에 작용한다고 보면 된다. 그래서 우주에서의 오행(五行)과 지구에서의 오행(五行)을 표시해 보면 다음 그림과 같다.

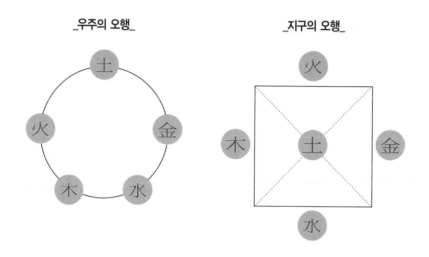

봄은 寅木이 시작하고, 卯木이 마무리를 한다. 시작은 양(陽)이 하고 마무리는 음(陰)이 하니 寅木은 양(陽)이고 卯木은 음(陰)이 된다. 마찬가지로 여름을 시작하는 巳火는 양(陽)이고 午火는 음(陰)이 된다. 가을의 申金은 양(陽)이고 酉金은 음(陰)이 되고, 겨울의 亥水는 양(陽)이고 子水는 음(陰)이 된다. 각 계절을 전환하는 土는 辰戌이 양(陽)이고 丑未가 음(陰)이다.

	양(陽)						음(陰)				
계절	봄	환절기	여름		환절기	가을		환절기	겨울		환절기
지지	寅	卯	辰	巳	午	未	申	酉	戌	亥	子	丑
오행	木	木	土	火	火	土	金	金	土	水	水	土
음양	양	음	양	양	음	음	양	음	양	양	음	음

　　지지의 글자를 하루에 적용하면 아침에는 寅卯가 배정되고, 낮에는
巳午가 배정되며, 저녁에는 申酉, 그리고 밤에는 亥子가 배정된다. 여
기에서도 辰未戌丑은 아침과 낮과 저녁과 밤의 전환 시간에 놓이게 된
다. 辰은 봄에서 여름으로 바뀔 때이니 木이 火로 바뀌게 된다. 未는
火가 金으로, 戌은 金이 水로, 丑은 水가 木으로 바뀌는 기간이다. 그
래서 辰戌丑未를 같은 土로 보면 안 된다. 참고로 주역 팔괘(八卦)에는
겨울과 봄 사이의 간토(艮土), 그리고 여름과 가을 사이의 곤토(坤土)
로 두 개의 土만 배정하였다.

지지의 土의 표

지지의 土	辰	未	戌	丑
하 루	아침에서 낮으로	낮에서 저녁으로	저녁에서 밤으로	밤에서 아침으로
일 년	봄에서 여름으로	여름에서 가을로	가을에서 겨울로	겨울에서 봄으로
오 행	木에서 火로	火에서 金으로	金에서 水로	水에서 木으로

주역 팔괘의 표

팔괘	진(震)	손(巽)	이(離)	곤(坤)	태(兌)	건(乾)	감(坎)	간(艮)
괘	☳	☴	☲	☷	☱	☰	☵	☶
자연	우레	바람	불	땅	연못	하늘	물	산
육친	장남	장녀	중녀	모친	소녀	부친	중남	소남
오행	木	木	火	土	金	金	水	土
지지	卯	辰巳	午	未申	酉	戌亥	子	丑寅

천간의 甲木이 지지에서 寅木을 보거나 천간의 乙木이 지지에서 卯
木을 보면 같은 오행(五行)에 뿌리를 내린 것으로 물상결합(物象結合)
이 되어 힘이 있다. 마찬가지로 천간의 庚金이 지지에서 申金을 보거
나 천간의 辛金이 지지에서 酉金을 보면 건록(建祿)으로 힘이 있다. 이
런 경우는 하늘의 뜻이 땅에서 이루어지는 것과 같고, 마음먹은 일이
현실에서 실현되는 것과 같다.

『자평진전(子平眞詮)』에 나오는 비유대로 천간이 도지사나 시장이라
면 지지는 도지사나 시장이 다스리는 도(道)나 시(市)와 같은 것이다.
천간과 지지가 같은 오행(五行)으로 결합될 때 도지사나 시장은 다스릴
수 있는 터를 얻게 된다.

다음은 『자평진전평주』에 나오는 사주들이다.

- ●월간(月干)의 辛金은 酉酉가 있으니 다스릴 땅이 있다.
- ●년간(年干)의 癸水도 시지(時支)의 亥水가 있으니 다스릴 땅이 있다.
- ●乙木과 丁火는 통근(通根)은 했으나 다스릴 땅은 아니다.
- ●염석산(閻錫山)의 사주이다.

時	日	月	年
辛	乙	辛	癸
巳	丑	酉	酉

- 월간(月干)과 시간(時干)의 辛金은 다스릴 땅이 있다.
- 癸水는 통근(通根)은 했지만 다스릴 땅은 아니다.
- 일간(日干) 乙木은 통근(通根)도 하지 못하였다.
- 허약한 일간(日干)은 편인(偏印)인 癸水에 의존하고 있다.
- 허세영(許世英)의 사주이다.

時	日	月	年
己	庚	丙	丁
卯	午	午	卯

- 천간의 丙丁火는 다스릴 땅이 있다.
- 천간과 지지가 물상결합(物象結合)이 될 때 소원을 이룰 수 있다.
- 이때 천간과 지지의 글자는 형충파해(刑沖破害)되지 않고 온전해야 한다.
- 일간 庚金은 다스릴 땅이 없다.
- 시간(時干)에 있는 己土가 통근(通根)하고 庚金을 생(生)해 주고 있다.
- 우화덕(虞和德)의 사주이다.

時	日	月	年
壬	壬	庚	丙
寅	午	寅	午

● 년간(年干)의 丙火는 다스릴 땅이 있다.

● 그러나 庚金과 壬水는 통근(通根)도 하지 못하였다.

● 청나라 선통제(宣統帝)의 사주이다.

천간과 지지의 차이는 무엇일까?

천간은 수시로 변한다. 정확히 말하면 지구가 움직이지만〔지동설〕 지구에 있는 사람의 기준으로 보면 하늘이 움직인다〔천동설〕. 그래서 하늘의 모습은 계절에 따라 변하고, 하루에도 매 시간 변한다. 역(易)은 변하고 또 변한다는 뜻이다.

그러나 지지는 잘 변하지 않는다. 사실은 지구가 공전과 자전을 하지만 지구에 있는 사람의 기준으로 보면 땅은 변하지 않고 하늘이 변하는 것처럼 보인다. 달리는 버스 속에서는 승객은 가만히 있고 주변 사물이 움직이는 것처럼 보이는 것과 같다. 천간은 마음을 나타내고, 지지는 현실 환경을 나타내니, 사람의 마음은 수시로 변하는데 살아가는 현실 환경은 쉽게 변하지 않는다. 그래서 모든 일이 뜻대로 안 된다.

천간과 지지의 변화에는 일정한 법칙이 있다. 우주의 모든 별들뿐 아니라 지구도 수억 년 전이나 지금이나 같은 방법으로 움직여 왔다. 앞으로도 그럴 것이다. 이러한 우주의 규칙적인 운동 때문에 과학자들은 특정한 별에 우주선을 보낼 수 있다.

이렇게 온 우주가 규칙적으로 운동을 하니 우주와 지구의 변화를 천간과 지지로 표시하여 사람의 운명을 예측해 보고자 하는 학문인 명리학(命理學)이 태어났다.

음(陰)과 양(陽)은 태극 모양에서 보듯이 서로 비율을 달리하며 순환운동을 한다. 음생양사(陰生陽死) 양생음사(陽生陰死)는 우주 변화의 법칙이다. 음(陰)이 드러나면 양(陽)이 숨고, 양(陽)이 드러나면 음(陰)이 숨는다. 보이지 않는다고 해서 사라지는 것이 아니다. 드러나지 않는 시기에는 다음 운동을 위해 쉬면서 충전을 한다. 충전하는 시간에는 육체적 활동을 멈추고 정신적 활동을 하게 된다.

계절	육체적 활동	정신적 활동
봄(春)	木이 활동	金은 쉰다
여름(夏)	火가 활동	水가 쉰다
가을(秋)	金이 활동	木이 쉰다
겨울(冬)	水가 활동	火가 쉰다

사람의 체온은 36.5도를 유지한다. 여름에는 밖이 뜨거우니 속은 차야 하고, 겨울에는 밖이 추우니 속은 뜨거워야 한다. 그래야 항상 일정한 체온을 유지할 수 있다. 명리(命理)를 공부하는 사람은 밖에 드러난 양(陽)을 보면서 안에 감추어진 음(陰)도 함께 보는 능력을 키워가야 한다. 겉에 드러난 표정이나 언행을 보고 속에 감추어진 마음도 함께 읽을 수 있어야 한다.

한나라 때 『논형(論衡)』을 쓴 왕충(王充)은 명(命)에 대해 다음과 같이 말했다.

"성현聖賢에서 못난 바보까지 피가 통하는 것에는 명命을 갖지 않은 것이 없다. 사람들이 행운幸運을 만나거나 해害를 당하는 것은 모두 명命 때문이다. 명命이 부귀富貴하다면 빈천貧賤하게 만들려고 해도 오히려 부귀富貴하게 되고, 명命이 천賤하다면 귀한 자리에 올려도 스스로 위태롭게 된다. 월나라 왕王이었던 예翳는 왕王이 되지 않으려고 산 속 동굴에 숨었으나 사람들이 불을 놓아 강제로 임금으로 세웠다."

論滴天髓天干論

『적천수』 천간론에 대하여

甲木參天 脫胎要火 春不容金 秋不容土 火熾乘龍 水蕩騎虎
地潤天和 植立千古

乙木雖柔 刲羊解牛 懷丁抱丙 跨鷄乘猴 虛濕之地 騎馬亦憂
藤蘿繫甲 可春可秋

丙火猛烈 欺霜侮雪 能煅庚金 逢辛反怯 土衆生慈 水猖顯節
虎馬犬鄉 甲來焚滅

丁火柔中 內性昭融 抱乙而孝 合壬而忠 旺而不烈 衰而不窮
如有嫡母 可秋可冬

戊土固重 旣中且正 靜翕動闢 万物司命 水潤物生 火燥物病
若在坤艮 怕沖宜靜

己土卑濕 中正蓄藏 不愁木盛 不畏水狂 火少火晦 金多金光
若要物昌 宜助宜幇

庚金帶殺 剛强爲最 得水而淸 得火而銳 土潤卽生 土乾卽脆

能勝甲兄 輸於乙妹
辛金軟弱 溫潤而清 畏土之疊 樂水之盈 能扶社稷 能救生靈
　　熱則喜母 寒則喜丁
壬水通河 能洩金氣 剛中之德 周流不滯 通根透癸 沖天奔地
　　化則有情 從則相濟
癸水至弱 達於天津 得龍而運 攻化斯神 不愁火土 不論庚辛
　　合戊見化 化象斯眞

◎ 『적천수』의 천간론은 『자평진전(子平眞詮)』에는 없으나 서락오의 「자평진전평주」에 나와 있다.

甲木

甲木은 하늘로 치솟는 기운이다. 새로 시작하고 출발한다. 꽁꽁 언 땅을 뚫고 나오는 새싹의 힘이 甲木이다. 봄은 여름을 향하니 木은 火로 나아간다. 甲木의 木운동은 乙木에서 마무리되고 丙火로 이어진다. 火운동의 크기는 木운동의 크기에 달려 있지만 木운동의 크기 역시 火운동의 크기에 달려 있다. 火는 木이 나아가야 할 목표이다. 목표가 크면 활동력도 강해지는 법이다. 火라는 나비가 되기 위해서는 木이라는 번데기에서 환골탈태해야 한다. 그래서 甲木은 火를 보며 탈태(脫胎)한다. 다른 오행도 마찬가지이다.

봄에는 木이 드러나 활동하고 金은 내부에서 휴식한다. 가을에는 金이 드러나 활동하고 木은 내부에서 휴식한다. 木은 부드럽고 유연하며, 金은 단단하고 거칠다. 봄에는 내부의 金기운으로 인하여 봄의 나무는 굳어지고 어린이의 뼈는 단단해진다.

봄철의 어린 甲木은 火가 강하면 시들게 된다. 火가 강하면 어린 나무에 많은 꽃이 핀 형상이다. 이때는 辰土가 필요하다. 辰土는 봄에서 여름으로 가면서 쉬어가는 곳이다. 木은 火로 가기 위하여 辰土에서 이보(二步) 전진을 위한 일보(一步)를 후퇴한다. 물상(物象)으로 辰土는 甲木이 자라기 좋은 땅이 된다. 辰土는 강한 火를 흡수한다.

甲木은 水가 너무 많으면 활동이 위축된다. 水는 겨울이고 밤이다. 水가 너무 많으면 甲木의 활동이 더디게 된다. 나아가려는 甲木을 水가 뒤에서 당기는 물상(物象)이다.

甲木은 水가 너무 많으면 물에 뜬다. 이럴 경우에 甲木은 寅木이라는 튼튼한 뿌리를 가지면 좋다. 寅木의 지장간에는 戊丙甲이 있으니 지장간의 甲木은 뿌리가 되어 물에 뜨는 것을 방지하고, 戊丙은 강한 水의 기운을 억제하니 좋다.

甲木은 지지에 水가 있어야 윤택해지고, 천간에는 丙火가 있어야 화창해진다. 그러면 땅에서부터 수생목(水生木) 목생화(木生火)가 되어 오랜 기간 우뚝 서 있을 수 있다. 하늘에는 태양이 떠 있고, 땅에는 물이 있으면 甲木은 잘 성장할 수 있다.

乙木

乙木은 木운동을 마무리한다. 甲木의 크기에 따라 乙木의 크기가 정해진다.

甲木이 두터운 땅이나 껍질을 뚫고 나온다면, 乙木은 잎이 나고 잔가지가 나며 옆으로 퍼져 나간다. 아이들이 유치원을 다니며 대인관계를 넓혀가는 시기이다. 乙木은 연약하기는 해도 특유의 친화력을 바탕으로 활동 영역을 넓혀 나간다. 甲木이 우직하고 직선적이라면 乙木은 부드럽고 유연하다.

甲木이 기(氣)라면 乙木은 질(質)이니 乙木이 甲木보다 목극토(木剋土)를 더 잘한다. 丙火보다 丁火가 화극금(火剋金)을 더 잘하는 것과 같다. 未土와 丑土는 음양(陰陽)운동의 전환 시기이다. 未土와 丑土는 木火의 양운동(陽運動)과 金水의 음운동(陰運動)이 바뀌는 곳이다. 그래서 『적천수』에 "乙木은 丑土와 未土를 찌르고 가를 수 있다."고 했다. 여기서 말하는 未土와 丑土는 팔괘(八卦)의 곤토(坤土)와 간토(艮土)이다.

乙木에게 丙丁火는 식상(食傷)이다. 乙木이 丙丁火를 본다면 식상(食傷)이 강하니 지지에서 申酉의 관살(官殺)을 보아도 두렵지 않다. 丙丁火가 천간에 뜨면 식극관(食剋官) 현상이 일어나니 지지에 있는 金은 약해지기 때문이다.

乙木이 지지에 많은 水를 만나면 습해져서 午火가 있더라도 乙木은 약해지게 된다. 水가 많으면 수극화(水剋火)가 되어 火가 약해지는 것은 자연의 이치이다. 특히 겨울철 출생이라면 더욱 그렇다. 월령(月令)이 水라면 겨울철 출생이니 이때의 火는 내부에서 휴식하며 활동한다.

乙木은 甲木을 타고 올라간다. 그래서 乙木의 힘은 甲木에 의해 결정된다. 甲木이 높고 크다면 乙木도 높이 오를 수 있다. 천간에 甲木이나 지지에 寅木이 있다면, 乙木은 계절에 상관없이 등라계갑(藤蘿繫甲)이 되어 좋은 환경을 갖게 된다.

- 酉월에 태어난 乙木은 약하다.

- 金에 둘러싸인 乙木이 위태로워 보인다.

- 시간(時干)의 丁火가 강한 金을 억제하려고 애쓴다.

- 년간(年干)의 癸水도 金의 기운을 설기(洩氣)한다.

- 천간은 지지를 지배할 수 있다.

- 앞에 나온 염석산(閻錫山)의 사주이다.

- 巳酉丑 금국(金局)이 있고 두 개의 辛金이 투출하였다.

- 일간(日干) 乙木이 몹시 위태로워 보인다.

- 년간(年干)의 癸水가 있으나 金의 기운을 설기(洩氣)하기에는 역부족
  이다.

- 강한 金의 기운(氣運)에 종(從)하는 편이 좋다.

- 앞에 나온 허세영(許世英)의 사주이다.

丙火

丙火는 양간(陽干)의 대표이다. 양간(陽干)의 대표인 丙火는 겨울에도

서리와 눈을 녹일 수 있다. 양(陽)의 기운으로는 丙火를 따를 자가 없다. 『적천수』에 "오양개양병위최五陽皆陽丙爲最"라고 한 말도 그 뜻이다. 그러나 양간(陽干)의 대표인 丙火도 辛金을 보면 겁을 낸다. 丙火가 辛金을 만나면 丙辛합水가 되어 丙火에게 불리하기 때문이다.

土는 火기운을 흡수하니 火는 土를 만나면 순해진다. 丙火도 그렇고 丁火도 그렇다. 丙火는 土를 만나도 불평하지 않으며 자신을 희생하여 자비를 베푼다.

丙火는 많은 水의 극(剋)을 받더라도 굽히지 않고 절개를 지킨다. 음양운동(陰陽運動)은 우주의 가장 기본적인 운동법칙이다. 음양은 시소의 양쪽처럼 균형을 이룰 때 가장 활기(活氣)가 있다. 그래서 丙火와 壬水, 甲木과 庚金이 균형을 이루면 좋다. 丙火는 水가 창궐해도 꺼지지 않는다.

丙火는 寅午戌을 만나면 활활 타오른다. 천지(天地)에 불이 붙은 화끈한 모습이다. 여기에 甲木이 더해지면 스스로 폭발하여 멸(滅)하게 된다.

- 亥월에 壬水가 투출하여 칠살격(七殺格)이다.
- 칠살격(七殺格)은 항상 자기를 엄하게 통제하며 살아간다.
- 칠살(七殺) 水가 왕(旺)한데 상관(傷官) 己土가 억제하고 있다.
- 재(財)와 칠살(七殺)은 떨어져 있어서 좋다.

- 대운(大運)이 巳午未로 갈 때 부귀(富貴)하고 장수(長壽)했다고 한다.
- 巳午未운에 水와 火가 균형을 이룬다.
- 『조화원약평주』에 나온 사주이다.

丁火

丁火는 丙火가 시작한 火운동을 마무리한다. 丁火의 크기는 丙火에게 달려 있다. 양(陽)이 시작하고 음(陰)이 마무리하는 우주 법칙에 따른 것이다. 뿌린 만큼 거둔다.

丁火는 음간(陰干)이니 유(柔)하게 보이지만 내부적으로는 뜨겁다. 숯불이고 장작불이고 화롯불이다. 丙火가 빛이라면 丁火는 열(熱)이다. 丁火의 모친인 乙木은 辛金에게 꼼짝 못한다. 그리고 辛金은 丁火에게 꼼짝 못한다. 그래서 자식인 丁火는 모친인 乙木을 辛金으로부터 보호하니 효도한다는 말이 나왔다.

보통 천간합(天干合)에서 양간(陽干)은 임금을 상징한다. 丁火가 임금인 壬水를 만나면 충성을 다한다는 말이 있다. 丁火가 壬水를 만나면 합(合)이 되어 새로운 木의 기운을 만든다. 이 木은 壬水에게 해로운 土를 목극토(木剋土)로 막아준다.

숯불·화롯불·장작불은 많아도 맹렬하지 않고 시들어도 초라하지 않으니, 丁火는 왕(旺)할 경우에도 맹렬하지 않고 반대로 쇠(衰)할 경우에도 궁(窮)하지 않다고 했다.

丁火에게 甲木이 있다면 火의 근원이 있으니 가을에도 겨울에도 좋다. 丁火의 위력은 가을과 겨울에 발휘된다. 가을과 겨울의 火는 약하지만 소중하다. 소중한 것은 잘 보호해야 한다. 천연기념물을 보호하는 것과 같다.

- 亥월에 癸水가 투하여 칠살격(七殺格)이다.
- 년간(年干)에 庚金 재(財)가 투출했으나 丁火가 차단하고 있다.
- 亥卯반합(半合)이 있어 칠살격(七殺格)에 인수(印綬)를 쓰고 있다.
- 천간은 지지를 생극(生剋)할 수 있다.
- 지지의 木은 미약한 일간(日干)을 목생화(木生火)로 생(生)한다.
- 『궁통보감』에 나오는 등과(登科)했다는 사주이다.

戊土

戊土는 산의 정상을 눈앞에 두고 있는 시기와 같아 양운동(陽運動)을 마무리한다. 戊土는 내부적으로 양(陽)의 기운이 극(極)에 이른다. 그래서 戊土는 굳고 두텁고 메마르다. 戊土는 묵직하니 중정(中正)의 기품이 있다.

춘하(春夏)에 戊土가 동(動)하면 만물이 열리고, 추동(秋冬)에 戊土가 정(靜)하면 만물이 모인다. 목화(木火)의 계절에는 만물이 자라고, 금수(金水)의 계절에는 만물이 결실을 맺는다. 土의 역할은 만물을 키우고 거두는 것이다.

戊土가 메마르면 만물이 죽게 된다. 水가 있어야 만물을 생(生)할 수 있다. 그래서 戊土는 癸水만 보면 바로 흡수한다. 癸水가 없으면 차선으로 壬水라도 필요하다.

戊土가 간토(艮土)와 곤토(坤土)를 만나면 충(沖)을 싫어하고 정(靜)함을 좋아한다. 곤토(坤土)와 간토(艮土)는 음양(陰陽)의 전환기이다. 戊土가 未土〔곤토〕와 丑土〔간토〕에 뿌리를 두고 있을 때 충(沖)이 일어나면 좋을 리가 없다. 땅은 흔들리지 않아야 한다.

己土

천간의 土는 戊土와 己土가 있다. 木火가 정상으로 올라가는 방향이라면 戊己土는 정상 부근이고 金水는 내려오는 방향이다. 정상 부근에서 戊土는 올라가는 방향이고, 己土는 내려가는 방향이다. 己土는 음운동(陰運動)을 시작하니 음(陰)의 土라고 한다. 己土는 습토(濕土)가 아니다. 습토(濕土)는 지지의 辰土와 丑土를 말한다. 한난조습(寒暖燥濕)을 말할 때, 한난(寒暖)은 천간에 사용하는 말이고 조습(燥濕)은 지지에 사용하는 말이다.

戊土는 金을 생(生)하기 어렵다. 戊土는 양운동(陽運動)을 하기 때문이다. 그러나 己土는 음(陰)의 土이니 庚金을 생(生)할 수 있다. 己土 역시 木火의 양운동(陽運動)과 金水의 음운동(陰運動) 사이에 있으니 중정(中正)의 뜻을 함유하고 있다.

土의 역할은 생명체인 木을 키우는 일이다. 戊土는 메말라 있어서 水가 있어야 木을 키울 수 있지만, 己土는 음토(陰土)이니 水가 없어도 木을 키울 수 있다. 물론 己土도 水가 있으면 더욱 좋다.

己土에게는 火와 水가 필요하다. 木을 키우기 위해서이다. 그래서 己土는 火나 水가 많아도 두려워하지 않는다. 그러나 火나 水 입장에서는

己土를 보면 힘을 잃을 것이다.

戊土는 金을 생(生)할 수 없지만 己土는 金을 생(生)할 수 있으니 金은 己土를 만나면 빛이 난다. 만일 만물이 왕성하게 자라기를 바라거든 己土를 도와주어야 한다. 己土는 삶의 터전이기 때문이다.

- 丑월에 壬癸水가 투하여 재격(財格)이다.
- 정관(正官) 甲木은 뿌리가 없으나 대운(大運)이 木으로 간다.
- 木운에 재왕생관(財旺生官)이 되어 성격(成格)이 되었다.
- 己土는 대운(大運)에서 필요한 火를 얻었다.
- 일간(日干)도 힘이 있다.
- 시랑(侍郎)의 벼슬을 하였다.
- 『궁통보감』에 나오는 팔자이다.

庚金

己土에서 시작된 음운동(陰運動)은 庚金에서 왕성해진다. 己土는 庚金을 생(生)하니 좋은 관계가 된다. 토생금(土生金)은 己土에게 어울리는 말이다.

庚金이 익지 않은 풋과일이라면, 辛金은 완전히 익은 과일이다. 庚金은 가공되지 않은 바위나 철이다. 庚金은 다듬어지지 않은 金이라 매섭다. 살기(殺氣)를 띠고 강건(剛健)하다. 무식이 용감할 수 있다.

庚金이 나아가는 목적지는 水이다. 그래서 水를 얻으면 금수상관(金水傷官)으로 청해진다. 목화상관(木火傷官)과 금수상관(金水傷官)은 화토상관(火土傷官)이나 토금상관(土金傷官)에 비해 수기(秀氣)가 빼어나다. 土는 전환기라서 기운이 순수하지 못하다.

庚金은 거칠기 때문에 火로 단련되면 예리해져서 좋다. 火 중에서도 丁火가 좋다.

庚金은 甲木을 극할 수 있지만 乙木과는 합(合)이 된다. 천간합(天干合)은 한 쪽의 희생과 양보를 전제로 한다. 음(陰)과 양(陽)의 관계는 시소의 양쪽으로 이해하면 좋다. 서로 대립되면서도 필요한 존재이다.

辛金

庚金이 덜 익은 과일이라면 辛金은 완전히 익은 과일이다. 辛金은 늦가을의 서릿발과 같으니 싸늘하다. 金을 흔히 숙살지기(肅殺之氣)라고 하는데 庚金보다는 辛金에게 더 어울리는 단어이다. 辛金은 깔끔하고 세련되어 보석에 비유되기도 하지만, 차가움이나 매서움도 있다. 그래서 온윤(溫潤)함을 얻으면 더욱 청해질 것이다. 辛金은 丙火와 합(合)을 이룬다. 丙辛합이다.

辛金은 맑고 순수하니 土로 더럽혀지는 것을 꺼린다. 그리고 水로 씻기어지는 것을 좋아한다. 金은 水를 좋아한다. 水는 金의 놀이터이다. 辛金은 특히 壬水를 좋아한다.

辛金은 丙火와 합(合)이 되어 水기운을 만든다. 丙辛합水이다. 辛金은 丙火에 몸을 던져 水를 만들어 새로운 木을 만들 발판을 마련한다. 그래서 멸(滅)되지 않고 사직(社稷)을 이어가게 된다. 辛金의 백성은 재성(財星)인 木이다. 辛金은 丙辛합水하여 생기는 水기운으로 수생목(水生木)을 하니 생령(生靈)을 구할 수 있다. 생령(生靈)이란 일반 백성을 말한다.

辛金은 土로 더럽혀지는 것을 싫어하지만 여름에 태어나 뜨거우면 모(母)에 해당하는 己土를 기뻐한다. 이때 土는 강한 火를 설기(洩氣)시키면서 金을 생(生)하는 통관(通關) 역할을 한다. 火를 흡수하는 데에는 己土만한 것이 없다. 만일 겨울 출생으로 춥다면 丁火가 필요하다. 丁火가 있으면 水가 따뜻해져서 좋은 것이다. 丙火는 태양이고 丁火는 난로이다.

壬水

壬水에서 시작되는 水운동은 癸水에서 마무리된다. 水는 겨울이고 밤이다. 水는 휴식처이다. 머무름이다. 휴식의 시작이 壬水이다. 辛金은 庚金이 시작한 金의 일을 마무리하면서 壬水를 생(生)하게 된다. 그래서 辛金과 壬水는 좋은 관계가 된다. 壬水는 숙살지기(肅殺之氣)인 金의 기운을 설기(洩氣)시켜 새로운 木으로 통관(通關)시켜 주는 역할을 하니 덕(德)이 있다.

壬水는 아래로 흘러간다. 막힘이 없다. 壬水가 지지에 수국(水局)을 이루고 癸水까지 더해지면 물난리가 난다. 이때는 제방의 역할을 하는 戊土도 필요 없게 된다. 모든 것이 상대적이다. 강자가 약자를 이긴다. 토극수(土剋水)라고 하지만 水가 많으면 水가 土를 이긴다【水多土流】. 하나의 오행(五行)이 지나치면 극(剋)하는 것보다 설기(洩氣)시키는 것이 바람직하다. 특히 양간(陽干)이 그렇다. 水가 많으면 木으로 흐르게 해야 한다.

만일 丁壬합이 합화(合化)하여 木이 생성되면 壬水는 木으로 흘러 유정(有情)하게 된다. 여름에 태어나서 화국(火局)이나 토국(土局)을 이룰 때는 壬水가 火土에 종(從)하면 바람직하다. 종(從)이란 팔자에서 어떤 세력(勢力)이 차고 넘쳐 그 기운을 거역할 수 없을 때 그 강한 세력에 굴복하는 경우를 말한다.

癸水

壬水가 시작한 일을 癸水는 마무리를 한다. 癸水는 새로운 木으로 이어지니 水의 역할은 후반으로 갈수록 약해진다. 癸水 내에서 수생목(水生木)이 이루어지는 것이다. 癸水는 초반에는 水의 역할을 하지만 후반에는 木의 역할을 하니 이중 성향이 있을 수 있다. 癸水는 甲木을 향해 나아가니 癸水와 甲木과의 관계는 좋다.

癸水가 辰土를 만나면 다른 土를 만나도 두렵지 않게 된다. 辰土는 癸水를 창고에 넣어 안전하게 보호해 주기 때문이다.

오행운동(五行運動)에서 양(陽)이 음(陰)으로 바뀔 때는 土가 필요하지만, 음(陰)이 양(陽)으로 바뀔 때는 土가 필요하지 않다. 그것은 음양(陰陽)의 성질 차이에서 오는 것으로, 양(陽)은 극(極)에 이르렀을 때 土의 힘을 빌려 음(陰)으로 전환되지만, 음(陰)이 극(極)에 이르면 스스로 팽창하여 양(陽)으로 바뀌기 때문이다.

癸水의 후반부에는 양(陽)의 성향이 많이 나타난다. 그래서 癸水는 金의 생(生)으로 강해지지 않는다. 금생수(金生水)가 되지 않는다. 천간 지지를 배운 후에는 오행(五行)으로 후퇴하지 않도록 해야 한다.

癸水가 戊土를 보면 정(靜)해도 스스로 합(合)한다. 戊土는 마른 土이므로 癸水를 보면 구태여 동(動)하지 않아도 합(合)이 된다. 다른 천간합(天干合)보다 戊癸합이 특히 잘 일어나는 이유이다. 그래서 癸水가 戊土를 보고 월지(月支)에서 火를 본다면 진화(眞化)가 될 가능성이 커진다.

지구에서 천간의 변화 모습

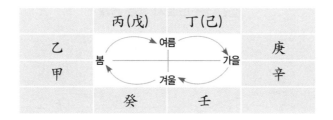

먼저 음양(陰陽)으로 좋은 관계를 생각해 본다. 음양(陰陽)은 오행(五行)이나 간지(干支)보다 더 큰 개념이다. 남녀(男女) 관계와 같다. 음양(陰陽)은 서로 대립하는 관계이지만 시소의 양쪽처럼 반드시 공존해야 한다. 甲木과 庚金 그리고 壬水와 丙火의 관계가 그렇다. 火土동법에 의해 戊土와 壬水도 좋은 관계로 본다. 그러나 丁火와 癸水, 그리고 乙木과 辛金은 좋은 관계가 아니다. 음(陰)은 양(陽)을 마무리하기 때문에 독자적인 대외 활동은 양(陽)에게 맡긴다. 음간(陰干)끼리의 관계는 일반적으로 좋지 않다.

음양(陰陽)으로서 좋은 관계

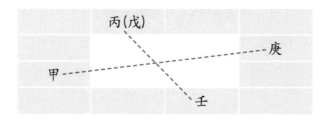

십간(十干)으로서 좋은 관계

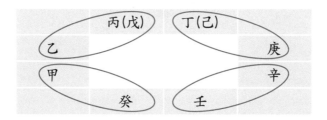

음간(陰干)은 자식에 해당하는 다음 오행(五行)을 생(生)하는 것을 목표로 한다. 그래서 癸水와 甲木, 乙木과 丙火, 己土와 庚金, 辛金과 壬水는 좋은 관계가 된다. 火土동법으로 乙木과 戊土 그리고 丁火와 庚金도 좋은 관계로 본다. 甲木과 丙火가 아버지와 아들의 관계라면 乙木과 丙火는 어머니와 아들 관계와 같다.

論陰陽生剋

음양(陰陽) 생극(生剋)에 대하여

四時之運, 相生而成, 故木生火, 生土, 土生金, 金生水, 水複生木, 即相生之序, 迴圈疊運, 而時行不匱. 然而有生又必有剋, 生而不剋, 則四時亦不成矣. 剋者, 所以節而止之, 使之收斂, 以爲發泄之機, 故曰 "天地節而四時成". 即以木論, 木盛于夏, 殺於秋, 殺者, 使發泄于外者藏收內, 是殺正所以爲生, 大易以收劍爲性情之實, 以兌爲萬物所說, 至哉言乎! 譬如人之養生, 固以飲食爲生, 然使時時飲食, 而不使稍饑以待將來, 人壽其能久乎? 是以四時之運, 生與剋同用, 剋與生同功.

음양운동(陰陽運動)은 오행운동(五行運動)으로 확장된다. 木火土金水 오행운동(五行運動)이 반복되면서 우주는 순환운동을 이어간다. 그런데 우주가 순환운동을 하기 위해서는 상생운동(相生運動)만으로는 안 된다. 상극운동(相剋運動)도 필요하다. 사람이나 동물 또는 식물을 다룰 때도 상생상극(相生相剋)인 '상(賞)과 벌(罰)'이나 '당근과 채찍'이 필요하다.

팔자는 네 개의 기둥으로 되어 있다. 년주(年柱)와 월주(月柱) 그리고 일주(日柱)와 시주(時柱)로 나눈다. 년주(年柱)와 월주(月柱)는 부모 등 윗사람으로부터 생극(生剋)을 받으며 자라는 시기이다. 일주(日柱)와 시주(時柱)는 팔자의 주인공이 주체(主體)가 되어 자식 등 아랫사람에게 생극(生剋)을 하는 시기이다. 년월주(年月柱)에서 적절하게 생극(生剋)을 받고 자라면, 후반부인 일시주(日時柱)에서도 적절하게 생극(生剋)을 하며 잘 살아가게 될 것이다.

시주(時柱)	일주(日柱)	월주(月柱)	년주(年柱)
노년 시절	중년 시절	청년 시절	어린 시절
자식에게 생극(生剋)을 하는 기간		부모에게 생극(生剋)을 받는 기간	
지구의 자전과 관계가 있다		지구의 공전과 관계가 있다	

년주(年柱)와 월주(月柱)에서 생극(生剋)을 받는다는 것은 인성(印星)과 관성(官星)을 의미한다. 성장할 때인 년주(年柱)와 월주(月柱)에 인성(印星)과 관성(官星)이 조화롭게 구성되어 있다면 좋을 것이다.

일주(日柱)와 시주(時柱)에서 생극(生剋)을 한다는 것은 식상(食傷)과 재성(財星)을 의미한다. 인생 후반인 일주(日柱)와 시주(時柱)에 식상(食傷)과 재성(財星)이 적절하게 배치되어 있다면 좋을 것이다. 그렇게 되면 이상적인 사주가 될 것이다.

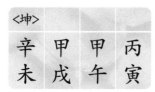

- 어린 시절 비겁(比劫)과 식상(食傷)이 주를 이루고 있다.

- 어린 시절 관성(官星)과 인성(印星)이 부족하다.

- 부모의 교육을 제대로 받지 못하고 독립적으로 일을 하며 살아갔을 것이다.

- 寅午戌에 丙火가 투출하여 시주(時柱)에 있는 관(官)을 위태롭게 한다.

- 상관견관(傷官見官)이 되어 천박한 삶을 살았다.

- 午월에 태어난 甲木 입장에서는 水가 없고 火가 강하여 조후가 깨져 있다.

- 『조화원약평주』에 나온 사주이다.

- 년월주(年月柱)에 관인(官印)이 잘 배치되었다.

- 부모의 생극(生剋)을 받으며 잘 성장했을 것이다.

- 후반부는 재관인(財官印)으로 되어 있다.

- 식상(食傷)이 없어서 주는 것보다 모으는 것에 집중했다.

- 주인공은 천만금을 모았다.

- 丙火가 병(病)이어서 火운에 건강이 좋지 않았다.

- 『조화원약평주』에 나오는 사주이다.

우주는 오행(五行)의 생극(生剋)으로 순환운동을 한다. 목생화(木生火)·화생토(火生土)·토생금(土生金)·금생수(金生水)·수생목(水生木)이 생(生)의 운동이고, 목극토(木剋土)·토극수(土剋水)·수극화(水剋火)·화극금(火剋金)·금극목(金剋木)이 극(剋)의 운동이다. 생극(生剋)을 통해 우주 만물은 쉬지 않고 순환운동을 한다. 생(生)만 있고 극(剋)이 없다면 순환운동은 이루어지지 않는다. 칭찬만 있고 처벌이 없다면 교육이 이루어지지 않는 것과 같다.

생(生)은 木火 운동처럼 확산하는 성질을 가지고 있고, 극(剋)은 金水 운동처럼 만물을 응축시키는 성질을 가지고 있다. 확산과 수렴을 반복하면서 생명력이 이어지는데, 이 확산과 수렴운동이 생극(生剋)운동이며 생극(生剋)운동은 결국 음양운동(陰陽運動)이다. 사람도 생극(生剋)운동을 규칙적으로 한다면 평균 수명이 훨씬 늘어날지도 모른다.

木운동을 예로 들어 생극(生剋)을 살펴보자.

오행(五行)의 상생상극(相生相剋)

木은 水의 생(生)을 받고 火를 생(生)하게 된다. 木은 金의 극(剋)을 받고 土를 극(剋)하게 된다. 다른 오행도 마찬가지이다. 결국 오행(五行)은 서로 서로 생극(生剋)을 하며 순환운동을 이어가고 있는 것이다.

오행(五行)을 음양(陰陽)으로 나누면 열 개의 천간이 된다. 열 개의 천간끼리 서로 생극(生剋)하는 것을 십신(十神)이라고 이름 붙였다. 십신(十神)에는 일간(日干)을 생(生)해 주는 정인(正印)과 편인(印星), 일간(日干)이 생(生)을 해 주는 식신(食神)과 상관(傷官), 일간(日干)을 극(剋)하는 정관(正官)과 편관(官星), 일간(日干)이 극(剋)을 하는 정재(正財)와 편재(偏財) 그리고 일간(日干)과 같은 오행(五行)인 비견(比肩)과 겁재(劫財)가 있다. 육친(六親)이나 십신(十神)을 정할 때는 지지는 빼고 천간끼리의 관계로만 본다. 지지는 지장간의 글자를 보면 된다.

음양(陰陽)을 이해하고 다음으로 오행(五行)을 이해하고 그다음으로 십신(十神)의 차이를 알아야 한다. 甲木에게는 庚金이 칠살(七殺)이고, 壬水에게는 戊土가 칠살(七殺)이지만, 이름만 같은 칠살(七殺)이지 칠살(七殺)의 작용력은 다르다. 십신(十神)의 이름은 같더라도 음양(陰陽)이나 오행(五行) 그리고 천간(天干)과 지지(地支)에 따라 성향이 다르게 나타난다. 조직사회에서 계급이 같다고 모두 같은 일을 하지 않는 것과 같다. 음양(陰陽)과 오행(五行) 그리고 천간과 지지의 차이를 잘 알아야 한다.

양(陽)이 양(陽)을 만나고 음(陰)이 음(陰)을 만나면 비견(比肩)·식신(食神)·편재(偏財)·편관(偏官)·편인(偏印) 중 하나가 된다. 음(陰)이 양(陽)을 만나고 양(陽)이 음(陰)을 만나면 겁재(劫財)·상관(傷官)·정재(正財)·정관(正官)·정인(正印) 중 하나가 된다.

십신(十神)은 이렇게 열 개로 구분하지만 그 성향은 오행(五行)의 속성에 따라 다르니 각각 수많은 특징을 가지고 있다. 같은 비견(比肩)이

라도 甲甲·乙乙·丙丙·丁丁·戊戊·己己·庚庚·辛辛·壬壬·癸癸가
모두 차이가 있는 것이다.

_십신(十神)의 표_

	甲	乙	丙	丁	戊	己	庚	辛	壬	癸
비 견	甲	乙	丙	丁	戊	己	庚	辛	壬	癸
겁 재	乙	甲	丁	丙	己	戊	辛	庚	癸	壬
식 신	丙	丁	戊	己	庚	辛	壬	癸	甲	乙
상 관	丁	丙	己	戊	辛	庚	癸	壬	乙	甲
편 재	戊	己	庚	辛	壬	癸	甲	乙	丙	丁
정 재	己	戊	辛	庚	癸	壬	乙	甲	丁	丙
편 관	庚	辛	壬	癸	甲	乙	丙	丁	戊	己
정 관	辛	庚	癸	壬	乙	甲	丁	丙	己	戊
편 인	壬	癸	甲	乙	丙	丁	戊	己	庚	辛
정 인	癸	壬	乙	甲	丁	丙	己	戊	辛	庚

비견(比肩)은 음양(陰陽)이 같은 오행(五行)을 말한다. 나의 형제나
동료, 친구와 같아서 함께 있으면 힘이 난다. 그러나 내가 혼자 설 수
있을 때는 구태여 비견이 필요하지 않을 수도 있다. 함께 번 돈을 서로
나누어야 하니 나의 재물이 나뉘기도 한다. **겁재**(劫財)는 음양(陰陽)이
다른 동일한 오행(五行)으로 이성(異性) 친구와 같다. 비견보다 에너지
소모가 크다. 내가 힘이 없을 때는 겁재도 도움이 되지만 겁재는 나의
재성(財星)을 겁탈해 가니 부정적인 면이 강하다. 특히 양간(陽干)의

겁재는 양인(陽刃)이라고 하여 사흉신(四凶神) 중의 하나로 취급한다.

식신(食神)은 내가 하고 싶어 하는 일인데 음양(陰陽)이 같아서 에너지 소모는 적다. 반면 **상관**(傷官)은 음양(陰陽)이 달라 에너지 소모가 크다. 식신이 가공하지 않은 순수한 것이라면, 상관은 가공하고 꾸민 것이다. 식신과 상관, 즉 식상(食傷)은 내가 하고 싶은 일을 하는 것이어서 행복(幸福)과 관련이 있다. 그러나 상관(傷官)은 기존의 법과 제도 그리고 도덕을 의미하는 관성(官星)을 극(剋)하니 부정적으로 보아 사흉신(四凶神)에 포함시킨다.

내가 극(剋)을 하는 오행(五行)으로는 음양(陰陽)이 같은 **편재**(偏財)와 음양(陰陽)이 다른 **정재**(正財)가 있다. 정재가 월급이나 이자처럼 고정적인 재물이라면 편재는 사업성 재물이다. 재성(財星)이 여자를 나타내기도 하니 음양(陰陽)이 다른 정재는 처(妻)이고, 음양(陰陽)이 같은 편재는 첩(妾)이나 애인으로 본다.

나를 극(剋)하는 것에는 음양(陰陽)이 같은 **편관**(偏官)과 음양(陰陽)이 다른 **정관**(正官)이 있다. 편관은 음양(陰陽)이 같으므로 나를 심하게 극(剋)하고, 정관은 음양(陰陽)이 다르므로 나를 적당히 극(剋)한다. 여명(女命)에서는 관성(官星)이 남자를 뜻하기도 하니 정관은 남편으로 보고, 편관은 애인으로 보기도 한다.

나를 생(生)하는 것에는 음양(陰陽)이 같은 **편인**(偏印)과 음양(陰陽)이 다른 **정인**(正印)이 있다. 인성(印星)은 나를 생(生)해 주는 어머니와 같으며 정인은 무조건적인 생(生)을 하므로 친모(親母)에 비유하고, 편인은 조건부로 생(生)하니 계모(繼母)에 비유한다. 인성(印星)은 살면서 나를 흐뭇하게 해주는 것이니 인성(印星)이 있어야 사는 맛이 있다.

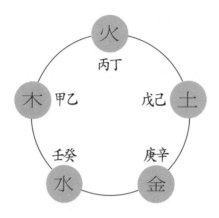

木운동은 火를 생(生)하는 것을 목표로 삼는다. 木운동의 크기에 따라 火운동의 크기도 결정된다. 육상 계주에서 앞의 주자가 잘 달리면 다음 주자도 잘 달릴 수 있는 것과 마찬가지이다. 木의 역할은 水에게서 받은 것을 다시 火로 넘겨주면 끝이 난다. 木운동에서 甲木이 시작하고 乙木이 마무리를 하니 火운동으로 넘겨주는 것은 실제로 乙木이다. 그래서 甲木과 丙火보다 乙木과 丙火는 더 친근한 좋은 관계가 된다.

甲丙이 같은 양간(陽干)으로서 아버지와 아들의 관계라면 乙丙은 어머니와 아들의 관계라고 할 수 있다. 아버지도 밖에서 일을 하며 가족을 부양하지만 직접 아들을 돌보는 사람은 어머니이다.

甲木이나 乙木은 가을에는 약해진다. 약해진다는 말은, 휴식이나 재충전을 위해 일을 마치고 귀가하여 가정에서 활동하는 것과 같다. 봄이라고 金의 기운이 없고 가을이라고 木의 기운이 없는 것이 아니다.

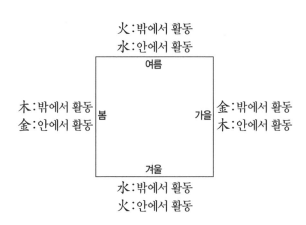

火 : 밖에서 활동
水 : 안에서 활동

木 : 밖에서 활동　金 : 밖에서 활동
金 : 안에서 활동　木 : 안에서 활동

水 : 밖에서 활동
火 : 안에서 활동

여름이라고 水의 기운이 없고 겨울이라고 火의 기운이 없는 것이 아니다. 안과 밖이 서로 바뀔 뿐이다. 명리(命理) 공부를 하는 사람은 보이지 않는 것도 볼 수 있어야 한다. 드러나는 표정이나 언행 또는 글뿐 아니라, 드러나지 않은 속마음도 읽을 수 있어야 한다.

	외부(눈에 보인다) 육체적 활동	내부(눈에 안 보인다) 정신적 활동
봄(春 : 木)	木이 활동	金이 활동
여름(夏 : 火)	火가 활동	水가 활동
가을(秋 : 金)	金이 활동	木이 활동
겨울(冬 : 水)	水가 활동	火가 활동

木이 부드럽고 유연하다면 金은 강하고 단단하다. 봄철에 金기운은 내부에서 만물을 단단하게 한다. 金의 계절인 가을에는 木기운은 안에서 만물을 부드럽게 한다. 여름에는 水가 안으로 숨으니 지하수가 시원하고, 겨울에는 火가 안으로 숨으니 지하수가 따뜻하다. 이렇게 오행(五行)의 기운은 계절별로 안과 밖을 순환하며 생명력을 이어간다.

甲木이 庚金을 만나거나 乙木이 辛金을 만나면 칠살(偏官)의 공격을 받는다. 팔자에 칠살이 있다면 칠살의 환경에 놓이니 칠살의 공격적 성향을 갖게 된다. 전쟁 때는 서로가 공격을 하고 공격을 받기도 하는 것과 같다. 그래서 팔자에서 칠살을 쓴다면 군인이나 경찰 또는 의사가 되기도 하고 또는 폭력배나 수술을 받는 환자가 될 수도 있다. 다른 육친(六親)도 모두 마찬가지로 해석하면 된다.

丙火가 乙木을 만나거나 甲木이 癸水를 만나면 정인(正印)이 된다. 정인은 친모(親母)와 같은 포근함과 안정감을 의미한다. 팔자에 정인이 있다면 그러한 환경에서 살아가게 되니 성격이나 품성이 모두 정인의 성향을 나타내게 된다. 하는 일도 정인과 관련된 일이 좋고 그런 일을 할 때 잘할 수 있고 행복감을 느낀다.

명리(命理)를 주변의 물상(物象)에 비유하여 공부하기도 한다.

甲木은 소나무, 乙木은 담쟁이, 丙火는 태양, 丁火는 촛불, 戊土는 큰 산, 己土는 논밭, 庚金은 바위, 辛金은 보석, 壬水는 바다, 癸水는 시냇물 등으로 비유한다.

명리(命理)를 처음 접할 때는 생소한 용어가 많으므로 주변 물상(物象)에 비유하여 이해를 돕는 것도 하나의 방법이다. 또 명리 용어를 모르는 사람과 상담할 때 주변의 물상으로 비유하여 설명하는 것은 바람직하다. 그러나 명리를 전문적으로 공부하는 학인(學人)이 물상으로만 접근하면 한계에 부딪친다. 甲木의 물상만 해도 수백 가지가 있기 때문이다.

명리학(命理學)은 우주나 자연의 변화를 글자로 표시한 것이다. 그래서 글자가 나타내고자 하는 변화에 초점을 맞추어야 한다. 역(易)이란 변화를 의미한다. 그래서 팔자에 천간이나 지지의 글자를 적용할 때는 하루의 변화나 계절의 변화, 또는 삶의 변화와 비교하여 보는 것이 올바른 방법이다.

	甲	乙	丙	丁	戊	己	庚	辛	壬	癸
나이	1~8	9~16	17~24	25~32	33~40	41~48	49~56	57~64	65~72	73~80
계절	봄의 시작	봄의 마무리	여름의 시작	여름의 마무리	여름과 가을의 사이	가을의 시작	가을의 마무리	겨울의 시작	겨울의 마무리
하루	아침의 시작	아침의 마무리	낮의 시작	낮의 마무리	낮과 저녁의 사이	저녁의 시작	저녁의 마무리	밤의 시작	밤의 마무리

전설에 따르면 천간 지지를 처음으로 발명한 사람은 4-5천년 전 중국 고대의 전설상의 제왕인 헌원씨(軒轅氏) 시대의 대요씨(大撓氏)로 전해져 온다. 그리고 연월일(年月日)의 천간 지지로 개인의 길흉화복(吉凶禍福)을 따져보는 명리학(命理學)의 체계는 이허중(李虛中)이 원조로 알려져 있다. 이허중은 당나라 때 사람으로 과거에 합격하여 벼슬을 했다고 한다.

이허중(李虛中)이 연월일(年月日)로만 운명을 알아보고자 했다면 연월일시(年月日時)까지 체계화한 사람은 송나라 때의 서자평(徐子平)이다. 서자평은 화산(華山)에 은거하며 명리학(命理學)을 정밀하게 연구했다고 한다. 그의 저서는 『서자평락록자부주』가 있다. 사람들이 명리학을 자평학(子平學)이라고 하는 것도 그의 이름에서 따온 것이다.

論陰陽生死

음양(陰陽) 생사(生死)에 대하여

干動而不息, 支靜而有常. 以每干流行於十二支之月, 而生旺
墓絶系焉. 陽主聚, 以進爲進, 故主順; 陰主散, 以退爲退, 故
主逆. 此生沐浴等項, 所以有陽順陰逆之殊也. 四時之運, 功成
者去, 等用者進, 故每流行於十二支之月, 而生旺墓絶, 又有一
定. 陽之所生, 卽陰之所死, 彼此互換, 自然之運也. 卽以甲乙
論, 甲爲木之陽, 木之枝枝葉葉, 受天生氣, 已收藏飽足, 可以
爲來剌發泄之機, 此其所以生於亥也. 木當午月, 正枝葉繁盛
之候, 而甲何以死? 卻不是外雖繁盛, 而内之生氣發泄已盡,
此其所以死於午也. 乙木反是, 午月枝葉繁盛, 卽爲之生, 亥月
枝葉剝落, 卽爲之死. 以質而論, 自與氣殊也. 以甲乙爲例, 余
可知矣.

	장생	목욕	관대	건록	제왕	쇠	병	사	묘	절	태	양
甲	亥	子	丑	寅	卯	辰	巳	午	未	申	酉	戌
乙	午	巳	辰	卯	寅	丑	子	亥	戌	酉	申	未
丙戊	寅	卯	辰	巳	午	未	申	酉	戌	亥	子	丑
丁己	酉	申	未	午	巳	辰	卯	寅	丑	子	亥	戌
庚	巳	午	未	申	酉	戌	亥	子	丑	寅	卯	辰
辛	子	亥	戌	酉	申	未	午	巳	辰	卯	寅	丑
壬	申	酉	戌	亥	子	丑	寅	卯	辰	巳	午	未
癸	卯	寅	丑	子	亥	戌	酉	申	未	午	巳	辰

12운성을 논하는 자리이다. 12운성은 천간과 지지와의 관계를 다룬다. 천간의 열 글자가 지지의 열두 글자에 어떻게 영향을 주는지를 살피는 것이다. 12운성을 이해하려면 먼저 음양(陰陽)과 오행(五行)에 대한 사전 지식이 충분히 있어야 한다. 그렇지 않으면 음간(陰干)의 12운성을 부인하는 일이 벌어진다.

양(陽)은 힘을 받으면 팽창하고, 음(陰)은 힘을 받으면 수축한다. 칭찬은 양(陽)이고 꾸중은 음(陰)이다. 칭찬을 받으면 기분이 좋아지고 꾸중을 들으면 움츠리게 된다. 양(陽)의 기운을 받으면 식물도 성장하고 꽃이 핀다. 식물에 음(陰)의 기운이 가해지면 열매가 되고 씨가 된다.

木은 봄에 록왕(祿旺)에 이르렀다가 가을에는 절태(絕胎)에 이른다. 木은 봄에서 가을로 갈 때는 수축하고, 가을에서 봄으로 갈 때는 팽창한다. 음(陰)이 활동하면 수축하고, 양(陽)이 활동하면 팽창한다. 봄에서 여름으로 갈 때는 木이 수축하니 음간(陰干)인 乙木이 활동한다. 반대로 木은 겨울에서 봄이 될 때는 서서히 성장하게 되니 양간(陽干)인 甲木이 활동하는 것이다. 양(陽)의 木인 甲木은 겨울철에 생욕(生浴)을 거쳐 여름에는 병사(病死)로 가고, 음(陰)의 木인 乙木은 여름철에 생욕(生浴)을 거쳐 겨울에 병사(病死)로 간다.

다른 오행도 마찬가지로 생각하면 된다.

양(陽)이 힘을 받으면 확산하고, 음(陰)이 힘을 받으면 수축한다.

木은 봄에 록왕(祿旺)에 이르고, 金은 가을에 록왕(祿旺)에 이른다. 水는 겨울에 록왕(祿旺)에 이르고, 火는 여름에 록왕(祿旺)에 이른다. 반면에 木은 가을에 절태(絕胎)에 이르고, 金은 봄에 절태(絕胎)에 이른다. 水는 여름에 절태(絕胎)에 이르고, 火는 겨울에 절태(絕胎)에 이른다. 록왕(祿旺)에서 절태(絕胎)로 가면 수축하는 것이니 음간(陰干)이 활동하고, 절태(絕胎)에서 록왕(祿旺)으로 가면 확산되는 것이니 양간(陽干)이 활동한다.

12운성에 의하면 甲木은 亥월에 장생(長生)하고 午월에 사(死)한다. 반대로 乙木은 午월에 장생(長生)하고 亥월에 사(死)한다. 소위 음생양사(陰生陽死) 양생음사(陽生陰死)이다. 12운성에 대한 기초적인 개념 설명은 『나이스사주명리《이론편》』에서 자세히 다루었으므로 여기서는 간략하게 살펴본다.

태(胎)는 정자와 난자가 만나 잉태한 것이다. 이제 바닥을 치고 새로운 출발을 시작하였다.

양(養)은 뱃속에서 자라고 있는 때이니 아직 세상에 태어나지 않은 연약한 상태이다. 정해진 것은 없고 앞날은 불투명하다.

장생(長生)은 뱃속에서 길러지고 있던 태아가 세상으로 나왔다. 많은 사람의 관심과 축복을 받으며 힘차게 태어나니 힘이 있다. 자기가 노력한 것은 아니지만 주변 사람들로부터 선물 등 수입도 있을 수 있다.

목욕(沐浴)은 성장하며 어린아이의 티를 벗는 기간이다. 초·중·고등학교를 다니며 홀로 독립하기 위한 교육을 받는 시기이다. 미래를 위한 생산적인 소비가 일어나는 때이기도 하다.

관대(冠帶)는 교육을 마치고 부모로부터 독립하기 위해 새 옷을 입는 시기이다. 취업을 하거나 군대를 가거나 혼인을 하여 새 출발을 한다. 새로운 환경으로 출발하는 때이므로 생각보다 험난할 수 있다.

건록(建祿)은 사회의 중추 세력으로서 열심히 일하는 때이니 힘들기도 하고 수입도 있다. 스트레스를 가장 많이 받는 중견 간부의 시기이다.

제왕(帝旺)은 최고의 지위로 올라가는 때이다. 모든 것을 포용해야 한다. 정상에 올라가는 순간 내려오는 일만 남게 된다.

쇠(衰)는 은퇴를 하고 물러난 때이다. 퇴직금이나 전별금 등 수입이 있을 수 있다. 고된 일에서 물러나 몸과 마음은 편하지만 허전한 감도 있다.

병(病)은 허약해져서 몸이 아프기 시작하니 살아온 과정에 대해 많은 생각에 잠긴다. 과거 화려했던 시절은 잊어야 한다.

사(死)는 몸을 움직일 수 없어 죽은 것이나 다름없다. 몸을 움직이지 못하면 정신적인 면이 발달한다. 시대는 변하여 과거의 화려함은 쓸모가 없다.

묘(墓)는 죽어 묘지(墓地)로 들어가는 때이니 하나의 세계가 마무리된다. 새로운 세계의 탄생을 위해 과거는 묻혀야 한다.

절(絕)은 흔적도 없이 떠도는 영혼과 같은 것이다. 이렇게 떠돌던 기운은 다시 허공에서 음양(陰陽)이 만나 태(胎)의 단계로 순환을 한다.

- 丙火가 재(財)이다.
- 子운에 丙火는 12운성 태(胎)이다.
- 亥운에 丙火는 12운성 절(絕)이다.
- 亥운보다 子운에 돈이 좀 생긴다.
- 그러나 태(胎)에서는 이제 막 잉태한 것이니 적은 재(財)이다.
- 寅운이 오면 丙火는 장생(長生)이 되니 재(財)가 좀 더 생긴다.
- 戌운에는 丙火가 묘(墓)이니 입묘(入墓)되어 돈이 나간다.
- 사(死), 묘(墓), 절(絕), 태(胎)에서의 재(財)는 정신적인 재(財)이다.

時	日	月	年
辛	丙		
			← 戌

- 丙火는 정관(正官)이니 직장이나 남편이다.
- 戌운이 오면 丙火가 입묘(入墓)되니 직장을 잃거나 남편이 아플 수 있다.
- 辰운에는 丙火가 관대(冠帶)이니 취직을 할 수도 있다.
- 辰과 戌이 똑같은 土이지만 정반대 현상이 나타난다.
- 12운성의 중요성이다.

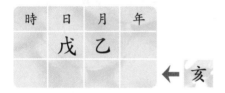

時	日	月	年
戊	乙		
			← 亥

- 乙木은 정관(正官)으로 남편이나 직장이다.
- 乙木은 亥에서 12운성 사(死)가 되어 남편이나 직장이 힘을 잃는다.
- 실직(失職)을 하거나 남편이 입원할 수도 있다.
- 오행(五行)으로 수생목(水生木)이라고 하면 안 된다.

계절에 따른 甲木과 乙木의 변화

쇠		병	사		묘
	辰	巳	午	未	
제왕	卯	甲木		申	절
건록	寅			酉	태
	丑	子	亥	戌	
관대		목욕	장생		양

관대		목욕	장생		양
	辰	巳	午	未	
건록	卯	乙木		申	태
제왕	寅			酉	절
	丑	子	亥	戌	
쇠		병	사		묘

계절에 따른 丙火(戊土)와 丁火(己土)의 변화

관대		건록	제왕		쇠
	辰	巳	午	未	
목욕	卯	丙火		申	병
장생	寅	(戊土)		酉	사
	丑	子	亥	戌	
양		태	절		묘

쇠		제왕	건록		관대
	辰	巳	午	未	
병	卯	丁火		申	목욕
사	寅	(己土)		酉	장생
	丑	子	亥	戌	
묘		절	태		양

계절에 따른 庚金과 辛金의 변화

양		장생	목욕		관대
	辰	巳	午	未	
태	卯	庚金		申	건록
절	寅			酉	제왕
	丑	子	亥	戌	
묘		사	병		쇠

묘		사	병		쇠
	辰	巳	午	未	
절	卯	辛金		申	제왕
태	寅			酉	건록
	丑	子	亥	戌	
양		장생	목욕		관대

계절에 따른 壬水와 癸水의 변화

묘		절	태		양
	辰	巳	午	未	
사	卯	壬水		申	장생
병	寅			酉	목욕
	丑	子	亥	戌	
쇠		제왕	건록		관대

양		태	절		묘
	辰	巳	午	未	
장생	卯	癸水		申	사
목욕	寅			酉	병
	丑	子	亥	戌	
관대		건록	제왕		쇠

論人元司令

인원사령(人元司令)에 대하여

人之日主, 不必生逢祿旺, 卽月令休囚, 而年日時中, 得長祿
旺, 便不爲弱, 就使逢庫, 亦爲有根. 時産謂投庫而必沖者, 俗
書之謬也. 但陽長生有力, 而陰長生不甚有力, 然亦不弱. 若是
逢庫, 則陽爲有根, 而陰爲無用. 蓋陽大陰小, 陽得兼陰, 陰不
能兼陽, 自然之理也.

地支所藏之干, 本靜以待用, 透出干頭, 則顯其用矣. 故干以
通根爲美, 支以透出爲貴. 《滴天髓》云 : “天全一氣, 不可使地
德莫之載 ; 地全三物, 不可使天道莫之容”. 如四辛卯, 四丙
申, 雖干支一氣, 而不通根, 不足貴也. 地全三物, 謂所藏三干,
不透出則不能顯其用也. 天干通根, 不僅祿旺爲美, 長生, 餘
氣, 墓庫皆其根也. 如甲乙木見寅卯, 固爲身旺, 而見亥辰未,
亦爲有根也. 逢庫必沖之說, 謬誤可嗤. 如辰本爲東方木地, 若
在淸明後十二日內, 乙木司令, 余氣猶旺, 何云投庫? 土爲本

氣, 無所謂庫. 金火則庫中無有, 沖亦何益? 僅壬癸水遇之爲庫, 若能透出, 同一可用. 癸水本爲所藏, 而透壬水則墓本從五行論, 不分陰陽也. 謂陰長生不甚有力, 然亦不弱, 又謂逢庫陰爲無用, 皆因誤於陰陽各有長生, 而不能自圓其說也. 又此節雖指日主, 而年月時之干皆同, 能得月令之氣, 自爲最强; 否則, 月令休囚, 而年日時支中, 得生祿旺餘氣墓, 皆爲通根也.

지지	寅	卯	辰	巳	午	未	申	酉	戌	亥	子	丑
절기	입춘	경칩	청명	입하	망종	소서	입추	백로	한로	입동	대설	소한
	우수	춘분	곡우	소만	하지	대서	처서	추분	상강	소설	동지	대한
지장간	戊丙甲	甲乙乙	乙癸戊	戊庚丙	丙己丁	丁乙己	戊壬庚	庚辛辛	辛丁戊	戊甲壬	壬癸癸	癸辛己

하늘의 기운은 기울어진 지축과 지구의 공전, 자전으로 인하여 지구에 온전하게 도달하지 못한다. 하늘의 기운이 기울어진 지구에 어떤 비율로 도달하는지를 지지마다 표시해 놓은 것이 지장간(地藏干)이다. 지장간 글자의 비율은 책마다 비슷하지만 약간씩 다를 수도 있다. 지리적인 위치, 즉 경도와 위도에 따라 하늘의 기운이 달라지기 때문이다. 같은 동양이라고 하더라도 한국과 중국 그리고 일본의 해가 뜨고 지는 시각은 각기 다르다.

사주의 지지에는 네 글자가 있다. 월지(月支)의 힘이 가장 세고 다음으로 시지(時支)이다. 그다음으로 일지(日支)와 년지(年支) 순서이다. 즉, 월지(月支)>시지(時支)>일지(日支)>년지(年支) 순서이다.

팔자의 네 기둥은 년주(年柱)와 월주(月柱) 그리고 일주(日柱)와 시주(時柱)로 나눌 수 있다. 년주와 월주는 지구의 공전과 관련이 있고, 일주와 시주는 지구의 자전과 관련이 있다. 년주와 월주는 부모 밑에서 자라는 시기이고, 일주와 시주는 부모가 되어 자식을 키우며 보내는 시기라고 앞에서 말한 적이 있다.

그래서 년주(年柱)와 월주(月柱)가 밀접한 관계가 있고, 일주(日柱)와 시주(時柱)가 밀접한 관계를 맺는다. 그러나 월주와 일주와의 관계는 나란히 있어도 영향력은 크지 않다. 그래서 같은 충(沖)이라고 해도 년지와 월지의 충(沖)이나 일지와 시지의 충(沖)은 영향력이 크지만 월지와 일지의 충(沖)은 영향력이 크지 않다. 일지 배우자 궁(宮)을 충(沖)하더라도 월지가 충(沖)하는 것보다 시지가 충(沖)하는 것이 타격이 훨씬 크다.

시주(時柱)	일주(日柱)	월주(月柱)	년주(年柱)
부모가 되어 자식을 키우는 때		부모 밑에서 자라는 때	
지구의 자전		지구의 공전	

같은 지지의 글자가 두 개 이상 있으면 반대편 계절의 글자를 불러오는 도충(倒沖) 기운이 생긴다. 예를 들면 팔자에 午午가 있으면 子가 허자(虛字)로 생기고, 子子가 있으면 午가 허자(虛字)로 생긴다. 다른

지지도 마찬가지이다. 이때 두 개의 같은 지지 글자가 월지(月支)와 일지(日支)에 있을 때보다 년지(年支)와 월지(月支) 또는 일지(日支)와 시지(時支)에 있을 때 도충(倒冲) 기운이 더 잘 생긴다.

팔자의 글자 중에서 가장 영향력이 큰 글자는 월지(月支)이다. 월지(月支), 즉 태어난 계절은 팔자의 사령부이다. 팔자에 있는 여덟 글자의 기운이 모두 같은 것은 아니다.

- 亥월에 태어났기 때문에 년간(年干) 戊土는 절(絶)로 쇠(衰)하다.
- 亥월에 태어났기 때문에 월간(月干)의 癸水는 제왕(帝旺)으로 왕(旺)하다.
- 亥월에 태어났기 때문에 일간(日干) 甲木은 장생(長生)으로 어리다.
- 亥월에 태어났기 때문에 시간(時干)의 丙火는 절(絶)로 쇠(衰)하다.

천간의 글자가 월령(月令)에 뿌리를 두면 힘이 있다. 그러나 월령(月令)에 뿌리를 두고 있지 않다 하더라도 다른 곳에 통근(通根)하고 있다면 그것도 힘이 있는 것이다. 중앙정부에 근무하는 사람과 지방정부에 근무하는 사람의 차이라고 할 수 있다. 중앙정부는 월령(月令)이고 지방정부는 년지(年支)·일지(日支)·시지(時支)이다.

천간의 글자가 월령(月令)에 뿌리를 둔 것은 부모 형제에 뿌리를 둔 것이니 성장기에 잘 자랐다는 것이다. 만일 년지(年支)에 뿌리를 두고 있다면 조상에 뿌리를 둔 것이니 문중이나 가문의 덕(德)이 있다고 본다. 일지(日支)에 뿌리를 두면 배우자에 뿌리를 둔 것이니 배우자에 의존하는 경향이 있고, 시지(時支)에 뿌리를 두면 자식에게 의지하고 있다고 보면 된다.

- 시간(時干)의 丙火는 亥월에 태어났기 때문에 절(絶)로 쇠(衰)하다.
- 그러나 丙火는 시지(時支) 午火에 뿌리를 두어 제왕(帝旺)으로 강하다.
- 중앙정부는 아니지만 지방에서 제왕 노릇한다.

- 천간의 丙丁火는 년지(年支)와 월지(月支)에 통근(通根)하였다.
- 조상궁과 부모 형제궁에 뿌리를 두었으니 힘이 있다.
- 시간(時干)의 己土 또한 巳午丑에 통근하여 힘이 있다.
- 丙火가 지장간 丙火에 뿌리를 두면 친형제에 뿌리를 둔 것과 같다.
- 丙火가 지장간 丁火에 뿌리를 두면 사촌형제에게 뿌리를 둔 것과 같다.

지장간에는 초기, 중기, 말기의 글자가 있다. 지장간 초기의 글자는 앞 지지의 말기 글자가 넘어온 것이다. 예를 들면 寅의 지장간에는 戊

丙甲이 있다. 寅의 지장간 말기의 글자인 甲木이 다음 지지 卯의 지장
간 초기로 이어진다. 사람들은 지지를 寅과 卯로 나누지만 지장간을
보면 寅의 말기와 卯의 초기가 같다는 것을 알 수 있다. 그러므로 봄의
후반부와 여름의 초반부 기운은 비슷하다. 봄인지 여름인지 모를 때가
많다.

음양(陰陽)이나 오행(五行) 그리고 천간과 지지 등 대자연의 변화는
어느 순간 갑자기 변하지 않는다. 사람들이 편의를 위해 두 개, 네 개,
다섯 개, 여덟 개, 열 개, 열두 개 등으로 나눈 것이다. 지장간을 보면
그러한 자연의 이치가 잘 나타나 있다.

_음양(陰陽)의 변화_

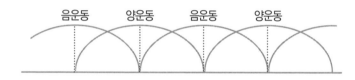

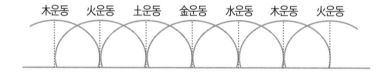

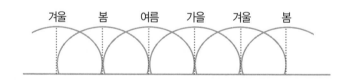

천간의 글자는 해당 오행(五行)의 삼합(三合)이나 방합(方合)의 지지에 통근(通根)하고 있다. 예를 들면 甲木이나 乙木은 삼합(三合)인 亥卯未와 방합(方合)인 寅卯辰에 뿌리를 두고 있다. 丙火와 丁火는 寅午戌과 巳午未에 뿌리를 둔다. 庚金과 辛金은 巳酉丑이나 申酉戌에 뿌리를 두고, 壬水와 癸水는 申子辰이나 亥子丑에 뿌리를 둔다. 戊土와 己土는 火土동법에 의해서 丙火와 丁火처럼 巳午未와 寅午戌에 뿌리를 두고 있다 또 지지의 辰戌丑未와 寅申巳亥에도 통근하고 있다.

甲木은 亥卯未와 寅卯辰에 통근(通根)하지만, 통근하는 힘의 세기는 통근한 지지의 글자에 따라 모두 다르다. 甲木은 봄의 지지인 寅卯辰에 통근하면 더 강하다. 그리고 장생(長生)인 亥에서 강하지만, 묘(墓)에 해당하는 未에서는 약하다. 그래서 통근했다 하더라도 통근한 지지의 글자나 위치 또는 통근한 지지의 지장간 초기·중기·말기에 따라 다르니 잘 살펴야 한다.

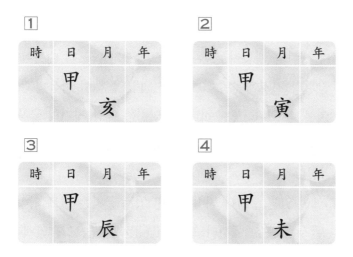

앞의 사주들에서 甲木 일간(日干)은 모두 월령(月令)에 통근(通根)을 했지만 통근의 세기는 다르다. 甲木의 힘을 비교하고 싶을 때는 12운성을 적용하면 좋다. 1번 亥월의 甲木은 장생(長生), 2번 寅월의 甲木은 건록(建祿), 3번 辰월의 甲木은 쇠(衰), 4번 未월의 甲木은 묘(墓)가 된다.

통근(通根)을 중요시하는 이유는 통근이 되면 천간이 지지에서 힘을 얻기 때문이다. 통근이 되면 천간에서 '마음먹은 일'을 지지의 현실에서 실현할 수 있다. 통근한 지지에 따라 그리고 통근의 세기에 따라 현실에서 이루는 결과물이 다르고, 지지의 글자가 온전한지 아니면 형충파해(刑沖破害)나 회합(會合) 등으로 손상 또는 변질되었는지에 따라 다른 결과를 얻게 된다.

'꿈은 이루어진다.'라는 말도 있고 '말처럼 쉬운 일도 없다.'라는 말도 있다. 꿈이나 말은 천간이다. 꿈만 꾼다고 이루어지는 것은 아니다. 현실 환경이 따라주어야 한다. 또 현실에 존재하는 많은 것들은 천간의 관심이 없으면 아무 소용이 없다. 평양 감사도 제 하기 싫으면 그만이다. 사람마다 생각과 행동이 다른 이유도 팔자가 다르기 때문이다. 결국 천간의 글자가 지지에 순수하게 통근(通根)을 해야 마음먹은 일을 현실에서 이룰 수 있다. '순수하다'는 의미는 해당 지지의 글자가 형충회합파해(刑沖會合破害) 또는 여러 신살(神殺)에 얽혀들지 않아야 한다는 것을 말한다.

그래서 천간에만 있는 글자나 지장간에만 있는 글자는 별로 의미가 없다. 천간의 글자는 운(運)에서라도 통근(通根)해야 쓸모가 있게 된다. 또 지장간의 글자는 쓰일 때를 기다리며 고요히 있다가 운(運)에서 지장간의 글자와 같은 오행(五行)이 천간으로 올 때 쓸모가 있게 된다.

그리고 지지에 통근(通根)했다고 해도 해당 기간 내내 힘이 있는 것은 아니다. 지지의 지장간 중 어느 글자에 통근했는가에 따라 힘을 얻는 시기를 알 수 있다.

지지 속 지장간의 글자는 일정한 비율을 가지고 있다. 寅木은 지장간에 戊丙甲이 있는데 그 비율은 7:7:16이 된다. 戊土가 7, 丙火가 7 그리고 甲木이 16의 비율을 차지한다. 그래서 천간에 戊土가 있다면 통근(通根)이 되는 기간은 지장간 초기의 시기인 7/30의 시기이다. 만일 천간에 甲木이 있다면 통근이 되는 시기는 지장간 말기의 기간인 14일 이후 16일 동안이 될 것이다.

論十干配合性情

십간(十干)의 배합(配合)과 성정(性情)에 대하여

合化之義, 以十干陰陽相配而成. 河圖之數, 以一二三四五配六七八十, 先天之道也. 故始于太陰之水, 而終於沖氣之土, 以氣而語其生之序也. 蓋未有五行之先, 必先有陰陽老少, 而後沖氣, 故生以土. 終之旣有五行, 則萬物又生於土, 而水火木金, 亦寄質焉, 故以土先之. 是以甲己相合之始, 則化爲土;土則生金, 故乙庚化金次之;金生水, 故丙辛化水又次之;水生木, 故丁壬化木又次之;木生火, 故戊癸化火又次之, 而五行遍焉. 先之以土, 相生之序, 自然如此. 此十干合化之義也.

其性情何也? 蓋旣有配合, 必有向背. 如甲用辛官, 透丙作合, 而官非其官;甲用癸印, 透戊作合, 而印非其印;甲用己財, 己與別位之甲作合, 而財非其財. 如年己月甲, 年上之財, 被月合去, 而日主之甲乙無分;年甲月己, 月上之財, 被年合去, 而日主之甲乙不與是也. 甲用丙食與辛作合, 而非其食, 此四喜神因合而無用者也.

蓋有所合則有所忌, 逢吉不爲吉, 逢凶不爲凶. 卽以六親言之,
如男以財爲妻, 而被別干合去, 財妻豈能親其夫乎? 女以官爲
夫, 而被他干合去, 官夫豈能愛其妻乎? 此謂配合之性情, 因
向背而殊也.

천간은 지구 밖의 우주운동을 표시한 것이다. 지구의 운동은 지지로
나타내고 있다. 천간과 지지의 글자가 분명히 다름에도 불구하고 천간
과 지지에 똑같이 오행(五行)을 적용하는 사람들이 있다. 첫 단추를 잘
못 끼우면 공부를 할수록 명리(命理)가 어렵게 느껴지고 틀린 것을 꿰
맞추려다 보면 궤변이 생긴다.

천간합(天干合)의 원리는 하늘에서 별이 생성되어 성장하다가 소멸
되는 우주 변화의 원리와 같다. 맑은 하늘에 구름이 끼고 갑자기 천둥
번개가 치는 것은 대기 중에서 불균형을 이룬 기운들이 충돌하기 때문
이다. 마찬가지로 우주를 떠도는 기운들은 이리저리 움직이다가 음양
(陰陽)이 만나 끼리끼리 결합을 하기 시작한다.

양간(陽干)의 첫 글자인 甲木과 음간(陰干)의 첫 글자인 己土가 만나
土기운을 만든다. 甲己합土가 그것이다. 어슴푸레하게 만들어진 土는
두 번째 단계인 乙庚합金으로 단단해진다. 별이 완성되어 가는 것이
다. 단단해진 金기운에 다음 단계인 丙辛합水로 생명체를 만드는 水기
운이 형성된다. 水가 만들어지면 그다음은 丁壬합으로 木기운이 만들
어지고 마지막으로 戊癸합火로 火기운이 생성되어 다시 우주를 떠돌

게 된다. 떠도는 火기운은 다시 甲己합土로 土기운이 형성될 것이다.

　팔자에서 천간합(天干合)이 되면 새로운 기운이 생성될 가능성이 생긴다. 천간의 두 글자를 투자하여 하나의 새로운 기운을 만드는 것이다. 가진 돈과 노동을 투자하여 돈을 벌려고 하는 것과 같다. 그러나 가진 돈과 노동을 투자하였다고 꼭 돈을 버는 것은 아니다. 마찬가지로 甲木과 己土를 투자하지만 반드시 土가 만들어지는 것은 아니다. 천간합(天干合)을 통하여 새로운 기운을 얻으려면 현실적인 조건이 필요하다. 현실적인 조건이란 지지에 화(化)한 오행(五行)의 기운이 많아야 한다는 것이다.

　팔자에서 좋은 역할을 하는 희신(喜神)의 글자가 천간합(天干合)이 되면 제 역할을 하지 못하니 좋지 않을 것이다. 반대로 팔자에서 나쁜 역할을 하는 기신(忌神)의 글자가 합거(合去)된다면 좋을 것이다. 물론 천간합(天干合)의 글자만 가지고 생각했을 경우이고, 팔자를 볼 때는 천간과 지지의 전체적인 상황을 보고 판단을 내려야 한다. 항상 나무만 보지 말고 숲 전체를 보면서 나무도 보아야 한다.

- 년간(年干)과 월간(月干)의 甲己는 합(合)을 한다.
- 합(合)을 하는 글자는 제 역할을 못하게 된다.
- 있어도 없는 글자처럼 된다.

- 년월간(年月干)의 甲己합이 먼저 이루어진다.
- 일간(日干)의 합(合)은 우선순위에서 가장 늦다.
- 己土는 일간(日干)의 재성(財星)이 아닌 것이다.

- 戊癸합으로 戊癸의 두 글자는 역할을 상실한다.
- 천간합(天干合)이 되면 같은 가족이면서도 가족의 역할을 제대로 못한다.
- 정인(正印)과 편재(偏財)가 있으면서도 제 역할을 못한다.

- 겁재(劫財)와 칠살(七殺)이 합(合)이 되어 역할을 못한다.
- 천간합(天干合)은 붙어 있을 때 합력(合力)이 크다.
- 떨어져 있을 때는 가운데 글자에 따라 상황이 달라진다.

時	日	月	年
	甲	丁	壬

- 상관(傷官)과 편인(偏印)이 합(合)이 되었다.
- 합(合)이 되면 더 이상 상관(傷官)과 편인(偏印)의 역할을 못한다.

時	日	月	年
戊	庚	癸	戊
寅	寅	亥	子

- 천간에 戊癸합이 있다.
- 癸水는 월지(月支)에 통근(通根)하여 일간(日干)을 설기(洩氣)시키고 있다.
- 戊癸합은 癸水의 역할을 줄어들게 한다.
- 서락오는 癸水처럼 힘이 있으면 완전한 戊癸합이 안 된다고 한다.

時	日	月	年
甲	戊	辛	丙
寅	寅	卯	午

- 칠살(七殺) 甲木의 기운이 강하다.
- 丙辛합이 되어 木을 억제할 辛金이 힘을 잃었다.
- 신약(身弱)한 일간(日干)을 도와줄 丙火도 천간합(天干合)으로 힘이 없다.

천간합(天干合)이 되어 글자의 효력이 정지되면 좋아지기도 하고 나빠지기도 한다. 희신(喜神)이 합거(合去)되면 좋지 않을 것이고, 기신(忌神)이 합거되면 좋을 것이다. 남자의 사주에서 재성(財星)인 처가 합거되면 처와의 인연이 멀어질 것이며, 여자의 사주에서 정관(正官)이 합거되면 남편과의 인연이 멀어질 것이다.

- 천간에 乙庚합이 있다.
- 乙庚합으로 새로운 金이 만들어진다.
- 酉월에 태어나고 지지에 金이 많기 때문이다.
- 乙木과 庚金을 투자하여 새로운 재성(財星)인 金을 만든 것이다.
- 천간합(天干合)이 되어 새로운 기운을 만드는 것을 합화(合化)라고 한다.
- 합화(合化)가 되려면 지지에 합화(合化) 오행(五行)의 기운이 강해야 한다.
- 일간(日干) 丁火는 강한 金기운에 둘러싸여 재다신약(財多身弱)이 되었다.
- 부잣집에서 벙어리로 태어나 평생 폐인(廢人)으로 살았다.
- 『자평진전평주』에 나오는 사주이다.

論十干合而不合
천간합(天干合)이 되지 않는 경우에 대하여

十干化合之義, 前篇旣明之矣, 然而亦有合而不合者, 何也?
蓋隔於有所間也, 譬如人彼此相好, 而有人從中間之, 則交必
不能成. 譬如甲與己合, 而甲己中間, 以庚間隔之, 則甲豈能越
剋我之庚而合己? 此制於勢然也, 合而不敢合也, 有若無也.
又有隔位太遠, 如甲在年干, 己在時上, 心雖相契, 地則相遠,
如人天南地北, 不能相合一般. 然於有所制而不敢合者, 亦稍
有差, 合而不能合也, 半合也, 其爲禍福得十之二三而已. 又有
合而無傷於合者, 何也? 如甲生寅卯, 月時兩透辛官, 以年丙
合月辛, 是爲合一留一, 官星反輕. 甲逢月刃, 庚辛竝透, 丙與
辛合, 是爲合官留殺, 而殺刃依然成格, 皆無傷於合也. 又有合
而不以合論者, 何也? 本身之合也. 蓋五陽逢財, 五陰遇官, 俱
是作合, 惟是本身十干合之, 不爲合去. 假如乙用庚官, 日干之
乙, 與庚作合, 是我之官, 是我合之. 何爲合去? 若庚在年上,

乙在月上, 則月上之乙, 先去合庚, 而日干反不能合, 是爲合去也. 又如女以官爲夫, 丁日逢壬, 是我之夫, 是我合之, 正如夫妻相親, 其情愈密. 惟壬在月上, 而年丁合之, 日干之丁, 反不能合, 是以己之夫星, 被姉妹合去, 夫星透而不透矣. 然又有爭合妬合之說, 何也? 如兩辛合丙, 兩丁合壬之類, 一夫不娶二妻, 一女不, 配二夫, 所以有爭合妬合之說. 然到底終有合意, 但情不專耳. 若以兩合一而隔位, 則全無爭妬. 如庚午, 乙酉, 甲子, 乙亥, 兩乙合庚, 甲日隔之, 此高太尉命, 仍作合殺, 留官, 無減福也. 今人不知命理, 動以本身之合, 妄論得失; 更有可笑者, 書云 "合官非爲貴取", 本是至論, 而或以本身之合爲合, 甚或以他支之合爲合, 如辰與酉合, 卯與戌合之類, 皆作合官. 一謬至此子平之傳掃地矣! 十干配合, 有合而化, 有合而不化者, 本書未論合化, 附志於此. 何謂能化? 所臨之支, 通根乘旺也. 如上朱家寶造, 乙庚相合吱臨申酉, 卽爲化金; 日元本弱, 得此印助, 方能以時上乙卯, 泄秀爲用, 所胃印格食也. 又如上某啞子造, 庚申, 乙酉, 丁丑, 庚戌, 亦爲化金, 因合化而印被財破也(見上性情章)

천간이 합(合)이 되는 듯 보여도 합(合)이 되지 않는 합이불합(合而不合)도 있다. 마음이 맞는 사람을 만나면 쉽게 뜻을 합(合)하지만 마음이 합쳐졌다고 현실로 이루어진다는 보장은 없다. 또 합(合)이 되는 천간의 글자가 서로 붙어 있기도 하고 떨어져 있기도 한다. 천간합(天干

合)이 되는 글자가 떨어져 있을 경우에는 가운데 글자에 따라 다른 결과를 가져온다.

또 합(合)하는 천간의 글자가 얼마만큼 지지에 뿌리를 두느냐에 따라서도 합(合)이 되기도 하고 되지 않기도 한다. 현실에 뿌리를 강하게 두었을 경우는 합(合)할 마음은 있어도 잘 되지 않는 경우도 있다. 애인을 따라가고 싶어도 현실 환경 때문에 가지 못하는 것과 같다.

- 일간(日干) 甲木은 己土와 합(合)할 수 있을까?
- 己土는 월간(月干) 庚金을 생(生)하느라 떨어져 있는 甲木과 합(合)은 힘들다.
- 庚金 칠살(七殺)의 힘이 더욱 강해질 뿐이다.
- 멀리 있는 합(合)보다 가까이 있는 생(生)이 우선이다.

- 일간(日干) 甲木은 己土와 합(合)할 수 있는가?
- 월간(月干)의 乙木이 己土를 극(剋)하여 甲己합은 안 된다.
- 乙木이 합(合)을 방해하고 있다.

- 甲己합은 이루어질까?
- 목생화(木生火) 화생토(火生土)가 자연스럽다.
- 떨어진 합(合)보다 가까이 있는 생(生)이 우선이다.
- 『자평진전평주』에 나오는 양증신(楊增新) 도독(都督)의 사주이다.

천간은 마음이다. 멀리 떨어져 있는 글자는 마음은 있어도 쉽게 합(合)하지 못한다. 천간합(天干合)이 되는 글자가 떨어져 있으면 마음은 있지만 그 합력(合力)은 많이 줄어든다. 먼 친척보다 이웃사촌의 영향력이 더 크다. 더군다나 중간에 방해꾼이 있다면 합(合)은 더욱 힘들다.

- 丁壬합이 있지만 너무 떨어져 있다.
- 서락오는 통근(通根)이 되면 천간합(天干合)은 잘 안 된다고 한다.
- 양인격(陽刃格)에 칠살(七殺)을 써서 성격(成格)이 되었다.
- 『자평진전평주』에 나오는 용제광(龍濟光)의 사주이다.

- 두 개의 辛金이 년간(年干)의 丙火와 합(合)하려고 한다.

- 정관(正官)이 두 개가 투출하였으니 중관(重官)이다.

- 년월간(年月干)의 丙辛합이 성립되어 하나의 관(官)이 사라져서 사주
  가 맑아졌다.

- 가까운 글자가 먼저 합(合)한다.

- 멀리 있는 글자는 마음뿐이다.

- 관살혼잡(官殺混雜)된 사주가 丙辛합으로 맑아졌다.

- 합관류살(合官留殺)이 되어 좋아진 것이다.

- 혼탁(混濁)이 사라지고 맑아지니 격(格)이 높아졌다.

時	日	月	年
丙	庚	丙	辛
戌	子	申	酉

- 丙辛합으로 丙火 하나가 사라졌다.

- 팔자가 맑아지니 좋아진 것이다.

- 『자평진전평주』에 나오는 왕사진(王士珍)의 사주이다.

일간(日干)은 합거(合去)되어 사라질 수 없다. 일간이 천간합(天干合)하는 글자는 일간이 득(得)하게 된다. 오양간(五陽干)은 정재〔妻〕와 합(合)하고 오음간(五陰干)은 정관〔夫〕과 합(合)하여 유정(有情)하게 된다.

양간(陽干)	정재(妻)	음간(陰干)	정관(夫)
甲	己	乙	庚
丙	辛	丁	壬
戊	癸	己	甲
庚	乙	辛	丙
壬	丁	癸	戊

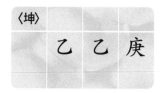

- 庚金은 乙木의 정관(正官)으로 남편이다.
- 남편이 나와 합(合)하기 전에 다른 여자와 합(合)하였다.
- 월간(月干)의 乙木은 비견(比肩)으로 나와 같은 여자이다.

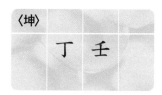

- 정관(正官)이 일간(日干)과 합(合)하니 부부 사이가 좋다.
- 일간(日干)과 합(合)이 되면 유정(有情)하다.

〈坤〉

| 丁 | 壬 | 丁 | |

- 월간(月干) 壬水가 일간(日干)과 합(合)하기 전에 년간(年干)과 먼저 합(合)한다.
- 정관(正官) 壬水가 다른 여자와 먼저 합(合)을 한다.
- 남편이 있어도 없는 것과 같다.
- 일간(日干)의 합(合)은 순위에서 맨 마지막이다.

時	日	月	年
戊	己	甲	戊
辰	巳	子	戌

- 일간(日干) 己土와 甲木이 유정(有情)하다.
- 겁재(劫財)가 두 개 있지만 甲木이 막아준다.
- 정관(正官)이 겁재(劫財)를 제압하고 있다.
- 『자평진전평주』에 나오는 사주이다.

時	日	月	年
癸	戊	丙	己
亥	辰	子	酉

- 子월의 戊土로 팔자가 차다.
- 조후용신(調候用神)으로 丙火를 쓰면 좋다.
- 일간(日干) 戊土는 시간(時干)의 癸水와 합(合)하고 있다.

- 일간(日干)이 팔자의 용신(用神)인 丙火보다 癸水로 향하니 격(格)이 떨어진다.
- 『자평진전평주』에 나오는 사주이다.

쟁합(爭合)과 투합(妬合)이라는 말이 있다. 쟁합은 두 개의 양간(陽干)이 하나의 정재(正財)를 가지고 다투는 것을 말하고, 투합은 두 개의 음간(陰干)이 하나의 정관(正官)을 가지고 다투는 것을 말한다. 그러나 혼동하여 쓰는 경우도 많다.

- 년간(年干)과 일간(日干)의 丙火가 두 개의 辛金을 가지고 다투고 있다.
- 월간(月干)의 辛金은 년간(年干)이 합(合)해 가고 일간(日干)은 시간(時干)과 유정(有情)하다.
- 그래도 일간(日干)은 남에게 빼앗긴 월간(月干) 辛金에 신경이 쓰일 것이다.

- 역시 일간(日干)과 년간(年干)의 丁火가 壬水를 놓고 다툰다.
- 년월간(年月干)이 합(合)하고 일시간(日時干)이 합(合)한다고 보면 된다.

●월간(月干)의 壬水는 비견(比肩)이 가져갔다.

●년간(年干)의 庚金은 월간(月干)의 乙木과 합(合)을 한다.

●庚金은 시간(時干)의 乙木에게도 관심은 있겠지만 거리가 멀다.

●월지(月支)에 酉金이 있는데 시간(時干)의 庚金이 합거(合去)되어 사주
　가 맑아졌다.

●합살류관(合殺留官)이 된 것이다.

●고태위(高太尉)의 사주이다.

●일간(日干) 辛金은 세 개의 丙火와 합(合)하려 한다.

●다부지상(多夫之象)이다.

●여명(女命)에서 가장 꺼리는 유형이다.

●두 개의 乙木이 하나의 庚金과 합(合)하려고 한다.

- 그러나 가까운 글자와 먼저 합(合)하게 된다.
- 년간(年干) 庚金은 시간(時干)의 乙木에게도 마음은 있을 것이다.
- 『자평진전평주』에 나오는 주가보(朱家寶)의 사주이다.

정관(正官)이 합거(合去)되면 귀(貴)하게 되지 못할 것이다. 그러나 일간(日干)이 정관(正官)을 합(合)해 오면 귀(貴)하게 될 것이다. 심효첨은 지지에 있는 정관(正官)이 합(合)으로 묶일 때도 합거(合去)라고 하는 것에 대해 비판하고 있다. 천간과 지지는 다른 것이다. 천간은 마음을 나타내고 지지는 살아가는 현실 환경을 나타낸다. 이곳은 천간합(天干合)을 다루는 곳이므로 지지합(地支合)은 별도로 다룬다.

합화(合化)

천간이 합(合)하여 새로운 합화(合化) 기운을 만들어내는가는 지지의 상황에 달려 있다. 지지에 합화 오행(五行)이 많을수록 합화는 잘 된다. 예를 들어 남녀(男女)가 결혼하여 아이를 낳을 수 있느냐는 현실적인 상황에 달려 있다. 두 사람의 건강 상태나 또는 자녀를 키울 수 있는 환경이 되느냐에 따라 달라질 수 있기 때문이다.

만일 천간에 乙庚합이 있을 때 새로운 오행(五行)인 金을 만들어낼 수 있느냐는 지지에 金의 기운이 강할수록 가능성이 크다. 특히 팔자의 사령부인 월지(月支)가 金이거나 지지에 금국(金局)을 형성하고 있으면 합화(合化)의 좋은 환경이 조성된 것이다.

다음은 서락오의 『자평진전평주』에 나오는 팔자들이다.

- 천간에 乙庚합이 있다.
- 월지(月支)에 酉金이 있고 지지에 金의 기운이 많아 합화(合化)가 되었다.
- 새로운 재성(財星)인 金의 기운이 만들어진다.
- 신약(身弱)한 일간(日干) 입장에서는 좋지 않은 일이다.
- 앞에서 설명한 부잣집에서 태어나 힘들게 살았다는 벙어리의 사주이다.

- 천간에 丁壬합이 있다.
- 월지(月支)가 寅木이므로 합화(合化)가 된다.
- 지지에 木의 기운이 많을수록 합화(合化)가 잘 된다.
- 새로운 인성(印星)을 획득할 수 있다.

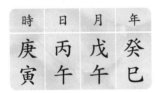

- 戊癸합이 있다.
- 월지(月支)가 午火이고 지지에 火의 기운이 많아 합화(合化)가 잘 될 것이다.
- 합화(合化)되면 비겁(比劫)의 기운이 생성된다.
- 합화(合化)된다고 무조건 좋은 것은 아니다.
- 합화(合化)되어 나빠질 수 있기 때문이다.

- 일간(日干)과 丁火가 합(合)을 한다.
- 일간(日干)이 합(合)한 것은 유정(有情)하게 취할 수 있다.
- 월지(月支)가 卯이니 새로운 木기운도 얻을 수 있다.
- 木은 식상(食傷)으로 새로운 진로를 열 수 있다.

- 甲己합이 되고 월지(月支)가 戌土이다.
- 지지의 土는 未土 > 辰土 > 戌土 > 丑土의 순서로 힘의 차이가 있다.
- 그래서 戌土보다는 未土나 辰土일 때 화(化)가 더 잘 될 것이다.
- 년지(年支)와의 卯戌합도 甲己 합화(合化)에 장애가 되고 있다.
- 순수하지 못하고 불순한 것이다.

時	日	月	年
辛	壬	丁	甲
亥	辰	卯	辰

- 丁壬합이 되고 월지(月支)가 卯木이니 화(化)의 조건을 갖추고 있다.

- 시간(時干)의 辛金이 합화(合化) 기운인 木을 극(剋)하고 있다.

- 辛金의 뿌리가 없다지만 순수하지 못하여 가화격(假化格)이라 한다.

- 운(運)에서 丙火가 와서 辛金을 합거(合去)해 가면 가화격(假化格)이 진화격(眞化格)이 된다.

- 화격(化格)이 되면 화(化) 기운을 돕는 운(運)이 좋다.

論十干得時不旺失時不弱

득시(得時)해도 왕(旺)하지 않고 실시(失時)해도 약(弱)하지 않음

書云, 得時俱爲旺論, 失時便作衰看, 雖是至理, 亦死法也. 然亦可活看. 夫五行之氣, 流行四時, 雖日干各有專令, 而其實專令之中, 亦有竝存者在. 假若春木司令, 甲乙雖旺, 而此時休囚之戊己, 亦嘗艶於天地也. 特時當退避, 不能爭先, 而其實春土何嘗不生萬物, 冬日何嘗不照萬國乎? 況八字雖以月令爲重, 而旺相休囚, 年月日時, 亦有損益之權, 故生月卽値令, 而年時如値祿旺, 豈便爲衰? 不可執一而論. 猶如春木雖强, 金太重而木亦危. 干庚辛而支酉丑, 無火制而晃富, 逢土生而必夭, 是以得時而不旺也. 秋木雖弱, 木根深而木亦强. 干甲乙而支寅卯, 遇官透而能受, 逢水生而太過, 是失時不弱也. 是故十干不論月令休囚, 只要四柱有根, 便能受財官食神而當傷官七殺. 長生祿旺, 根之重者也; 墓庫餘氣, 根之輕者也. 得一比肩, 不如得支中一墓庫, 如甲逢未, 丙逢戌之類. 乙逢戌, 丁逢丑, 不作此論, 以戌中無藏木, 丑中無藏火也. 得二比肩, 不如得一餘氣, 如乙逢辰, 丁逢未之類. 得三比肩, 不如得一長生祿刃, 如甲逢亥子寅卯之類. 陰長生不作此論, 如乙逢午, 丁逢酉之類, 然亦爲明根, 比得一餘氣. 蓋比劫如朋友之相扶, 通根如室家之可住; 干多不如根重, 理固然也. 今人不知命理, 見夏水冬火, 不問有無通根, 便爲之弱. 更有陽干逢庫, 如壬逢辰, 丙坐戌之類, 不以爲水火通根身庫, 甚至求刑衝開之. 此種謬論, 必宜一切掃除也.

득시(得時)란 천간의 오행(五行)이 월지(月支)의 계절과 같은 오행일 때를 말한다. 득시(得時)하면 왕(旺)하고, 실시(失時)하면 쇠(衰)하다. 예를 들어 甲木이나 乙木이 봄철에 태어나면 왕(旺)하다. 반면 庚金이나 辛金이 봄철에 태어나면 쇠(衰)할 것이다. 왕(旺)하다고 좋고 쇠(衰)하다고 나쁘다는 것은 아니다. 명리(命理)를 공부하는 사람은 세상을 선악(善惡)으로 보지 말고 서로간의 차이로 보아야 한다.

강약(强弱)과 왕쇠(旺衰)를 구별해야 한다. 강약 판별은 통근(通根)으로 하고, 왕쇠 판별은 왕상휴수사(旺相休囚死) 또는 12운성으로 한다.

그렇다면 강약(强弱)과 왕쇠(旺衰)는 어떻게 다른가?

강약은 체격(體格)으로, 왕쇠는 체력(體力)으로 이해하면 좋다. 체격은 키·몸무게·가슴둘레 등 외형을 보는 것이고, 체력은 달리기·턱걸이·윗몸 일으키기 등의 힘을 측정하는 것이다. 체격은 좋으나 체력이 약한 경우도 있고, 체격은 작으나 체력이 강한 경우도 있다. 팔자에서도 두 가지를 구별해서 보아야 한다. 그렇지 않으면 서로 다른 관점에서 각각 다른 이야기를 하며 논쟁을 하게 된다.

지구는 사계절운동을 하므로 봄에는 金이 약하고 가을에는 木이 약하다. 겨울에는 火가 약하고 여름에는 水가 약하다. 약하다는 말은 보이지 않게 안에서 활동하고 있을 때이니 겉으로 드러나지 않았다는 말이다. 음(陰)과 양(陽)은 서로 안과 밖을 교대하며 일을 하고 있다.

봄에는 木기운이 드러나고 金기운은 내부에서 활동을 한다. 가을에는 金이 밖에서 활동하고 木은 내부에서 활동한다. 여름과 겨울에도 마찬가지이다. 눈에 보이지 않는다고 해서 없는 것이 아니다.

일간(日干)이 월령(月令)을 얻으면 왕(旺)하다. 그러나 팔자는 전체의 상황을 보아야 하므로 왕(旺)하더라도 약(弱)할 수 있다. 예를 들어 甲乙木이 봄철에 태어나면 왕(旺)하다. 그러나 팔자의 다른 곳에 庚辛金이 있고 지지에 금국(金局)이 형성되어 있다면 甲乙木은 약(弱)할 수 있다. 반대로 甲乙木이 가을에 태어났다고 하더라도 천간에 甲乙木이 있고 지지에 목국(木局)을 이루면 결코 약(弱)하지 않다. 즉 왕(旺)하면서 약(弱)할 수 있고, 쇠(衰)하면서 강(强)할 수도 있다.

왕쇠(旺衰) 강약(强弱)을 다시 정리하면 일간(日干)과 같은 계절에 태어나면 득시(得時)하였으니 왕(旺)하고, 그렇지 못하면 실시(失時)하였으니 쇠(衰)하다. 왕상휴수사(旺相休囚死)에서 왕상(旺相)은 왕(旺)으로, 휴수사(休囚死)는 쇠(衰)로 줄여서 표현하기도 한다. 그러나 태어난 계절로 판별하는 왕쇠(旺衰)하고는 다르게 강약(強弱)은 팔자 내의 통근(通根)의 여부에 따라 달라진다.

강약(強弱)은 통근(通根)으로 판단한다. 통근하면 강해진다. 뿌리 없이 떠 있는 천간의 글자보다는 묘지(墓地)에라도 통근한 것이 더 강하다. 물론 건록(建祿)이나 제왕(帝旺)에 뿌리를 내리면 강하다. 그리고 장생(長生)에 뿌리를 내려도 강하다. 甲木은 未에 통근하고, 丙火는 戌에서 묘지(墓地)이지만 통근이 되어 기(氣)는 약하더라도 버틸 수 있다. 그러나 같은 묘지(墓地)라도 乙木이 戌을 만나거나, 丁火가 丑을 만나면 통근이 안 되니 힘이 없다. 그래서 왕쇠(旺衰)를 다루는 12운성과 강약(強弱)을 다루는 통근을 잘 구분하여야 한다.

심효첨은 "천간에 떠 있는 비견比肩과 겁재劫財는 친구의 도움과 같고, 지지에 뿌리를 내린 것은 가족의 도움과 같다."고 했다. 통근(通根)을 혈연관계인 가족에 비유하며 통근의 중요성을 강조하였다. 네 개의 기둥이 모두 辛卯 또는 丙申으로 된 팔자는 천원일기(天元一氣)가 되었다고 해도 통근하지 못하여 신약(身弱)하다고 본다.

- 천간이 모두 같은 글자로 천원일기(天元一氣)가 되었다.
- 그러나 통근(通根)하지 못하여 약하다.

천간의 글자는 같은 오행(五行)의 방합(方合)과 삼합(三合)에 통근(通根)한다. 丙火라면 寅午戌과 巳午未에 통근하는 것이다. 그러나 통근을 했더라도 통근한 지지의 글자에 따라 힘이 달라질 것이고, 또 통근한 글자가 온전한지 아니면 주변 글자와 형충파해(刑沖破害) 되었는지에 따라 통근의 세기(勢氣)가 달라지게 된다.

명리(命理)를 공부할 때는 이론이 먼저 정리가 되어 있어야 한다. 이론이 어느 정도 정리가 된 후 팔자를 보는 연습을 해야 한다. 이론의 정리도 안 되었으면서 팔자 풀이를 하려는 것은 걷지도 못하면서 뛰려고 하는 것과 같다.

論刑沖會合解法

형충회합(刑沖會合) 해법(解法)에 대하여

刑者, 三刑也, 子卯巳申子類是也. 沖者, 六沖也, 子午卯酉之類是也, 會者, 三會也, 申子辰之類是也. 合者, 六合也, 子與丑合之類是也. 此皆以地支宮分而言, 系對射之意也. 三方爲會, 朋友之意也. 竝對爲合, 比鄰之意也. 至於三刑取廐, 姑且闕疑, 雖不知其所以然, 於命理亦無害也. 八字支中, 刑沖俱非美事, 而三合六合, 可以解之. 假如甲生酉月, 逢卯則沖, 而或支中有戌, 則卯與戌合而不沖 ; 有辰, 則酉與辰合而不沖 ; 有亥與未, 則卯與亥未會而不沖 ; 有巳與丑, 則酉與巳丑會而不沖. 是會合可以解沖也. 又如丙生子月, 逢卯則刑, 而或支中有戌, 則與戌合而不刑 ; 有丑, 則子與丑合而不刑 ; 有亥與未, 則卯與亥未會而不刑 ; 有申與辰, 則子與申辰會而不刑. 是會合可以解刑也. 又有因解而反得刑沖者, 何也? 假如甲生子月, 支逢二卯相竝, 二卯不刑一子, 而支又逢戌, 戌與卯合, 本爲解刑, 而合去其

一, 則一合而一刑, 是因解而反得刑沖也. 又有刑沖而會合不能
解者, 何也? 假如子年午月, 日坐丑位, 丑與子合, 可以解沖, 而
時逢巳酉, 則丑與巳酉會, 而子複沖午; 子年卯月, 日坐戌位,
戌與卯合, 可以解刑, 而或時逢寅午, 則戌與寅午會, 而卯複刑
子. 是會合而不能解刑沖也. 更有刑沖而可以解刑者, 何也? 蓋
四柱之中, 刑沖俱不爲美, 而刑沖用神, 尤爲破格, 不如以另位
之刑沖, 解月令之刑沖矣. 假如丙生子月, 卯以刑子, 而支又逢
酉, 則又與酉沖不刑月令之官. 甲生酉月, 卯日沖之, 而時逢子
立, 則卯與子刑, 而月令官星, 之無力, 雖於別宮刑沖, 六親不無
刑剋, 而月官猶在, 其格不破. 是所謂以刑沖而解刑沖也.

형충회합(刑沖會合)이란 무엇인가? 형(刑)은 삼형(三刑)과 子卯형 또
는 자형(自刑)을 말하고, 충(沖)은 子午충이나 卯酉충 같은 여섯 개의
충(沖)을 말한다. 회(會)는 삼합(三合)·방합(方合)·반합(半合)을 말하
고, 합(合)은 子丑합·午未합 등 지지 육합(六合)을 말한다. 형충회합
(刑沖會合)은 지지에서만 사용하는 용어이다.

형(刑)

	木	火	金	水
방합(方合)	寅卯辰	巳午未	申酉戌	亥子丑
삼합(三合)	申子辰	寅午戌	巳酉丑	亥卯未
	水	火	金	木

형(刑)은 앞의 표에서 보듯이 방합(方合)과 삼합(三合)의 불균형에서 나온다. 방합의 글자와 삼합의 글자를 위 아래로 이어보면 형(刑)이 되는 글자가 나온다.

서락오는 『자평진전평주』에서 〈음부경(陰符經)〉의 말을 인용하여 다음과 같이 말했다.

"삼형三刑은 삼회三會에서 나온 것이다. 寅卯辰 방합方合이 申子辰 삼합三合의 水를 만나면 수생목水生木하여 왕성한 木이 더욱 강해져서 중화中和의 도道를 잃게 되니 申은 寅을 형刑하고, 子는 卯를 형刑하며, 辰은 辰을 스스로 형刑한다. 巳午未 방합方合의 火는 寅午戌 삼합三合의 火를 만나면 火가 더욱 강해져서 중화中和를 잃게 된다. 그래서 寅은 巳火를 형刑하고, 午는 午를 형刑하며, 戌은 未를 형刑하게 된다. 申酉戌 방합方合은 巳酉丑 삼합三合을 만나면 金이 더욱 강해져서 중화中和를 잃어 巳가 申을 형刑하고, 酉가 酉를 형刑하며, 丑이 戌을 형刑하게 된다. 亥子丑 방합方合이 亥卯未 木의 삼합三合을 만나면 木이 더욱 왕旺해져서 중화中和를 잃어 亥는 亥를 형刑하고, 子는 卯를 형刑하며, 丑은 未를 형刑하게 된다."

앞의 표를 설명한 것이다.

팔자에서 형(刑)은 긍정적 효과를 기대하며 벌을 가하는 것과 같다. 꾸중이나 충고 또는 사랑의 매뿐만 아니라 심하면 감옥에 보내는 것도 형(刑)이다. 모두 나쁜 감정을 가지고 하는 것은 아니고 좋은 결과를 기대하면서 내리는 형벌(刑罰)이다. 아픈 몸에 더 좋은 결과를 기대하며 수술을 하는 것도 형(刑)에 속한다. 형(刑)은 언제 어디서나 일어날 수 있다. 부모나 선생님들이 하는 잔소리 또한 형(刑)이다.

형(刑)은 가장 빈번하게 일어나니 형충파해(刑沖破害) 중에서 맨 앞 자리를 차지하였다고 본다. 寅申巳나 丑戌未 등 삼형(三刑)은 벌(罰)이 중(重)할 것이고 자형(自刑)은 경(輕)할 것이다. 잘 되라고 한 형벌(刑 罰)이지만 그 결과는 예측할 수 없다. 오히려 역효과가 날 수도 있다. 巳申은 형(刑)도 되고 합(合)도 되지만, 寅申은 형(刑)이 되면서 충(沖) 이 된다. 이러한 형(刑)에 대한 결과는 형(刑)이 동(動)했을 때 일어나는 지장간의 개고(開庫) 현상으로 설명할 수 있다.

- 丑戌형이 있다.
- 丑戌형이 동(動)하면 戌에서 개고된 戊土가 년간(年干)의 癸水를 합거 (合去)할 것이다.
- 해당 기간에 정관(正官)이 위태로울 수 있다.
- 丑戌형이 되면 일간(日干) 丙火와 시간(時干) 丁火의 입묘(入墓) 현상도 예상된다.
- 또 戌 중 戊土가 합거(合去)되니 식신(食神) 戊土는 사라질 위험에 처 한다.

- 丑戌未삼형이 있다.

- 丑戌未삼형이 동(動)하면 丁壬합거와 戊癸합거가 예상된다.

- 정관(正官)과 겁재(劫財)가 사라질 수 있다.

- 일지(日支) 丑土가 합거(合去)로 깨지면 일간(日干)의 뿌리도 사라진다.

충(沖)

형(刑)이 잘 되기 위해서 가하는 일방적인 벌(罰)이라면 충(沖)은 정면 충돌이다. 마주보고 싸우는 권투 시합이나 축구 시합이 모두 충(沖)이다. 형(刑)과 충(沖)은 소란이나 소동을 동반하지만 발전의 원동력이 될 수도 있다. 꾸중이나 형벌을 통해 좋은 결과를 얻을 수도 있고, 충(沖)이라는 경쟁을 통해 발전하니 자발적으로 충(沖)이나 형(刑)을 가하기도 한다. 그러므로 팔자에 충(沖)이 있으면 싸우는 환경 속에서 살아가게 되니 승부욕이 강할 것이다.

같은 충(沖)이라도 생지(生地)의 충(沖)인 寅申충과 巳亥충, 왕지(旺地)의 충(沖)인 子午충과 卯酉충 그리고 묘지(墓地)의 충(沖)인 辰戌충과 丑未충은 서로 차이가 있다.

생지(生地)의 충(沖)은 어린이의 싸움과 같아 빈번하지만 큰 타격은 없고, 왕지(旺地)의 충(沖)은 성인의 싸움과 같으니 승리한다 하여도 부상 등 많은 손실이 따를 수 있다. 그러나 묘지(墓地)의 충(沖)은 강하지 않다. 辰戌丑未가 원래 전환기이니 개성이 없는데다가 속도도 느리므로 다치더라도 부상이 가볍다.

팔자에 충(沖)이 있으면 형(刑)과 마찬가지로 동(動)할 때 개고(開庫) 현상이 일어난다. 개고(開庫) 현상이란 지장간이 드러나는 현상이다. 천간이 '드러난 마음'이라면 지장간은 '숨어 있는 마음'을 나타낸다. 그러므로 형충(刑沖)에 의한 지장간의 개고(開庫)를 통해 '숨어 있는 마음'도 모두 드러나게 된다. 그래서 남에게 야단을 치거나 싸움을 하는 사람들을 보면 그 사람들의 속마음을 모두 알 수 있다.

방합(方合)과 삼합(三合)

방합과 삼합을 이해하기 위해서는 체용(體用)을 구분할 수 있어야 한다. 체용은 명리(命理)의 기본 과정에 속하는 데도 의외로 많은 사람이 소홀히 취급하고 있음을 본다. 아마 복잡하지 않았던 전통사회에서는 구태여 체용을 구분할 필요가 없었을지도 모른다.

체(體)가 건물이라면 용(用)은 건물의 용도이다. 체가 가족이라면 용은 직업이다. 방합(方合)이 체라면 삼합(三合)은 용이다. 방합을 '가족의 합'이라고 하고, 삼합을 '사회적인 합'이라고 한다.

지지의 글자는 체(體)로 쓰일 때와 용(用)으로 쓰일 때 각각 다른 의미를 가지고 있으니 구분하여야 한다. 寅卯辰이나 亥卯未를 木이 강해진다고만 해서는 안 되고, 삼합(三合)과 방합(方合)의 차이를 구분할 수 있어야 한다. 방합은 체(體)의 영역인 '가족의 일'을 다룬다. 삼합은 용(用)의 영역인 '사회적인 일'을 다룬다. 각 지지 글자의 체용(體用) 구분은 방합과 삼합을 기준으로 하면 쉽다.

지지	寅	卯	辰	巳	午	未	申	酉	戌	亥	子	丑
체(體)	木	木	土	火	火	土	金	金	土	水	水	土
용(用)	火	木	水	金	火	木	水	金	火	木	水	金

　　그래서 가족이나 동창 또는 문중 등을 나타내는 체(體)의 영역인지 아니면 직업이나 진로, 적성 등을 나타내는 사회적인 용(用)의 영역인지 각 지지의 체용(體用)을 구분해서 살펴야 한다. 庚金 일간(日干)이라면 지지에 寅이 있을 때, 체(體)의 영역에서는 재성(財星)이 되지만 용(用)의 영역에서는 관성(官星)이 되는 것이다. 가정에서의 역할과 사회에서의 역할이 달라진다.

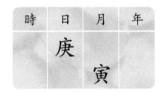

- 寅은 체(體)의 영역으로는 木이지만 용(用)의 영역에서는 火이다.
- 용(用)의 영역은 지장간 중기와 관련이 있다.
- 사회적 활동 등을 볼 때는 용(用)의 영역을 적용해야 한다.
- 지장간 중기가 丙火이니 편관(偏官)의 일이 적성에 맞다.

반합(半合)

　　삼합(三合)의 세 글자 중에서 두 글자만 있으면 반합(半合)이라고 한다. 삼합이나 반합은 지장간 중기의 오행(五行)이 같은 지지의 모임이다. 지지에서 글자끼리의 관계를 볼 때는 암합(暗合)도 살펴야 한다.

암합(暗合)은 보이지 않는 끈끈한 정(情)과 같은 것이다. 亥卯나 酉丑은 반합(半合)이기는 하지만 암합이 없어 같은 일을 할지라도 인간적인 정(情)은 없다.

巳酉반합과 酉丑반합 巳丑반합도 있는 글자 그대로 설명하면 된다. 모두 금국(金局)을 이루지만 巳酉반합은 생지(生地)와 왕지(旺地)의 글자가 만났고, 酉丑반합은 왕지(旺地)와 묘지(墓地)의 글자가 만났다. 巳丑반합은 생지(生地)와 묘지(墓地)의 글자가 만난 것이다. 생지(生地)는 시작하려는 기운이고, 왕지(旺地)는 최고에 도달한 기운이고, 묘지(墓地)는 마무리하는 기운이다.

반합(半合)은 하나의 글자가 빠져 완전한 삼합(三合)이 되지 못했지만 빠진 글자가 운(運)에서 오면 삼합(三合)이 된다. 또 반합(半合)의 두 글자가 있고 해당 반합(半合)의 오행(五行)의 글자가 천간에 투출했을 때는 그만큼 힘이 더 강해진다. 지지는 살아가는 환경이고 천간은 하고자 하는 마음이니, 천간과 지지가 결합이 될 때 더 큰 힘이 생기는 것은 당연하다.

- 일간(日干)은 巳酉반합에 뿌리를 두었다.
- 반합(半合)은 사회적인 활동을 하는 용(用)의 영역이다.
- 庚金이 일할 터전이 두 곳이다.

●천간에는 甲己합이 있고, 지지에는 子丑합이 있다.

●천지합(天地合)이 되었다.

●천간에 丙辛합이 있고, 지지에 乙庚암합이 있다.

●천지합(天地合)이 되었다.

●甲木은 午 중 己土와 壬水는 午 중 丁火와 명암합(明暗合)을 하고 있다.

●합(合)의 종류는 다양하다.

●辛金은 巳 중 丙火와 癸水는 巳 중 戊土와 합(合)이 되었다.

●천간과 지장간이 명암합(明暗合)이 된 것이다.

- 丁火는 亥 중 壬水와 합(合)하고 辛金은 巳 중 丙火와 합(合)한다.
- 교호상합(交互相合)이라고 한다.
- 이렇게 다양한 합(合)이 있다.

　과거에는 팔자의 형충파해(刑沖破害)를 특히 꺼렸다. 농경사회에서는 관리든지 농민이든지 안정된 삶을 추구했다. 지금도 모든 부모는 자식들이 기복 없이 순탄한 삶을 살기를 원한다. 그러나 형충파해(刑沖破害)가 없는 팔자는 없다. 팔자에 없더라도 운(運)에서 언제든지 일어날 수 있다.

　팔자에 형충(刑沖)이 있어도 해소되는 경우가 있다.

- 卯酉충과 卯戌합이 있다.
- 팔자 내에서 충(沖)은 합(合)으로 해소될 수 있다.
- 그래서 합(合)과 충(沖)이 없는 것처럼 된다.
- 그러나 운(運)에서 동(動)하게 되면 충(沖)과 합(合)이 모두 일어난다.

時	日	月	年
	甲		
	辰	酉	卯

- 卯酉충과 辰酉합이 있다.

- 충(沖)은 합(合)으로 풀 수 있다.

- 팔자에서는 충(沖)이나 합(合)이 없는 것처럼 된다.

- 그러나 운(運)에서 동(動)하면 충(沖)과 합(合)이 모두 일어난다.

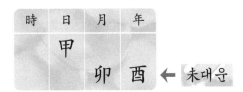

時	日	月	年
	甲		
		卯	酉	← 未대운

- 팔자에 卯酉충이 있다.

- 未대운이 오면 卯未합으로 卯酉충이 풀어진다.

- 亥대운에도 亥卯반합이 되어 충(沖)이 해소된다.

時	日	月	年
	甲		
		酉	卯	← 巳대운

- 卯酉충은 巳대운에 巳酉반합으로 해소된다.

- 丑대운이 와도 酉丑반합으로 충(沖)이 해소된다.

- 심효첨의 설명이다.

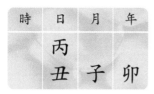

●子卯형은 子丑합으로 해소된다.

●형(刑)이 합(合)으로 해소된 예이다.

●형(刑)이 합(合)으로 해소된다는 것은 심효첨의 견해이다.

●卯戌합과 子卯형이 있다.

●子卯형이 卯戌합으로 해소되었다.

●형(刑)은 합(合)으로 해소된다.

●심효첨은 형(刑)이 합(合)도 풀고 충(沖)도 푼다고 한다.

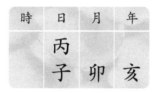

●亥卯반합이 있다.

●子卯형은 亥卯반합으로 해소되었다.

●그러나 운(運)에서 동(動)하면 반합(半合)이나 형(刑)이 모두 일어난다.

●未가 있어도 卯未반합이 되어 子卯형이 해소된다.

時	日	月	年
丙	辰	子	卯

- ●子卯형은 子辰반합으로 해소된다.
- ●辰 대신에 申이 있어도 申子반합으로 형(刑)이 해소된다.
- ●팔자 원국과 대운인 체(體)의 영역에서 그렇다.
- ●세운 등 용(用)의 영역에서 동(動)하면 형(刑)과 합(合)이 모두 일어난다.

체(體)와 용(用)에 대해서는 앞에서 언급했다. 팔자의 원국이 체라면 대운(大運)은 용이다. 팔자 원국과 대운이 체라면 세운(歲運)이나 월운(月運)은 용이다. 체와 용의 구분 없이는 팔자의 학습 과정이 뒤틀리기 쉽다. 심효첨이 말하는 합(合)이 형충(刑沖)을 해소한다는 것은 체의 영역에서이다. 팔자 원국이나 대운에서 형(刑)이나 충(沖)이 있을 때 합(合)으로 해소될 수 있다. 그러나 용의 영역인 세운이나 월운에서는 팔자나 대운에 있는 모든 형충(刑沖)들이 근묘화실(根苗花實) 순서대로 일어난다. 형충(刑沖)을 합(合)으로 해소하느냐 못하느냐의 논쟁도 결국 기본적인 체와 용의 구분을 못하는 데에서 온다.

체(體)	용(用)
팔자 원국	대운
팔자 원국과 대운	세운 또는 월운

- 子午충과 申子辰 삼합(三合)이 있다.
- 체(體)의 영역인 팔자 원국에서 子午충은 없는 것처럼 된다.
- 그러나 용(用)의 영역인 세운 등에서는 子午충도 일어난다.
- 『자평진전평주』에 주석이었던 소력자(邵力子)의 사주로 나와 있다.

- 巳酉반합과 卯酉충이 있다.
- 巳酉반합이 卯酉충을 해소하였다.
- 서락오는 반합(半合)이 지지 충(沖)을 해소한다고 보았다.
- 팔자 원국 체(體)의 영역에서이다.
- 절강성(浙江省) 장군 양선덕(楊善德)의 사주이다.
- 『자평진전평주』에 나온 사주이다.

時	日	月	年
丙	乙	辛	戊
戌	卯	酉	午

- 卯酉충과 卯戌합이 있다.
- 원국에서 합(合)으로 충(沖)이 해소되었다.

●『자평진전평주』에 나오는 육영정(陸榮廷)의 사주이다.

●두 개의 卯가 있어 子를 형(刑)하려고 한다.

●그러나 두 개의 卯는 하나의 子를 형(刑)하지 못한다.

●형(刑)이 없는 것과 같다.

●『자평진전』에 나오는 설명이지만 어색하다.

●卯戌합과 子卯형이 있다.

●두 개의 卯가 子를 형(刑)하니 형(刑)이 되지 않는다.

●『자평진전』의 설명이지만 억지스러운 면이 있다.

●하나의 卯를 묶으니 년월지(年月支)가 子卯형이 된다.

●하나의 형(刑)을 해소하는 것이 도리어 형(刑)을 만들었다.

●인문학은 이공계처럼 공식화하기 힘들 때가 많다.

●戌未형과 辰戌충이 있다.

●두 개의 戌이 하나의 未를 형(刑)하지 못한다.

●辰戌충으로 戌未형이 다시 성립된다.

●『자평진전평주』의 설명이다.

時	日	月	年
庚	丙	甲	丙
寅	午	午	子

●한 개의 子가 두 개의 午를 충(沖)하지 못한다.

●寅午합으로 子午충이 성립되었다.

●『자평진전평주』에 나오는 서락오의 설명이지만 역시 어색하다.

●세월(歲月)의 운(運)에서는 子午충과 午午형 그리고 寅午반합이 모두
  일어난다.

時	日	月	年
	丑	午	子

●子午충이 있다.

●년일지(年日支)가 子丑합이 되어 子午충을 해소한다.

●조부와 부친은 사이가 안 좋은데 조부와 나는 사이가 좋다.

●나로 인하여 조부와 부친의 충(沖)이 없어졌다.

時	日	月	年
酉	丑	午	子

- 子丑합보다 酉丑합이 더 우선한다.
- 가까운 것이 더 영향력이 크다.
- 나와 자식과의 관계가 더 유정(有情)하다.
- 그래서 子午충이 다시 성립한다.
- 용(用)의 영역에서는 子午충 丑午원진, 酉丑반합이 모두 일어난다.

- 원국에서 子卯형은 卯戌합으로 해소되었다.
- 형(刑)이 합(合)으로 해소되었다는 심효첨의 설명이다.

- 子卯형 卯戌합 午戌반합이 있다.
- 午戌반합으로 子卯형은 다시 성립한다.
- 심효첨의 설명이다.

지지에서 일어나는 형충파해(刑沖破害)나 회합(會合)은 복잡하다. 지지의 변화는 현실에서 일어나는 일들을 나타낸다. 일상에서 알게 모르게 일어나는 모든 일들은 지지의 형충파해(刑沖破害)와 관련이 있다.

앞에서 이야기했듯이 팔자를 크게 두 부분으로 나누면 년주(年柱)와 월주(月柱) 그리고 일주(日柱)와 시주(時柱)로 나눌 수 있다. 그래서 지지의 글자들의 관계도 년지와 월지, 그리고 일지와 시지가 더 밀접한 관계가 있다. 지구 공전과 자전의 차이이기도 하고 부모 밑에서 사는 시기와 부모로부터 독립하여 살아가는 시기가 다르기 때문이다.

시주(時柱)	일주(日柱)	월주(月柱)	년주(年柱)
자전		공전	
나와 자식		부모와 형제	

같은 충(沖)이라도 다음과 같은 경우 모두 다르게 나타나니 잘 살펴야 한다.

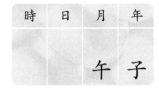

● 午월에 태어났다.
● 팔자의 본부는 월령(月令)이니 子水는 약하다.
● 午가 子를 충(沖)하는 모습으로 나타난다.
● 내 팔자에서는 부모(父母)가 중심이고 조부모(祖父母)는 힘을 잃는다.

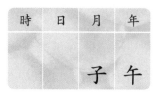

時	日	月	年
		子	午

●子월에 태어났다.

●子월에 태어나면 년지(年支)의 午火는 약하다.

●子가 午를 충(沖)하게 된다.

●조부모(祖父母)와 부모(父母)와의 갈등이다.

●부모(父母)가 일찍 집을 떠났을 수 있다.

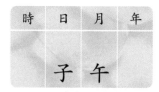

時	日	月	年
	子	午	

●午월에 태어나서 子水는 약하다.

●내가 일찍 부모와 떨어져 살아간다.

●午火가 子水를 극(剋)하는 모습이다.

●삶이란 어차피 부모로부터 독립하는 과정이다.

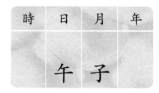

時	日	月	年
	午	子	

●子월에 태어나서 午火는 약하다.

●子水가 午火를 극(剋)한다.

●오행(五行)의 생극제화(生剋制化)는 이상적인 우주운동이다.

●부모(父母)와 내가 무정(無情)하다.

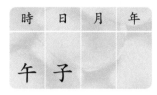

●나와 자식의 자리가 충(沖)이다.

●자식이 일찍 떨어져서 살 수 있다.

●함께 있으면 자식과의 갈등이 생길 수 있다.

●가정의 분란도 있을 수 있다.

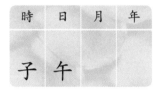

●한밤중에 태어났다.

●일주(日柱)와 시주(時柱)에서는 자식 중심의 삶이 펼쳐진다.

●자식과의 갈등은 고민을 가져다 줄 수 있다.

●辰酉합과 巳亥충이 있다.

●조부(祖父)와 부모(父母)는 무정(無情), 나와 자식은 유정(有情)이다.

●巳酉반합을 부모와 나와 유정(有情)으로 볼 수 없다.

●반합(半合)은 사회적인 합(合)으로 용(用)의 영역이기 때문이다.

●가업(家業)을 이어받을 수는 있다.

●『자평진전평주』에 나오는 조철교(趙鐵橋)의 사주이다.

- 월지(月支)와 일지(日支)의 체(體)가 金이다.

- 부모(父母)와 나의 유정(有情)이다.

- 방합(方合)은 체(體), 삼합(三合)은 용(用)이다.

- 방합(方合)은 가족의 합(合)이고, 삼합(三合)은 사회적인 합(合)이다.

- 丑未충과 午未합 그리고 子午충이 있다.

- 午未합이 丑未충을 해소하였는데 子午충이 있어 다시 丑未충이 살아
  났다.

- 『자평진전평주』의 설명이다.

- 조부(祖父)와 부모(父母)의 무정(無情), 나와 부모의 유정(有情), 나와
  자식의 무정(無情)이다.

- 용(用)의 영역인 세운(歲運)이나 월운(月運)에서는 충(沖)과 합(合)이
  모두 일어난다.

- 子卯형과 卯酉충이 있다.

- 월지(月支)는 팔자의 본부이니 월지(月支)를 형충(刑沖)하면 삶이 불안 해진다.

- 부모 형제궁이 형(刑)을 당했기 때문이다.

- 청소년 성장기가 불안하다.

- 卯酉충이 子卯형을 해소한다는 『자평진전(子平眞詮)』의 설명이다.

- 卯酉충과 子卯형이 있다.

- 子卯형이 卯酉충을 약화시켰다는 심효첨의 설명이다.

- 형(刑)이 다른 충(沖)을 해소했다는 것이다.

- 부모(父母)와 나의 충(沖), 나와 자식의 형(刑)으로 글자 그대로 보는 것이 좋다.

- 충(沖)은 싸움, 형(刑)은 갈등으로 본다.

팔자는 태어날 때 정해지는 운명의 구성 성분이다. 성장하면서 풍수 나 사람 등 주변 환경에 의해 영향을 받지만 팔자의 성분은 변하지 않는다. 음식을 만들거나 건물을 지을 때 원재료는 중요하다. 그러나 원재료가 같아도 만드는 사람의 솜씨에 따라 달라질 수 있다. 환경의 중요성이다. 재료가 나빠도 좋은 요리사를 만나면 맛이 좋아질 수 있고, 재료가 좋아도 서툰 요리사를 만나면 맛이 없을 수 있다. 팔자도 중요하지만 환경도 영향을 끼친다. 명리(命理)를 공부한 사람은 하기 싫은 일이나 꺼려지는 사람은 피하는 것이 바람직하다.

●子卯형과 卯戌합이 있다.

●子卯형을 卯戌합이 해소했다는 『자평진전평주』의 설명이다.

●해군총장 두석규(杜錫珪)의 사주이다.

●辰酉합과 卯酉충이 있다.

●충(沖)이 합(合)을 풀었다.

●합(合)은 합(合)이 풀거나 충(沖)이 풀 수 있다.

●조부와 부친의 유정(有情), 나와 부친의 무정(無情)으로 본다.

時	日	月	年
丙	辛	壬	丁
申	巳	寅	酉

- 寅申巳 삼형(三刑)이 있다.
- 寅巳형 巳申형으로도 볼 수 있다.
- 형(刑)은 갈등을 의미하니 삶이 안정적이지는 못하다.

형충(刑沖)이 나쁘다는 말이 있다. 그러나 명리(命理)에서는 좋고 나쁨보다는 서로간의 차이라고 보는 것이 좋다. 사회를 구성하기 위해서는 다양한 사람들이 필요하다. 직업에 귀천이 없다는 말과 같다. 천하다고 말해지는 직업이 없으면 사회가 어찌 될 것인가? 각자가 하고 싶은 일이 다르니 팔자대로 자기의 삶에 충실하면 행복하다.

기신(忌神)을 형충(刑沖)하는 운(運)에는 좋을 것이고, 희신(喜神)을 형충(刑沖)하는 운(運)이 오면 고통을 받을 것이다. 또 희신이나 기신도 운(運)에 의해 변할 수 있다. 문제는 희신과 기신을 구별하는 방법을 모르는 사람이 많다는 것이다. 특이한 비법(秘法)이란 있을 수 없다. 체계적으로 제대로 배운 후 열심히 연습하면 누구나 감(感)이 생길 것이다. 비법은 배울 수 있는 것이 아니라 부지런히 연습할 때 생긴다. 필자는 오랜 시간 영어를 가르쳐왔기 때문에 새로운 학생을 보면 몇 가지를 물어보고 적어도 2~3분 안에 영어 실력을 파악할 수 있었다. 명리(命理)도 그랬으면 좋겠다.

時	日	月	年
丙	庚	丁	辛
子	午	酉	卯

- 양인격(陽刃格)이고 卯酉충과 子午충이 있다.
- 충(沖)은 경쟁력이다.
- 酉월에 庚金이 강한 관살(官殺) 속에서 견디고 있다.
- 酉월의 辛金 겁재(劫財) 또한 힘들게 버티고 있다.
- 그러나 庚辛金은 월지(月支)에 뿌리를 내려 튼튼하다.
- 팔자의 본부인 월지(月支)는 충(沖)으로 깨지지 않는다.
- 치열한 삶을 살았을 것으로 본다.
- 청나라 건륭황제(乾隆皇帝)의 사주이다.

時	日	月	年
己	丁	甲	戊
酉	卯	寅	辰

- 寅卯辰 방합과 卯酉충이 있다.
- 천간에 甲木이 투출하여 인성(印星)의 기운이 강하다.
- 인성(印星)으로 강해진 일간(日干)은 식상(食傷)과 재(財)를 사용할 수 있다.
- 卯酉충이 동(動)하면 강한 방합(方合)을 동(動)하게 할 것이다.
- 중화민국 주석 임삼(林森)의 사주이다.

용신론
(用神論)

제2부

論用神

용신(用神)에 대하여

八字用神, 專求月令, 以日干配月令地支, 而生剋不同, 格局分焉. 財官印食, 此用神之善而順用之者也; 殺傷劫刃, 用神之不善而逆用之者也. 當順而順, 當逆而逆, 配合得宜, 皆爲貴格. 是以善而順用之, 則財喜食神以相生, 生官以護財; 官喜透財以相生, 生印以護官; 印喜官殺以相生, 劫才以護印; 食喜身旺以相生, 生財以護食. 不善而逆用之, 則七殺喜食神以制伏, 忌財印以資扶; 傷官喜佩印以制伏, 生財以化傷; 陽刃喜官殺以制伏, 忌官殺之俱無; 月劫喜透官以制伏, 利用財而透食以化劫. 此順逆之大路也. 今人不知專主提綱, 然後將四柱干支, 字字統歸月令, 以觀喜忌, 甚至見正官佩印, 則以爲官印雙全, 與印綬用官者同論; 見財透食神, 不以爲財逢食生, 而以爲食神生財, 與食神生財同論; 見偏印透食, 不以爲泄身之秀, 而以爲梟神奪食, 宜用財制, 與食神逢梟同論; 見殺逢食制而

露印者, 不爲去食護殺, 而以爲殺印相生, 與印綬逢殺者同論;
更有殺格逢刃, 不以爲刃可幇身制殺, 而以爲七殺制刃, 與陽
刃露殺者同論. 此皆由不知月令而妄論之故也. 然亦有月令無
用神者, 將若之何? 如木生寅卯, 日與月同, 本身不可爲用, 必
看四柱有無財官殺食透干會支, 另取用神;然終以月令爲主,
然後尋用, 是建祿月劫之格, 非用而卽用神也.

팔자용신전구월령(八字用神專求月令)

팔자의 용신(用神)은 오로지 월령(月令)에서 구한다. 『자평진전(子平
眞詮)』의 용신론(用神論)에서 말하고자 하는 핵심 구절이다. 용신이란
팔자에서 유용하게 사용되는 신(神)이라는 뜻이며, 쓰임에 따라 격국용
신(格局用神)·조후용신(調候用神)·억부용신(抑扶用神)·통관용신(通關
用神)·전왕용신(專旺用神) 등 다양한 용신이 있다. 그래서 용신이란 말
을 쓸 때는 어느 용신을 말하는 것인지 알고 써야 혼란이 없다. 『자평진
전』에서 말하는 용신은 주로 격국용신(格局用神)이다.

격국용신(格局用神)은 체(體)의 영역인 팔자 원국과 대운(大運)에서
찾는 용신(用神)을 말한다. 용(用)의 영역인 매년의 운세를 보기 위해
사용하는 억부용신(抑扶用神)과는 구별해야 한다. 예를 들면 격국용신
으로 건물의 크기나 위치를 본다면, 억부용신으로는 매년 달라지는 건
물의 손익(損益)을 보는 것이다.

격국용신(格局用神)	억부용신(抑扶用神)
체(體)의 영역	용(用)의 영역
팔자 원국이나 대운(大運)에서 사용	세운(歲運)이나 월운(月運)에서 사용
적성, 진로, 직업 선택 및 팔자 그릇의 크기	해당 기간의 길흉 파악

격국용신(格局用神)은 팔자의 주인공이 살아가야 할 삶의 방향을 제시한다. 인수격(印綬格)이면 명예를 삶의 가치 기준으로 생각한다. 만일 인수격의 사람이 재성(財星)을 쓰며 살아간다면 재극인(財剋印)이 되어 명예를 잃으니 하루하루가 행복하지 않을 것이다.

'하고 싶은 일'의 방향을 정해 주는 것이 팔자의 격국(格局)이다. 사회의 분위기나 주변의 시선에 상관없이 '하고 싶은 일'을 하는 사람은 행복하다.

격국(格局)이 정관격(正官格)으로 되어 있다면 국가나 기업처럼 큰 조직에서 일하면 좋을 것이다. 조직은 시스템이 지배한다. 시스템은 법과 질서이다. 큰 조직에는 많은 종류의 일들이 있다. 정관격에 재(財)를 쓴다면 돈을 다루는 세무 관련 일이 좋을 것이고, 식상(食傷)을 쓴다면 정책 홍보 부서에 소질이 있거나 교육자 등에 어울릴 것 같다. 정관격에 인수(印綬)를 쓴다면 승진이나 명예 등에 관심이 많을 수 있다.

이런 식으로, 정관격(正官格)이라도 주변 글자를 보면서 격국(格局)을 세분화하고 격국의 고저(高低)를 판단할 수 있다. 또 격국이 성격(成格)이 되면 능력이 없는 것처럼 보여도 고위직으로 올라가고, 파격(破格)이 되면 능력이 있다 해도 하위직에서 맴돌게 된다.

그러나 격(格)을 정할 수 없는 팔자도 많다. 시키면 시키는 대로 살아가는 수많은 민초들의 삶이 그렇다. 그래서 명리 학습을 통해서 살아갈 방향과 그릇의 크기를 안다면 살아가면서 겪는 많은 시행착오를 줄일 수 있을 것이다. 남이 고시에 합격되었다고 나도 합격될 수 있는 것은 아니다. 내가 고시에 되었다고 남도 나와 같은 방법으로 한다고 될 수 있는 것은 아니니 강요하지 말아야 한다.

너 자신을 알라!!

결국 자기 팔자의 격국(格局)과 그릇의 크기를 알아야 한다는 뜻일 것이다. 뱁새가 황새 걸음을 하면 가랑이가 찢어질 수 있다. 남과 비교하지 않는 자기만의 삶을 살아갈 필요가 있다. 타고난 적성이나 개성을 찾아서 '하고 싶은 일'을 하면서 살아간다면 개인적으로도 국가적으로도 많은 도움이 될 것이다. 이러한 일에 명리(命理)는 많은 도움을 줄 수 있다.

팔자의 용신(用神)은 월령(月令)에서 구한다. 이 말은, 팔자의 용신은 일간(日干)과 월지(月支)의 관계로 정해진다는 의미이다. 월지(月支)는 팔자의 사령부이고, 팔자에서 나머지 일곱 글자를 통제하는 곳이다. 봄에 태어났다면 金의 글자는 약해진다. 가을에 태어났다면 木이 약해지고, 겨울에 태어났다면 火가 약해진다. 여름에 태어났다면 水가 약해진다. 이렇게 팔자의 월령(月令)은 나머지 글자를 지배하는 본부가 된다.

『자평진전(子平眞詮)』에서는 격국용신(格局用神)을 정하기 위해서 사흉신(四凶神)과 사길신(四吉神)의 개념을 도입한다. 재성(財星)·정관(正官)·인수(印綬)·식신(食神)은 길신(吉神)이고, 칠살(七殺)·상관(傷

官)·효신(梟神)·양인(陽刃)은 흉신(凶神)이다. 팔자의 격국(格局)이 길신이면 좋고, 흉신이면 나쁘다는 뜻이 아니다. 길신은 순용(順用)하고, 흉신은 역용(逆用)하라는 의미이다.

사길신(四吉神)	재성(財星) 정관(正官) 인수(印綬) 식신(食神)
사흉신(四凶神)	칠살(七殺) 상관(傷官) 효신(梟神) 양인(陽刃)

순용(順用)한다는 것은 길신(吉神)은 생(生)해 주거나 보호하라는 의미이고, 역용(逆用)한다는 것은 흉신(凶神)은 극(剋)하거나 설기(洩氣)시키라는 뜻이다. 흉신이든 길신이든 배합이 적절하면 성격(成格)이 되어 모두 귀격(貴格)이 될 수 있다. 반대로 길신이 극설(剋洩)을 당하거나 흉신이 생조(生助)를 받으면 파격(破格)이 된다. 따라서 길흉신(吉凶神)의 명칭에는 좋고 나쁨이 있지만 격국(格局)의 성격(成格)이나 파격(破格)과는 무관하다.

명리(命理)를 공부할 때 용어(用語)가 학습에 장애를 주는 경우가 있다. 흉신(凶神)이면 나쁘고 길신(吉神)이면 좋다는 느낌이 든다. 또 12운성에서도 쇠·병·사·묘·절 등은 부정적인 의미가 있을 것 같고, 장생·관대·건록·제왕 등은 긍정적인 의미가 있을 것 같다. 그러나 음(陰)과 양(陽)이라는 단어가 좋고 나쁨이 아닌 서로간의 차이인 것처럼 이러한 명리 용어들도 서로 간의 차이일 뿐이다.

『자평진전평주』를 쓴 서락오는 격국용신(格局用神)과 억부용신(抑扶用神)을 구분하지 않고 혼용해서 사용하고 있다. 체(體)와 용(用)을 선명하게 구분하지 못했다. 현재의 학문은 과거의 학문에 바탕을 두고 발전해 왔다. 그러나 과거의 것이 모두 옳은 것은 아니다. 시대의 변천과 함께 학문도 발전해 가니 과거보다 더 나은 이론들이 나오고 있기 때문이다.

왜 사흉신(四凶神)과 사길신(四吉神)을 구분했을까?

시대의 변화나 환경의 변화에 따라 사람들의 생각은 변한다. 그러나 우주의 운동처럼 변하지 않는 것이 있다. 부모와 자식관계가 그렇다. 사람뿐 아니라 모든 동식물도 종족 번식을 위해 자식을 생(生)하고 보호하려는 본능은 변하지 않는다. 그래서 명리학(命理學)을 공부할 때는 자식을 키우는 부모의 입장에서 생각해 보면 이해하기 쉬울 때가 많다. 다른 사람의 일에 대해서는 좋은 말만 해주거나 쉽게 비판할 수 있지만, 자기 자식의 문제라면 진지하게 생각하고 판단하게 되기 때문이다.

사길신(四吉神)

재성(財星)은 돈이다. 남자에게는 여자도 된다. 재물은 살아가는 데 필수적이다. 없어서는 안 된다. 생존을 위해 필요한 의식주(衣食住)는 재성이 있어야 가능하다. 재성을 경멸해서는 안 된다. 재성은 남자의 짝이기도 하다. 재성이 길신에 배치된 이유이다.

정관(正官)은 직장이고 여자에게는 남자이다. 정관은 법과 도덕, 질서 예의이다. 정관은 공동체 삶에서 사회의 질서를 유지하는데 꼭 필요하다. 직장이 있어야 안정감이 있다. 그래서 정관은 길신에 배정되었다.

인수(印綬)는 모친이고 명예를 의미한다. 인수는 칭찬이고 당근이고 상(賞)이다. 우정(友情)도 사랑도 인수이다. 칭찬이나 상을 받으면 기분이 좋다. 사람을 사람답게 해주는 것이 인수이다. 인수는 사는 맛을 느끼게 하여 주니 길신에 배정되었다.

식신(食神)은 먹고 사는 일이다. 하고 싶은 일이다. 하기 싫은 일을 하면 내부적으로 스트레스가 쌓인다. 하고 싶은 일을 하며 사는 것은 삶을 풍요롭게 하는 일이다. 식신은 먹고 살기 위해 하는 일이니 식신도 길신에 배정되었다.

사흉신(四凶神)

칠살(七殺)은 나를 공격하는 것이다. 정관(正官)이 나를 적절하게 통제한다면 칠살은 심하게 스트레스를 준다. 도둑이나 폭력배와 대적을 하는 경찰이나 또는 적과 대치하는 군인 등은 항상 긴장한다. 공격하지 않으면 내가 공격당한다. 긴장의 연속이 칠살이다. 그래서 흉신(凶神)에 배정되었다.

상관(傷官)은 정관(正官)을 극(剋)하는 것이다. 기존의 법과 도덕 등을 거부한다. 잠자고 일어나는 시간이 불규칙하다. 있는 것을 무시하고 새로운 것을 찾으려 한다. 창의적이라고도 할 수 있다. 지시에 따르지 않으니 직장 생활에 부적합하고 남편과 불화하니 흉신(凶神)에 넣었다.

효신(梟神)은 편인(偏印)이다. 편인은 계모(繼母)에 비유된다. 친모(親母)가 아닌 계모의 환경은 처음부터 잘못된 것이다. 매사 정상적인 생각보다는 특이한 생각을 먼저 한다. 편인은 먹고 사는 식신을 극(剋)하니 흉신(凶神)에 배정되었다.

양인(羊刃)은 양간(陽干)의 겁재(劫財)를 말한다. 세상을 자기중심적으로 살아가며 자기 멋대로이다. 양인(陽刃)은 살아가는 데 필요한 재성(財星)을 극(剋)한다. 남과의 타협을 거부하며 자기주장만 강하니 공동생활이 힘들다. 겁재(劫財)보다 더 강하게 재(財)를 겁탈하니 양인(陽刃)도 흉신(凶神)에 배정되었다.

서락오는 격국(格局)을 설명하면서 억부(抑扶)를 섞어서 설명하고 있다. 심효첨의『자평진전』 시대에는 격국 중심의 명리(命理)가 유행했다면 서락오의『자평진전평주』 시대에는 억부가 등장하여 널리 쓰인 것 같다.

부모의 직업이나 직책이 모든 것을 결정해 버린 시대에는 억부(抑扶)가 크게 중요하지 않을 수도 있다. 그러나 사회가 복잡해지면서 자식에게 미치는 부모의 영향력이 줄어든 시대에는 매년의 운(運)을 다루는 일간(日干) 중심의 억부가 중요할 수 있다. 그렇다고 체용(體用)을 구분 없이 섞어버리면 안 된다. 체(體)와 용(用)은 별개인 것이다. 즉 체와 용을 엄격하게 구분하여 타고난 성정이나 적성은 격국(格局)으로 판별하고, 매년의 운세 등은 억부(抑扶)로 판단해야 한다. 심효첨과 서락오의 차이는 시대의 흐름에 따른 학문의 변천사로 보면 되겠다.

격국(格局)의 성격(成格)과 파격(破格)을 이해하기 위해서는 다음 육친(六親)의 음양(陰陽) 관계를 반드시 알고 있어야 한다. 육친의 음양 관계는 시소의 반대편에 있는 육친을 말하는데 시소는 한 쪽이 강해지면 반대편이 약해지고, 한 쪽이 약해지면 반대편은 강해진다. 강해진다는 것은 드러난 것이고, 약해진다는 것은 안으로 숨은 것이다. 고정된 것은 없고 모든 것은 상대적이다.

_육친(六親)의 음양(陰陽) 관계_

비겁(比劫)	재성(財星)과 관성(官星)
식상(食傷)	관성(官星)과 인성(印星)
재성(財星)	인성(印星)과 비겁(比劫)
관성(官星)	비겁(比劫)과 식상(食傷)
인성(印星)	식상(食傷)과 재성(財星)

다음은 서락오의 『자평진전평주』에 나오는 팔자의 예들이다.

- 午월에 丙丁火가 투출하여 재성(財星)이 강하다.
- 시간(時干)의 己土 또한 월지(月支)에 뿌리를 두어 강하다.
- 재관(財官)이 강하여 신약(身弱)한 사주이니 인성(印星)을 용신(用神)으로 한다.
- 외무부 장관을 지낸 오조추(伍朝樞)의 사주이다.
- 격국(格局)으로 본다면 午월에 丙丁火가 투출하여 재격(財格)이 된다.
- 재격(財格)에 己土 정관(正官)을 써서 재관격(財官格)으로 성격(成格)이 되었다.

時	日	月	年
戊	丙	癸	丁
子	申	丑	卯

- 일간(日干)은 뿌리가 없고 관성(官星) 癸水는 뿌리가 강하니 신약(身弱)하다.
- 신약(身弱)하니 년간(年干)의 비겁(比劫)을 용신(用神)으로 한다.
- 서락오는 강약(强弱)에 의한 억부용신(抑扶用神)을 찾고 있다.
- 채혈민(蔡子民) 선생의 사주이다.
- 격국(格局)으로 본다면 팔자에 水의 기운이 강하니 정관격(正官格)으로 본다.

時	日	月	年
丙	丁	丁	癸
午	卯	巳	巳

- 인비(印比)가 많으니 일간(日干)이 무척 강하다.
- 신강(身强)하니 년간(年干)의 癸水를 용신(用神)으로 쓴다는 서락오의 설명이다.
- 관살(官殺) 대운(大運)에 교통부장관을 지낸 주가화(朱家驊)의 사주이다.
- 격국(格局)으로 본다면 록겁격(祿劫格)에 상신(相神)으로 칠살(七殺)을 쓴다.
- 상신(相神)은 격국(格局)이 성격(成格)이 되도록 도와주는 글자를 말한다.
- 水대운에 록겁용살(祿劫用殺)로 성격(成格)이 되어 좋았다.

時	日	月	年
戊	丁	甲	戊
申	卯	寅	辰

- 寅卯辰 방합(方合)에 甲木이 투출하여 인성(印星)이 강하다.
- 운(運)에 따라 인용식상(印用食傷) 또는 인수용재(印綬用財)로 성격 (成格)이 될 것이다.
- 앞에 나온 국민정부 주석을 지낸 임삼(林森)의 팔자이다.

時	日	月	年
乙	壬	壬	丙
巳	申	辰	子

- 申子辰 수국(水局)에 壬水가 투출하여 비겁(比劫)이 강하다.
- 비겁(比劫)의 힘이 식상(食傷)과 재성(財星)으로 흐르면 좋다.
- 시간(時干)의 乙木은 월지(月支)에 뿌리를 두어 강한 수기(水氣)를 설기 (洩氣)시킨다.
- 재무부장관을 지낸 왕극민(王克敏)의 사주이다.

申子辰 삼합과 亥子丑 방합을 구분할 수 있어야 한다. 삼합(三合)은 용(用)의 영역이고, 방합(方合)은 체(體)의 영역이다. 또 같은 申子辰 수국(水局)을 이루었다고 하더라도 글자의 위치에 따라 水의 세기가 달라진다는 것도 명심해야겠다.

다음 팔자들은 모두 **申子辰** 방합이 있다. 서로 어떤 차이가 있는지 생각해 보자. 일단 몇 월에 태어났느냐에 따라 글자들의 영향력이 달라질 것이다. 申子辰이 있을 때 子월에 태어나면 水의 기운이 가장 강할 것이다. 다음으로 申월에 태어나면 강할 것이고, 辰월에 태어나면 같은 수국(水局)을 이루었다고 하더라도 약할 것이다. 申은 水의 생지(生地)이고, 辰은 水의 묘지(墓地)이기 때문이다.

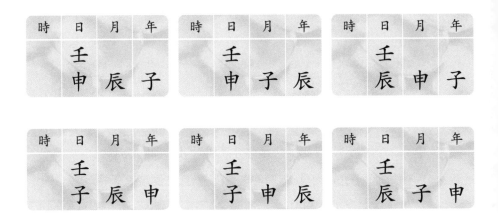

- 丑월에 己土가 투간하여 칠살격(七殺格)이다.
- 시간(時干)의 乙木 식신(食神)을 상신(相神)으로 삼는다.
- 칠살격(七殺格)에 식신(食神)이 투출하여 성격(成格)이 되었다.
- 행정원장을 지낸 담연개(譚延闓)의 사주이다.

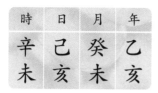

●未월의 己土가 약하지 않으니 乙木을 용신(用神)으로 삼는다.

●乙木이 약한 맛이 있으니 癸水로 돕는다.

●용신(用神)이 약하니 용신(用神)을 돕는 글자를 상신(相神)으로 삼는다.

●서락오의 설명이다.

●교통부 장관을 지낸 증소준(曾疏儁)의 사주이다.

●亥월의 壬水가 지지에 子水도 있으니 약하지 않다.

●일간(日干)을 설기(洩氣)시키는 乙木을 용신(用神)으로 삼는다.

●일간(日干)과 용신(用神)이 월지(月支)에 뿌리를 두어 힘이 있어 좋다.

●국무총리를 지낸 주자제(朱自齊)의 사주이다.

●신약(身弱)한 사주이다.

●시간(時干)의 甲木을 용신(用神)으로 잡는다.

●甲木은 일간(日干)의 기운을 빼는 己土를 합거(合去)하니 좋다.

● 甲寅 乙卯대운(大運)에 부귀(富貴)가 쌍전했다는 유징여(劉澄如)의
팔자이다.

● 丑월은 몹시 추운 때이다.
● 천간에도 金水가 많다.
● 팔자가 몹시 차다.
● 시지(時支)의 午火를 조후용신(調候用神)으로 삼는다.
● 청나라 왕상기(王湘綺)의 사주이다.

● 丁壬합이 있어 두 글자는 묶였다.
● 丁壬은 합(合)이 되어 木의 기운을 만든다.
● 지지에 亥卯未 목국(木局)과 寅이 있어 팔자가 온통 木이다.
● 일간(日干) 己土는 강한 木의 기운에 복종해야 한다.
● 종살격(從殺格)이다.
● 『자평진전평주』에 나온 오정방(伍廷芳)의 사주이다.

- 亥卯未 목국(木局)에 乙木이 투출하였다.
- 己土가 있어 순수 곡직격(曲直格)은 아니다.
- 운(運)에서 己土가 제거되면 진종격(眞從格)이 될 것이다.
- 집정관(執政官)을 했던 단기서(段祺瑞)의 사주이다.

- 丁壬합木이 있고 지지에 木의 기운이 많다.
- 戊土가 진화(眞化)를 방해하니 가화격(假化格)이다.
- 운(運)에서 戊土가 제거되면 진화격(眞化格)이 될 것이다.
- 손악(孫岳)의 사주이다.

時	日	月	年
己	丁	丙	丁
酉	酉	午	酉

- 火와 金이 대치하고 있다.
- 土로 통관(通關)을 시켜야 한다.
- 식신생재(食神生財)가 되어 부자가 되었다.
- 회계사 강만평(江萬平)의 사주이다.
- 통관용신(通關用神)은 팔자의 두 세력이 대치하고 있을 때 사용한다.

지금까지 『자평진전평주』에 나오는 사주들의 예를 살펴보았다.

사길신(四吉神)은 순용(順用)하고 사흉신(四凶神)은 역용(逆用)하면 성격(成格)이 된다. 순용과 역용을 통해 성격(成格)·파격(破格) 등을 빠르게 이해하려면 다음 육친(六親)의 상생상극(相生相剋)을 잘 암기하고 있어야 한다.

육친(六親)의 생(生)에는 아생식(我生食)·식생재(食生財)·재생관(財生官)·관생인(官生印)·인생아(印生我)가 있고, 육친(六親)의 극(剋)에는 아극재(我剋財)·재극인(財剋印)·인극식(印剋食)·식극관(食剋官)·관극아(官剋我)가 있다. 여기서 아(我)는 비겁(比劫)을 가리킨다.

육친의 생극

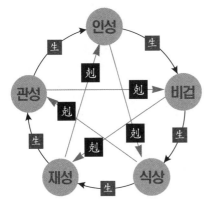

육친 상생	육친 상극
아생식	아극재
식생재	재극인
재생관	인극식
관생인	식극관
인생아	관극아

순용(順用)하여 성격(成格)시키는 경우

순용(順用)은 사길신(四吉神)을 생(生)하거나 보호하는 것을 말하니 다음과 같은 경우가 있다.

●재성(財星)이 용신(用神)일 때 식신(食神)이 생(生)해 주면 순용(順用)이다. 또 정관(正官)이 재성(財星)을 보호하면 순용(順用)이다. 보호한다는 말은 정관(正官)이 비겁(比劫)으로부터 재성(財星)을 보호한다는 것이다. 재성(財星)을 쓸 때 겁재(劫財)가 있다면 식신(食神)이 겁재(劫財)의 힘을 설기(洩氣)시키며 아생식(我生食) 식생재(食生財)로 순환시킬 때 성격(成格)이 된다.

●정관(正官)이 용신(用神)일 때 재성(財星)이 투출하여 정관(正官)을 생(生)해 주는 것도 순용(順用)이다. 또 인성(印星)이 정관(正官)을 보호하는 것도 순용(順用)이다. 인성(印星)은 식상(食傷)을 극(剋)하여 정관(正官)을 보호한다. 식상(食傷)은 식극관(食剋官)으로 용신(用神)인 관성(官星)을 극(剋)하기 때문에 인성(印星)으로 정관(正官)을 보호해야 한다.

●인성(印星)을 용신(用神)으로 할 경우는 정관(正官)이 생(生)해 주거나 겁재(劫財)가 재성(財星)을 극(剋)하여 인성(印星)을 보호하는 것도 순용(順用)이다. 재성(財星)이 재극인(財剋印)으로 용신(用神)을 극(剋)하기 때문에 겁재(劫財)를 써서 인성(印星)을 보호하는 것이다.

●식신(食神)을 용신(用神)으로 쓸 때는 재성(財星)이 인성(印星)을 극(剋)하여 식신(食神)을 보호하는 것도 순용(順用)이다. 인성(印星)이 용신(用神)인 식신(食神)을 인극식(印剋食)으로 극(剋)하니 재성(財星)을 써서 재극인(財剋印)으로 인성(印星)을 극(剋)하여 주면 식신(食神)이 보호된다.

역용(逆用)하여 성격(成格)시키는 경우

역용(逆用)은 사흉신(四凶神)을 극설(剋洩)하는 것을 말하니 다음과 같은 경우가 있다.

- 칠살(七殺)은 흉신(凶神)이니 인수(印綬)로 설기시키거나 식신(食神)으로 제압하면 역용(逆用)으로 성격(成格)이 된다. 이때 재성(財星)이 있으면 식신(食神)과 칠살(七殺)을 통관(通關)시켜 흉신(凶神)인 칠살(七殺)의 힘을 키우니 파격(破格)이 된다. 흉신(凶神)인 칠살(七殺)을 식신(食神)이 극(剋)하여 성격(成格)시킬 때 인성(印星)이 있으면 다시 파격(破格)이 된다. 인성(印星)이 격국(格局)을 성격(成格)시키는 식신(食神)을 파괴하기 때문이다.

- 상관(傷官)은 흉신(凶神)이니 인수(印綬)로 제복(制伏)하면 성격(成格)이 된다. 또 상관(傷官)이 재(財)로 설기(洩氣)되면 성격(成格)이 된다. 이때도 칠살(七殺)이 있으면 다시 파격(破格)이 된다.

- 양인(羊刃)도 흉신(凶神)이니 관살(官殺)이 양인(陽刃)을 제복(制伏)하면 성격(成格)이 된다. 월지(月支)가 겁재(劫財)일 때 관성(官星)이 있으면 성격(成格)이 된다. 양인(陽刃)은 양간(陽干)의 겁재(劫財)로 재(財)를 극(剋)하는 힘이 강하니 칠살(七殺)로 제복(制伏)하고, 음간(陰干)의 겁재(劫財)는 정관(正官)으로 제복(制伏)하는 것이 원칙이지만 팔자 전체의 상황을 보고 판단해야 한다.

- 격국(格局)에 월겁(月劫)이란 단어가 나온다. 월겁(月劫)이란 월령(月令)이 건록(建祿)이거나 겁재(劫財)일 경우이니 월겁격(月劫格)이 되면 일간(日干)이 강하게 된다. 이때는 관살(官殺)을 사용하여 제복(制

伏)하는 것이 이상적이다.

● 월겁격(月劫格)에 재성(財星)을 사용하려면 반드시 식상(食傷)이 있어 통관(通關)시켜야 한다. 월겁격(月劫格)에 칠살(七殺)을 쓸 수도 있는데 이때는 신살양정(身殺兩停)이 되면 바람직하다. 신살양정이란 일간(日干)과 칠살(七殺)의 힘이 대등해야 한다는 뜻이다.

격국용신(格局用神)은 팔자의 주인공이 살아가야 할 삶의 방향을 나타낸다. 팔자의 주인공이 가장 잘할 수 있는 것이고 즐겁게 할 수 있는 것이다. '하고 싶은 일'을 하면서 사는 사람은 행복할 것이다. 그러나 모든 사람이 하고 싶은 일을 하면서 사는 것은 아니다. 천간의 글자와 지지의 글자가 다름으로 인하여 하고 싶은 일을 현실에서 이룰 수 없기도 하고, 때로는 부모나 사회적 분위기 때문에 못하는 경우도 있다.

아이들은 자기 뜻과 관계없이 부모나 학교 또는 사회적인 분위기 때문에 마음에 들지 않는 학교를 가고 취업을 한다. 그리고 정작 본인이 하는 일에 만족을 못하는 경우가 있다. 어릴 때부터 하고 싶었던 일은 따로 있었던 것이다. 어릴 때부터 '하고 싶었던 일'을 나타내주는 것이 팔자 속의 격국(格局)이다.

그러나 격국(格局)이 뚜렷한 팔자도 있고 그렇지 못한 팔자도 있다. 아예 격국을 정할 수 없는 팔자도 있다. 또 대운(大運)에 의해 격국이 변할 수도 있다. 이러한 팔자의 차이 때문에 사람들은 생각하는 방식이 다르다. 다른 사람에게 맞는 안경이 나에게도 맞는 것은 아니다. 나에게 맞는 안경은 따로 있다. 남에게 좋은 보약이 나에게도 좋다는 법은 없다. 그럼에도 불구하고 사람들은 남을 모방하며 살아가는 경향이 많다.

격국(格局)은 세상을 보는 색안경이다. 모든 사람은 격국이라는 자기만의 색안경을 가지고 세상을 본다. 그리고 자기가 보는 세상이 옳다고 주장한다. 남은 다른 색안경을 끼고 다른 색깔로 세상을 보고 있다는 것을 모르는 것이다. 격국의 중요성이다.

사주를 보며 격국(格局)을 정할 때는 일간(日干)과 월지(月支)와의 관계를 살펴 순용(順用)할 것인지 역용(逆用)할 것인지 결정한다. 그런 후에 연월일시(年月日時)에 나오는 다른 글자들과의 관계를 보아 격국의 성패(成敗)와 고저(高低) 등을 살핀다.

정관패인(正官佩印)

월령(月令)이 정관(正官)인 경우 인성(印星)을 상신(相神)으로 삼아 관성(官星)을 보호하면 성격(成格)이 된다. 또 식상(食傷)이 정관을 극(剋)하고 있을 경우 인성을 상신으로 삼아 식상을 제거하는 경우 성격이 된다.

인수용관(印綬用官)

월령(月令)이 인수(印綬)일 때 인수는 길신(吉神)이니 정관(正官)으로 생(生)해 주면 관인쌍전(官印雙全)으로 성격(成格)이 된다. 인수격(印綬格)에 정관을 상신(相神)으로 쓰는 경우는 재성(財星)이 있어도 정관이 통관(通關)을 시키니 재극인(財剋印)이 되지 않는다. 같은 관인쌍전이라도 만일 정관격(正官格)에 인수를 상신으로 쓰는 경우에는 재성이 있다면 재성이 인성(印星)을 재극인(財剋印)하여 파격(破格)이 된다.

재투식신(財透食神)

월령(月令)이 재성(財星)일 때 재성은 길신(吉神)이니 식신(食神)이 투출하여 재성을 생(生)해 주면 성격(成格)이 된다. 재성을 극(剋)하는 겁재(劫財)가 있다고 해도 식신이 통관(通關)시켜 재(財)를 생(生)하니 성격이 된다.

식신생재(食神生財)

월령(月令)이 식신(食神)일 때 재성(財星)이 있으면 재성이 식신을 보호하니 성격(成格)이 된다. 이때 비겁(比劫)이 있으면 상신(相神)인 재성을 극(剋)하니 다시 파격(破格)이 된다.

편인투식(偏印透食)

월령(月令)이 편인(偏印)일 때 편인이 일간(日干)을 생(生)하고 일간의 힘은 다시 식신(食神)으로 흐르면 성격(成格)이 된다. 편인격(偏印格)은 일간이 강해질 수 있으니 식신으로 일간을 설기(洩氣)시켜 성격이 되는 것이다.

식신봉효(食神奉梟)

월령(月令)이 식신(食神)이고, 사주에 효신(梟神)이 있으면 편인(偏印)이 인극식(印剋食)으로 식신을 파괴하니 파격(破格)이 된다. 이때 재성(財星)이 있으면 효신을 파괴하니 식신이 보호되어 성격(成格)이 된다.

제살태과(制殺太過)

월령(月令)이 흉신(凶神)인 칠살(七殺)이라도 칠살을 극(剋)하는 식신 (食神)이 너무 많아서 식극관(食剋官)이 심하게 일어나면 파격(破格)이 된다. 식신이 너무 많으면 인성(印星)으로 식신을 제압해야 한다.

인경봉살(印輕逢殺)

월령(月令)이 인수(印綬)이고 인수가 경(輕)할 때 칠살(七殺)로 인수를 생(生)해 주면 성격(成格)이 된다. 용신(用神)이 약할 때는 흉신(凶神)의 생(生)도 도움이 된다.

살격봉인(殺格逢刃)

월령(月令)이 칠살(七殺)이면 관극아(官剋我)로 일간(日干)이 쇠(衰) 하므로 양인(陽刃)을 용신(用神)으로 삼아 칠살에 대항해야 한다. 흉신 (凶神)끼리의 대결이 되어 멋진 구경거리가 생긴다.

양인로살(陽刃露殺)

월령(月令)이 양인(陽刃)이면 일간(日干)이 왕성하므로 칠살(七殺)을 용신(用神)으로 삼아 양인을 제압해야 한다. 역시 흉신(凶神)에는 흉신 으로 맞서게 한다.

월령(月令)에 용신(用神)이 없을 수도 있다. 월령이 비겁(比劫)으로 같은 오행(五行)이라면 사령부가 나와 같은 친구이니 용신으로 삼지 않는다. 이때는 월령에서 투출한 천간으로 정하거나 또는 지지에 삼합(三合)이나 방합(方合) 등이 있다면 그것을 용신으로 삼는다. 즉, 건록격(建祿格)과 월겁격(月劫格)은 월령이 아닌 다른 곳에서 용신을 찾는다. 다른 격(格)은 월령에서 용신을 찾고 월령이 건록격과 월겁격일 때만 월령에서 투출한 천간에서 용신을 찾으라는 것이 『자평진전(子平眞詮)』의 내용이다.

이 내용을 『자평진전평주』를 쓴 서락오는 억부(抑扶)로 이해하고 신약(身弱)하면 인성(印星)이나 비겁(比劫), 신강(身强)하면 식상(食傷)이나 재성(財星) 또는 관성(官星)에서 용신(用神)을 찾는다고 주장한다. 체(體)와 용(用), 즉 격국용신(格局用神)과 억부용신(抑扶用神)을 구별하지 않고 하는 말이다. 서락오의 주장에 영향을 받은 많은 책(冊)들이 그와 같은 내용으로 쓰여 있다.

- 월지(月支)가 일간(日干)과 같은 오행(五行)인 월겁격(月劫格)이다.
- 월겁격(月劫格)은 용신(用神)을 월령(月令) 이외의 다른 곳에서 찾는다.

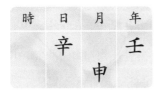

- 년간(年干)에 壬水가 월지(月支)에 뿌리를 두고 투출하였다.

●壬水로 용신(用神)을 잡는다.

●상관격(傷官格)이다.

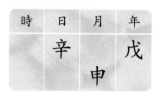

●년간(年干)에 戊土가 월지(月支)에 뿌리를 두고 투출하였다.

●인수격(印綬格)이다.

●이처럼 월겁격(月劫格)은 월지(月支)에서 투출한 천간으로 용신(用神)
 을 삼는다.

다음과 같이 더 구체적으로 격국을 생각해 볼 수 있다.

●보통 상관격(傷官格)이라고 한다.

●亥水 속에는 戊甲壬이라는 지장간이 들어 있다.

●亥水는 지장간 초기 중기 말기의 비율이 7 : 7 : 16이다.

●그래서 亥월의 초기 7일 이내에 태어난 사람은 인수격(印綬格)이다.

●亥월의 중기 8일부터 14일 사이에 태어난 사람은 정재격(正財格)이다.

●亥월의 후반기 15일 이후 태어난 사람은 상관격(傷官格)이다.

論用神成敗救應

용신(用神)의 성패(成敗)와 구응(救應)에 대하여

用神專尋月令, 以四柱配之, 必有成敗. 何謂成? 如官逢財印, 無刑衝破害, 官格成也. 財生官旺, 或財逢食生而身强帶比, 或財格透印而位置妥貼, 兩不相剋, 財格成也. 印輕逢殺, 或官印雙全, 或身印兩旺而用食傷泄氣, 或印多逢財而財透根輕, 印格成也. 食神生財, 或食帶殺而無財, 棄食就殺而透印, 食格成也. 身强七殺逢制, 殺格成也. 傷官生財, 或傷官佩印而傷官旺, 印有根, 或傷官旺, 身主弱而透殺印, 或傷官帶殺而無財, 傷官格成也. 陽刃透官殺而露財印, 不見傷官, 陽刃格成也. 建祿月劫, 透官而逢財印, 透財而逢食傷, 透殺而遇制伏, 建祿月劫之格成也. 何謂敗? 官逢傷剋刑沖, 官格敗也; 財輕比重, 財透七殺, 財格敗也; 印輕逢財, 或身强印重而透殺, 印格敗也; 食神逢梟, 或生財露殺, 食神格敗也; 七殺逢財無制, 七殺格敗也; 傷官非金水而見官, 或生財生帶殺, 或佩印而傷輕身旺, 傷

官格敗也;陽刃無官殺, 刃格敗也;建祿月劫, 無財官, 透殺印,
建祿月劫之格敗也. 成中之敗, 亦變化萬端, 此不過其大概也.
如財旺生官, 美格也, 身弱透官, 卽爲破格. 傷官見官, 爲格之
忌, 透財而地位配置合宜, 則傷官生財來生官, 反可以解, 種種
變化, 非言說所能盡, 在於熟習者之妙悟耳. 何謂救應? 如官逢
傷而透印以解之, 雜殺而合殺以淸之, 刑沖而會合以解之;財逢
劫而透食以化之, 生官以制之, 逢殺而食神制殺以生財, 或存財
而合殺;印逢財而劫財以解之, 或合財而存印;食逢梟而就殺
以成格, 或生財以護食;殺逢食制, 印來護殺, 而逢財以去印存
食;傷官生財透殺而殺逢合;陽刃用官殺帶傷食, 而重印以護
之;建祿月劫用官, 遇傷而傷被合, 用財帶殺而殺被合, 是謂之
救應也.

용신(用神)의 성패(成敗)에서는 성격(成格)이 된 사주와 파격(破格)이
된 사주를 구분하는 방법을 다룬다.

용신(用神)은 월령(月令)에서 구하니 어느 팔자나 용신은 있다. 단지
그 용신이 형충파해(刑沖破害) 등으로 손상되었는지 아니면 온전한지
를 살펴야 한다. 그리고 그 용신을 보좌하는 상신(相神)이 역시 순수한
지 그렇지 못한지를 살핀다. 또 용신이나 상신의 글자가 어느 정도의
힘이 있는지도 살펴야 한다. 이런 판단을 거쳐 각 팔자의 격국(格局)과
그릇의 크기가 나온다.

앞에서 이야기했듯이 재관인식(財官印食) 사길신(四吉神)이든지 살상효인(殺傷梟刃) 사흉신(四凶神)이든지 성격(成格)이 되면 귀(貴)하게 되고 파격(破格)이 되면 천(賤)하게 된다. 그렇다면 어느 경우에 성격이 되고 어느 경우에 파격이 되는지 알아본다.

성격(成格)이 되는 경우

정관격(正官格)이 재(財)와 인수(印綬)를 만나고 형충파해(刑沖破害)가 없으면 성격(成格)이 된다. 이때 재와 인수는 거리를 두고 서로 극(剋)하지 않아야 한다. 성격이 되었을 때 각 글자의 손상 여부를 보고 격(格)의 고저(高低)를 판별한다.

재격(財格)이 인수(印綬)가 투출하여 신강(身强)하고, 재(財)와 인수가 서로 극(剋)하지 않을 경우 성격(成格)이 된다. 또 재왕생관(財旺生官)이 되거나 혹은 식신(食神)이 재를 생(生)하면 재투식신(財透食神)으로 성격이 된다.

인수격(印綬格)에서 인수가 약할 때 칠살(七殺)이 인수를 생조(生助)해 주면 성격(成格)이 된다. 또는 정관(正官)이 약한 인수를 생(生)해 주는 경우에도 성격이 된다. 또 일간(日干)과 인수가 모두 왕성한 신인양왕(身印兩旺)일 때는 식상(食傷)으로 설기(洩氣)되면 성격이 된다. 또 인수가 많을 때 재성(財星)이 천간에 투출하면 인다용재(印多用財)로 성격이 된다. 이때 인수나 재(財)의 강약(强弱)을 보고 판단해야 하는 것은 당연하다.

식신격(食神格)은 신강(身强)하고 식신생재(食神生財)가 될 때 성격(成格)이 된다. 또는 식신격에 칠살(七殺)이 있어 식신제살(食神制殺)이 될 때 성격이 된다. 이때는 재성(財星)이 없어야 한다. 재성이 있으면 칠살을 생(生)하니 파격(破格)이 된다. 또는 식신격일 때 식신을 버리고 칠살을 취하는 기식취살(棄食取殺)이 될 때가 있는데 이때는 인수(印綬)가 투출하면 성격이 된다. 신약(身弱)한 사주에서 극설교가(剋洩交加)가 될 때 인성(印星)이 투출하면 식신을 버리고 칠살을 취하여 살인상생(殺印相生)으로 성격(成格)시키는 것이다.

칠살격(七殺格)에서 식신(食神)이 칠살을 제복(制伏)하면 살용식제(殺用食制)로 성격(成格)이 된다. 이때는 신살양정(身殺兩停)을 전제로 한다. 살용식제에서 칠살이 미약하고 식신이 강하다면 제살태과(制殺太過)가 되어 파격(破格)이 될 수 있다.

상관격(傷官格)에 재성(財星)이 있다면 상관생재(傷官生財)로 성격(成格)이 되고, 상관(傷官)이 왕성할 때 통근(通根)한 인수(印綬)가 있어 인수가 상관을 극(剋)하면 상관패인(傷官佩印)이 되어 성격이 된다. 상관이 왕(旺)하여 신약(身弱)할 때 칠살(七殺)과 인수가 동시에 투출해도 성격이 된다. 칠살이 인수를 돕고 인수는 신약한 일간(日干)을 돕게 된다. 상관격에 재(財)는 없고 칠살만 있으면 상관이 칠살을 극(剋)하는 상관가살(傷官駕殺)이 되어 성격이 된다.

양인격(陽刃格)에 관살(官殺)이 투출하고 양인(陽刃)과 관살이 힘의 균형을 이루면 성격(成格)이 된다. 이때 재(財)와 인수(印綬)가 드러나 재는 관살을 돕고, 인수는 양인을 도우면 격(格)이 더욱 높아진다. 이때 식상(食傷)은 없어야 한다. 식상은 상신(相神)인 관살을 극(剋)하기 때문이다.

록겁격(祿劫格)은 월지(月支)가 비겁(比劫)일 경우를 말하는데 일간

(日干)과 같은 오행(五行)의 글자는 용신(用神)으로 삼지 않으니 다른 방법으로 성격(成格)이 되는지를 판단하게 된다. 만일 록겁격에 관성(官星)이 투출하면 정관격(正官格)처럼 취급하여 재(財)와 인수(印綬)가 있으면 성격이 된다. 혹은 록겁격에 재성(財星)이 투출하면 재격(財格)처럼 취급하여 식상(食傷)이 있으면 성격이 된다. 록겁격에 칠살(七殺)이 투출하고 식신(食神)으로 제복(制伏)되고 있으면 칠살격(七殺格)처럼 취급하여 살용식제격(殺用食制格)처럼 성격이 된다.

파격(破格)이 되는 경우

정관격(正官格)이 상관(傷官)으로부터 극(剋)을 당하면 파격(破格)이 된다. 또 정관(正官)이 형충(刑沖)을 당하면 역시 파격이 된다.

재격(財格)에서 재성(財星)이 경미(輕微)할 때 비겁(比劫)이 많으면 파격(破格)이고, 재성이 투출했을 때 칠살(七殺)이 있으면 재성이 칠살을 도와 일간(日干)을 공격하니 파격이 된다.

인수격(印綬格)에서 인수(印綬)가 경미(輕微)할 때 재(財)를 만나면 재극인(財剋印) 되어 파격(破格)이 된다. 또는 신강(身强)하고 인수가 중(重)할 때 또 칠살(七殺)이 투출하면 중(重)한 인수를 도우니 파격이 된다.

식신격(食神格)이 편인(偏印)을 만나면 인극식(印剋食)이 되어 파격(破格)이 된다. 또 식신격에 재(財)와 칠살(七殺)이 모두 있어도 파격이 된다. 식신(食神)이 재를 생(生)하고, 재가 칠살을 생(生)하기 때문이다.

칠살격(七殺格)이 재(財)를 만나면 파격(破格)이고, 칠살격이 식신(食神)의 제복(制伏)이 없어도 파격이 된다.

상관격(傷官格)에서는 금수상관(金水傷官)을 제외하고 상관견관(傷官見官)이 되면 파격(破格)이 된다. 그리고 상관생재(傷官生財)가 될 때 칠살(七殺)이 있으면 파격이 된다. 상관격에서 상관은 미약하고 인수(印綬)가 강하면 파격이 된다.

양인격(陽刃格)일 때 관살(官殺)이 없으면 파격(破格)이 된다.

록겁격(祿劫格)에서 재관(財官)이 사주에 없으면 파격(破格)이 된다. 또 칠살(七殺)과 인수(印綬)가 투출되어도 파격이 된다. 칠살이 인수를 돕고 인수가 일간(日干)을 도와 더욱 강해져서 파격이 되는 것이다.

성격(成格)과 파격(破格)은 변화를 예측할 수 없기 때문에 일일이 예를 들 수가 없다. 팔자를 많이 보면서 감(感)으로 익힐 수밖에 없다.

성격(成格)이 되었다가 다시 파격(破格)이 되는 성중유패(成中有敗)가 있는가 하면, 파격(破格)되었다가 다시 성격(成格)이 되는 패중유성(敗中有成)도 있다.

성중유패(成中有敗)의 예

정관격(正官格)이 재(財)를 만나 성격(成格)이 되었는데 다시 상관(傷官)을 만나면 파격(破格)이 된다. 물론 상관운(傷官運)이 와도 파격이 된다. 또는 정관(正官)이 합거(合去)되는 경우도 파격이 된다.

재격(財格)에서 재성(財星)이 왕성하여 정관(正官)을 생(生)하면 성격(成格)이지만 이때 상관(傷官)이 와서 정관을 파괴하거나 정관을 합거(合去)할 때도 파격(破格)이 된다.

인수격(印綬格)에 식신(食神)이 투출하여 강한 기운을 설기(洩氣)시키면 성격(成格)이지만, 이때 다시 재성(財星)이 투출하여 인수(印綬)를 극(剋)하면 파격(破格)이 된다. 또 인수격에 칠살(七殺)이 투출하여 약한 인수를 생(生)하면 성격이 되지만 다시 재성이 투출하여 인수를 파괴하고 칠살만 남기면 파격이 된다.

식신격(食神格)에서 칠살(七殺)이 있어서 성격(成格)이 되었을 때 다시 재성(財星)이 오면 파격(破格)이 된다. 재성이 식신(食神)과 칠살의 통관(通關) 역할을 하기 때문이다.

칠살격(七殺格)이 식신(食神)의 제복(制伏)을 받으면 성격(成格)이지만 다시 인수(印綬)가 와서 식신을 파괴하면 파격(破格)이 된다.

상관격(傷官格)에 재(財)를 써서 상관생재격(傷官生財格)으로 성격(成格)이 될 때 재성(財星)이 합거(合去)된다면 파격(破格)이 된다. 또 상관격에서 인수(印綬)를 상신(相神)으로 써서 성격이 되었을 때 재성이 인성(印星)을 파괴하면 파격이 된다.

양인격(陽刃格)이 정관(正官)을 써서 성격(成格)이 되었을 때 정관이 파괴된다면 파격(破格)이 된다. 또 양인격이 칠살(七殺)을 써서 성격이 될 때 칠살이 합거(合去)되면 파격이 된다.

록겁격(祿劫格)에서 정관(正官)이 투출하면 성격(成格)인데 다시 상관(傷官)이 있을 경우 파격(破格)이 된다. 록겁격에 재(財)를 용신(用神)으로 써서 성격일 때 다시 칠살(七殺)이 투출하면 파격이 된다.

이러한 경우는 무수히 많으니 일일이 말로 할 수가 없다.
다음은 『자평진전평주』에 나오는 팔자의 예이다.

- 酉월의 丁火 일간(日干)으로 재격(財格)이다.

- 酉丑반합으로 재성(財星)이 강해졌다.

- 재격(財格)은 정관(正官)을 쓰면 좋으니 천간에 壬水를 용신(用神)으로 한다.

- 그러나 壬水는 己土에게 극(剋)을 당해 파격(破格)이 되었다.

- 월간(月干) 己土가 뿌리가 있으니 식신(食神)을 쓸 수도 있다.

- 식재(食財)를 쓰려면 일간(日干)이 강해야 한다.

- 앞에서 나온 절강성(浙江省)의 갑부 유징여(劉澄如)의 사주이다.

- 상관격(傷官格)이다.

- 월지(月支)의 상관(傷官) 水가 너무 약하다.

- 흉신(凶神)이라도 힘이 있을 때 극설(剋洩)해야 한다.

- 재성(財星)과 인성(印星)이 있어 상관(傷官)을 너무 극설(剋洩)하고 있다.

- 卯未반합, 子未원진, 寅未귀문, 未巳격각이 되는 未대운에 살해당했다.

- 정관격(正官格)이다.

- 정관격(正官格)은 재(財)와 인수(印綬)로 순용(順用)해야 한다.

- 또 정관격(正官格)은 형충(刑沖)을 기피한다.

- 지지에 재성(財星)과 인성(印星)이 충(沖)되고 있어 파격(破格)이 된다.

- 절강성(浙江省)의 소금장수 주상령(周湘舲)의 사주이다.

- 『자평진전평주』에 나온 팔자이다.

- 월지(月支)로 격(格)을 잡으면 칠살격(七殺格)이다.

- 辰월에 癸水가 투출하여 록겁격(祿劫格)이라고 해도 된다.

- 칠살격(七殺格)이면 식신(食神)으로 제살(制殺)해야 하는데 식신(食神)이 없다.

- 록겁격(祿劫格)에 재(財)를 쓸 때는 식상(食傷)으로 통관(通關)해야 하다.

- 시지(時支)의 卯木으로 丙火를 생(生)하는 것이 만만치 않다.

- 子대운에 申子辰 삼합이 되어 미약한 오행(五行)인 재성(財星)에 타격이 있다.

- 子대운 癸酉년 타인에게 살해당했다.

- 丑월에 己土가 투출하여 칠살격(七殺格)이다.

- 丁火는 조후(調候)상 필요하지만 칠살(七殺)을 생(生)하니 기신(忌神)
  이다.

- 庚午년 丁火와 己土, 즉 재살(財殺)이 힘을 얻으니 뇌졸중으로 사망했다.

- 乙木 식신(食神)은 庚午년 합거(合去)되었다.

- 앞에서 나온 행정원장을 지낸 담연개(譚延闓)의 사주이다.

- 午월에 丙丁火가 투출하여 재격(財格)이다.

- 재격(財格)에 정관(正官)이 투출하여 성격(成格)이 되었다.

- 재관(財官)을 쓰려면 일간(日干)이 힘을 얻어야 한다.

- 40대에 丑子亥운을 지난다.

- 앞에서 나온 외무부장관을 지낸 오조추(伍朝樞)의 사주이다.

- 모두 서락오의 『자평진전평주』에 나오는 팔자들이다.

時	日	月	年
丙	庚	辛	癸
戌	申	酉	丑

- 酉월의 庚金이니 양인격(陽刃格)이다.
- 양인격(陽刃格)은 칠살(七殺)을 용신(用神)으로 써서 성격(成格)이 된다.
- 丙火가 있지만 칠살(七殺)이 양인(陽刃)에 비해 힘이 약하여 격(格)이 떨어진다.
- 성격(成格)이 되고 일간(日干)과 격국(格局)과 상신(相神)이 균등하게 힘이 있으면 좋다.
- 성중유패(成中有敗)의 유형이다.
- 석우삼(石友三)의 사주이다.

패중유성(敗中有成)의 예

구응(救應)이란 무엇인가? 파격(破格)되었다가 다시 성격(成格)이 된 것을 말한다.

정관격(正官格)이 상관(傷官)을 만나면 파격(破格)이 된다. 이때 인수(印綬)가 있어 상관을 제압하면 다시 성격(成格)이 된다. 정관(正官)과 칠살(七殺)이 섞여 있으면 관살혼잡(官殺混雜)으로 파격이 된다. 이때 칠살을 합살(合殺)하면 다시 성격이 된다. 정관격에 형충(刑沖)이 있으면 파격이 되는데 회합(會合)으로 해소되면 성격이 된다.

재격(財格)이 겁재(劫財)를 만나면 파격(破格)이 된다. 이때 식신(食神)이 투출하여 통관(通關) 역할을 하거나, 정관(正官)이 있어 겁재를 제압하면 성격(成格)이 된다. 재격에 칠살(七殺)이 있으면 파격이 된다. 그러나 식신이 있어 제살(制殺)하거나 칠살을 합거(合去)하면 성격이 된다.

인수격(印綬格)이 재(財)로 파괴되면 파격(破格)이 된다. 이때 겁재(劫財)가 있어 재를 극(剋)하거나 재성(財星)이 합거(合去)되면 다시 성격(成格)이 된다.

식신격(食神格)이 편인(偏印)을 만나면 파격(破格)이 된다. 이때 재성(財星)이 편인을 파괴하면 성격(成格)이 된다. 식신격에 편인과 칠살(七殺)이 있으면 살인상생(殺印相生)이 되어 성격이 된다. 신약(身弱)한 사주에 극설교가(剋洩交加)가 될 때 편인과 칠살이 있으면 식신을 버리고 칠살을 취하여 살인상생(殺印相生)시키면 기식취살(棄食取殺)로 성격이 되는 것이다.

칠살격(七殺格)이 식신(食神)을 만나면 성격(成格)인데 이때 인성(印星)이 있으면 파격(破格)이 된다. 인성이 상신(相神)인 식신을 극하기 때문이다. 이때 재성(財星)이 있으면 다시 인성을 극(剋)하니 칠살(七殺)과 식신만 남아 다시 성격이 된다.

상관격(傷官格)이 재(財)를 만나면 상관생재(傷官生財)로 성격(成格)이 된다. 이때 칠살(七殺)이 투출하면 파격(破格)이 된다. 다시 칠살이 합거(合去)되면 성격이 된다.

양인격(陽刃格)은 관살(官殺)을 용신(用神)으로 삼아 성격(成格)이 된다. 이때 식상(食傷)이 관살을 극(剋)하면 파격(破格)이 된다. 다시 인수

(印綬)가 있어 식상을 인극식(印尅食)하면 성격이 된다.

　록겁격(祿劫格)에서 정관(正官)을 용신(用神)으로 삼을 때 상관(傷官)이 오면 파격(破格)이 된다. 이때 상관이 합거(合去)되면 다시 성격(成格)이 된다. 또 록겁격에서 재성(財星)을 용신으로 삼을 때 칠살(七殺)이 있으면 파격이 된다. 이때 칠살이 합거(合去)되면 성격이 된다.

　이런 경우를 구응(救應)이라고 하는데 이 또한 수만 가지의 경우가 있으니 많은 팔자를 보며 익힐 수밖에 없다.

　다음은 『자평진전평주』에 나오는 사주들이다.

● 酉월의 庚金 일간(日干)이니 양인격(陽刃格)이다.

● 양인격(陽刃格)은 칠살(七殺)이 좋으나 없으니 정관(正官)을 사용한다.

● 정관(正官)이 중복되어 격(格)이 떨어진다.

● 그러나 년간(年干)의 丁火는 己土를 생(生)하느라 정관(正官)의 역할을 못한다.

● 중관(重官)이 해소되어 다시 성격(成格)이 되었다.

● 주고미(朱古薇)의 사주이다.

時	日	月	年
丙	庚	乙	癸
子	寅	丑	酉

- 酉丑반합에 일간(日干)이 庚金이니 록겁격(祿劫格)으로 본다.
- 록겁격(祿劫格)에 식재(食財)를 쓴다.
- 丙火 칠살(七殺)은 조후(調候)를 담당한다.
- 일간(日干)과 재성(財星) 乙木도 합(合)으로 유정(有情)하다.
- 절강성(浙江省)의 장(長)이었던 장재양(張載陽)의 사주이다.

위 사주를 다음과 같이 볼 수도 있다.

時	日	月	年
丙	庚	乙	癸
子	寅	丑	酉

- 丑월에 癸水가 투출하여 상관격이다.
- 재생칠살(財生七殺)로 파격이다.
- 酉丑반합으로 비겁이 강하여 乙木이 힘을 잃었다.
- 파격이 다시 성격되었다.

- 巳월에 丁火가 투출하여 편인격(偏印格)이다.
- 편인(偏印)은 흉신(凶神)이니 癸水가 극(剋)하여 성격(成格)이 된다.
- 巳월의 마른 己土를 癸水가 적셔주고 있다.
- 그래서 己土는 甲木 정관(正官)을 쓸 수 있다.
- 癸水가 약하니 운(運)에서 뿌리가 올 때 절강성(浙江省)의 장(長)이 되었다.

앞의 사주를 다음과 같이 볼 수도 있다.

- 巳酉반합으로 강한 식상(食傷)이 甲木 정관을 극한다.
- 그러나 천간 丁火가 식상을 극하고, 癸水가 통관시킨다.
- 나빠졌다가 다시 좋아졌다.

- 辰월에 壬水가 투출하여 인수격(印綬格)이다.

- 인수격(印綬格)에 칠살(七殺)을 써서 성격(成格)이 되었다.

- 강소성의 장(長)을 지낸 진도유(陳陶遺)의 사주이다.

위의 사주를 다음과 같이 볼 수도 있다.

- 辰월에 乙木은 재격(財格)이다.

- 재(財)가 칠살 辛金을 생하니 파격이다.

- 이때 壬水가 통관 역할을 하여 다시 좋아졌다.

用神旣主月令矣, 然月令所藏不一, 而用神遂有變化. 如十二
支中, 除子午卯酉外, 余皆有藏, 不必四庫也. 卽以寅論, 甲爲
本主, 如郡之有府, 丙其長生, 如郡之有同知, 戊亦長生, 如郡
之有通判; 假使寅月爲提, 不透甲而透丙, 則如知府不臨郡, 而
同知得以作主. 此變化之由也. 故若丁生亥月, 本爲正官, 支全
卯未, 則化爲印. 己生申月, 本屬傷官. 藏庚透壬, 則化爲財. 凡
此之類皆用神之變化也. 變之而善, 其格愈美; 變之不善, 其格
遂壞, 何謂變之而善? 如辛生寅月, 逢丙而化財爲官; 壬生戌
月逢辛而化殺爲印. 癸生寅·月, 不專以殺論. 此二者以透出
而變化者也. 癸生寅·月, 月令傷官秉令, 藏甲透丙, 會午會戌,
則寅午戌三合, 傷化爲財; 加以丙火透出, 完全作爲財論, 卽使
不透丙而透戊土, 亦作財旺生官論. 蓋寅午戌三合變化在前,
不作傷官見官論也. 乙生寅月, 月劫秉令, 會午會戌, 則劫化爲

食傷, 透戊則爲食傷生財, 不作比劫爭財論. 此二者因會合而變化者. 因變化而忌化爲喜, 爲變之善者也. 何謂變之而不善? 如丙生寅月, 本爲印綬, 甲不透干而會午會戌, 則化爲劫. 丙生申月, 本屬偏財, 藏庚透壬, 會子會辰, 則化爲殺. 如此之類亦多, 皆變之不善者也. 又有變之而不失本格者. 如辛生寅月, 透丙化官, 而又透甲, 格成正財, 正官乃其兼格也. 乙生申月, 透壬化印, 而又透戊, 則財能生官, 印逢財而退位, 雖通月令, 格成傷官, 百戊官忌見. 丙生寅月, 午戌會劫, 而又或透甲, 或透壬, 則仍爲印而格不破. 丙生申月, 逢壬化殺, 而又透戊, 則食神能制殺生財, 仍爲財格, 不失富貴. 如此之類甚多, 是皆變而不失本格者也. 是故八字非用神不立, 用神非變化不靈, 善觀命者, 必於此細詳之.

용신(用神)은 월령(月令)을 기준으로 정한다. 월령이 팔자의 사령부이기 때문이다. 월령과 일간(日干)과의 관계를 보는 것이 격국용신(格局用神)이다. 그러나 월령 속에는 지장간이 세 개씩 있다. 예를 들어 월령에 寅이 있다면 寅의 지장간에는 戊丙甲이 있다. 그래서 만일 천간에 戊土가 투출하였다면 戊土를 용신으로 잡고, 丙火가 투출하였다면 丙火를 용신으로 잡는다. 물론 甲木이 투출하였다면 甲木을 용신으로 잡는다. 이를 용신의 변화(變化)라고 한다.

다시 지장간에 대해 알아보자.

음양·오행·천간·지지·24절기·64괘 등은 자연의 변화를 인간이 편리하게 사용하고자 나누어 놓은 것이다. 그러나 인간이 나누어 놓은 글자와 상관없이 우주나 지구는 쉬지 않고 움직인다. 다시 말해 丑월의 마지막 기운과 寅월의 처음 기운은 비슷하다. 그리고 寅월의 마지막 기운과 卯월의 처음 기운도 역시 비슷하다. 그래서 글자로는 자연의 변화를 그대로 표시할 수 없으므로 글자에 집착하지 말고 글자가 나타내고자 하는 우주와 지구의 변화를 읽어 내도록 해야 한다.

격국(格局)은 팔자에서 가장 두드러진 세력으로 정한다. 월령(月令)이 팔자의 본부이니 월령에서 용신(用神)을 구하는 것이다.

時	日	月	年
	丁		
		亥	

● 정관격(正官格)이다.

時	日	月	年
	丁		
	未	亥	卯

● 亥卯未가 있어 강한 목국(木局)이 된다.
● 정관격(正官格)이 인수격(印綬格)으로 변한다.
● 회합(會合)으로 격국(格局)이 변하는 경우이다.

●상관격(傷官格)이다.

●申월에 壬水가 투출하여 정재격(正財格)이다.

●상관격(傷官格)이 정재격(正財格)으로 변했다.

변하여 길신(吉神)이 되는 경우도 있고, 변하여 흉신(凶神)이 되는 경우도 있다.

●寅월의 辛金은 정재격(正財格)이다.

●寅월에 丙火가 투출하여 정관격(正官格)이 되었다.

●정재격(正財格)이 정관격(正官格)이 된 것이다.

- 戌월의 壬水는 칠살격(七殺格)이다.

- 戌월에 辛金이 투출하여 인수격(印綬格)이 되었다.

- 흉신(凶神)이 길신(吉神)으로 변한 것이다.

- 寅월의 癸水는 상관격(傷官格)이다.

- 寅 중의 丙火가 투출하여 정재격(正財格)으로 변하였다.

- 상관격(傷官格)이 변하여 재격(財格)이 되었다.

- 흉신(凶神)이 길신(吉神)으로 변한 것이다.

- 寅월의 乙木은 록겁격(祿劫格)이다.

- 寅 중 戊土가 투출하여 정재격(正財格)이 되었다.

- 록겁격(祿劫格)이 길신(吉神)인 재격(財格)으로 변했다.

●寅월의 乙木은 록겁격(祿劫格)이다.

●지지에 寅午 화국(火局)이 있어 겁재(劫財)가 식상(食傷)으로 변하였다.

●寅월의 丙火는 인수격(印綬格)이다.

●寅午戌 화국(火局)이 있다.

●인수격(印綬格)이 록겁격(祿劫格)으로 변했다.

●변하여 흉신(凶神)이 되었다.

●申월의 丙火는 편재격(偏財格)이다.

- 申월에 壬水가 투출하여 칠살격(七殺格)으로 변하였다.
- 변하여 흉신(凶神)이 되었다.

- 申子 수국(水局)이 되어 칠살격(七殺格)으로 변하였다.
- 변하여 흉신(凶神)이 되었다.

다음은 서락오의 『자평진전평주』에 나오는 팔자들이다.

- 지지에 亥卯未 목국(木局)이 있다.
- 천간에 丁壬합이 있다.
- 팔자에 木의 기운이 강하니 일간은 종(從)해야 한다.
- 종살격(從殺格)이다.
- 앞에서 나온 오정방(伍廷芳)의 사주이다.

● 辰월에 태어난 壬水이니 칠살격(七殺格)이다.

● 辰월에 乙木이 투출하여 상관격(傷官格)으로 변하였다.

● 지지에 申子辰 수국(水局)이 있어 비겁(比劫)이 왕(旺)해졌다.

● 왕(旺)한 水기운이 木火로 흐르니 상관생재(傷官生財)가 되었다.

● 앞에서 나온 왕극민(王克敏)의 사주이다.

● 卯월의 甲木은 양인격(陽刃格)이다.

● 亥卯반합에 천간에 두 개의 乙木이 있다.

● 강한 木기운으로 일지(日支)의 칠살(七殺)을 제압한다.

● 신왕(身旺)하니 재관(財官)을 잘 써서 도독(都督)을 지냈다.

● 戌운에 卯戌합으로 木이 힘을 잃어 사망하였다.

● 乙木도 戌운에 입묘(入墓)된다.

● 소요남(蕭耀南)의 사주이다.

時	日	月	年
丙	壬	丁	癸
午	午	巳	酉

- 巳월에 丁丙火가 투출하여 재격(財格)이다.
- 巳酉반합은 金이 되어 약한 일간(日干)에게 도움을 준다.
- 재격용인(財格用印)으로 성격(成格)이 된다.
- 호군사(護軍使)를 지낸 하풍림(何豊林)의 사주이다.

용신(用神)은 일간(日干)과 월령(月令)을 기준으로 해서 정하지만 팔자의 다른 글자들로 인하여 변할 수 있다. 또 대운(大運)에 의해서도 변할 수도 있다. 이렇게 주변 글자에 의해 수많은 변화를 일으키니 천차만별의 다양한 삶이 나타나게 된다. 변해서 좋아지는 것도 있고, 변해서 나빠지는 것도 있다. 또 변해도 그대로인 것도 있다.

다음에 나오는 사주들은 격국(格局)의 변화를 학습하기 위한 것으로 실제 사주에서는 없을 수도 있다.

- 寅월의 辛金은 정재격(正財格)이다.
- 寅에서 丙火도 투하고 甲木도 투출했다.
- 寅의 지장간 정기(正氣)가 甲木이니 그대로 정재격(正財格)이다.
- 丙火의 세력도 만만치 않으니 정관격(正官格)을 겸했다.

●申월의 乙木은 정관격(正官格)이다.

●壬水가 투출하여 인수격(印綬格)이다.

●또 천간에 戊土가 투출하여 정재격(正財格)도 된다.

●천간에서 戊土가 壬水를 극(剋)하니 다시 정관격(正官格)으로 본다.

●모두 겸했다고 봐도 된다.

●寅월의 癸水는 상관격(傷官格)이다.

●丙火가 투출하여 재격(財格)으로 변했다.

●甲木이 다시 투출하여 상관격(傷官格)이 되었다.

●월지(月支) 정기(正氣)가 더 강하다.

●寅월의 丙火 일간(日干)이니 편인격(偏印格)이다.

- 寅午戌 삼합(三合)이 있다.
- 편인격(偏印格)이 록겁격(祿劫格)으로 변했다.

- 천간의 壬水가 寅午戌삼합을 제압하였다.
- 천간이 지지를 제압한다.
- 록겁용살(祿劫用殺)이 되었다.

- 월지(月支)의 정기(正氣)인 甲木이 투출하여 편인격(偏印格)이다.
- 천간은 마음, 지지는 현실을 나타내니 구별해서 봐도 된다.

- 申월의 丙火는 재격(財格)이다.

- 壬水가 투출하여 칠살격(七殺格)으로 변하였다.
- 戊土가 투출하여 壬水를 제압하니 다시 재격(財格)이 된다.

격국(格局)은 팔자에서 가장 강한 세력을 말한다. 팔자에서 월령(月令)이 가장 강하니 월령을 기준으로 격국을 정한다. 만일 월령에서 천간에 투출한 글자가 없으면 월령의 글자를 그대로 격국으로 정한다. 그러나 월령에서 투출한 글자가 있으면 투출한 글자를 중심으로 격국을 정한다. 또는 지지에서 합국(合局)을 이루어 강하다면 그것을 격국으로 정하면 된다.

더 구체적으로 생각할 수도 있다. 월지(月支)의 지장간에는 초기·중기·말기가 있다. 巳월이라면 戊庚丙이 있는 것이다. 생지(生地)의 지장간 비율이 7 : 7 : 16이니 만일 절기 기준으로 巳월에서 7일 이전에 태어났다면 戊土가 사령(司令)한 것이다. 만일 8일부터 14일 사이에 태어났다면 庚金이 사령한 것이 된다. 만일 15일 이후에 태어났다면 丙火가 사령한 것이 된다. 사령은 가장 많은 기운을 가진 것이니 사령한 지장간의 글자로 격국(格局)을 정할 수 있다.

- 巳월의 辛金이니 정관격(正官格)이다.
- 巳 중에는 戊庚丙의 지장간이 있다.
- 절기 기준 巳월에서 7일 이내에 태어났다면 戊土가 사령(司令)한다.

- 절기 기준 巳월에서 8일부터 14일 사이라면 庚金이 사령(司令)한다.
- 절기 기준 巳월에서 14일 이후라면 丙火가 사령(司令)한다.
- 사령(司令)한 것을 격국(格局)으로 정한다.

온고이지신(溫故而知新)

고전(古典)을 바탕으로 현대명리(現代命理)는 탄생하였다. 그러나 고전명리(古典命理)를 신(神)처럼 모실 필요는 없다. 과거와는 다르게 현대 사회는 복잡다단해졌다. 과거에 사농공상(士農工商)으로 대표되었던 직업의 종류도 현재는 수십만 가지에 이르고 있다.

명리학(命理學)은 시대의 흐름을 따라가지 못하고 침체되어 있다가 최근에야 본격적으로 연구되고 있다. 각 대학에 정식 학과(學科)가 생기기 시작했고, 명리를 공부하고자 하는 사람들이 대폭 늘어나고 있다. 이러한 변화는 명리학도 고전(古典)을 바탕으로 하여 빠르게 변해야 된다는 것을 말해 준다.

학문은 서로 다른 이론을 통해 발전한다. 과거의 것과 다르다고 배척해서는 안 된다. 어떤 책이나 특정인이 그렇게 말했다고 그것이 모두 옳은 것은 아니다. 『자평진전(子平眞詮)』 원문(原文)을 보면 명백한 글자의 오류도 있다. 당시 출판업계 환경으로 볼 때 정밀한 교정(校訂)을 보지 못했을 수도 있고, 저자(著者)의 순간적인 착각이 있었을 수도 있다. 또 원래의 『자평진전(子平眞詮)』 원본(原本)에 후세의 사람들이 첨가한 흔적도 있다. 용어(用語)에 통일성이 없는 경우가 있어 그렇게 짐작할 수 있다.

명리학(命理學)은 '우주와 지구는 수억 년 동안 규칙적으로 운동을 하고 있으니 사람의 운명도 규칙성이 있을 것이다.' 라는 것을 전제로 발전해 오고 있다. 명리학은 태어난 날의 태양과 달, 목성이나 화성, 그리고 토성·금성·수성의 인력(引力)이 지구에 미치는 영향력을 천간과 지지의 글자로 표시하였다. 그리고 태어날 때의 천간과 지지의 글자를 통해 격국(格局)의 종류와 고저(高低)를 판별하고 또 시시각각 달라지는 운(運)의 글자에 대입하여 주인공의 과거와 현재 또는 미래의 모습을 알아보게 된다. 그래서 명리를 공부할 때 기준은 어떤 책이나 사람이 아닌 오로지 우주와 지구의 변화를 기준으로 삼아야 한다.

論用神純雜

용신(用神)의 순잡(純雜)에 대하여

用神旣有變化, 則變化之中, 遂分純, 雜. 純者吉, 雜者凶. 何
謂純? 互用而兩相得者是也. 如辛生寅月, 甲丙竝透, 財與官
相生, 兩相得也. 戊生申月, 庚壬竝透, 財與食相生, 兩相得也.
癸生未月, 乙己竝透, 殺與食相剋, 相剋而得其當, 亦兩相得
也. 如此之類, 皆用神之純者. 何謂雜? 互用而兩不相謀者是
也. 如壬生未月, 乙己竝透, 官與傷相剋, 兩不相謀也. 甲也辰
月, 戊壬竝透, 印與財相剋, 亦兩不相謀也. 如此之類, 皆用之
雜者也. 純雜之理, 不出變化, 分而疏之, 其理愈明, 學命者不
可不知也.

　용신(用神)은 변하고 변할 수 있다. 그 변화 과정 가운데에 순잡(純雜)
이 있다. 순(純)하면 길(吉)하고, 잡(雜)하면 흉(凶)하다. 서락오는 순잡
을 『적천수』의 청탁(淸濁)과 비슷하다고 말한다.

그렇다면 순(純)이란 무엇인가?

글자끼리 서로 작용할 때 다투지 않고, 득(得)이 되는 것을 말한다.

다음에 예시한 사주들은 학습을 위한 예로 실제 사주에서는 없을 수도 있다.

● 천간에 정재(正財)와 정관(正官)이 월지(月支)에서 투출하였다.

● 정재(正財)와 정관(正官)이 서로 상생(相生)하니 득(得)이 된다.

● 이런 경우를 순(純)하다고 말한다.

● 천간에 식신(食神)과 편재(偏財)가 월지(月支)에서 투출하였다.

● 식신(食神)과 편재(偏財)는 서로 상생(相生)하니 서로 득(得)이 된다.

● 이런 경우를 순(純)하다고 한다.

● 乙木과 己土가 월령(月令)에 뿌리를 두고 투출하였다.

- 未월에 己土가 투출하여 칠살격(七殺格)이다.
- 칠살격(七殺格)에는 식신(食神)으로 제살(制殺)하면 좋다.
- 서로 득(得)이 되니 순(純)하다고 한다.

- 卯월에 甲木이 투출하여 정관격(正官格)이다.
- 丁火 인성(印星)이 정관(正官)을 보호하니 좋다.
- 이런 경우를 용신(用神)이 순(純)하다고 한다.
- 앞에서 나온 도독(都督)을 지낸 양증신(楊增新)의 사주이다.

- 子월에 癸水가 투출하여 정관격(正官格)이다.
- 편인(偏印) 甲木이 정관(正官)을 보호하니 좋다.
- 용신(用神)이 순(純)한 사주이다.
- 『자평진전평주』에 나오는 양홍지(梁鴻志)의 사주이다.

서락오는 『자평진전평주』에서 격국(格局)을 설명하면서 신강(身强) 신약(身弱)을 자주 언급한다. 신강하면 식재관(食財官)을 쓰고, 신약하면 인비(印比)를 써야 한다는 것이다. 격국용신(格局用神)과 억부용신

(抑扶用神)을 혼용해서 이야기하고 있다. 격국을 건물이라고 하면, 억부는 건물의 용도이다. 건물은 고정되어 있지만 용도는 수시로 변할 수 있다. 기본의 중요성이다.

그렇다면 무엇을 잡(雜)하다고 하는가? 정관(正官)과 상관(傷官)이나 재성(財星)과 인성(印星)처럼 서로 작용하여 도움이 되지 않는 것을 말한다.

다음의 사주는 설명을 위한 예이다.

- 천간에 상관(傷官)과 정관(正官)이 투출하였다.
- 정관(正官)이 상관(傷官)을 만나서 잡(雜)하다.

- 천간에 편재(偏財)와 편인(偏印)이 투출하였다.
- 편재(偏財)와 편인(偏印)도 서로 도움이 되지 못하니 잡(雜)하다.

순잡(純雜)의 이치는 용신(用神) 변화의 법칙 안에서 격국(格局)의 성패(成敗)를 좌우한다. 격국의 성패는 사흉신(四凶神)과 사길신(四吉神)

의 순용(順用)과 역용(逆用)을 통해 판단한다. 더불어 순용과 역용은 육친(六親)의 생극(生剋)을 살펴 판별해야 하나 기본이 탄탄해야 한다. 걷지도 못하면서 달리려고 해서는 안 된다.

팔자가 순(純)하면 삶이 순탄한 것이고, 팔자가 잡(雜)하면 삶의 굴곡이 심하다. 좋고 나쁨이 아닌 팔자의 차이에서 비롯된 것이다. 세상에는 팔자가 순(純)한 사람이나 잡(雜)한 사람이나 각자의 할 일이 있다. 쓰레기를 버리는 사람이 있으면 치우는 사람도 있어야 한다.

論用神格局高低

용신(用神)의 고저(高低)에 대하여

八字旣有用神, 必有格局, 有格局必有高低, 財官印食殺傷劫
刃, 何格無貴? 何格無賤? 由極貴而至極賤, 萬有不齊, 其變千
狀, 豈可言傳? 然其理之大綱, 亦在有情, 有力無力之間而已.
如正官佩印, 不如透財, 而四柱帶傷, 反推佩印. 故甲透酉官,
透丁合壬, 是謂合傷存官, 遂成貴格, 以其有情也. 財忌比劫,
而與殺作合, 劫反爲用. 故甲生辰月, 透戊成格, 遇乙爲劫, 逢
庚爲殺, 二者相合, 皆得其用, 遂成貴格, 亦以其有情也. 身強
殺露而食神又旺, 如乙生酉月, 辛金透, 丁火剛, 秋木盛, 三者
皆備, 極等之貴, 以其有力也. 官強財透, 身逢祿刃, 如丙生子
月, 癸水透, 庚金露, 而坐寅午, 三者皆均, 遂成大貴, 亦以其有
力也. 又有有情而兼有力, 有力而兼有情者. 如甲用酉官, 壬合
丁以淸官, 而壬水根深, 是有情而兼有力者也. 乙用酉殺, 辛逢
丁制, 而辛之祿卽丁之長生, 同根月令, 是有力而兼有情也.

是皆格之最高者也. 如甲用酉官, 透丁逢癸, 癸剋不如壬合, 是有情而非情之至. 乙逢酉逢殺, 透丁以制, 而或殺强而丁稍弱, 丁旺而殺不昂, 又或辛丁竝旺而乙根不甚深, 是有力而非力之全, 格之高而次者也. 至如印用七殺, 本爲貴格, 而身强印旺, 透殺孤貧, 蓋身旺不勞印生, 印旺何勞殺助? 偏之又偏, 以其無情也. 傷官佩印, 本秀而貴, 而身主甚旺, 傷官甚淺, 印又太重, 不貴不秀, 蓋欲助身則身强, 制傷則傷淺, 要此重印何用? 是亦無情也. 又如殺强食旺而身無根, 身强比重而財無氣, 或夭或貧, 以其無力也. 是皆格之低而無用者也. 然其中高低之故, 變化甚微, 或一字而有千鈞之力, 或半字而敗全局之美, 隨時觀理, 難以擬議, 此特大略而已.

팔자에는 월령(月令)이 있으니 용신(用神)이 있다. 그리고 용신이 있으므로 격국(格局)이 정해진다. 격국이 정해지면 성격(成格)과 파격(破格)으로 구분되고, 성격과 파격이 된 사주에 또 격국의 고저(高低)로 나눠진다. 격국에는 고저가 있으니 재격(財格)에도 수많은 등급이 있고, 정관격(正官格)에도 수많은 등급이 있다.

격국(格局)이 극도로 높은 사주부터 극도로 낮은 사주까지 설명할 수 없을 정도로 많이 있으니 격국으로 모든 것을 파악하는 것은 무리이다. 단지 유정(有情)과 무정(無情) 그리고 유력(有力)과 무력(無力)에 의해 대강을 알 뿐이다.

時	日	月	年
甲	戊	甲	戊
寅	午	寅	子

●寅월에 甲木이 투출하여 칠살격(七殺格)이다.

●지지에 寅午 화국(火局)으로 칠살(七殺)의 기운을 설기(洩氣)한다.

●寅午반합이 되면서 칠살(七殺)의 뿌리도 약해졌다.

●寅午반합으로 일간(日干)의 힘은 강해져서 칠살(七殺)의 공격을 견딘다.

●유정(有情)한 사주이다.

時	日	月	年
甲	戊	丙	己
寅	子	寅	亥

●寅월에 甲木이 투출하여 칠살격(七殺格)이다.

●寅월에 편인(偏印) 丙火도 투출하였다.

●칠살격(七殺格)에 식신(食神)이 없으니 편인(偏印)을 써서 칠살(七殺)의 힘을 뺀다.

●丙火 편인(偏印)은 년간(年干)의 己土와 지지의 水에 의해 극설(剋洩)된다.

●용신(用神)이나 상신(相神)은 힘이 있어야 격(格)이 높아진다.

●무정(無情)하다.

위의 두 사주는 『자평진전평주』에 나오는 팔자로 동일한 칠살격(七殺格)이지만 격(格)의 고저(高低)가 다르다. 칠살(七殺)은 흉신(凶神)에 속하므로 식신(食神)이 제살(制殺)하는 것이 가장 좋지만, 식신이 없을 경우는 인성(印星)으로 칠살의 기운을 설기(洩氣)해야 한다.

戊子생의 사주는 寅午반합으로 칠살의 뿌리를 약화시키면서 인성이 일간(日干)을 도우니 격국(格局)이 높다. 이렇게 되는 경우를 유정(有情)하다고 한다.

그러나 己亥생의 사주는 칠살의 힘을 빼야 할 인성이 약하고 칠살의 힘은 강하니 격국이 낮아져서 무정(無情)한 것이다.

정관패인(正官佩印)은 정관격(正官格)에 인수(印綬)를 상신(相神)으로 쓰는 것이다. 상신은 격국(格局)을 성격(成格)시키기 위하여 보조적으로 사용하는 글자를 말한다. 예를 들면 식신생재(食神生財)라고 하면 식신격(食神格)에 재성(財星)을 쓰는 것이므로 재성이 상신이 된다.

정관격(正官格)은 인수(印綬)를 상신(相神)으로 쓰는 정관패인(正官佩印)보다는 재성(財星)을 상신으로 쓰는 정관용재(正官用財)가 더 좋다. 재성은 정관을 생(生)해 주지만, 인성(印星)은 관성(官星)을 보호해 줄 뿐이기 때문이다. 인성은 상관(傷官)이 정관을 공격해 올 때 식상(食傷)의 기운을 막아 정관을 보호한다.

정관격(正官格)에 상관(傷官)이 있다면 재성(財星)이 있는 것보다 인성(印星)이 있는 것이 더 좋다. 인성이 상관을 직접 극(剋)하면서 일간(日干)을 돕기 때문이다. 다음과 같은 경우이다.

- 정관격(正官格)에 상관(傷官)이 투출하여 파격(破格)이 되었다.
- 이때 대운(大運)에서 壬水가 오면 丁壬합으로 상관(傷官)을 합거(合去)하니 성격(成格)된다.
- 파격(破格)이 된 사주가 다시 성격(成格)이 되니 패중유성(敗中有成)이다.
- 상관(傷官)이 사라지고 정관(正官)만 남으니 유정(有情)이다.
- 합상존관(合傷存官)이 된 것이다.

재격(財格)은 겁재(劫財)를 꺼린다. 그러나 겁재가 흉신(凶神)인 칠살(七殺)을 합(合)하면 유정(有情)하다.

- 辰월에 戊土가 투출하여 재격(財格)이다.
- 이때 庚金 칠살(七殺)이 있으면 파격(破格)이 된다.
- 재(財)가 칠살(七殺)을 생(生)해 일간(日干)을 공격하기 때문이다.
- 또 겁재(劫財) 乙木은 재(財)를 겁탈한다.
- 이때 庚金이 있어 乙庚합이 되니 유정(有情)하다.
- 겁재(劫財)와 칠살(七殺)이 동시에 사라지는 것이다.

신강(身强)하고 칠살(七殺)과 식신(食神)도 투출하여 왕(旺)하면 삼자(三者)가 모두 힘이 있으니 유력(有力)하여 귀(貴)하다.

- 酉월에 辛金이 투출하여 칠살격(七殺格)이다.
- 식신(食神)도 투출하여 칠살(七殺)을 제(制)한다.
- 이때 일간(日干)과 식신(食神)이 강하다면 귀(貴)한 사주가 된다.
- 일간(日干)과 격국(格局)과 상신(相神)이 모두 힘이 있는 삼자개균(三者皆均)이 되면 귀(貴)하다.

정관격(正官格)에 재성(財星)이 투출했을 때 일간(日干)도 지지에 록(祿)과 인(刃)을 만나면 삼자(三者)가 모두 유력(有力)하여 대귀(大貴)하다. 유력(有力)하기 때문이다.

- 정관(正官) 癸水와 편재(偏財) 庚金이 투출하였다.
- 정관격(正官格)을 재성(財星)이 생(生)하고 있다.
- 이때 지지에 寅午가 있어서 일간(日干)도 강해지니 대귀(大貴)하다.

다음은 『자평진전평주』에 나오는 사주들이다.

- 酉월에 辛金이 투출하여 칠살격(七殺格)이다.
- 식신(食神) 丁火도 천간에 투출하여 칠살(七殺)을 제(制)하고 있다.
- 일간(日干)을 돕는 편인(偏印)도 년간(年干)에 있다.
- 일간(日干)과 격국(格局) 그리고 상신(相神)이 힘이 있을 때 격(格)이 높아진다.
- 앞에서 나온 염석산(閻錫山)의 사주이다.

- 역시 칠살격(七殺格)이다.
- 식신(食神)의 제살(制殺)이 아닌 丙火로 합살(合殺)을 한다.
- 칠살(七殺)은 상관(傷官)으로 합살(合殺)하는 것보다 식신(食神)으로 제살(制殺)하는 것이 격국(格局)이 더 높다.
- 상진(商震)의 사주이다.

- 칠살격(七殺格)이다.

- 역시 丙辛합으로 칠살(七殺)이 합살(合殺)되었다.

- 칠살격(七殺格)은 합살(合殺)보다 제살(制殺)하는 것이 격국(格局)이 더 높다.

- 앞에서 나온 육영정(陸榮廷)의 사주이다.

- 역시 칠살격(七殺格)이다.

- 지지에 巳酉丑이 있어 칠살(七殺)의 기운이 너무 강하다.

- 칠살(七殺)은 흉신(凶神)이니 극설(剋洩)해야 하는데 시지(時支)의 巳火 가 약하다.

- 巳酉丑 삼합이 되어 巳火의 역할을 못하고 있는 것이다.

- 같은 칠살격이라도 격(格)이 떨어진다.

時	日	月	年
癸	丙	庚	辛
巳	寅	子	酉

- 子월에 癸水가 투출하여 정관격(正官格)이다.

- 재(財)도 강하여 정관(正官)을 생(生)해 준다.
- 일간(日干) 丙火도 뿌리가 튼튼하다.
- 삼자개균(三者皆均)으로 귀격(貴格)이다.
- 『적천수징의(滴天髓徵義)』에 나온 사주라고 『자평진전평주』에 나와 있다.

- 정관격(正官格)이지만 천간에 투출하지 않아 격(格)이 낮아진다.
- 지지의 글자는 천간에 투출해야 힘이 있다.
- 일간(日干) 丙火의 뿌리도 충(沖)이 되어 약하다.
- 삼자개균(三者皆均)과는 거리가 멀어 운(運)에 기댈 수밖에 없다.
- 호한민(胡漢民)의 사주이다.

유정(有情)은 글자와의 사이가 좋은 것이고, 유력(有力)는 통근(通根)이 되어 힘이 있는 것이다. 유정(有情)하고 유력(有力)하면 더욱 좋다.
다음 사주는 설명을 위해 만든 것들이다.

- 酉월의 甲木이니 정관격(正官格)이다.

- 丁火 상관(傷官)이 투출하여 파격(破格)이 된다.
- 다행히 丁壬합이 되어 상관(傷官)이 사라지니 유정(有情)하다.
- 천간의 뿌리가 깊다면 유력(有力)한 것이다.
- 서락오는 흉신(凶神)은 통근(通根)하지 않고 무력(無力)한 것이 좋다고 하였다.

- 酉월의 乙木이니 칠살격(七殺格)이다.
- 辛金이 투출하여 칠살격(七殺格)이 더 강해졌다.
- 丁火 식신(食神)이 칠살(七殺)을 제(制)하면 성격(成格)이 되니 유정(有情)하다.
- 丁火도 뿌리가 있다면 유정(有情)과 유력(有力)를 겸한 것이다.
- 『자평진전(子平眞詮)』에서는 丁火가 酉에서 장생(長生)이니 힘이 있다고 보고 있다.

어느 학문이든 서로 소통될 수 있는 용어 정리가 먼저 되어야 한다. 그래야 상대방이 말한 의도를 파악하고 혼란과 오해가 없어지기 때문이다. 명리(命理)에서도 길신(吉神)과 흉신(凶神) 또는 희신(喜神)과 기신(忌神)의 용어가 혼동을 일으키는 경우가 있다. 일단 체(體)와 용(用)을 구분하지 않기 때문에 일어나는 현상들이다. 흉신이나 길신은 격국(格局)을 파악하는 체(體)의 영역에서 사용한다. 희신이나 기신은 용(用)

의 영역인 억부용신(抑扶用神)에서 사용한다. 그 의미가 비슷하다고 하더라도 서로 구분하여 의사소통에 혼선이 없어야 한다.

체(體)	용(用)
격국용신(格局用神)	억부용신(抑扶用神)
길신(吉神) 흉신(凶神) 상신(相神)	희신(喜神) 기신(忌神)
격(格)의 성패(成敗)로 판단	일간(日干)의 강약(强弱)으로 판단

- 酉월의 甲木이니 정관격(正官格)이다.
- 월간(月干)에 丁火 상관(傷官)이 투출하여 파격(破格)이 된다.
- 년간(年干)의 癸水가 丁火를 극(剋)하니 유정(有情)하다.
- 상관(傷官) 丁火를 壬水가 합거(合去)하는 것이 癸水가 극(剋)하는 것보다 더 높다.
- 이런 경우 유정(有情)하면서 비정(非情)하다고 한다.
- 『자평진전(子平眞詮)』에 나오는 설명이다.

- 칠살격(七殺格)에 식신(食神) 丁火가 제살(制殺)하고 있다.

●이때 칠살(七殺)과 식신(食神)중 어느 것이 강한지 살펴보아야 한다.

●칠살(七殺)은 강하고 식신(食神)이 너무 약하면 식신(食神)이 제살(制殺)을 못하니 무력(無力)하다.

●칠살(七殺)과 식신(食神)이 둘 다 강하고 일간(日干)은 약한 경우도 무력(無力)하다.

●무력(無力)하면 격(格)이 떨어진다.

●격(格)의 고저(高低)는 유력(有力)과 무력(無力), 유정(有情)과 무정(無情)으로 판단한다.

인수격(印綬格)에 칠살(七殺)을 상신(相神)으로 쓰면 귀격(貴格)이다. 그러나 신강(身强)하고 인수(印綬)가 왕(旺)할 때 또 칠살까지 있으면 파격(破格)이 되어 고독하고 빈궁하다. 인수가 이미 왕(旺)할 때는 칠살의 도움은 오히려 해(害)가 되는 것이다. 배가 부른데 더 먹으라고 강요하는 것과 같다. 이런 경우 오히려 무정(無情)하게 된다.

상관패인격(傷官佩印格)은 상관격(傷官格)에 인수(印綬)를 쓰는 것이니 귀격(貴格)이 된다. 그러나 일간(日干)이 신강(身强)하고 상관(傷官)은 미약할 때 인수가 지나치게 많으면 귀하지도 않고 총명하지도 못하다. 일간(日干) 입장에서는 인수의 생(生)이 부담스럽고 미약한 상관 입장에서는 강한 인수의 공격을 견딜 수 없게 된다. 역시 무정(無情)하다.

격국(格局)이 높아지려면 일간(日干)과 격국과 상신(相神)이 모두 균등하게 강할수록 좋다. 삼자개균(三者皆均)이 되면 좋다.

식신제살(食神制殺)에서 식신(食神)과 칠살(七殺)은 강할 때 일간(日干)이 신약(身弱)하면 일간(日干)이 무력(無力)하다. 또 신강(身强)하고 비겁(比劫)이 많을 때 재성(財星)이 약하면 요절하거나 빈곤한 것도 재성(財星)이 무력(無力)하기 때문이다. 무력(無力)하면 격(格)이 낮아져서 쓸모가 없다. 삼자개균(三者皆均)이 되어야 좋다.

그래서 팔자를 볼 때는 전체적인 상황을 보고 판단해야 한다. 숲을 보고 난 후 숲 속의 나무를 봐야 한다. 식신생재(食神生財)나 식신제살(食神制殺)이 되면 성격(成格)된다는 말은 교과서적인 것이다. 실제로는 삼자개균(三者皆均), 삼자균등(三者均等)이 되는지 잘 살펴야 된다. 의자에 세 개의 다리가 있을 때 하나의 다리라도 허약하면 못쓰게 된다. 아무리 좋은 글자가 있어도 내가 사용할 힘이 없으면 소용이 없다. 내가 힘이 있을 때는 나를 생(生)해 주는 글자가 오히려 해(害)가 된다. 재관(財官)이 좋다고 하지만 팔자에 따라 해(害)가 되는 경우도 있다. 칠살(七殺)이나 상관(傷官)이 흉신(凶神)으로 취급받지만 잘 쓰이면 도움이 될 수도 있다.

『자평진전(子平眞詮)』에서 다루고 있는 용신(用神)은 체(體)의 영역인 격국용신(格局用神)이다. 팔자의 격국(格局)은 원국에서 정해지고 대운(大運)에서 이따금 변격(變格)될 수도 있다. 격국의 고저(高低)를 판단하는 것은 쉽지 않다. 너무나도 많은 팔자의 종류가 있기 때문이다. 또 대운에 의해서 변할 수도 있으니 팔자를 많이 접해 보면서 감각적으로 익힐 수밖에 없다. 책이나 사람을 통해서 지식은 배울 수 있으나 감각은 배울 수 없다. 팔자에 있는 특정 글자나 운(運)에서 오는 하나의 글자 때문에 격국이 높아지기도 하고 낮아지기도 한다.

論用神因成得敗因敗得成

성격(成格)이 파격(破格)되고 파격(破格)이 성격(成格)됨에 대하여

八字之中, 變化不一, 遂分成敗;而成敗之中, 又變化不測, 遂
有因成得敗, 因敗得成之奇. 是故化傷爲財, 格之成也, 然辛生
亥月, 透丁爲用, 卯未會財, 乃以黨殺, 因成得敗矣. 印用七殺,
格之成也, 然癸生申月, 秋金重重, 略帶財以損太過, 逢殺則殺
印忌財, 因成得敗也. 如此之類, 不可勝數, 皆因成得敗之例也.
官印逢傷, 格之敗也, 然辛生戊戌月, 年丙時壬, 壬不能越戊剋
丙, 而反能泄身爲秀, 是因敗得成矣. 殺刃逢食, 格之敗也, 然
庚生酉月, 年丙月丁, 時上逢壬, 則食神合官留殺, 而官殺不雜,
殺刃局淸, 是因敗得成矣. 如此之類, 亦不可勝數, 皆因敗得成
之例也. 其間奇奇怪怪, 變幼無窮, 惟以理權衡之, 隨在觀理,
因時運化, 由他奇奇怪怪, 自有一種至當不易不論. 觀命者毋
眩而無主, 執而不化也.

변하고 변하는 것이 역(易)이다. 명리(命理)는 태양과 달 그리고 지구에 영향을 미치는 별들의 운동에 근거를 두고 있다. 모든 우주의 별들은 규칙적으로 운동하면서 서로 인력(引力)을 주고받는다. 그래서 지구에 사는 인간도 크게는 태양이나 달 등의 영향을 받고, 작게는 날씨 또는 주변의 사람이나 사물 등에 영향을 받게 된다. 명리학(命理學)에서는 태어날 때 정해지는 각자의 사주팔자에 매 시간 변하는 운(運)을 대입하여 반응을 살피게 된다. 운에는 대운(大運), 세운(歲運), 월운(月運) 그리고 매일 변하는 일진(日辰) 등이 있다.

팔자에 영향을 미치는 것은 우주의 큰 기운(氣運)뿐만 아니라 주변의 사람이나 사물 등도 있다. 날씨는 물론이고 사람이나 동식물 등도 우리에게 영향을 미치고 심지어는 글이나 그림 또는 무생물 등도 팔자에 영향을 준다. 그래서 팔자와 운(運)으로 모든 것을 알 수 있다는 것은 억지일 수 있다. 내 팔자의 기운은 날씨 등 자연현상 또는 주변에 있는 사물이나 사람들의 기운과 서로 반응하기 때문이다. 특히 부모나 친구등 가까운 사람들의 영향력은 막강할 것이다.

이렇게 보면 우리의 모든 언행이나 감정의 변화는 개인의 팔자와 대상들이 주고받는 작용의 결과라는 것을 알 수 있다. 같은 대상을 보고도 다르게 느끼고 말하는 것은 사람마다 가지고 있는 고유의 기운, 즉 사주팔자가 다르기 때문일 것이다.

흔들리는 나뭇잎이나 호수의 물결도 자연의 법칙에 따라 움직인다. 이러한 자연의 법칙에 따라 일어나는 현상을 보고 점을 치기도 한다. 예를 들면 특정한 시간에 특정한 장소에서 특정한 타로 카드나 특정한 괘(卦)를 뽑는 것도 우연이 아닌 것이다.

팔자는 태어날 때 정해지지만 보는 사람에 따라 다르게 보이고, 보는 시간에 따라 다르게 보일 수 있다. 팔자뿐 아니라 모든 사물은 시간의 변화에 따라 다르게 보인다. 시간의 변화에 따라 오늘의 생각과 내일의 생각이 다르고, 오늘의 나와 내일의 나는 다른 모습이 된다.

명리학(命理學)에서는 타고날 때 가지고 나온 정적(靜的)인 팔자에 동적(動的)인 운(運)을 적용하여 팔자의 변화를 살피게 된다. 사람이나 사물 또는 주변 환경에서 받는 작은 영향력은 신살(神殺)이나 점술(占術) 등으로 보완하고 있다. 『자평진전(子平眞詮)』에서 다루는 내용은 주로 사주팔자와 운(運)에 관한 것이다. 그래서 신살(神殺) 등의 비중은 적다.

태어날 때 정해지는 팔자 내에서도 성격(成格)이 파격(破格)이 되기도 하고 파격(破格)이 성격(成格)이 되기도 하지만, 운(運)에 의해서도 팔자는 변하게 된다.

상관(傷官)이 재성(財星)을 만나면 성격(成格)이 된다.

●상관격(傷官格)이다.

- 지지에 亥卯 목국(木局)이 되면 재격(財格)으로 변한다.
- 상관생재(傷官生財)가 되어 성격(成格)이 된다.

- 천간에 칠살(七殺) 丁火가 있다.
- 재격(財格)에 칠살(七殺)이 투하면 파격(破格)이 된다.
- 칠살(七殺)이 재(財)의 도움을 받아 일간(日干)을 심하게 공격하기 때문이다.
- 성격(成格)이 되었다가 파격(破格)이 된 경우이다.

인수(印綬)는 길신(吉神)이기에 칠살(七殺)의 생(生)을 반기지만 인성(印星)이 과다(過多)하면 재성(財星)으로 인수를 극(剋)해야 한다. 인수가 많아 재성을 쓸 때 칠살이 있으면 파격(破格)이 된다. 재성이 많은 인성을 극(剋)하기 전에 칠살을 생(生)하기 때문이다. 그러나 이러한 관계는 글자의 위치도 중요하니 일률적으로 말하기가 어렵다.

- 인수격(印綬格)이다.
- 인수격(印綬格)에서 인수(印綬)가 약할 경우에는 칠살(七殺)이 생(生)

해 주면 성격(成格)이 된다.

- 팔자에 인수(印綬)가 과다(過多)하다.
- 인수(印綬)가 많으면 재성(財星)으로 재극인(財剋印)해야 한다.
- 그러면 인다용재(印多用財)로 성격(成格)이 된다.
- 이때 다시 칠살(七殺)이 투출하면 파격(破格)이 된다.
- 재성(財星)이 칠살(七殺)을 돕고, 칠살(七殺)이 다시 과다(過多)한 인수(印綬)를 돕기 때문이다.

인수격(印綬格)에 정관(正官)을 쓰면 정관이 인수(印綬)를 생(生)하니 성격(成格)이 된다. 그러나 이때 상관(傷官)이 있으면 상신(相神)인 정관을 극(剋)하니 파격(破格)이 된다.

- 戌월에 戊土가 투출하여 인수격(印綬格)이다.
- 丙火 정관(正官)이 있어 성격(成格)이 된다.
- 이때 상관(傷官)이 있어 정관(正官)을 상(傷)하게 하면 파격(破格)이 된다.

- 그러나 壬水가 丙火를 극(剋)하기에는 거리가 멀다.
- 년간(年干)부터 화생토(火生土), 토생금(土生金), 금생수(金生水)로 이어진다.
- 파격(破格)이 될 사주가 성격(成格)이 된 경우이다.

양인격(陽刃格)은 칠살(七殺)을 써서 성격(成格)이 된다. 이때 식신(食神)이 있으면 칠살을 극(剋)하니 파격(破格)으로 변한다.

- 酉월의 庚金은 양인격(陽刃格)이다.
- 천간에 丙丁이 있어 관살혼잡(官殺混雜)이 된다.
- 그러나 丁壬합이 되어 칠살(七殺)만 남으니 합관류살(合官留殺)이 된다.
- 팔자가 맑아져 성격(成格)이 된다.
- 관살혼잡(官殺混雜)으로 파격(破格)이 된 사주가 성격(成格)으로 변한 경우이다.

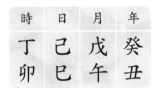

- 午월의 己土가 火가 많아 뜨겁다.
- 천간의 癸水가 조후(調候)로 좋게 보인다.

●그러나 戊癸합이 되어 쓸모가 없어졌다.

●다행히 팔자가 木火土로만 되어 전왕격(專旺格)이 되었다.

●『자평진전평주』에 나오는 장계직(張季直)의 팔자이다.

時	日	月	年
庚	壬	戊	丙
子	子	戌	子

●戌월에 戊土가 투출하여 칠살격(七殺格)이다.

●지지에 양인(陽刃)인 子水가 세 개 있다.

●칠살격(七殺格)은 양인(陽刃)을 써서 성격(成格)이 된다.

●그러나 시간(時干)의 편인(偏印) 庚金이 양인(陽刃)을 돕고 있다.

●년간(年干)의 丙火는 칠살(七殺)을 돕고 있으나 약하다.

●팔자에 金水의 기운이 더 강하여 격(格)이 무너졌다.

●성격(成格)이 파격(破格)이 된 예이다.

論用神配氣候得失

용신(用神)과 기후(氣候)의 배합(配合) 그리고 득실(得失)에 대하여

論命惟以月令用神爲主, 然亦須配氣候而互參之. 譬如英雄豪傑, 生得其時, 自然事半功倍; 遭時不順, 雖有奇才, 成功不易. 是以印綬遇官, 此謂官印雙全, 無人不貴. 而冬木逢水, 雖透官星, 亦難必貴, 蓋金寒而水益凍, 凍水不能生木, 其理然也. 身印兩旺, 透食則貴, 凡印格皆然. 而用之冬木, 尤爲秀氣, 以冬木逢火, 不惟可以泄身, 而卽可以調候也. 傷官見官, 爲禍百端, 而金水見之, 反爲秀氣. 非官之不畏夫傷, 而調候爲急, 權而用之也. 傷官帶殺, 隨時可用, 而用之冬金, 其秀百倍. 傷官佩印, 隨時可用, 而用之夏木, 其秀百倍, 火濟水, 水濟火也. 傷官用財, 本爲貴格, 而用之冬水, 卽使小富, 亦多不貴, 凍水不能生木也. 傷官用財, 卽爲秀氣, 而用之夏木, 貴而不甚秀, 燥土不甚靈秀也. 春木逢火, 則爲木爲通明, 而夏木不作此論; 秋金遇水, 則爲金水相涵, 而冬金不作此論. 氣有衰旺, 取用不

同也. 春木逢火, 木火通明, 不利見官；而秋金遇水, 金水相涵,
見官無礙. 假如庚生申月, 而支中或子或辰, 會成水局, 天干透
丁, 以爲官星, 只要壬癸不透露干頭, 便爲貴格, 與食神傷官喜
見官之說同論, 亦調候之道也. 食神雖逢正印, 亦謂奪食, 而夏
木火盛, 輕用之亦秀而貴, 與木火傷官喜見水同論, 亦調候之
謂也. 此類甚多, 不能悉述, 在學者引伸觸類, 神而明之而已.

　용신(用神)은 월령(月令)을 위주로 논할 것을 심효첨은 거듭 주장하
고 있다. 그러나 격국용신(格局用神)을 찾기 전에 음양(陰陽)의 균형인
조후(調候)를 고려해야 한다. 음양은 오행이나 천간 지지에 앞서 최우
선적으로 고려되어야 한다. 격국의 성패(成敗)도 어느 정도 조후를 갖
추었을 때 의미가 있다. 적도나 극지방처럼 지나치게 덥거나 추워서
조후가 무너지면 생활 자체가 힘들게 되어 어떤 팔자라도 침체될 수밖
에 없다. 팔자가 성격(成格)이 되고 조후가 갖춰지면 격국이 높아진다.

　영웅호걸의 팔자라도 때를 잘못 만나면 탁월한 재능이 있어도 성공
하기 힘들고, 때를 잘 만나면 절반의 노력으로도 배(倍)의 능력을 발휘
한다. 격국(格局)이나 억부(抑扶) 이전에 조후(調候)를 강조한 말이다.
대부분의 사주는 어느 정도 기후(氣候)가 조절되어 있지만 간혹 火土
나 金水로만 되어 있는 사주도 있다. 조후는 봄이나 가을보다 겨울과
여름에 특별히 살펴야 한다. 무더운 여름에는 水가, 추운 겨울에는 火
가 기후를 조절한다.

　인수격(印綬格)이 정관(正官)을 만나면 귀(貴)하다. 그러나 겨울철에

태어난 甲乙木은 인수격이지만 庚辛金의 정관을 만나도 귀하게 되지 않는다. 팔자가 金水로만 되어 있으면 차가운 물이 木을 생(生)할 수 없기 때문이다.

신강(身强)하고 인수(印綬)도 왕(旺)할 때 식신(食神)이 투출하여 기(氣)가 유통되면 좋다. 겨울철의 木 일간(日干)은 특히 수기(秀氣)가 빼어나니 식신인 火가 있으면 강한 木기운이 설기(洩氣)될 뿐 아니라 기후를 따뜻하게 하니 좋다. 수생목(水生木) 목생화(木生火)로 기(氣)가 자연스럽게 흘러가게 된다. 겨울철에는 火가 조후(調候)를 담당한다.

겨울철의 木 일간(日干)에게 戊己土가 투출하면 꽁꽁 언 땅이 된다. 꽁꽁 언 땅에서는 木이 자랄 수가 없다. 그래서 火로 따뜻하게 하지 않으면 성격(成格)이 되었다고 하더라도 격(格)이 낮아지게 된다. 한목향양(寒木向陽)은 그래서 나온 말이다. 겨울철의 나무는 양지(陽地)를 향한다는 뜻이다.

다음은 서락오의 『자평진전평주』에 나오는 사주들이다.

時	日	月	年
丙	甲	戊	庚
寅	寅	子	寅

- 子월의 甲木이니 한겨울에 태어난 나무이다.
- 시간(時干)에 丙火가 기후(氣候)를 조절한다.
- 겨울철에는 丙火가 있으면 대부분 좋다.
- 청나라 때 상서(尙書)를 지낸 사람의 사주이다.

時	日	月	年
癸	戊	辛	丙
丑	子	丑	子

- 청나라 관리 팽옥린(彭玉麟)의 사주이다.
- 지지가 꽁꽁 얼어 있는 팔자이다.
- 천간의 丙火가 기후(氣候)를 조절한다.
- 丑월에 辛金과 癸水가 투출하였으니 상관생재(傷官生財)이다.
- 지지가 겨울의 글자이고 丙辛합水도 되니 종재격(從財格)으로 봐도 좋다.

"상관견관傷官見官 위화백단爲禍百端"이라는 말이 있다. 상관(傷官)이 정관(正官)을 보면 화(禍)가 백가지로 발생한다는 뜻이다. 그러나 금수상관격(金水傷官格)은 정관이 있어야 오히려 기세(氣勢)가 수려하다. 金水로만 되어 있는 사주는 금한수냉(金寒水冷)하여 조후(調候)가 급하니 火가 있어야 좋다. 앞에서 설명했듯이 조후는 억부(抑扶)나 격국(格局)에 우선한다.

다음은 『자평진전평주』에 나오는 사주들이다.

時	日	月	年
戊	庚	丙	甲
寅	辰	子	申

- 금수상관격(金水傷官格)이 지지에 申子辰 수국(水局)을 이루었다.

- 금수상관희견관(金水傷官喜見官)이다.
- 寅에 뿌리를 둔 丙火가 있어서 좋다.
- 태수(太守)에 해당하는 황당(黃堂)의 벼슬을 한 사주이다.

- 지지에 申子辰이 있어 금수상관격(金水傷官格)이다.
- 역시 천간의 火가 돋보인다.
- 火가 뿌리가 없어 태양의 열이 땅에 이르지 못한다.
- 운(運)에서 丙火의 뿌리가 오면 좋을 것이다.

- 子월에 壬水가 투출하여 금수상관격(金水傷官格)이다.
- 丁壬합이 되더라도 또 火가 있으니 좋다.
- 조후(調候)가 시급하지 않은 사주이다.

  상관격(傷官格)에 인수(印綬)를 쓰는 상관패인격(傷官佩印格)과 상관격에 칠살(七殺)을 쓰는 상관대살격(傷官帶殺格)은 성격(成格)이 된다. 상관패인격 중에서도 특히 여름에 태어난 木 일간(日干)은 목화상관(木火傷官)으로 그 수기(秀氣)가 백배에 이른다. 이유는 인수(印

綬), 즉 水가 기후를 조절하기 때문이다. 상관대살격에서도 특히 금수 상관(金水傷官)은 칠살로 火를 쓰니 조후(調候)를 갖추어 수기(秀氣)가 백배나 빼어나다.

다음은 『자평진전평주』에 나오는 팔자들이다.

時	日	月	年
丁	甲	壬	庚
卯	辰	午	辰

- 여름에 태어난 木 일간(日干)은 水가 필요하다.
- 천간에 壬水가 있어 조후(調候)를 갖추었다.
- 목화상관희견수(木火傷官喜見水)이다.
- 청나라 때 관찰사(觀察使)를 지냈다.

時	日	月	年
丁	甲	庚	己
卯	寅	午	卯

- 甲木 일간(日干)이 여름철에 태어나 목화상관(木火傷官)이다.
- 목화상관희견수(木火傷官喜見水)인데 水가 없다.
- 운(運)에서 기다려야 한다.

상관용재(傷官用財)가 되면 성격(成格)이 된다. 그러나 금수상관(金水傷官)의 사주는 상관용재로 성격이 되어도 작은 부자에 불과하고 귀하지 못하다. 겨울철에는 물어 얼어 나무를 생(生)하지 못하기 때문이다.

금수상관(金水傷官)은 기후를 맞추기 위하여 火를 필요로 한다. 수목
상관격(水木傷官格) 역시 火가 필요하다. 수목상관격에 火가 필요한 것
은 상관생재(傷官生財)로 성격(成格)이 되기 때문이다

다음은 『자평진전평주』에 나오는 팔자들이다.

- 겨울철의 물이 시주(時柱)의 木을 향한다.
- 꽁꽁 언 물은 나무를 생(生)할 수 없다.
- 다행히 천간에 丙火가 있어 기후(氣候)가 조절되었다.
- 명리쌍전(名利雙全)했다는 사주이다.

時	日	月	年
丙	癸	乙	己
辰	亥	亥	未

- 역시 겨울철의 물로 일간(日干)은 식신(食神) 乙木을 향한다.
- 겨울철의 물을 丙火가 녹여 나무를 생(生)할 수 있어 좋다.
- 수목상관격(水木傷官格)은 재성(財星)인 火가 필요하다.
- 丙火가 조후(調候)를 담당한다.
- 왕대섭(汪大燮)의 팔자이다.

상관용재격(傷官用財格)은 수기(秀氣)가 빼어나다. 그러나 여름철의 나무는 귀하지 못하다. 여름철의 土는 메말라 나무가 성장하기 힘들기 때문이다. 목화상관희견수(木火傷官喜見水)이니 여름철의 나무에게는 水가 필요하다.

● 巳월의 甲木 일간(日干)으로 여름철의 나무이다.
● 목화상관희견수(木火傷官喜見水)이니 水가 필요한데 水가 없다.
● 火土가 강하여 운(運)에서 水가 와도 증발되어 부유하지 못했다.
● 『자평진전평주』에 나오는 사주이다.

봄의 木 일간이 火를 보면 목화통명(木火通明)이다. 그러나 여름철의 木 일간(日干)은 목분화열(木焚火熱)이 되어 좋지 않다. 가을철의 金 일간이 水를 만나면 금수상함(金水相涵)이 되어 좋다. 그러나 겨울철의 金 일간(日干)은 금침수탕(金沈水蕩)이 되어 좋지 않다. 모든 것은 때를 잘 만나야 한다.

봄철의 木 일간이 火를 보면 목화통명(木火通明)이 되는데 이때 관성(官星)이 있으면 상관견관(傷官見官)이 되어 좋지 않다. 그러나 가을철의 金 일간이 水가 있으면 금수상함(金水相涵)이 되는데 이때는 관(官)이 있어도 해롭지 않다. 관(官)이 조후(調候)를 조절하기 때문이다.

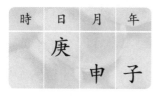

- 庚金 일간(日干)이 申월에 태어났다.
- 지지에 子水 또는 辰土가 있으면 수국(水局)이 되어 금수상관(金水傷官)이 된다.

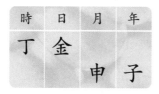

- 이때 천간에 丁火가 투출하면 조후(調候)를 갖추니 귀격(貴格)이 된다.
- 금수상관희견관(金水傷官喜見官)이다.
- 조후(調候)는 격국(格局)의 성패(成敗)에 우선한다.

　식신(食神)이 편인(偏印)을 만나면 탈식(奪食) 작용이 있다. 식신이 정인(正印)을 만나도 약하기는 하지만 역시 탈식 작용이 있다. 탈식 작용은 인수(印綬)가 길신(吉神)인 식신을 극하는 것을 말하는데 흉(凶)으로 본다. 그러나 여름에 태어난 木 일간(日干)은 시들기 쉬우니 水 인성(印星)으로 탈식을 해도 좋다. 조후(調候) 때문이다.

時	日	月	年
丙	乙	庚	甲
子	卯	午	寅

● 午·월의 乙木에 丙火가 투출하여 상관격(傷官格)이다.

● 寅午반합으로 乙木은 더욱 시들었다.

● 시지(時支)의 子水는 木火에 둘러싸여 미약하다.

● 거지의 팔자라고 『자평진전평주』에 나와 있다.

명리(命理)의 입문 단계에서는 사길신(四吉神)과 사흉신(四凶神)으로 나눈 후, 칠살(七殺)이나 상관(傷官) 등은 흉신(凶神)이니 나쁘고 정관(正官)이나 재성(財星) 등은 길신(吉神)이니 좋다고 말할 수 있다. 그러나 세상일들은 이분화하여 길흉(吉凶)을 나눌 정도로 그렇게 간단한 것이 아니다. 오행(五行)의 상생상극(相生相剋)도 마찬가지이다. 처음에는 오행의 상생상극을 여기저기에 적용하지만 천간 지지로 들어가면 상황이 달라질 때가 많다. 격국(格局)의 성패(成敗)도 역시 마찬가지이다. 상관견관(傷官見官)은 나쁘다고 말하지만 때로는 좋을 수도 있다. 재관(財官)이 격(格)을 이루면 좋다고 말하지만 상황에 따라 그렇지 않은 경우도 있다.

팔자를 보는 사람은 운동장을 뛰는 축구 선수처럼 주변 상황의 변화에 민첩하게 대응해야 한다. 교실에서 배우는 이론으로 모든 것을 다 해결할 수는 없다. 학교에서 배운 내용이 사회에 그대로 적용되지 않을 때도 많다. 사주팔자 상담을 할 때도 같은 내용이라도 상대방에 따라 다르게 표현해야 한다.

<坤>			
丙	戊	己	戊
辰	戌	未	戌

- 팔자에 土가 많다.
- 가색격(稼穡格)을 이루었다.
- 그러나 기후(氣候)가 조절되지 못했다.
- 종격(從格)이라도 기후(氣候)가 우선이다.
- 자식이 없었고 부귀(富貴)를 누리지도 못했다.
- 『자평진전평주』에 나온 사주이다.

論相神緊要

상신(相神)의 중요성에 대하여

月令旣得用神, 則別位亦必有相, 若君之有相, 輔者是也. 如
官逢財生, 則官爲用, 財爲相；財旺生官, 則財爲用, 官爲相；
殺逢食制, 則殺爲用, 食爲相. 然此乃一定之法, 非通變之妙.
要而言之, 凡全局之格, 賴此一字而成者, 均謂之相也. 傷用神
甚於傷身, 傷相甚於傷用. 如甲用酉官, 透丁逢壬, 則合傷存官
以成格者, 全賴壬之相；戊用子財, 透甲竝己, 則合殺存財以成
格者, 全賴己之相；乙用酉殺, 年丁月癸, 時上逢戊, 則合去癸
印以使丁得制殺者, 全賴戊之相. 癸生亥月, 透丙爲財, 財逢月
劫, 而卯未來會, 則化水爲木而轉劫以生財者, 全賴於卯未之
相. 庚生申月, 透癸泄氣, 不通月令而金氣不甚靈, 子辰會局,
則化金爲水而成金水相涵者, 全賴於子辰之相. 如此之類, 皆
相神之緊要也. 相神無破, 貴格已成；相神相傷, 立敗其格. 如
甲用酉官, 透丁逢癸印, 制傷以護官矣, 而又逢戊, 癸合戊而不

制丁，癸水之相傷矣；丁用酉財，透癸逢己，食制殺以生財矣，而又透甲，己合甲而不制癸，己土之相傷矣。是皆有情而化無情，有用而成無用之格也。凡八字排定，必有一種議論，一種作用，一種棄取，隨地換形，難以虛擬，學命者其可忽諸？

　월령(月令)에 용신(用神)이 있으면 다른 곳에 이를 보좌하는 상신(相神)이 있다. 군왕(君王) 옆에는 재상(宰相)이 있는 것과 같다. 군왕은 어떤 재상을 두느냐에 따라 후세의 평판이 달라진다. 팔자에서도 상신에 따라 격(格)의 고저(高低)가 달라질 수 있다.

　정관격(正官格)에 재성(財星)을 써서 성격(成格)이 될 때 정관이 용신(用神)이고 재성은 상신(相神)이 된다. 칠살격(七殺格)에 식신(食神)을 쓸 때 칠살은 용신이고 식신은 상신이다. 결론적으로 상신이란 사주의 격(格)을 성격(成格)시키는 글자를 말한다.

　용신(用神)이 상(傷)하면 내 몸이 다치고, 상신(相神)이 상하면 용신이 다치게 된다. 군왕(君王)이 다치면 나라가 어렵고, 군왕을 보필하는 재상(宰相)이 다치면 군왕이 힘들게 되는 것과 같다. 따라서 격(格)이 성격(成格)이 되었을 때 용신이나 상신은 다치면 안 된다.

　특히 팔자의 용신은 월령(月令)에서 구하니 월령이 형충(刑沖) 등으로 다치면 손실이 크다. 월령은 부모 형제궁이기도 하고, 인격(人格)이 형성되는 청소년기이기도 하다. 월령이 손상되면 파격(破格)이 될 가능성이 커진다.

다음에 예시된 사주는 설명을 위해 만든 것으로 실제로는 없을 수도 있다.

● 酉월의 甲木은 정관격(正官格)이다.

● 丁火 상관(傷官)이 투출하여 파격(破格)이 되었다.

● 그러나 丁壬합으로 상관(傷官)이 힘을 잃어 다시 성격(成格)이 된다.

● 성격(成格)이 된 이유는 壬水 때문이니 壬水가 상신(相神)이다.

● 子월의 戊土이니 재격(財格)이다.

● 재격(財格)에 칠살(七殺)인 甲木이 투출하여 파격(破格)이 된다.

● 己土가 甲己합으로 칠살(七殺)을 묶었다.

● 己土 때문에 다시 재격(財格)이 온전하게 되었으니 己土가 상신(相神) 이다.

- 酉월의 乙木이니 칠살격(七殺格)이다.
- 칠살격(七殺格)에 식신(食神)이 투출하여 성격(成格)이 된다.
- 다시 월간(月干)에 편인(偏印)이 투출하여 식신(食神)을 극(剋)하니 파격(破格)이 된다.
- 이때 시간(時干)에 戊土가 투출하여 戊癸합 하면 식신(食神)이 온전해 진다.
- 戊土 때문에 다시 성격(成格)이 되니 상신(相神)은 戊土가 된다.

성격(成格)된 사주가 파격(破格)으로 변하는 것은 기신(忌神) 때문이고, 파격이 된 사주가 성격으로 변하는 것은 구응(救應) 때문이다. 구응에 해당하는 글자가 격(格)을 성격시킬 때는 구응의 글자가 상신(相神)이 된다.

- 亥월의 癸水이니 록겁격(祿劫格)이다.
- 丙火 재성(財星)이 투출했으나 겁재(劫財)에게 극(剋)을 당한다.

- 지지에 亥卯未 목국(木局)이 되어 식상(食傷)이 강하다.

- 식상(食傷)은 년간(年干)의 丙火를 생(生)할 수 있다.
- 이때는 卯未가 상신(相神)이다.

- 록겁격(祿劫格)에 癸水 상관(傷官)이 투출하였다.
- 비겁(比劫)의 강한 기운이 癸水로 흐른다.
- 癸水가 상신(相神)이다.

- 지지에 申子辰 수국(水局)을 이루었다.
- 申월의 庚金 일간(日干)이 금생수(金生水)로 금수상관(金水傷官)이 된다.
- 이때는 子辰이 상신(相神)이 된다.

서락오는 『자평진전평주』에서 삼합(三合)뿐만 아니라 지지의 육합(六合)도 상신(相神)이 될 수 있다고 설명한다.

- 亥월의 癸水이니 록겁격(祿劫格)이다.

- 亥水 겁재(劫財)가 丙火 재성(財星)을 극(剋)한다.

- 寅亥합木이 되어 水기운을 설기(洩氣)하고 火를 생(生)한다.

- 寅이 상신(相神)이다.

- 午월의 庚金은 정관격(正官格)이다.

- 지지에 子水가 있으면 子午충이 된다.

- 子午충으로 격(格)이 손상을 입었다.

- 이때 丑이 있어 子丑합이 되면 子午충은 사라진다.

- 합(合)이 충(沖)을 푸는 경우이다.

- 丑土가 상신(相神)이 된다.

- 이때는 子午충이 일어나지 않는다.

- 수생목(水生木) 목생화(木生火)로 탐생망충(貪生忘沖)이다.
- 이때는 寅이 상신(相神)이다.

時	日	月	年
	甲		
	午	酉	

- 酉월의 甲木은 정관격(正官格)이다.
- 午火 상관(傷官)이 있어 파격(破格)이 된다.

時	日	月	年
	甲		
子	午	酉	

- 酉월의 甲木 일간(日干)이니 정관격(正官格)이다.
- 일지(日支)에 상관(傷官)이 있어 정관(正官)이 손상을 입는다.
- 그러나 子午충이 되어 상관(傷官)이 파괴 되었다.
- 충(沖)으로 상관(傷官)이 기능을 발휘하지 못하니 다시 성격(成格)이 된다.
- 子水가 상신(相神)이다.

　상신(相神)이란 격국(格局)을 성격(成格)시키는 글자이니 상신이 파괴되지 않고 힘이 있으면 귀격(貴格)이다. 만일 상신이 훼손되어 파괴되었다면 파격(破格)이 된다.

●酉월의 甲木이니 정관격(正官格)이다.

●상관(傷官) 丁火가 투출하여 파격(破格)이 된다.

●癸水가 있어 상관(傷官)을 극(剋)하면 정관(正官)이 보호되어 다시 성 격(成格)이 된다.

●상신(相神)은 癸水가 된다.

●이때 戊土가 와서 癸水를 합거(合去)하면 상신(相神)이 파괴된다.

●酉월의 丁火 일간(日干)은 편재격(偏財格)이다.

●천간에 癸水 칠살(七殺)이 있으면 파격(破格)이 된다.

●己土 식신(食神)이 있어 칠살(七殺)을 제압하면 다시 성격(成格)이 된다.

●己土가 상신(相神)이다.

●이때 甲木이 투출하면 甲己합으로 상신(相神)을 합거(合去)하니 파격 (破格)이 된다.

팔자에 기신(忌神)이 있으면 파격(破格)이 된다. 파격이 된 사주에 구응(救應)이 있으면 다시 성격(成格)이 된다. 이때는 구응의 글자가 상신(相神)이 된다. 구응의 글자가 있어도 구응의 글자가 파괴되면 다시 파격이 된다. 상신이 파괴되었기 때문이다.

보통 팔자의 월령(月令)에서 용신(用神)을 정하고 난 후에 용신을 보좌할 상신(相神)을 정한다. 용신과 상신이 정해졌다고 해도 또 다른 글자들에 의해 격(格)의 높고 낮음이 결정된다. 이러한 변화는 많고도 많으니 명백히 분별하는 능력을 기르기 위해서는 많은 팔자를 보며 연습해야 한다. 남이 가르쳐 줄 수 있는 것이 아니다.

- 子월의 己土로 편재격(偏財格)이다.
- 팔자에 비겁(比劫)인 土가 많으니 甲木으로 극(剋)한다.
- 정관(正官)인 甲木이 상신(相神)이 된다.
- 정관(正官)이 재(財)를 보호해 주는 것이다.
- 子월의 己土는 언 땅이니 운(運)이 木火로 갈 때 부귀(富貴)했다.
- 『자평진전평주』에 나오는 사주이다.

제18장

論雜氣如何取用

잡기(雜氣)를 어떻게 취할 것인가에 대하여

四墓者, 沖氣也, 何以謂之雜氣? 以其所藏者多, 用神不一, 故謂之雜氣也. 如辰本藏戊, 而又爲水庫, 爲乙餘氣, 三者俱有, 于何取用? 然而甚易也, 透干會取其淸者用之, 雜而不雜也. 何謂透干? 如甲生辰月, 透戊則用偏財, 透癸則用正印, 透乙則用月劫是也. 何謂會支? 如甲生辰月, 逢申與子會局, 則用浮水印是也. 一透則一用, 兼透則兼用, 透而又會, 則透與會竝用. 其合而有情者吉, 其合而無情者則不吉. 何謂有情? 順而相成者是也. 如甲生辰月, 透癸爲印, 而又會子會申以成局, 印綬之格, 淸而不雜, 是透干與會支, 合而有情也. 又如丙生辰月, 透癸爲官, 而又逢己以爲印, 官與印相生, 而印又能去辰中暗土以淸官, 是兩干竝透, 合而情也. 又如甲生丑月, 辛透爲官, 或巳酉會成金局, 而又透己財以生官, 是兩干竝透, 與會支合而有情也. 何謂無情? 逆而相背者是也. 如壬生未月, 透己爲官, 而地支會亥卯以成傷官之局, 是透官與會支, 合而無情者也. 又如甲生辰月, 透戊爲財, 又或透壬癸以爲印, 透癸則戊癸作合, 財印兩失, 透壬則財印兩傷, 又以貪財壞印, 是兩干竝透, 合而無情也. 又如甲生戌月, 透辛爲官, 而又透丁以傷官, 月支又會寅會午以成傷官之局, 是兩干竝透, 與會支合而無情也. 又有有情而卒成無情者, 何也? 如甲生辰月, 逢壬爲印, 而又逢丙, 印綬本喜泄身爲秀, 似成格矣, 而火能生土, 似又助辰中之戊, 印格不清, 是必壬干透而支又會申會子, 則透丙亦無所礙. 又有甲生辰月, 透壬爲印, 雖不露丙而支逢戌位, 戌與辰沖, 二者爲月沖而土動, 干頭之壬難通月令, 印格不成, 是皆有情而卒無情, 富而不貴者也. 又有無情而終有情者, 何也? 如癸生辰月, 透戊爲官, 又有會申會子以成水局, 透干與會支相剋矣. 然所剋者乃是劫財, 譬如月劫用官, 何傷之有? 又如丙生辰月, 透戊爲食, 而又透壬爲殺, 是兩干竝透, 而相剋也. 然所剋者乃是偏官, 譬如食神帶殺, 殺逢食制, 二者皆是美格, 其局愈貴. 是皆無情而終爲有情也. 如此之類, 不可勝數, 卽此爲例, 旁悟而已.

잡기(雜氣)란 辰戌丑未를 말한다. 辰戌丑未는 환절기와 같으니 처음 기운과 나중 기운이 다르다. 하나의 기운을 입묘(入墓)시키고 새로운 기운을 여는 변화의 시기이다. 그래서 기운이 순(純)하지 않고 섞여 있다 하여 잡기라고 한다.

	辰	未	戌	丑
계절	봄에서 여름으로	여름에서 가을로	가을에서 겨울로	겨울에서 봄으로
하루	아침에서 낮으로	낮에서 저녁으로	저녁에서 밤으로	밤에서 아침으로
체(계절, 방합)	木→火	火→金	金→水	水→木
용(직업, 삼합)	水→金	木→水	火→木	金→火

  체(體)의 영역은 계절적으로 판단하면 쉽다. 방합(方合)이 체의 영역이다. 辰에서 봄이 끝나고 여름으로 전환되고, 未에서 여름이 끝나고 가을이 시작된다. 戌에서 가을이 끝나고 겨울로 전환되고, 丑에서 겨울이 끝나고 봄이 시작된다. 다시 말해서 체의 영역에서는 辰에서 木이 입고(入庫)되고, 未에서 火가 입고된다. 戌에서 金이 입고되고, 丑에서는 水가 입고된다. 하나의 계절이 끝나는 시기이니 계절적으로 생각하면 된다.

  용(用)의 영역인 지장간 중기는 삼합(三合)과 관련이 있다. 용의 영역은 직업이나 적성 등 사회적인 면을 살필 때 사용한다. 辰에서 水가 입묘(入墓)되고, 巳에서 金이 장생(長生)이 된다. 그래서 용의 영역에서는 辰에서 水가 입묘되고 金으로 전환된다. 未에서는 木이 입묘되고 水로 전환되고, 戌에서는 火가 입묘되고 다음에 亥가 오니 木으로 전환이 된다. 丑에서는 金이 입묘되고 火로 전환된다.

  체(體)는 '나'이고 용(用)은 '내가 하는 일'과 같다. 집에서 하는 역할과 밖에서 하는 역할은 다르다. 앞에서 말했듯이 지지의 글자도 체와 용이 다르다. 지장간 초기와 말기는 체의 영역이고, 지장간 중기는 용

제**18**장

의 영역이다. 방합(方合)은 체의 영역이고, 삼합(三合)이나 반합(半合)
은 용의 영역이다. 하루로 말하면 출근 전과 퇴근 후는 체의 영역이고,
출근 후의 사회생활은 용의 영역이다. 결혼 전에 부모 밑에서 사는 시
기는 체의 영역이고, 결혼 후 독립하여 살아가는 시기는 용의 영역이
다. 은퇴 후 가정에 머무는 때는 다시 체의 영역이 된다.

	체(體)	용(用)
지장간	초기와 말기	지장간 중기
하루	출근 전, 퇴근 후	출근 후 직장생활
평생	어린 시절, 은퇴 후 시절	부모로부터 독립 후 은퇴까지
회국(會局)	방합(方合)	삼합(三合)

辰戌丑未는 환절기와 같아서 처음과 중간과 끝의 기운이 전혀 다르
다. 그래서 주변에 있는 글자에 따라 역할이 달라진다. 삼합(三合)과
방합(方合)을 기준으로 생각하면 편하다.

- 辰土는 체(體)의 역할로는 木의 일을 한다.
- 卯辰은 봄이다.
- 지지의 글자는 옆 글자의 영향을 받는다.
- 사람도 만나는 사람에 따라 역할이 달라진다.

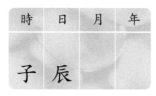

- ●辰土는 용(用)의 역할로는 水의 일을 한다.
- ●子辰은 반합(半合)으로 水의 일을 한다.

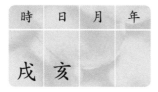

- ●戌土는 체(體)의 역할로 水를 돕는 역할을 한다.
- ●戌 다음에는 亥가 온다.
- ●토극수(土剋水)가 아니다.
- ●오행(五行)의 생극(生剋)보다 천간 지지로 이해해야 한다.

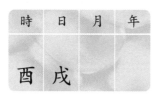

- ●戌土는 체(體)의 역할로 金의 역할을 한다.
- ●酉가 戌을 돕는다.
- ●토생금(土生金)이 아니다.
- ●천간과 지지에는 오행(五行)으로 해결할 수 없는 것들이 있다.

이렇게 辰戌丑未는 전환기의 기운이므로 어떤 것을 용신(用神)으로 삼을지 헷갈리기 쉽다. 그러나 팔자에서 가장 강한 세력이 월령(月令)이므로, 월령에서 천간에 투출하였거나 혹은 지지에서 회합(會合)한 것을 격국용신(格局用神)으로 삼으면 된다. 천간에 투출한 것이나 지지에서 회합된 것 중에서 청(淸)한 것을 찾아 용신으로 정하면 잡이부잡(雜而不雜)이 된다. 월령인 辰戌丑未는 잡(雜)하지만 용신은 잡(雜)하지 않게 된다는 의미이다.

월지(月支)가 辰戌丑未 잡기(雜氣)일 때 무엇을 유정(有情)이라고 하는가? 순(順)하고 상성(相成)하는 것이다. 유정의 예를 팔자를 통해 알아본다. 다음의 팔자들은 설명을 위한 사주로 실제 팔자에는 없을 수 있다.

●辰월에 癸水가 투출하여 인수격(印綬格)이다.
●청(淸)하고 잡(雜)되지 않아 유정(有情)하다.

●지지에 子辰 수국(水局)이 되어 인수격(印綬格)이다.
●청(淸)하고 잡(雜)되지 않아 유정(有情)하다.

- 戊土가 투출하여 재격(財格)이다.
- 청(淸)하고 잡(雜)되지 않아 유정(有情)하다.

- 辰월에 乙木이 투출하여 록겁격(祿劫格)이다.
- 청(淸)하고 잡(雜)되지 않아 유정(有情)하다.

- 辰월에 癸水와 乙木이 투출하였다.
- 인수(印綬) 乙木과 정관(正官) 癸水는 서로 상생관계이다.
- 정관격(正官格)과 인수격(印綬格)을 겸했다.
- 인수(印綬) 乙木과 정관(正官) 癸水가 월지(月支)에 뿌리를 두어 유정(有情)하다.

- 丑월에 辛金이 투출하여 정관격(正官格)이다.
- 이때 월지(月支)에서 투출한 己土 재성(財星)이 정관(正官)을 생(生)
  하니 유정(有情)하다.

- 지지에 酉丑반합이 있어 재관(財官)이 서로 도우니 유정(有情)하다.

월지(月支)가 **辰戌丑未** 잡기(雜氣)일 때 무엇을 무정(無情)이라고 하
는가?

다음 예와 같이 서로 역(逆)하고 상배(相背)하는 것을 말한다.

- 未월에 己土가 투출하여 정관격(正官格)이다.

●지지에 卯未 목국(木局)이 되어 상관(傷官)이 강하다.

●상관(傷官)이 정관(正官)을 극(剋)하니 무정(無情)하다.

●辰월에 戊土가 투출하여 편재격(偏財格)이다.

●癸水가 투출하면 인수격(印綬格)도 된다.

●戊癸가 합(合)이 되어 재(財)와 인성(印星)이 쓸모없게 된다.

●무정(無情)하다.

●辰월에 戊土가 투출하여 편재격(偏財格)이다.

- 壬水도 투출하였다.

- 戊土가 壬水를 극(剋)하니 탐재괴인(貪財壞印)이 되어 무정(無情)하다.

- 戌월에 辛金이 투출하여 정관격(正官格)이다.

- 丁火 상관(傷官)이 투출하면 정관(正官)을 극(剋)하니 무정(無情)하다.

- 戌월에 辛金이 투출하여 정관격(正官格)이다.

- 지지에 午戌 화국(火局)이 있어 상관(傷官)이 되었다.

- 상관(傷官)이 정관(正官)을 극(剋)하니 무정(無情)하다.

월지(月支)가 辰戌丑未 잡기(雜氣)일 때 유정(有情)한 것이 갑자기 무정(無情)하게 변하는 경우도 있다.

- 辰월의 甲木은 재격(財格)이다.

●식신(食神) 丙火가 투출하여 재(財)를 생(生)한다.

●그러나 壬水가 식신(食神) 丙火를 탈식(奪食)하니 팔자가 청(淸)하지 못하다.

●유정(有情)이 무정(無情)으로 변했다.

●申子辰 수국(水局)으로 辰土가 水로 변하였다.

●辰土는 더 이상 재(財)가 아니다.

●식신(食神) 丙火는 辰을 생(生)하지 못한다.

●유정(有情)이 무정(無情)으로 변했다.

●지지의 글자는 주변 글자에 따라 변할 수 있다.

●특히 辰戌丑未가 그렇다.

●辰월에 壬水가 투출하였다.

●천간 壬水는 충(沖)이 된 辰에 뿌리를 내릴 수 없다.

●무정(無情)하니 부자는 될 수 있어도 귀할 수는 없다.

무정(無情)하지만 유정(有情)할 수도 있다. 서로 극(剋)의 관계에 놓여 무정한 것처럼 보여도 결국은 서로 이익이 되는 것이다. 예를 들면 칠살(七殺)이 식신(食神)에게 극(剋)을 당한다든가, 겁재(劫財)가 관성(官星)에게 극(剋)을 당하는 경우이다.

● 辰월에 戊土가 투출하였다.
● 정관격(正官格)이다.

● 辰土가 子辰 수국(水局)으로 변하여 겁재(劫財)가 되었다.
● 겁재(劫財)가 정관(正官)의 극(剋)을 받으니 유정(有情)하다.
● 천간은 지지를 통제할 수 있다.
● 그러나 지지에 합국(合局)이 있으면 천간은 지지를 통제하지 못한다.

時	日	月	年
丙	戊	壬	
	辰		

●辰월에 戊土가 투출하여 식신격(食神格)이다.

●칠살(七殺) 壬水도 천간에 투출하면 서로 극(剋)하니 무정(無情)한 것 처럼 보인다.

●그러나 흉신(凶神)인 칠살(七殺)이 식신(食神)에게 극(剋)을 당하니 유정(有情)하다.

●칠살격(七殺格)에 식신(食神)이 있는 것과 같다.

論墓庫刑沖之說

묘고(墓庫)의 형충(刑沖)에 대하여

辰戌丑未, 最喜刑沖, 財官入庫不沖不發 - 此說雖俗書盛稱之, 然子平先生造命, 無是說也. 夫雜氣透干會支, 豈不甚美? 又何勞刑沖乎? 假如甲生辰月, 戊土透豈非偏財? 申子會豈非印綬? 若戊土不透, 卽辰戌相沖, 財格猶不甚淸也. 至於透壬爲印, 辰戌相沖, 將以累印, 謂之衝開印庫可乎? 況四庫之中, 雖五行俱有, 而終以土爲主. 土沖則靈, 金木水火, 豈取勝以四庫之沖而動乎? 故財官屬土, 沖則庫啓, 如甲用戊財而辰戌沖, 壬用己官而丑未沖之類是也. 然終以戊己干頭爲淸用, 干旣透, 卽不沖而亦得也. 至於財官爲水, 沖則反累, 如己生辰月, 壬透爲財, 戌沖則劫動, 何益之有? 丁生辰月, 透壬爲官, 戌沖則傷官, 豈能無害? 其可謂之逢沖而壬水之財庫官庫開乎? 今人不知此理, 甚有以出庫爲投庫. 如丁生辰月, 壬官透干, 不以爲庫內之壬, 干頭透出, 而反爲干頭之壬, 逢辰入庫, 求戌以沖土, 不顧其官之傷. 更有可笑者, 月令本非四墓, 別有用神, 年月日時中一帶四墓, 便求刑沖; 日臨四庫不以爲身坐庫根, 而以爲身主入庫, 求沖以解. 種種謬論, 令人掩耳. 然亦有逢沖而發者, 何也? 如官最忌沖, 而癸生辰月, 透戊爲官, 與戌相沖, 不見破格, 四庫喜沖, 不爲不足. 卻不知子午卯酉之類, 二者相仇, 乃沖剋之沖, 而四墓土自爲沖, 乃衝動之沖, 非沖剋之沖也. 然旣以土爲官, 何害於事乎?

辰戌丑未에 대한 말은 많다. 이유는 천간의 土와 지지의 土가 다르기 때문이고, 또 지지의 辰戌丑未도 각기 다르기 때문이다. 오행(五行)으로 모두 같은 土라고 보고 팔자를 풀이한다면 엉뚱한 결과가 나올 수 있다. 辰과 戌은 같은 土라고 하지만 충(沖)의 관계이다. 丑과 未도 마찬가지이다. 子와 午 또는 卯와 酉처럼 정반대의 기운인 충(沖)의 관계인 것이다.

천간의 土

戊 土	己 土
양(陽)의 土	음(陰)의 土
양(陽)운동의 마지막	음(陰)운동의 시작
산의 정상으로 올라가는 쪽	산의 정상에서 내려오는 쪽

지지의 土

	辰	未	戌	丑
계절	봄에서 여름으로	여름에서 가을로	가을에서 겨울로	겨울에서 봄으로
하루	아침에서 낮으로	낮에서 저녁으로	저녁에서 밤으로	밤에서 아침으로

앞에서 설명했듯이 辰戌丑未는 하나의 계절을 마무리하고 새로운 계절을 여는 때이니 초반과 후반의 기운이 매우 다르다.

"辰戌丑未는 형충刑沖이 되는 것이 가장 좋고, 재관財官이 입고入庫하면 충沖을 만나야 발달한다고 쓰인 책들이 많다. 그러나 자평子平 선생은 그런 말을 한 적이 없다. 辰戌丑未 잡기雜氣도 지장간이 천간에 투출하거나 지지에서 회합會合하면 좋다." 『자평진전(子平眞詮)』을 쓴 심효첨의 말이다.

- 辰 속의 재(財)를 형충(刑沖)으로 열어야 한다.
- 그러나 戊土가 투출했다면 편재격(偏財格)이 된다.

- 辰 속의 인수(印綬)를 형충(刑沖)으로 열어야 한다고 말한다.
- 그러나 子辰반합이 되었다면 인수격(印綬格)이 된다.

- 辰戌충이 되어 재격(財格)이 청(淸)하지 못하다.

時	日	月	年
	甲	壬	
	辰		戌

●辰월에 壬水가 투하여 인수격(印綬格)이다.

●辰戌충으로 壬水의 뿌리가 손상을 입는다.

●辰 속의 인수(印綬)를 충(沖)으로 열어야 하는 것이 아니다.

이상은 『자평진전(子平眞詮)』을 쓴 심효첨의 글이다.

다음은 『자평진전평주』를 쓴 서락오의 글이다.

"재관財官이 입고入庫할 경우 충沖을 만나지 않으면 발달하지 못한다는 말은 널리 퍼져 있다. 충沖이란 극尅하여 없애는 것이지만 辰戌丑未는 붕충朋沖으로 충沖이 되어도 土가 파괴되지 않는다. 辰戌丑未를 제외한 다른 생지生地나 왕지旺地의 글자들은 충沖이 되면 오행五行이 파손되어 용신用神으로 쓸 수 없다. 지지에 감추어진 지장간은 천간에 투출하거나 지지에서 회합會合하면 쓸 수 있다. 충沖으로 개고開庫시켜 열어야 하는 것이 아니다. 모든 지지가 그러하니 辰戌丑未 잡기雜氣도 예외가 아니다."

辰戌丑未가 충(沖)이 되면 土는 파괴되지 않지만 지장간의 글자들이 동(動)하지 않을 이유가 없다. 辰戌丑未는 커브길과 같고, 커브길에서도 충(沖)이 되면 사고가 날 수 있다.

- 辰戌충으로 土가 동(動)하여 편재(偏財)를 쓸 수 있다.

- 土는 깨지지 않기 때문이다.

- 그러나 충(沖)이 되지 않아도 천간의 戊土는 쓸 수 있다.

- 천간은 스스로 동(動)하기 때문이다.

- 辰 중 戊土가 천간에 청(淸)하게 투(透)했다.

- 정관격(正官格)이다.

- 丑未충으로 土가 동(動)하여 정관(正官)인 己土를 쓸 수 있다.

- 土는 깨지지 않기 때문이다.

- 그러나 충(沖)이 되지 않아도 정관(正官)인 己土를 쓸 수 있다.

- 己土가 천간에 청(淸)하게 투(透)했고 천간은 스스로 동(動)하기 때문
  이다.

- 辰 중 壬水가 투출하여 재격(財格)이다.

●辰戌충이 있어 壬水의 뿌리가 깨진다.

●土의 충(沖)에서는 土를 제외한 다른 지장간의 오행(五行)은 깨진다.

●辰戌충이 되어 천간 壬水의 뿌리가 훼손된다.

●辰월에 壬水가 투출하여 정관격(正官格)이다.

●辰戌충이 있어 壬水의 뿌리가 깨진다.

●정관(正官)의 뿌리가 훼손된 것이다.

●뿌리가 훼손되면 격(格)이 낮아진다.

　사람들은 출고(出庫)와 투고(投庫)의 차이를 모른다. 출고는 지장간이 천간에 투출한 것이고, 투고는 천간의 글자가 지지에 뿌리를 내려 통근(通根)한 것을 말한다.

●辰월에 壬水가 투출하여 정관격(正官格)이다.

●천간의 壬水가 辰 속으로 들어간 것이 아니다.

●辰 중 癸水가 천간으로 투출한 것이다.

●사람들은 辰戌충이 되어야 辰 중 癸水를 쓸 수 있다고 한다.

●辰戌충이 되면 土를 제외한 오행(五行)이 파손되는 것을 모르는 것이다.

●천간 壬水의 뿌리는 辰戌충으로 파손되었다.

월령(月令)은 물론이고 다른 지지의 辰戌丑未도 형충(刑沖)으로 개고(開庫)되어야 쓸 수 있으니 형충(刑沖)을 기다려야 한다는 속설도 많다. 일간(日干)이 辰戌丑未에 뿌리를 내리면 튼튼한 것인데도 입고(入庫)되었으니 충(沖)을 만나야 한다고 주장하는 사람도 많다. 이런 잘못된 학설(學說)은 귀를 막고 듣지 않는 것이 좋다. 심효첨의 주장은 단호하다.

다음 팔자의 예처럼 충(沖)을 당하여 발달한 경우도 있다.

時	日	月	年
癸	戊		
	辰	戌	

●辰월에 戊土가 투출하여 정관격(正官格)이다.

●辰戌충이 되어도 土는 깨지지 않고 정관(正官)이 동(動)한다.

●정적(靜的)인 팔자는 운(運)에 의해서 동(動)해야 실감(實感)한다.

●辰戌이 충(沖)이 되어 좋은 경우이다.

이처럼 사고(四庫)의 지지가 형충(刑沖)이 되어도 꺼리지 않는 경우도 있으나, 반드시 刑沖이 되어야 지장간의 글자를 사용할 수 있는 것은 아니다.

지장간 속의 음간(陰干)과 양간(陽干)에 대해 알아본다. 우주운동 법칙은 양(陽)이 시작하고 음(陰)이 마무리를 한다. 그래서 각 계절을 여는 寅申巳亥의 지장간은 모두 양간이고, 음양운동(陰陽運動)을 마무리하는 丑과 未의 지장간은 모두 음간이다.

	辰	未	戌	丑
방합(계절)	봄(木)을 마무리하니 음간인 乙木이 있다	여름(火)을 마무리하니 음간인 丁火가 있다	가을(金)을 마무리하니 음간인 辛金이 있다	겨울(水)을 마무리하니 음간인 癸水가 있다
삼합(직업)	水가 입묘되니 지장간 중기에 음간인 癸水가 있다	木이 입묘되니 지장간 중기에 음간인 乙木이 있다	火가 입묘되니 지장간 중기에 음간인 丁火가 있다	金이 입묘되니 지장간 중기에 음간인 辛金이 있다

論四吉神能破格

사길신(四吉神)도 파격(破格)이 될 수 있다

財官印食, 四吉神也, 然用之不當, 亦能破格. 如食神帶殺, 透財爲害, 財能破格也; 春木火旺, 見官則忌, 能破格也; 殺逢食制, 透印無功, 印能破格也; 財旺生官, 露食則雜, 食能破格也. 是故官用食破, 印用財破. 譬之用藥, 參芪苓术, 本屬良材, 用之失宜, 亦能害人.

재관인식(財官印食) 사길신(四吉神)도 쓰임이 부적당하면 파격(破格)이 될 수 있다. 고정된 것은 없다. 변하고 변하는 것이 역(易)이다. 팔자에서 성격(成格)이 되어도 대운(大運)에서 파격이 될 수 있고, 팔자에서 파격이 되어도 대운에서 성격이 될 수도 있다.

식신격(食神格)에 칠살(七殺)이 있는 식신대살(食神帶殺)에 재성(財星)이 투출하면 파격(破格)이 된다. 재성이 식신과 칠살의 통관(通關) 역할을 하여 칠살을 더 강하게 해주기 때문이다.

봄철의 木 일간(日干)에 식상(食傷)인 火가 왕(旺)할 때 정관(正官)이 오면 파격(破格)이 된다. 길신(吉神)인 정관이 와도 파격이 되는 것이다.

칠살격(七殺格)에 식신(食神)을 쓰면 성격(成格)이 된다. 이때 인수(印綬)가 투출하면 파격(破格)이 된다. 인수가 상신(相神)인 식신을 극(剋)하기 때문이다.

또 재격(財格)에 정관(正官)이 있는 재왕생관(財旺生官)에서 식신(食神)이 투출하면 식신이 정관(正官)을 극(剋)하니 파격(破格)이 된다.

정관(正官)을 용신(用神)으로 쓸 때 식신(食神)이 있으면 파격(破格)이 되고, 인수(印綬)가 용신일 때 재성(財星)이 있으면 파격이 된다.

이렇게 사길신(四吉神)이라도 잘못 쓰면 파격(破格)이 될 수 있다. 좋은 보약이라도 잘못 먹으면 사람을 해칠 수 있는 것과 같다.

論四凶神能成格

사흉신(四凶神)도 성격(成格)이 될 수 있다

殺傷梟刃, 四凶神也, 然施之得宜, 亦能成格. 如印綬根輕, 透殺爲助, 殺能成格也. 財逢比劫, 傷官可解, 傷能成格也. 食神帶殺, 靈梟得用, 梟能成格也. 財逢七殺, 刃可解厄, 刃能成格也. 是故財不忌傷, 官不忌梟, 殺不忌刃, 如治國長搶大戟, 本非美具, 而施之得宜, 可以戡亂.

살상효인(殺傷梟刃) 사흉신(四凶神)이라도 적당히 배합되면 능히 성격(成格)이 될 수 있다.

일간(日干)이 신약(身弱)하고 인수(印綬)가 뿌리가 미약할 때, 칠살(七殺)이 투출하여 인수(印綬)를 도우면 성격(成格)이 된다.

재성(財星)이 비겁(比劫)을 만나면 파격(破格)이 된다. 이때 상관(傷官)이 있으면 상관(傷官)이 통관(通關) 역할을 하여 성격(成格)이 된다.

칠살(七殺)과 식신(食神)으로 극설(剋洩)이 심하여 신약(身弱)한 식신대살(食神帶殺)에서 흉신(凶神)인 효신(梟神) 때문에 성격(成格)이 될 수 있다. 효신(梟神)이 신약(身弱)한 일간(日干)을 돕기 때문이다.

재성(財星)이 칠살(七殺)을 만나면, 재성(財星)이 칠살(七殺)을 도와 칠살(七殺)이 나를 공격하니 파격(破格)이 된다. 이때 양인(陽刃)이 있으면 칠살(七殺)의 공격을 막아내니 양인(陽刃) 때문에 성격(成格)이 된다.

이렇게 사흉신(四凶神)이라도 능히 격국(格局)을 성격(成格)시킬 수 있다.

그러므로 재성(財星)이 상관(傷官)을 꺼리지 않고, 정관(正官)이 편인(偏印)을 꺼리지 않으며, 칠살(七殺)이 양인(陽刃)을 꺼리지 않는 경우에는 모두 성격(成格)이 된다. 창과 칼은 본래 위험한 물건들이지만 잘 활용하면 좋게 쓰일 수 있는 것과 같다. 사흉신(四凶神)이라고 무조건 나쁘다거나, 사길신(四吉神)이라고 무조건 좋은 것은 아니다. 주변의 어느 글자와 배합이 되는가에 따라 달라진다.

사람도 누구를 만나느냐가 중요하다. 서로가 명리(命理)를 알고 상대방을 이해한다면 서로 좋은 인연을 맺을 수 있을 것이다. 명리(命理)를 배워야 하는 이유 중의 하나이다.

論生剋先後分吉凶

생극(生剋)의 선후(先後)에 따라 길흉(吉凶)이 달라진다

月令用神, 配以四柱, 固有每字之生剋以分吉凶, 然有同此生剋, 而先後之間, 遂分吉凶者, 尤談命之奧也. 如正官同是財傷並透, 而先後有殊. 假如甲用酉官, 丁先戊後, 後則以財爲解傷, 卽不能貴, 後運必有結局. 若戊先而丁後時, 則爲官遇財生, 而後因傷破, 卽使上運稍順, 終無結局, 子嗣亦難矣. 印格同是貪格壞印, 而先後有殊. 如甲用子印, 己先癸後, 卽使不富, 稍順晚境; 若癸先而己在時, 晚景亦悴矣. 食神同是財梟並透, 而先後有殊. 如壬用甲食, 庚先丙後, 晚運必亨, 格亦富而望貴. 若丙先而庚在時, 晚運必淡, 富貴兩空矣. 七殺同是財食並透, 而先後大殊. 如己生卯月, 癸先辛後, 則爲財以助用, 而後殺用食制, 不失大貴. 若辛先而癸在時, 則殺逢食制, 而財轉食黨殺, 非特不貴, 後運蕭索, 兼難永壽矣. 他如此類, 可以例推. 然猶吉凶易者也, 至丙生甲寅月, 年癸時戊, 官能生印, 而不怕戊合；戊能泄身爲秀, 而不得越甲以合癸, 大貴之格也.
假使年月戊癸而時甲, 或年甲而月癸時戊, 則戊無所隔而合全
癸, 格大破矣. 丙生辛酉, 年癸時己, 傷因財間, 傷之無力, 間有
小貴. 假如癸己竝竝而中無辛隔, 格盡破矣. 辛生申月, 年壬月
戊, 時上丙官, 不愁隔戊之壬, 格亦許貴. 假使年丙月壬而時
戊, 或年戊月丙而時壬, 則壬能剋丙, 無望其貴矣. 如此之類,
不可勝數, 其中吉凶似難猝喻猝. 然細思其故, 理甚顯然, 特難
爲淺者道耳.

팔자에서 같은 글자라도 어디에 놓이는지에 따라 좋고 나쁨이 달라진다. 모든 일은 때가 있는 것이다. 씨를 심을 시기에 씨를 심어야 하고, 수확할 시기에 수확을 해야 한다. 같은 일을 하더라도 선후(先後)가 바뀌면 엉망이 될 수 있다. 영어 시간에 수학 공부하고, 수학 시간에 영어 공부한다면 학습의 효율이 떨어질 것이다.

팔자를 볼 때는 용신(用神)을 사주에 배합한 후 글자의 생극(生剋)을 보면서 길흉(吉凶)을 나누게 된다. 그러나 같은 생극(生剋)이라도 선후(先後)가 다르면 길흉이 또다시 변하니 명리(命理)의 오묘함이 여기에 있다. 이러한 선후(先後)의 변화에 따라 빈부(貧富)·귀천(貴賤)·수요(壽夭)가 모두 다르게 나타난다. 같은 식상생재격(食傷生財格)이라도 글자의 위치, 즉 선후(先後)에 따라 삶의 방식이 달라진다.

오행(五行)의 생극제화(生剋制化)가 명리(命理)의 기본이기는 하지만 이것만으로 모든 것을 설명할 수는 없다. 즉, 정관(正官)은 상관(傷官)을 꺼리고, 인성(印星)은 재성(財星)을 꺼린다는 것은 당연하지만 이것만으로는 부족하다. 글자의 위치에 따라 많은 변화가 있으니 모든 것을 다 설명하기는 어렵다. 많은 연습이 필요하다.

- 『자평진전평주』를 쓴 서락오의 사주이다.
- 辰월에 壬水가 투출하여 칠살격(七殺格)이다.
- 그러나 辰戌충으로 격(格)으로 삼기에는 약하다.
- 丙火의 뿌리도 辰戌충으로 손상되었다.
- 辰戌충이 되어도 土는 깨지지 않으므로 식신격(食神格)으로 한다.
- 식신격(食神格)에 재(財)를 써서 식신생재(食神生財)로 성격(成格)이 되었다.
- 일간(日干)이 약하지만 巳午未운(運)에 좋아질 것이다.

- 서락오 친척의 사주이다.
- 申월에 壬水가 투출하여 칠살격(七殺格)이다.

●월령(月令)을 장악한 재(財)의 힘도 강하다.

●왕(旺)한 재(財)가 칠살(七殺)을 생(生)하니 파격(破格)이 된다.

●어려서 요절(夭折)했다.

선후(先後)의 예를 살펴보자.

정관격(正官格)에 상관(傷官)과 재성(財星)이 투출하면 재성(財星)이 통관(通關) 역할을 하여 상관(傷官)의 흉함을 해소할 수 있다. 그러나 선후(先後)에 따라 차이가 있다.

●정관격(正官格)이다.

●상관(傷官)이 앞에 있고 재성(財星)이 뒤에 있다.

●초년에는 귀하지 못하고 만년에 발달한다.

●정관격(正官格)이다.

●초년에는 정관(正官)이 재성(財星)의 도움을 받아 좋을 것이다.

●만년에는 상관(傷官)이 정관(正官)을 상(傷)하여 좋지 않고 후사도 위험하다.

다음은 『자평진전평주』에 나오는 사주들이다.

- 정관격(正官格)에 재성(財星)이 양쪽에 자리잡고 있다.
- 년간(年干)의 상관(傷官)은 정관(正官)을 손상시키지 못한다.
- 상관(傷官)이 재성(財星)을 생(生)하느라 정관(正官)을 극(剋)하지 못한다.
- 탐생망극(貪生忘剋)이다.

- 酉월에 辛金이 투출하여 정관격(正官格)이다.
- 戊土 재성(財星)이 정관(正官)을 생(生)하니 초년에 좋았다.
- 후반 상관(傷官)이 정관(正官)을 극(剋)하여 파격(破格)이 된다.

- 년간(年干)에 있는 정관(正官)이 월간(月干)의 상관(傷官)에게 공격을 받아 파격(破格)이 된다.

●시간(時干)의 재성 戊土는 거리가 떨어져서 상관(傷官)과 정관(正官)의 통관(通關) 역할을 못한다.

●위치가 중요하다.

●정관격(正官格)은 재(財)와 인수(印綬)가 있으면 좋다.

●그러나 재성(財星)과 인수(印綬)는 서로 장애가 되지 않아야 한다.

●재성(財星) 己土가 인성(印星) 壬水를 옆에서 극(剋)하니 좋지 않다.

●상관(傷官) 丁火는 정관(正官)을 극(剋)하기에는 거리가 멀다.

●상관(傷官)인 丁火는 거리가 멀어 정관(正官)을 손상하지 못한다.

●월간(月干)의 癸水도 丁火를 상(傷)하지 못한다.

●탐생망극(貪生忘剋)으로 癸水는 극(剋)보다는 甲木을 생(生)한다.

●시간(時干)의 상관(傷官)은 정관(正官) 辛金을 훼손한다.

- 癸水가 丁火를 극(剋)하기에는 너무 멀다.
- 글자의 위치가 중요하다.

희신(喜神)이 시(時)에서 생왕(生旺)하면 만년이 유복(有福)하고, 기신(忌神)이 시(時)에서 생왕(生旺)하면 만년이 처량(凄凉)할 것이다.

인수격(印綬格)에 식신(食神)과 재성(財星)을 쓸 때도 위치가 중요하다.

- 인수격(印綬格)이다.
- 재성(財星)이 앞에 있고, 인수(印綬)가 뒤에 있다.
- 초반에는 힘들지라도 후반에는 비교적 유복(有福)할 것이다.

- 인수격(印綬格)이다.
- 년간(年干)에 인수(印綬)가 있고, 시간(時干)에 재(財)가 있다.
- 초반에는 좋았으나 만년에는 재(財)가 인수(印綬)를 극(剋)하여 처량(凄凉)할 것이다.
- 재성(財星)이 인수(印綬)를 극(剋)하기 때문이다.

식신격(食神格)에 재(財)와 효신(梟神)이 투출한 경우도 위치에 따라 길흉(吉凶)이 달라진다. 식상생재격(食傷生財格)에서는 편인(偏印)이 식신(食神)이나 상관(傷官)을 극제(剋制)하는 것을 꺼린다. 그러나 만일 편인(偏印)이 일간(日干)의 앞에 있고 식상(食傷)이 뒤에 있으면 일간(日干)이 통관(通關) 역할을 하여 좋을 것이다.

무릇 식상격(食傷格)에 인성(印星)이 투출한 경우에는 재운(財運)으로 가는 것이 좋다. 재(財)가 능히 정인(正印)이나 편인(偏印)을 제압하여 식상(食傷)을 보호하기 때문이다.

다음의 팔자들은 설명을 위한 예이다. 실제 사주에는 없을 수 있다.

- 초반에는 식신(食神)이 庚金에게 훼손당한다.
- 후반 편재(偏財)는 식신(食神)의 도움을 받는다.
- 만년에 부귀(富貴)할 것이다.

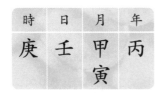

- 식신격(食神格)이다.
- 초반에는 식재(食財)를 써서 부유(富裕)할 것이다.

●후반에는 편인(偏印)이 식신(食神)을 극(剋)하니 부귀(富貴)하지 못할
  것이다.

●寅월에 甲木이 투출하여 식신격(食神格)이다.

●식신(食神)은 재(財)를 보면 좋다.

●재(財)가 없어 인성(印星)의 탈식(奪食)을 방어하지 못한다.

●인극식(印剋食)으로 탈식(奪食)되어 부귀(富貴)를 장담하지 못한다.

●비겁(比劫)의 기운이 강하고 丁壬합이 있다.

●비겁(比劫)이 강해 재(財)를 극(剋)하니 빈한한 가정에서 출생하였다.

●운(運)이 火로 갈 때 식상생재(食傷生財)로 번창하였다.

●火가 통관 역할을 하여 목생화(木生火) 화생토(火生土)가 된 것이다.

칠살격(七殺格)에 재(財)와 식신(食神)이 모두 다 투출하면 보통 파격
(破格)이 된다. 재성(財星)이 식신(食神)과 칠살(七殺)을 통관(通關)시키
는 역할을 하기 때문이다. 그러나 역시 선후(先後)에 따라 달라진다.

- 칠살격(七殺格)에 癸水 편재(偏財)가 앞에 있어 초반에는 힘들 것이다.
- 후반에 辛金 식신(食神)이 칠살(七殺)을 제(制)하니 대귀(大貴)할 수 있다.

- 칠살격(七殺格)이다.
- 초반에는 식신(食神)이 있어 칠살(七殺)을 제어하니 좋을 것이다.
- 후반에는 재성(財星)이 칠살(七殺)을 도우니 파격(破格)이 된다.
- 만년이 처량하고 수명도 길지 않을 것이다.

- 卯월에 乙木이 투출하여 칠살격(七殺格)이다.
- 癸水 재성(財星)이 칠살(七殺)을 생(生)하니 초반에는 좋지 않다.
- 후반에는 식신(食神)이 칠살(七殺)을 제(制)하니 부귀(富貴)할 수 있다.

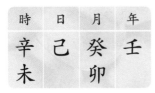

- 卯월의 己土이니 칠살격(七殺格)이다.

- 재성(財星)이 칠살(七殺)을 생(生)하니 불길(不吉)하다.

- 만년에도 식신(食神)이 칠살(七殺)을 극(剋)하기보다는 재성(財星)을 생(生)한다.

- 탐생망극(貪生忘剋)이다.

- 卯월의 己土이니 칠살격(七殺格)이다.

- 천간에 식신(食神) 辛金이 있으나 丙辛합이 되었다.

- 합(合)으로 식신(食神)이 칠살(七殺)을 극(剋)하지 못한다.

- 탐합망극(貪合忘剋)으로 파격(破格)이 된다.

- 卯월에 乙木이 투출하여 칠살격(七殺格)이다.

- 칠살격(七殺格)은 식신(食神)이 없으면 편인(偏印)으로 화살(化殺)한다.

- 년간(年干)의 癸水는 시간(時干)의 丁火를 극할 수 없다.
- 탐생망극(貪生忘剋)으로 乙木을 생(生)하기 바쁘기 때문이다.

時	日	月	年
己	癸	丁	
	卯		

- 칠살격(七殺格)에 식신(食神)이 없으면 편인(偏印)으로 설기(洩氣)한다.
- 편인(偏印) 丁火가 癸水에게 극(剋)을 당하고 있다.
- 상신(相神)이 파괴되니 파격(破格)이 된다.

時	日	月	年
戊	丙	甲	癸
		寅	

- 편인격(偏印格)이다.
- 수생목(水生木) 목생화(木生火) 화생토(火生土)로 생생불식(生生不息)이다.
- 戊癸합은 있을 수 없다.
- 대귀(大貴)하다.

時	日	月	年
甲	丙	戊	癸
		午	

- 午월의 丙火는 양인격(陽刃格)이다.

●戊癸합이 되니, 왕(旺)한 火의 기운을 극설(剋洩)하지 못한다.

●시간(時干)의 甲木 편인(偏印)이 양인(陽刃)을 도우니 파격(破格)이 된다.

●재격(財格)이다.

●재격(財格)은 식신(食神)이 도우면 좋다.

●식신(食神)이 戊癸합이 되어 파격(破格)이 된다.

●재격(財格)이다.

●년간(年干)에 정관(正官)이 있고 시간(時干)에 상관(傷官)이 있다.

●시간(時干)의 상관(傷官)은 년간(年干)의 정관(正官)을 극(剋)하지 못한다.

●가운데 辛金 재성(財星)이 통관(通關)시키고 있기 때문이다.

●酉월에 辛金이 투출하여 재격(財格)이다.

●재(財)가 정관(正官)을 생(生)하면 좋다.

●년간(年干)에 상관(傷官)이 있고 월간(月干)에 정관(正官)이 있다.

●상관(傷官)이 정관(正官)을 파괴하니 파격(破格)이 된다.

●위치가 중요하다.

●년간(年干)에 壬水는 시간(時干)의 丙火를 극할 수 없다.

●戊土 인수(印綬)가 가로막고 있기 때문이다.

●상관(傷官)이 정관(正官)을 극할 수 없으니 귀할 수 있다.

●년간(年干)에 정관(正官)이 있고 월간(月干)에 상관(傷官)이 있다.

●상관견관(傷官見官)으로 파격(破格)이니 귀할 수 없다.

●시간(時干)의 상관(傷官)이 월간(月干)의 정관(正官) 丙火를 극할 수 있다.

●파격(破格)이 되어 귀하지 못하다.

정관(正官)은 상관(傷官)을 두려워하고, 인수(印綬)는 재성(財星)을 두려워하고, 재성(財星)은 비겁(比劫)을 두려워하고, 식신(食神)은 인성(印星)을 두려워한다. 이러한 현상도 모두 위치에 따라 다른 결과가 나타나니 그 원리를 심사숙고하여 응용해야 한다.

다음은 『자평진전평주』에 나오는 사주들이다.

- 子월에 癸水가 투출하여 칠살격(七殺格)이다.
- 칠살격(七殺格)에 식신(食神)이 없으니 인성(印星)으로 화살(化殺)한다.
- 甲木이 상신(相神)이다.

- 酉월에 辛金이 투출하여 상관격(傷官格)이다.
- 지지에 卯酉충과 子午충이 있다.
- 월지(月支)는 일간(日干)의 힘을 설기(洩氣)한다.
- 子午충이 동(動)하면 천간의 모든 글자들이 합거(合去)된다.
- 평생 뜻을 펴지 못했다는 사주이다.

●양인격(陽刃格)이다.

●지지의 충(沖)은 순탄하지 않은 현실을 나타낸다.

●월지(月支)는 양인(陽刃)으로 여러 가지 도전을 견딜 수 있다.

●앞에서 나온 청나라 건륭황제의 사주이다.

論星辰無關格局

성신(星辰)은 격국(格局)과 무관하다

八字格局, 專以月令配四柱, 至於星辰好歹, 旣不能爲生剋之
用, 又何以操成敗之權? 況於局有礙, 卽財官美物, 尙不能濟,
何論吉星? 于局有用, 卽七煞傷官, 何謂凶神乎? 是以格局旣
成, 卽使滿盤孤辰入煞, 何損其貴? 格局旣破, 卽使滿盤天德
貴人, 何以爲功? 今人不知輕重, 見是吉星, 遂致抛卻用神, 不
管四柱, 妄論貴賤, 謬談禍福, 甚可笑也. 況書中所云祿貴, 往
往指正官而言, 不是祿堂人貴人. 如正財得傷貴爲奇, 傷貴也,
傷官乃生財之具, 正財得之, 所以爲奇, 若指貴人, 則傷貴爲何
物乎? 又若因得祿而避位, 得祿者, 得官也, 運得官鄕, 宜乎進
爵, 然如財用傷官食神, 運透官則格條, 正官運又遇官則重, 凡
此之類, 只可避位也. 若作祿堂, 不獨無是理, 抑且得祿避位,
文法上下相顧. 古人作書, 何至不通若是! 又若女命, 有云"貴
衆則舞裙歌扇". 貴衆者, 官衆也, 女以官爲夫, 正夫豈可疊出

乎? 一女衆夫, 舞裙歌扇, 理固然也. 若作貴人, 乃是天星, 竝非
夫主, 何礙於衆, 而必爲娼妓乎? 然星辰命書, 亦有談及, 不善
看書者執之也. 如"貴人頭上帶財官, 門充馳馬", 蓋財官如人
美貌, 貴人如人衣服, 貌之美者, 衣服美則現. 其實財官成格,
卽非貴人頭上, 怕不門充馳馬! 又局淸貴, 又帶二德, 必受榮
封. 若專主二德, 則何不竟云帶二德受兩國之封, 而秘先曰無
殺乎? 若云命逢險格, 柱有二德, 逢凶有救, 右免于危, 則亦有
之, 然終無關於格局之貴賤也.

성신(星辰)은 신살(神殺)을 말한다. 격국용신(格局用神)은 오로지 월
령(月令)을 기준으로 정한다. 월령(月令)은 팔자의 본부이다. 본부의 명
령이 중요하다. 봄에 태어났다면 木의 기운이 전면에 등장한다. 봄에는
金은 안에서 때를 기다려야 한다. 봄이라고 金의 기운이 사라지는 것이
아니다.

월령(月令)에 의해서 정해진 격국(格局)은 몸의 중추나 건물의 기둥
과 같다. 재관인식(財官印食) 사길신(四吉神)도 파격(破格)이 되면 쓸모
가 없고, 살상효인(殺傷梟刃) 사흉신(四凶神)도 성격(成格)이 되면 좋아
진다. 격국(格局)에 의해서 삶의 방향이 정해지고, 격국(格局)의 성패
(成敗)에 의해서 그릇의 크기가 정해진다.

『자평진전(子平眞詮)』은 팔자의 체(體)의 영역인 격국(格局)을 다룬
다. 팔자의 구조를 살펴 격국을 파악하여 진로나 적성을 찾아낼 수 있
다. 매년의 운세를 알아보는 용(用)의 영역인 억부용신(抑扶用神)과는

다르다. 같은 건물(體)이라도 매년 용도나 세입자에 따라 손익(用)이 달라질 수 있다. 타고난 건강 체질의 사람(體)도 세운(歲運)에 따라 아플 수 있다(用). 체(體)와 용(用)의 구분은 명리(命理)의 기본이다.

신살(神殺)은 격국(格局)에 비하면 지엽적인 것이다. 건물의 간판이나 인테리어처럼 사소한 것일 수 있다. 명리(命理)의 본류(本流)가 아닌 지류(支流)인 셈이다. 신살은 주로 명리 이외의 분야에서 들어온 것이 많다. 그래서 명리적인 관점에서 신살을 무시하는 책들도 많다.

『자평진전(子平眞詮)』에 다음과 같은 글이 있다.

"격국格局이 성격成格이 되었다면 사주에 나쁜 신살神殺이 가득하다고 해도 그 귀貴를 손상하지 못한다. 또 만일 격국格局이 파괴되었다면 사주에 좋은 신살神殺이 가득하더라도 공로功勞가 없다. 오늘날 사람들이 격국格局이나 신살神殺의 경중輕重을 알지 못하고 좋은 신살神殺이 보이면 사주 구성은 아랑곳하지 않은 채 격국格局 등을 무시하면서 망령되게 귀천貴賤을 논하고 함부로 화복禍福을 논하니 심히 가소롭다."

그리고 『자평진전(子平眞詮)』의 내용 속에는 '경중(輕重)을 알지 못하고 신살(神殺)에 치중하는 것'을 비난하는 말이 있다. 신살을 부정하는 것이 아니라 경중을 가리라는 말이다. 정말 중요한 것은 격국(格局) 즉 건물의 뼈대이고 신살은 비교적 덜 중요한, 즉 건물의 장식(裝飾)이라는 의미이다. 그러나 장식도 중요하다. 많은 사람들이 집을 고를 때 건물의 튼튼함보다는 화려한 외장이나 디자인 그리고 인테리어 등에 관심을 갖기 때문이다.

상담을 할 때 부정적인 신살(神殺)을 강조하여 그에 따른 처방으로 부적이나 여러 가지 장식물 또는 굿 등을 강요할 수도 있다. 또 고객의 기분을 맞춰주기 위해 좋은 신살로 감언이설(甘言利說)을 할 수도 있다. 모두 사람 나름이고 살아가는 방식이다. 그러나 명리학(命理學)의 경중(輕重)을 가릴 때 신살은 경(輕)에 속한다는 것은 알아야 하겠다.

다음은 『자평진전평주』에 나오는 신살(神殺)에 대한 서락오의 주장이다.

"오늘날 사람들이 망령되어 성신〔신살〕에 대해 논하는데 성신星辰의 기원조차 모르고 함부로 떠든다. 자평법子平法은 오성술五星術에서 연유했고, 오성술五星術은 년주年柱를 위주로 하여 성신星辰을 가지고 길흉吉凶을 판단했었다. 이런 까닭으로 자평법에는 년주年柱를 기준으로 하는 오성술五星術의 성신星辰이 흘러 들어와 있다. 『이허중명서李虛中命書』나 『낙록자삼명소식부珞琭子三命消息賦』 등을 보면 옛날에는 년주年柱를 기준으로 명命을 판단했다는 것을 알 수 있다. 명나라 만육오萬育吾의 『삼명통회三命通會』에는 년주年柱가 기본이 되고 일간日干이 주체가 된다고 설명하고 있어서, 명나라 때 일간日干이 주체가 되는 것으로 변한 것임을 알 수 있다. 납음納音을 중시하는 것도 오성술五星術에서 나온 것이다. 오늘날은 년주年柱가 아닌 일간日干 위주로 간명看命을 하므로 오성술五星術에서 나온 성신星辰과 납음納音은 사용하지 않고 참고만 할 뿐이다. 년주年柱를 기준으로 하는 오성술五星術에서 나온 방식대로 사주를 판단하면 길흉화복吉凶禍福을 잘못 판단하게 된다. 그런데도 술사術士들이 여전히 년주年柱 중심일 때의 성신星辰을 가지고 견강부회牽强附會하면서 스스로 잘난 체하고 있다."

　팔자의 경중(輕重)을 따질 때 신살(神殺)은 경(輕)에 속한다. 그러나 사소하다고 생각했던 것 때문에 큰일을 망치는 경우가 있다. 제품의 작은 하자(瑕疵) 때문에 좋은 제품을 망칠 수도 있고, 작은 불만 처리를 무시하다가 큰 코 다치는 기업들도 있다. 사주 상담할 때도 그런 경험을 한 사람은 신살을 과장해서 주장하기도 할 것이다. 이렇게 신살은 팔자의 작은 부분을 차지하면서 나름대로의 영향을 미치고 있으니 완전히 무시할 수도 없다.

　『자평진전(子平眞詮)』은 체(體)의 영역에 중점을 둔 책이니 심효첨이나 서락오는 사소한 것에 불과한 신살(神殺)을 전부인 양 과장(誇張)하지 말라고 주장하고 있는 것이다.

　고서(古書)에 나오는 녹귀(祿貴)는 정관(正官)을 말하는 것이지 녹당귀인(祿堂貴人)이라는 신살(神殺)이 아니다. '정재(正財)가 상귀(傷貴)를 보면 좋다.'는 말에서 상귀(傷貴)는 상관(傷官)이지 귀인(貴人)이 아니다. '득록(得祿)하면 지위에서 물러난다.'고 할 때 득록(得祿)은 정관(正官)을 얻었다는 뜻이다. 정관(正官)이 또 정관(正官)을 만나면 중관(重官)이 되어 지위에서 물러난다는 뜻인데 득록(得祿)을 녹당(祿堂)이라는 신살(神殺)로 묘사하면 문법 자체가 맞지 않다. 이렇게 혼선이 오는 이유는 년주(年柱)를 기준으로 한 오성술(五星術)의 용어가 일주(日柱)를 기준으로 한 자평(子平)으로 일부 넘어와 사용하는 용어가 뒤섞여 있기 때문이다.

녹(祿)은 관성(官星)을 말하고, 마(馬)는 재성(財星)을 말한다. 덕(德)은 인수(印綬)를 말하고, 천주(天廚)와 수성(壽星)은 식신(食神)을 말한다. 삼기록마(三奇祿馬)는 재관(財官)을 가리킨다. 상귀(傷貴)란 상관(傷官)이 천을귀인(天乙貴人)일 때를 말한다. 오성술(五星術)의 단어를 자평(子平)에서 알기 쉽도록 인용하여 쓴 것인데 이를 구분하지 못하고 사용하면서 생기는 혼선이다.

'여자의 사주에 귀중(貴重)하면 기생(妓生)이 된다.'는 말이 있다. 여기서 귀중(貴重)이란 정관(正官)이 많은 것이다. 귀(貴)를 귀인(貴人)으로 본다면 귀인(貴人)이 많은데 어찌 기생이 되겠는가? 여기서 귀(貴)는 정관(正官)인 것이다.

'귀인(貴人)의 머리 위에 재관(財官)이 있으면 문 안에 재물이 가득하다.'는 말이 있다. 재관(財官)은 아름다운 외모와 같고, 귀인(貴人)은 좋은 의복과 같으니 외모가 아름다운 사람이 예쁜 옷을 입으면 더욱 두드러질 것이다. 그러나 이미 재관격(財官格)으로 격국(格局)이 성격(成格)이 되었다면 귀인(貴人)이라는 신살(神殺)이 없어도 충분히 좋을 것이다.

'여자의 사주에 칠살(七殺)이 없고 이덕(二德)이 있으면 두 나라의 책봉을 받는다.'는 말이 있다. 만일 파격(破格)이 된 사주라면 이덕(二德)이 있어도 좋을 리가 없다.

다음은 진소암의 『명리약언』에 나오는 글이다.

"가령 도화살이나 유하살 그리고 홍염살은 남녀 음욕淫慾의 상징인데 행위가 방정한 선비나 절개가 열렬한 부녀들에게도 많이 들어 있다. 간지干支의 글자만 보면 어디에 요염한 모습이 있는가? 신살神殺은 허무맹랑한 주장이 아니겠는가?"

사주가 파격(破格)이 되어도 좋은 신살(神殺)로 인해 위험을 모면하는 경우도 있지만 신살은 격국(格局)의 귀천(貴賤)과는 무관하다. 몸에 붙인 아름다운 장식물이 자신의 본래의 생김새나 건강과는 무관한 것이다.

그러나 몸도 건강하고 외모도 아름답다면 금상첨화(錦上添花)이듯이 격국(格局)이 성격(成格)이 되고 좋은 신살(神殺)이 있다면 팔자의 그릇이 더욱 커질 것이다. 천을귀인(天乙貴人)이 정관(正官)과 배합되거나, 이덕(二德)이 인수(印綬)와 함께 하거나, 역마(驛馬)가 재성(財星)과 배합되고, 문창성(文昌星)이 식상(食傷)과 배합되는 경우가 그런 예이다. 이런 경우는 성격이 되면 더욱 좋을 것이고, 성격이 되지 못한 경우도 흉함이 감소한다.

결론적으로 자평술(子平術)은 자평(子平) 고유의 법(法)을 따라 판단해야 한다. 년주(年柱)를 기준으로 한 오성술(五星術)에서 사용한 신살(神殺)이나 납음(納音)을 자평(子平)에 적용할 때는 참고로만 한다.

시대가 지나간 이론을 펼치며 자기만 아는 것처럼 주장하는 것은 '갓 쓰고 양복 입은 꼴'이 될 것이다.

다음은 『자평진전평주』에 나오는 사주들이다.

- 칠살(七殺)이 있지만 년간(年干)의 식신(食神)에 의해 제압당했다.
- 일간(日干)의 천을귀인이 월지(月支)를 차지하여 더욱 좋았다.
- 월간(月干) 癸水의 천을귀인은 일지(日支) 巳火이다.
- 귀인(貴人)을 서로 주고받는 호환귀인(互換貴人)이다.
- 원수(元首)를 지낸 청나라 원항성(袁項城)의 사주이다.

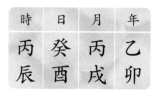

- 戌월의 丙火가 투출하여 정재격(正財格)이다.
- 재격(財格)에 식신(食神)을 보아 성격(成格)이 되었다.
- 일간(日干)의 천을귀인인 卯가 년지(年支)에 있다.
- 丙火의 천을귀인인 酉도 일지(日支)에 있다.
- 성격(成格)이 되고 좋은 귀인(貴人)도 있으니 격(格)이 더욱 높아진다.
- 문신(文臣)으로 이름을 날린 서동해(徐東海)의 사주이다.

- 未월에 戊己土가 투출하여 재격(財格)이다.

- 寅未 속의 火 식상(食傷)을 상신(相神)으로 써서 식상생재(食傷生財)가 성립되었다.
- 일간(日干) 甲木의 천을귀인 未土가 월지(月支)에 있어 더욱 좋았다.
- 광동 순무사(巡撫使)를 지낸 이국균(李國筠)의 사주이다.

時	日	月	年
戊	己	甲	戊
辰	巳	子	戌

- 子월의 己土로 재격(財格)이다.
- 월간(月干)에 정관(正官) 甲木이 투출하여 재관(財官)으로 성격(成格)이 되었다.
- 子월은 추우니 丙火를 조후용신(調候用神)으로 한다.
- 巳 중 丙火가 있다.
- 일간(日干) 己土의 천을귀인은 월지(月支) 子水이다.
- 재산이 몹시 많았다.

時	日	月	年
辛	庚	辛	辛
巳	申	丑	巳

- 천간은 온통 金이다.
- 지지에도 金의 뿌리가 많다.
- 金의 기운이 강하니 전왕용신(專旺用神)을 써서 土金水대운(大運)에 좋았다.

●겨울철에는 조후용신(調候用神)으로 火를 보면 좋다.

●팔자에 조후(調候)가 갖추어지면 격국(格局)이 더욱 높아진다.

●일간(日干)의 천을귀인이 월지(月支)에 있다.

●乙未대운 甲戌년 丑戌未 삼형(三刑)이 되던 해 투옥되었다.

●서락오는 이를 보고 신살(神殺)을 무조건 배척하면 안 된다고 하였다.

●이국걸(李國杰)의 사주이다.

論外格用捨

외격(外格)의 쓰임에 대하여

八字用神旣專主月令, 何以又有外格乎? 外格者, 蓋因月令無用, 權而用之, 故曰外格也. 如春木冬水, 土生四季之類, 日與月同, 難以作用, 類象・屬象・沖財・會祿・刑合・遙迎・井欄・朝陽諸格, 皆可用也. 若月令自有用神, 豈可另尋外格? 又或春木冬水, 干頭已有財官七殺, 而棄之以就外格, 亦太謬矣. 是故干頭有財, 何用沖財? 干頭有官, 何用合祿? 書云 "提綱有用提綱重", 又曰 "有官莫尋格局", 不易之論也. 然所謂月令無用者, 原是月令本無用神, 而今人不知, 往往以財被劫官被傷之類. 用神已破, 皆以爲月令無取, 而棄之以就外格, 則謬之又謬矣.

팔자의 용신(用神)은 오로지 월령(月令)에서 구하는데 왜 외격(外格)이 있을까?

외격(外格)이란 정격(正格)의 범위 밖에 있으면서 기세(氣勢)가 편중되어 월령(月令)을 중심으로 용신(用神)을 취하지 못할 경우를 말한다. 월령(月令) 자체에 용신(用神)이 있다면 구태여 별도의 외격(外格)을 찾을 필요가 없다.

봄의 木 일간이나 겨울의 水 일간 또는 가을의 金 일간이나 여름의 火 일간은 일간(日干)과 월령(月令)이 같은 오행(五行)이므로 월령(月令)에서 용신(用神)을 찾기 힘들다. 태어난 계절과 같은 오행(五行)인 월겁격(月劫格)이 되면 일간(日干)의 기운이 너무 강하기 때문이다.

그러나 봄의 木 일간이나 겨울의 水 일간이라도 사주 천간에 재(財)나 관(官)이 있을 경우에는 그것에서 용신(用神)을 찾으면 된다. 팔자내의 천간에 용신(用神)이 있는데도 불구하고 그것을 버리고 외격(外格)을 찾으려는 것은 큰 잘못이다. 팔자에 용신(用神)이 있으면 있는 것을 쓰고, 없을 때 외부에서 찾는다. 고서(古書)에 "월령月令을 중시하여 용신用神을 찾고 다른 외격外格을 찾으려 하지 말라."는 말은 정말 옳은 말이다.

다음은 서락오의 『자평진전평주』에 나온 말이다.

"봄의 木과 겨울의 水는 양인陽刃이거나 건록建祿이다. 건록建祿과 양인陽刃은 월령月令이 일간과 같은 오행五行이므로 용신用神으로 정할 수 없다고 해도 용신用神을 정하는 핵심은 월령月令에 있다. 양인격陽刃格은 관살官殺로 용신用神을 삼고, 건록격建祿格은 설기洩氣하면 좋으니 식상食傷이 용신用神이 된다. 외격外格이 되려면 팔자의 기상氣象이 한쪽으로 치우쳐 균형이 무너지고 특정 오행五行으로 편중偏重되어 있어야 한다. 예를 들면 봄의 木 일간이 지지에 寅卯辰이나 亥卯未를 만나면 종격從格이 될 가능성이 크니 외격外格으로 볼 수 있다. 또 일간日干이 합화合化하는 화기격化氣格이 될 경우도 월령月令과 무관하므로 외격外格으로 취급한다. 외격外格은 나름대로 타당성이 있는 것이다. 그러나 도충격, 형합격, 조양격, 정란차격 등은 오행五行의 이치에 맞지 않으니 외격外格이 아니다. 이상은 용신用神을 정하는 불변의 법칙이다."

월령무용(月令無用)이라는 말은 월령(月令)에 용신(用神)이 없다는 뜻이다. 그럼에도 불구하고 월령무용(月令無用)을 재성(財星)이 겁재(劫財)를 만나고, 정관(正官)이 상관(傷官)을 만난 것으로 잘못 이해하고 용신(用神)이 이미 파괴되었으니 월령(月令)을 버리고 다른 곳에서 외격(外格)을 찾아야 한다고 주장하는 사람이 있으니 큰 잘못이다. 심효첨의 말이다.

공자(孔子)는 나이 오십에 천명(天命)을 알았다고 했다. 많은 공부를 하며 수많은 제자를 가르쳤으나 자기보다 못한 사람은 군주(君主)가 되고 자기는 뜻을 펼치지 못한 것이다. 그래서 다음과 같이 말했다.

"사람이 죽고 사는 것에는 일정한 명命이 있고, 부귀富貴의 여부는 하늘에 달려 있다. 명命을 모르고서는 군자君子가 될 수 없다. 군자君子는 쉬운 일을 하면서 명命을 기다리고, 소인小人은 어려운 일을 하면서 요행僥倖을 바란다."

제25장

論宮分用神配六親

궁(宮)에 용신(用神)과 육친(六親)을 배합

人有六親, 配之八字, 亦存於命. 其由宮分配之者, 則年月日時, 自上而下, 祖父妻子, 亦自上而下. 以地相配, 適得其宜, 不易之位也. 其由用神配之者, 則正印也母, 身所自出, 取其生我也. 若偏財受我剋制, 何反爲父? 偏財者, 母之正夫也, 正印爲母, 則偏才爲父矣. 正財爲妻, 受我剋制, 夫爲妻綱, 妻則從夫. 若官殺則剋制乎我, 何以反爲子女也? 官殺者, 財所生也, 財爲妻妾, 則官殺爲子女矣. 至於比肩爲兄弟, 又理之顯然者. 其間有無得力, 或吉或凶, 則以四柱所存或年月或日時財官傷刃, 系是何物, 然後以六親配之用神. 局中作何喜忌, 參而配之, 可以了然矣.

사람에게는 부모·형제·처자 등 육친(六親)이 있는데 이것도 팔자에 정해진 것이다. 육친(六親)의 명칭은 그 유래가 오래되었다. 한(漢)나라 경초(京焦)의 설괘(設卦)에 "나를 극剋하는 것을 관귀官鬼라고 하고, 내가 극剋하는 것을 처재妻財라고 하며, 나를 생生하는 것을 부모父母라고 하고, 내가 생生하는 것을 자손子孫이라고 한다. 그리고 나와 동기同氣를 형제兄弟라고 한다."라고 하였다. 여기에 일간(日干)이 나타내는 본인을 합(合)하여 육친(六親)이 되는 것이다. 명리(命理)에서는 용어가 약간 바뀌었을지라도 육효(六爻) 등에서는 그 당시 용어를 그대로 쓰고 있다.

궁(宮)이란 연월일시(年月日時)의 지지를 말한다. 연월일시의 지지에다가 년(年)에서부터 순서대로 조상·부모 형제·배우자·자손을 배정하는 것이다. 이 궁(宮)의 위치는 불변이고, 그 배합이 적당하면 좋다.

지지	시지(時支)	일지(日支)	월지(月支)	년지(年支)
육친궁	자손궁	배우자궁	부모 형제궁	조상궁

용신(用神)과 희신(喜神)이 년월(年月)의 지지에 모여 있으면 조상과 부모의 은덕(恩德)이 있으니 어릴 때 좋을 것이다. 희용신(喜用神)이 일지(日支)에 있다면 배우자 덕(德)이 있을 것이고, 희용신(喜用神)이 시지(時支)에 있다면 자손이 창성(昌盛)하고 노후에 좋을 것이다.

	비겁(比劫)	식상(食傷)	재성(財星)	관성(官星)	인성(印星)
육친	형제	자식(女)	부친, 처	남편, 자식(男)	모친

다음은 서락오의 『자평진전평주』에 나오는 내용이다.

"편재偏財란 모친의 정부正夫이다. 예를 들면 양간陽干의 경우 甲木의 정인正印은 癸水이고, 戊土는 편재偏財이니 戊癸합이 되는 것이다. 丙火의 정인正印은 乙木이고 편재偏財는 庚金이니 乙庚합이 되어 부친과 모친이 합습이 된다. 음간陰干은 약간 다르다. 乙木 일간日干은 癸水가 모친이 되고 戊土가 부친이 되어 戊癸합이 된다. 모친은 정인正印이 없으면 편인偏印으로 대체하고, 부친은 편재偏財가 없으면 정재正財로 대체한다. 『적천수징의滴天髓徵義』에 인성印星을 부모로 삼고, 식상食傷을 자녀로 보는 이론이 있는데 거기에 구애받을 필요는 없다. 편인偏印이 계모繼母가 되고 비견比肩이 형兄이 되고 겁재劫財가 아우가 되는 것은 경험에 의하면 타당하다. 결론적으로 용신用神을 육친六親에 배정하여 보는 것은 필히 그 궁宮의 위치와 희기喜忌를 살펴보아야 실수가 없을 것이다.

인수印綬는 모친이고 재財는 처이다. 그러나 팔자에 재인財印이 없으면 어떻게 볼 것인가? 또 식신食神이 용신用神일 때 인수印綬가 식신食神을 파괴할 수도 있고, 인수印綬가 용신用神인데 재성財星이 인수印綬를 파괴할 수도 있다. 이때는 어떻게 할 것인가? 융통성을 발휘해야 할 것이다.

대체로 인성印星으로는 부모의 희기喜忌를 보는 것이지 반드시 모친만은 아니다. 재財의 희기喜忌로 볼 수 있는 것은 반드시 처妻만은 아니다. 인수印綬가 희신喜神일 때 재성財星이 인수印綬를 극剋하면 조업祖業이 패敗했을 것이고, 인수印綬가 기신忌神일 때 재성財星이 인수印綬를 파괴했다면 가업家業을 일으켰을 것이다. 신왕身旺하고 재성財星이 희신喜神일 때 비겁比劫이 재財를 분탈하면 극처剋妻할 것이고, 반대로 신약身弱하고 재성財星이 중重할 때는 비겁比劫이 없어도 역시 처에게 해害가 될 것이다."

득력(得力)의 유무(有無)나 길흉(吉凶)에 대한 것은 모두 사주에 있으니 재관상인(財官傷刃) 등이 연월일시(年月日時) 어디에 자리 잡고 있는지 살핀 후에 육친(六親)을 용신(用神)에 배정하고, 희기(喜忌)를 가리면 팔자를 한 눈에 볼 수 있을 것이다.

팔자를 볼 때, 육친(六親)에 대한 사항은 가장 중요하다. 육친(六親)의 희기(喜忌)가 상담의 대부분을 차지하기 때문이다. 현대명리(現代命理)에서는 육친(六親)에 대한 수많은 연구 결과가 나와 있다. 그러나 명리(命理)의 원칙을 벗어나면 안 될 것이다. 팔자에 해당 육친(六親)의 글자가 없을 때 이런 저런 방법으로 풀이해 보려는 시도가 많이 있어 왔다. 모두 명리학(命理學)이라는 테두리 내에서 이루어져야 한다. 특정한 개인의 비법(秘法)이 있더라도 영적(靈的)인 힘 등에 의존한다면 보편적인 학문이 될 수는 없다.

다음은 정약용(丁若鏞)이 역학(易學)에 대한 이론을 모아 쓴 『역학서언』에 나오는 말이다.

"내가 강진 유배지에 있었을 때 관상觀相을 잘 보는 강풍이라는 선비가 바닷가로 유배를 왔다. 강풍은 관상觀相을 보고 그 사람의 선조先祖의 묘지가 어느 방향을 향하고 있고, 묘墓의 몇 걸음 앞에 비석碑石이 있는지 그리고 연못은 근처 어디에 있는지 맞췄다. 그런데 이런 사람이 역易을 안다고 할 수 있는가? 장성은 소경으로 척전법擲錢法을 사용하여 괘卦를 만들어 점占을 쳤는데 신기하게도 잘 맞았다. 이런 사람도 역易을 안다고 할 수 있는가? 공자, 맹자, 안회, 증자는 미래를 잘 맞추지 못했다. 상구, 시수, 맹희 등의 역학자도 미래를 잘 맞추는 일로 칭송을 받지 못했다. 그렇다고 이들이 역易을 모른다고 할 수 있는가?"

論妻子

처자(妻子)에 대하여

大凡命中吉凶, 於人愈近, 其驗益靈. 富貴貧賤, 本身之事, 無
論矣, 至於六親, 妻以配身, 子爲後嗣, 亦是切身之事. 故看命
者, 妻財子提綱得力, 或年干有用, 皆主父母身所自出, 亦自有
驗. 所以提綱得力, 或年干有用, 皆主父母雙全得力. 至於祖宗
兄弟, 不甚驗矣. 以妻論之, 坐下財官, 妻當賢貴 ; 然亦有坐財
官而妻不利, 逢傷刃而妻反吉者, 何也? 此蓋月令用神, 配成
喜忌. 如妻宮坐財, 吉也, 而印格逢之, 反爲不美. 妻坐官, 吉
也, 而傷官逢之, 豈能順意? 妻坐傷官, 凶也, 而財格逢之, 可
以生財, 殺格逢之, 可以制殺, 反主妻能內助. 妻坐陽刃, 凶也,
而或財官殺傷等格, 四柱已成格局, 而日主無氣, 全憑日刃幫
身, 則妻必能相關. 其理不可執一. 旣看妻宮, 又看妻星. 妻星
者, 干頭之財也. 妻透而成局, 若官格透財‧印多逢財‧食傷透
財爲用之類, 卽坐下無用, 亦主內助. 妻透而破格, 若印輕財

露·食神傷官·透殺逢財之類, 卽坐下有用, 亦防刑剋. 又有妻透成格, 或妻宮有用而坐下刑沖, 未免得美妻而難偕老. 又若妻星兩透, 偏正雜出, 何一夫而多妻? 亦防刑剋之道也. 至於子息, 其看宮分與星所透喜忌, 理與論妻略同. 但看子息, 長生沐浴之歌, 亦當熟讀, 如 "長生四子中旬半, 沐浴一雙保吉祥, 冠帶臨官三子位, 旺中五子自成行, 衰中二子病中一, 死中至老沒兒郎, 除非養取他之子, 入墓之時命夭亡, 受氣爲絶一個子, 胎中頭産養姑娘, 養中三子只留一, 男子宮中子細詳" 是也. 然長生論法, 用陽而不用陰. 如甲乙日只用庚金長生, 巳酉丑順數之局, 而不用辛金逆數之子申辰. 雖書有官爲女殺爲男之說, 然終不可以甲用庚男而用陽局, 乙用辛男而陰局. 蓋木爲日主, 不問甲乙, 總以庚爲男辛爲女, 其理爲然, 拘於官殺, 其能驗乎? 所以八字到手, 要看子息, 先看時支. 如甲乙生日, 其時果系庚金何宮? 或生旺, 或死絶, 其多寡已有定數, 然後以時干子星配之. 如財格而時干透食, 官格而時干透財之類, 皆謂時干有用, 卽使時逢死絶, 亦主子貴, 但不甚繁耳. 若又逢生旺, 則麟兒繞膝, 豈可量乎? 若時干不好, 子透破局, 卽逢生旺, 難爲子息. 若又死絶, 無所望矣. 此論妻子之大略也.

팔자는 본인(本人)의 길흉화복(吉凶禍福)을 보는 것이다. 그러나 내 팔자를 통해 주변 육친(六親)도 함께 추측할 수 있다. 멀리 있는 친척보다 가까이 사는 이웃이 더 많은 영향을 미치듯이 팔자도 그렇다. 나의 팔자를 통해 주변 육친을 볼 때는 가까운 사람일수록 더 잘 적중한다.

처(妻)는 일간(日干)의 바로 밑인 내 몸에 붙어 있고, 자녀(子女)는 내가 직접 영향을 미치는 것이니 적중률이 높다. 그래서 처(妻)와 자(子)는 함께 보아야 한다. 처자(妻子)의 글자가 월지(月支) 제강(提綱)에서 힘을 받고 있으면 좋다. 년주(年柱)에 용신(用神)이 있으면 부모가 좋을 것이다. 부모(父母)나 처자(妻子)에 관한 내용은 비교적 정확하게 판단할 수 있는데 서로 긴밀하게 기(氣)를 주고받기 때문일 것이다. 반면 조상이나 형제에 대한 문제는 적중률이 떨어진다.

서락오는 사회적인 변화를 예견이라도 하듯이 다음과 같이 말하고 있다.

"앞으로 서양西洋의 풍습이 동양東洋에 몰려오면 부모와 아들이 따로 살고, 부부夫婦가 따로 돈을 벌어 독립적으로 살 것이다. 그렇게 되면 사주를 통해 처자妻子의 길흉吉凶을 보는 것은 점점 적중률이 떨어질 것이다. 부모는 비천해도 자식은 귀할 수 있고, 아내는 부자인데 남편은 가난할 수 있을 것이다. 서로 영향력이 적어지면 팔자를 통해 주변 사람의 삶을 추산하기가 어렵게 된다. 그런 까닭에 가까운 사람일수록 적중률이 높고 먼 사람일수록 적중률이 낮아지게 된다."

명리(命理)는 우주와 대자연의 기운이 개인에게 미치는 영향력을 보는 것이다. 겨울이면 火가 약해지고, 여름이면 水가 약해진다. 가을에는 木이 약해지고, 봄에는 金이 약해진다. 반면 봄에는 木이 강해지고,

여름에는 火가 강해지고, 가을에는 金이 강해지고, 겨울에는 水가 강해진다. 이것은 누구에게나 미치는 영향력이다.

계절처럼 누구에게나 공통적으로 미치는 영향력 외에도 사람이나 사물도 서로 기운을 주고받을 수 있다. 팔자에 따라 추위를 잘 견디는 사람이 있는가 하면 더위를 잘 견디는 사람도 있다. 또 동물을 좋아하는 사람이 있는가 하면 싫어하는 사람도 있다. 또 마음에 드는 사람이 있는가 하면 마음에 들지 않는 사람도 있다. 같은 사람이라도 운(運)의 흐름에 따라 건강할 때가 있는가 하면 아플 때도 있게 된다.

가까운 사람으로 가장 큰 영향력을 주고받는 사람은 부모(父母)나 처자(妻子)일 것이다. 배우자궁인 일지(日支)에 재관(財官)이 있으면 처(妻)가 현숙(賢淑)하고 고귀(高貴)하다. 하지만 일지(日支)에 재관(財官)이 있어도 처덕(妻德)이 없는 경우가 있고, 일지(日支)가 양인(陽刃)인데도 오히려 처덕(妻德)이 있는 경우가 있다. 이때는 월령(月令)의 격국(格局)을 기준으로 희기(喜忌)를 판단해야 한다.

만일 인수격(印綬格)이라면 일지(日支)에 재성(財星)이 있을 때 재(財)로 인해 파격(破格)이 된다. 그러면 처(妻)가 부담스러울 것이다. 일지(日支)에 정관(正官)이 있으면 길신(吉神)이 놓여 좋다고 하지만, 팔자가 상관격(傷官格)이라면 상관이 정관을 극(剋)하니 좋을 리가 없다.

또 처궁(妻宮)에 상관(傷官)이 있으면 흉신(凶神)이 있어서 부정적으로 보지만 재격(財格)인 경우에는 격(格)을 성격(成格)시키니 오히려 좋아진다. 처궁(妻宮)에 상관(傷官)이 있고 칠살격(七殺格)이라면 상관(傷官)이 칠살(七殺)을 제살(制殺)하니 처(妻)의 내조(內助)가 있게 된다. 처궁(妻宮)에 양인(陽刃)이 있으면 흉(凶)하지만 일간(日干)이 신약(身弱)하다면 양인(陽刃)이 신약(身弱)한 일간(日干)에 힘이 되니 처(妻)가 반드시 남편을 보필할 것이다. 상황에 따라 판단해야지 일률적으로 논해서는 안 된다.

격 국	일지(처궁)	희기(喜忌)
인수격(印綬格)	재성(길신)	좋지 않음
상관격(傷官格)	정관(길신)	좋지 않음
재격(財格)	상관(흉신)	좋음
칠살격(七殺格)	상관(흉신)	좋음
신약격(身弱格)	양인(흉신)	좋음

결론적으로 처궁(妻宮)에 격국(格局)을 성격(成格)시키는 글자가 있으면 처(妻)가 좋을 것이고, 처궁(妻宮)에 격국(格局)을 파괴하는 글자가 있으면 처(妻)가 좋지 않다고 보면 된다.

그렇다면 처성(妻星)인 재성(財星)은 어떻게 되는가? 처성(妻星)을 보는 법도 처궁(妻宮)에 있는 글자를 보는 법과 같다. 재성(財星)으로 인하여 격국(格局)이 성격(成格)이 되면 처(妻)의 덕(德)을 볼 수 있다.

정관격(正官格)에 재성(財星)이 투출하면 내조(內助)의 공(功)이 있을 것이다. 인성(印星)이 많은 사주에 재성(財星)이 있거나, 식상격(食傷格)에 재성(財星)이 투출하여 재성(財星)이 용신(用神)이 되는 경우도 처궁(妻宮)과 관계없이 처(妻)의 덕(德)이 있을 것이다.

반대로 재성(財星) 때문에 파격(破格)이 되는 경우는 처덕(妻德)을 기대할 수 없다. 인성(印星)이 경미(輕微)할 때 재성(財星)이 투출하면 처덕(妻德)이 없다. 또 식상(食傷)이 있는데 재성(財星)과 칠살(七殺)이 모두 투출하면 역시 재성(財星)으로 인하여 파격(破格)되니 일지(日支)와 관계없이 처(妻)의 덕(德)을 기대하기 힘들다.

또 처성(妻星)으로 인하여 성격(成格)이 되고 처궁(妻宮)의 글자도 좋은데 일지(日支)가 형충(刑沖)된 경우가 있다. 이렇게 되면 좋은 처(妻)라 할지라도 해로(偕老)하지는 못한다. 또 정편재(正偏財)가 두 개 이상 투출하여 섞여 있다면 아내가 여러 명인 형상(形象)으로 보면 된다.

격국(格局)	재성(처성)	처덕(妻德)
정관격(正官格)	재성(財星)이 투출	일지(日支)와 관계없이 내조 있음
인성(印星)이 많을 때	재성(財星)이 투출	일지(日支)와 관계없이 내조 있음
식상격(食傷格)	재성(財星)이 투출	일지(日支)와 관계없이 내조 있음
인성(印星)이 경미(輕微)할 때	재성(財星)이 투출	처덕(妻德) 없음
식상격(食傷格)	재(財)와 칠살(七殺)이 투출	처덕(妻德) 없음
일지(日支) 형충(刑沖)		해로(偕老) 힘듦
재다신약(財多身弱)		처(妻)의 덕(德) 기대 힘듦

자녀궁(子女宮)을 볼 때도 처(妻)를 볼 때와 마찬가지로 본다. 관살(官殺)이 자녀성(子女星)이고, 시주(時柱)가 자녀궁(子女宮)이다. 정관(正官)을 자식으로 보면 재성(財星)이 있으면 좋고, 칠살(七殺)을 자식으로 보면 식신(食神)이 있는지 살펴야 한다. 재(財)는 처성(妻星)이니 암암리에 관살(官殺)을 생조(生助)한다. 즉, 처(妻)가 좋으면 관살(官殺)이 없다고 하더라도 자식이 있는 것으로 본다.

또 관살(官殺)이 있다 하더라도 관살(官殺)이 왕(旺)하고 제화(制化)가 없거나, 신약(身弱)한 사주에 재성(財星)이 인성(印星)을 파괴하면 반드시 아들이 없다. 내가 신약(身弱)할 때는 관살(官殺)은 나를 극(剋)하여 더 신약(身弱)하게 하니 아들이 없는 것이다. 아들이 있다면 관살(官殺)이 더 강해지니 아프거나 삶이 고달프게 된다.

자녀를 볼 때는 12운성을 적용하는 방법이 있다. 예를 들면 장생(長生)은 아들 네 명인데 시간이 지나면 절반이 되고, 목욕(沐浴)은 두 명, 관대(冠帶)와 건록(建祿)은 아들 세 명, 제왕(帝旺)은 성공하는 아들 다섯 명이다. 쇠(衰)는 두 아들 중 한 명은 발전 못하고, 사(死)는 늙을 때까지 자식이 없어 양자(養子)를 두고, 묘(墓)는 요절(夭折)하고, 절(絶)은 아들 한 명, 태(胎)는 맏딸을 기르고, 양(養)은 세 아들 가운데 한 명만 남는다고 한다.

위 내용은 『자평진전(子平眞詮)』에서도 전해오는 이야기를 적어놓은 것이다. 맞을 수도 있고 맞지 않을 수도 있을 것이다. 더군다나 현대사회에서는 자식을 많이 낳지도 않고 인위적으로 조절하는 의술도 가지고 있으니 신빙성이 없다.

팔자에서 자녀를 볼 때는 먼저 시지(時支)를 살펴야 한다. 예를 들면 甲木이나 乙木 일간(日干)의 자식을 볼 때는 관살(官殺)인 庚金이 시지(時支)에서 생왕(生旺)인지 사절(死絶)인지 살피는 것이다. 그리고 많고 적음도 분별해야 한다. 그런 연후에 자녀궁(子女宮)인 시간(時干)과 자녀성(子女星)인 관살(官殺)도 살펴본다.

재격(財格)일 때 시간(時干)에 식신(食神)이 투출했다면 자녀가 귀(貴)하다. 또 정관격(正官格)일 때 시간(時干)에 재성(財星)이 투출하여도 자녀가 귀(貴)하다. 즉, 시간(時干)에 팔자를 성격(成格)시키는 상신(相神)의 글자가 위치하면 시지(時支)에서 관살(官殺)이 사절(死絕)되었다고 하더라도 자녀가 귀(貴)하게 된다. 하지만 시지(時支)에서 사절(死絕)되면 자녀의 수(數)는 많지 않을 것이다.

만일 시간(時干)에 격국(格局)을 성격(成格)시키는 상신(相神)이 있고 시지(時支)에서 관살(官殺)이 생왕(生旺)하다면 기린아(麒麟兒)가 즐비할 것이다. 반대로 시간(時干)에 격국(格局)을 파격(破格)시키는 좋지 않은 기신(忌神)이 있다면 시지(時支)에서 생왕(生旺)하다고 해도 자녀를 두기 힘들 것이다. 이 경우 만일 시지(時支)에서 사절(死絕)까지 되었다면 자녀를 기대하지 말아야 한다.

- 丑월이니 丙火가 조후용신(調候用神)이다.
- 丙辛합이 되어 午 중 丙火를 쓴다.
- 처(妻)의 덕(德)이 좋다.
- 자식성인 관살(官殺)이 시간(時干)에 투출하였다.
- 지지에 자식성인 관살(官殺)이 많다.
- 왕효뢰(王曉籟)의 사주로 자식이 삼십여 명이었다.
- 『자평진전평주』에 나오는 사주이다.

팔자에서 육친(六親)을 볼 때 궁(宮)과 성(星)의 구분은 어떻게 해야 하는가? 궁(宮)은 말 그대로 집이다. 체(體)의 영역이다. 몸이다. 육체이다. 건강이다. 겉모습이다. 성(星)은 용(用)의 영역으로 용도이다. 질(質)이다. 덕(德)이다. 처(妻)를 볼 때 처(妻)의 외모나 집안, 학벌 등 겉으로 드러나는, 즉 남도 알 수 있는 것들은 처궁(妻宮)을 통해 본다. 처(妻)로서의 역할, 즉 내조(內助)는 처성(妻星)인 재성(財星)을 통해 보는 것이 일반적이다.

앞에서 나온 왕효뢰(王曉籟)의 사주를 다시 살펴보자.

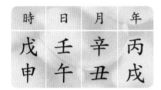

- 丙辛합이 있다.
- 격(格)은 丑월에 戊土가 투출하여 칠살격(七殺格)이다.
- 칠살격(七殺格)은 식신(食神)이 없을 때는 인성(印星)으로 설기(洩氣)시킨다.
- 시지(時支)의 申金 인수(印綬)가 상신(相神)이다.
- 격국(格局)을 성격(成格)시키는 글자가 시지(時支)에 자리 잡아 자식이 좋다.
- 처궁(妻宮)을 보면 午의 지장간에 丙己丁이 있다.
- 지장간에 정관(正官)과 정편재(正偏財)가 혼잡(混雜)되어 있다.
- 30명의 자식은 한 여자에게서 낳은 아이들이 아니었을 것이다.
- 처자(妻子)에 해당하는 성(星)이 모두 제자리에 자리 잡았다.

論行運

행운(行運)에 대하여

論運與看命無二法也. 看命以四柱干支, 配月令之喜忌, 而取
運則又以運之干, 配八字之喜忌. 故運中每運行一字, 卽必以此
一字, 配命中干支而統觀之, 爲喜爲忌, 吉凶判然矣. 何爲喜?
命中所喜之神, 我得而助之者是也. 如官用印以制傷, 而運助
印;財生官而身輕, 而運助身;印帶財以爲忌, 而運劫財;食帶
殺以成格, 身輕而運逢印, 殺重而運助食;傷官佩印, 而運行官
殺;陽刃用官, 而運助財鄕;月劫用財, 而運行傷食. 如此之類,
皆美運也. 何謂忌? 命中所忌, 我逆而施之者是也. 如正官無
印, 而運行傷;財不透食, 而運行殺;印綬用官, 而運合官;食神
帶殺, 而運行財;七殺食制, 而運逢梟;傷官佩印, 而運行財;陽
刃用殺, 而運逢食;建祿用官, 而運逢傷. 如此之類, 皆敗運也
其有似喜而實忌者, 何也? 如官逢印運, 而本命有合, 印逢官
運, 而本命用殺之類是也. 有似忌而實喜者, 何也? 如官逢傷

運, 而命透印, 財行殺運, 而命透食之類是也. 又有行干而不行支者, 何也? 如丙生子月亥年, 逢丙丁則幫身, 逢巳午則相沖是也. 又有行支而不行干者, 何也? 如甲生酉月, 辛金透而官猶弱, 逢申酉則官植根, 逢庚辛則混殺重官之類是也. 又有干同一類而不兩行者, 何也? 如丁生亥月, 而年透壬官, 逢丙則幫身, 逢丁則合官之類是也. 又有支同一類而不兩行者, 何也? 如戊生卯月, 丑年, 逢申則自坐長生, 逢酉則會丑以傷官之類是也. 又有同是相沖而分緩急者, 何也? 沖年月則急, 沖日時則緩也. 又有同是相沖而分輕重者, 何也? 運本美而逢沖則輕, 運既忌而又沖則重也. 又有逢沖而不沖, 何也? 如甲用酉官, 行卯則沖, 而本命巳酉相會, 則沖無力;年支亥未, 則卯逢年會而不沖月官之類是也. 又有一沖而得兩沖者, 何也? 如乙用申官, 兩申並而不沖一寅, 運又逢寅, 則運與本命, 合成二寅, 以沖二申之類是也. 此皆取之要法, 其備細則於各格取運章詳之.

"부귀富貴는 명命에 정해져 있고 궁통窮通은 운運에 의해서 결정된다. 명命을 식물의 종자라고 한다면, 운運은 꽃이 피고 낙엽이 지는 계절이라 하겠다. 비록 좋은 명命이라고 해도 때를 만나지 못하면 영웅英雄이 무예武藝를 쓰지 못하는 것과 같고, 반대로 팔자가 평범해도 운運에서 그 결점을 보완하면 역시 때를 만나 일어남과 같다. 이것을 가리켜 명命이 좋은 것이 운運이 좋은 것보다 못하다고 하는 것이다."

서락오의 말이다.

흔히 팔자(八字)를 자동차에 비유하고 운(運)을 도로에 비유한다. 팔자는 태어날 때 격국(格局)의 성패(成敗)와 고저(高低)가 정해진다. 즉, 자동차의 종류가 정해지고 새 차인지 중고차인지도 정해진다. 그러나 아무리 고급 승용차라고 할지라도 운(運)이 나쁘면 비포장도로를 가게 되고, 반대로 소형 중고차라고 할지라도 운(運)이 좋으면 고속도로를 달릴 수 있다. 이렇게 운(運)은 중요하다.

성공하는 사람들의 강연이나 책을 보면 운(運)이 좋았다는 말을 많이 한다. 운(運)이란 시기(時期)이다. 때이다. 타이밍(timing)이다. 씨를 심을 때 심어야 하고, 풀을 뽑을 때 뽑아야 한다. 때를 놓치면 아무리 정성을 들여도 수확이 적다.

서락오는 운(運)의 지지를 중시한다. 다음은 서락오의 말이다.

"운運의 천간과 지지의 글자가 같은 오행五行이거나 상생相生관계이면 길흉吉凶이 대동소이大同小異하다. 庚申 辛酉 甲寅 乙卯는 간지가 같은 오행五行이고, 甲午 乙巳 丙寅 丁卯는 木火가 동기同氣이고, 庚子 辛丑 壬申 癸酉는 金水가 동기同氣이니 좋고 나쁨이 대략 비슷하다. 그런데 丙子 丙申 庚寅 辛卯 등은 통근通根하지도 못하고 서로 극剋의 상태이니 천간은 미약하고 지지는 강하다. 이런 경우에는 천간 글자의 희기신喜忌神 여부가 팔자에 크게 영향력을 미치지 못한다. 희신喜神이라도 크게 좋지 않고 기신忌神이라도 크게 나쁘지 않다. 그래서 대운大運을 볼 때 십년十年을 병행해서 봐야지 천간과 지지를 따로 떼어 희기喜忌를 살펴서는 안 된다."

대운(大運)을 볼 때 천간과 지지를 5년씩 나누는 사람들이 있다. 대운(大運)을 절반으로 나누어 본다면 세운(歲運)도 6개월씩 나누어 봐야 할 것이다. 천간과 지지는 사람의 몸과 같다. 상체(上體)와 하체(下體)를 분리할 수 없다. 단지 천간과 지지가 하는 역할은 다를 것이다. 즉, 머리에서 먼저 생각하고 나중에 행동으로 옮기는 것이다. 천간은 '마음'을 나타내고 지지는 '현실'을 나타내니 먼저 마음먹은 일을 후에 현실에서 실천하게 된다. 글자 그대로 나누어 설명하면 되는 것이지 천간과 지지의 글자를 기계적으로 5년씩 나누어 본다는 것은 있을 수 없는 일이다.

운(運)을 보는 법도 명(命)을 보는 법과 같다. 명(命)을 볼 때는 사주 간지(干支)를 월령(月令)에 대입하여 희기(喜忌)를 관찰하는 것이고, 운(運)을 볼 때는 운(運)의 간지(干支)를 팔자에 적용하여 희기(喜忌)를 판별하는 것이다. 운(運)의 글자가 어느 한 글자로 향할 때는 반드시 이 한 글자를 팔자의 간지(干支)와 배합하여 총체적으로 살피면 길흉(吉凶)이 저절로 드러난다.

무엇을 희신운(喜神運)이라고 하는가?

그것을 얻으면 도움이 되는 운(運)을 말한다.

정관격(正官格)은 상관(傷官)을 싫어한다. 이때 인수(印綬)를 얻으면 도움이 되니 인수운(印綬運)이 희신운(喜神運)이 된다.

재(財)가 관(官)을 도우면 성격(成格)이 되지만 만일 신약(身弱)하다면 재관(財官)을 쓰기 힘들다. 이때는 신약(身弱)한 사주를 강하게 하는 인성운(印星運)이 오면 희신운(喜神運)이 된다.

인수(印綬)가 용신(用神)일 때는 재성(財星)이 기신(忌神)이 된다. 재성(財星)이 기신(忌神)일 때는 운(運)에서 오는 겁재(劫財)가 도움을 주니 겁재운(劫財運)이 희신운(喜神運)이 된다.

식신(食神)과 칠살(七殺)이 함께 있으면 좋은데 만일 신약(身弱)하다면 인수운(印綬運)이 오면 희신운(喜神運)이 된다. 식신(食神)과 칠살(七殺)을 쓸 때 칠살(七殺)을 제(制)하는 식신(食神)이 약하고 칠살(七殺)이 중(重)하면 식신(食神)을 돕는 운(運)이 희신운(喜神運)이 된다.

양인격(陽刃格)에는 관살(官殺)이 상신(相神)인데 관살(官殺)이 미약(微弱)하다면 운(運)에서 재운(財運)이 와서 관살(官殺)을 도우면 희신운(喜神運)이 된다.

일간(日干)이 너무 강한 록겁격(祿劫格)에서는 일간(日干)을 설기(洩氣)시키는 식상운(食傷運)이 희신운(喜神運)이 된다.

희신운(喜神運)이란?

격국(格局)		희신운(喜神運)
정관격 (正官格)	상관(傷官)이 있을 때	인수운(印綬運)이 와서 상관(傷官)을 제압할 때
재격 (財格)	정관(正星)을 쓸 때	신약(身弱)하면 일간(日干)을 돕는 운
인수격 (印綬格)	재(財)로 파격될 때	겁재운(劫財運)이 올 때
칠살격 (七殺格)	식신(食神)으로 성격될 때	신약(身弱)하면 운(運)에서 신왕(身旺) 운(運)이 올 때
식신격 (食神格)	칠살(七殺)로 성격될 때	칠살(七殺)이 중(重)하면 식신(食神)을 돕는 운
상관격 (傷官格)	인수(印綬)로 성격될 때	관살운(官殺運)이 올 때
양인격 (陽刃格)	관살(官殺)로 성격될 때	재운(財運)이 관살(官殺)을 도울 때
록겁격 (祿劫格)	신강(身强) 할 때	식상운(食傷運)이 올 때

무엇을 기신운(忌神運)이라고 하는가?

사주에서 꺼리는 운(運)이 와서 도움이 되기는커녕 손해를 입히는 것을 말한다.

정관격(正官格)에서 인수(印綬)가 없으면 정관(正官)이 보호를 받지 못한다. 이때 상관운(傷官運)이 오면 기신운(忌神運)이 된다.

재격(財格)은 식신(食神)이 생(生)해 주면 좋은데 식신(食神)이 없을 때가 있다. 이때 칠살운(七殺運)이 오면 기신운(忌神運)이 된다.

인수격(印綬格)에 정관(正官)을 쓸 때 정관(正官)을 합(合)하는 운(運)이 오면 기신운(忌神運)이 된다.

식신대살(食神帶殺)에서 편인운(偏印運)이 오면 식신(食神)을 극(剋)하므로 기신운(忌神運)이 된다.

상관패인(傷官佩印)은 상관격(傷官格)에 인수(印綬)가 상신(相神)으로 쓰인다. 이때는 인수(印綬)를 극(剋)하는 재운(財運)이 기신운(忌神運)이 된다.

양인용살(陽刃用殺)은 양인격(陽刃格)에 칠살(七殺)을 상신(相神)으로 쓰는 것이다. 이때 운(運)에서 식신(食神)이 와서 상신(相神)인 칠살(七殺)을 극(剋)하면 기신운(忌神運)이 된다.

건록격(建祿格)에 정관(正官)을 쓸 때 상관운(傷官運)이 와서 정관(正官)을 상(傷)하면 상관운(傷官運)이 기신운(忌神運)이 된다.

기신운(忌神運)이란?

격국(格局)	원국에서	기신운(忌神運)
정관격 (正官格)	인수(印綬)로 성격될 때	상관운(傷官運)이 올 때
재격 (財格)	식신(食神)이 없을 때	칠살운(七殺運)이 올 때
인수격 (印綬格)	정관(正官)으로 성격될 때	정관(正官)을 합(合)하는 운(運)이 올 때
식신격 (食神格)	칠살(七殺)로 성격될 때	재운(財運)이 올 때
칠살격 (七殺格)	식신(食神)으로 성격될 때	편인운(偏印運)이 식신(食神)을 극할 때
상관격 (傷官格)	인수(印綬)로 성격될 때	운(運)에서 재성(財星)이 올 때
양인격 (陽刃格)	칠살(七殺)로 성격될 때	식신운(食神運)이 칠살(七殺)을 극할 때
건록격 (建祿格)	정관(正官)으로 성격될 때	상관운(傷官運)이 올 때

희신(喜神)처럼 보이지만 사실은 기신(忌神)인 경우도 있다. 처음에 좋게 보였던 것들이 결국에는 도움이 못되거나 해(害)가 되는 경우도 있다.

예를 들면 정관(正官)이 인수운(印綬運)을 만나면 희신운(喜神運)이 된다. 그러나 인수(印綬)가 와서 명(命)의 글자와 합(合)이 되어 버리면 제 역할을 못하게 된다.

또 인수(印綬)가 정관운(正官運)을 만나면 희신운(喜神運)이 된다. 그러나 명(命)에 칠살(七殺)을 상신(相神)으로 쓸 경우에는 정관운(正官

運)이 오면 관살혼잡(官殺混雜)이 되니 기신운(忌神運)이 된다.

반대로 기신(忌神)처럼 보이지만 사실은 희신(喜神)인 경우도 있다.

정관격(正官格)일 때 상관운(傷官運)이 오면 파격(破格)이 된다. 그러나 사주 원국에 인수(印綬)가 투출하였다면 상관(傷官)을 막아주니 기신(忌神)인 상관(傷官)이라도 좋은 것이다.

또 재격(財格)일 때 칠살운(七殺運)으로 가면 파격(破格)이 된다. 이때 사주 원국에 식신(食神)이 있어 칠살(七殺)을 막아주는 경우는 파격(破格)처럼 보이지만 성격(成格)이 되어 좋아지는 것이다.

운(運)에서 오는 천간의 글자는 좋지만 운(運)에서 오는 지지의 글자는 나쁜 경우도 있다.

● 지지에 관살(官殺)이 강하다.
● 운(運)에서 丙丁이 오면 일간(日干)을 도우니 좋다.
● 운(運)에서 巳午가 오면 지지에 충(沖)이 되니 좋지 않다.

운(運)의 지지는 좋지만 운(運)의 천간은 좋지 않은 경우도 있다.

●천간과 지지에 정관(正官)이 있다.

●만일 팔자에 정관(正官)이 미약하다면 申酉운에 正官이 강해진다.

●천간으로 庚辛운이 오면 관살혼잡(官殺混雜) 또는 중관(重官)이 되니 좋지 않다.

다음은 서락오의 의견이다.

●일간(日干)의 강약(强弱)을 따져야 한다.

●만일 관성(官星)이 강해 신약(身弱)하다면 庚辛申酉 모든 운(運)이 좋지 않다.

●정관(正官)이 천간에 투출하지 않고 지지에 숨어 있다.

●천간으로 辛金운이 오면 좋다.

●이런 경우는 중관(重官)으로 보지 않는다.

천간에 동일한 오행(五行)이 오는 데도 천간의 글자에 따라 결과가
다른 경우가 있다.

오행(五行)으로만 접근하면 안 되는 이유이다.

- 亥월의 丁火는 약하다.
- 운(運)에서 丙火가 오면 일간(日干)이 강해져 도움이 된다.
- 그러나 운(運)에서 丁火가 오면 丁壬합이 되어 도움이 안 된다.

- 정관(正官)과 상관(傷官)이 모두 투출했다.
- 운(運)에서 壬水가 오면 戊土에게 극(剋)을 당해 상관견관(傷官見官)이
  된다.
- 운(運)에서 癸水가 오면 戊癸합으로 상관(傷官)이 합거(合去)되니
  좋다.

같은 오행(五行)이 지지로 올 때도 하나는 좋고 다른 하나는 좋지 않
은 경우가 있다.

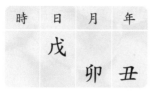

●卯월의 戊土로 정관격(正官格)이다.

●운(運)의 지지가 申이라면 특별한 변화는 없다.

●운(運)의 지지가 酉라면 酉丑반합이 되어 상관(傷官)이 되어 좋지 않다.

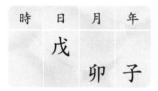

●정관격(正官格)이다.

●운(運)에서 申이 오면 申子반합으로 재성(財星)이 되어 정관(正官)을 생(生)하니 좋다.

●운(運)에서 酉가 오면 卯酉충으로 정관(正官)을 극(剋)하니 좋지 않다.

●재격(財格)이다.

●운(運)에서 비겁(比劫) 午가 오면 재(財)를 겁탈한다.

●운(運)에서 巳가 오면 巳酉반합이 되어 재격(財格)이 커진다.

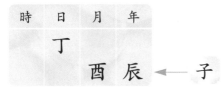

時	日	月	年
丁	酉	辰 ←	子

● 재격(財格)이다.

● 辰酉합이 되면서 辰이 토생금(土生金)으로 酉를 생(生)한다.

● 운(運)에서 子가 오면 子辰반합으로 水가 강해져 酉의 힘이 설기(洩氣)
된다.

충(沖)이라고 모든 충(沖)이 같은 것이 아니다. 충(沖)의 위치에 따라
다를 수가 있고, 글자에 따라 다를 수도 있다. 寅申巳亥 생지(生地)의
충(沖)이나 子午卯酉 왕지(旺地)의 충(沖) 그리고 辰戌丑未 고지(庫地)
의 충(沖)이 모두 다르다.

같은 충(沖)이라도 빠를 때가 있고 늦을 때가 있다. 년(年)과 월(月)이
충(沖)하면 급하고, 일(日)과 시(時)가 충(沖)하면 느리다. 년월(年月)의
충(沖)은 근묘(根苗)의 충(沖)이니 어린 시절 충(沖)이 된다. 어린 시절
의 충(沖)은 성인이 될 때까지 영향을 미친다. 일시(日時)의 충(沖)은 성
년이 된 후에 충(沖)이 되는 것이다. 어른이 되어 살아가면서 부딪치는
수많은 난관으로 보면 된다.

또 충(沖)에는 가벼운 충(沖)과 무거운 충(沖)이 있다. 좋은 운(運)에서
는 충(沖)이 되어도 가볍게 넘어가고, 나쁜 운(運)에서는 충(沖)이 되면
큰 타격을 받는다.

충(沖)이 되는 것 같지만 아닌 경우도 있다.

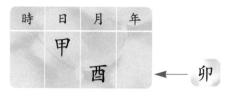

- ●정관격(正官格)이다.
- ●卯운이 되면 卯酉충이 된다.

- ●巳酉반합이 있다.
- ●운(運)에서 卯가 오더라도 卯酉충이 약하다.

- ●卯운이 오면 亥卯반합이 되니 卯酉충이 약해진다.

하나의 충(沖)이 두 개의 충(沖)이 되는 경우가 있다.

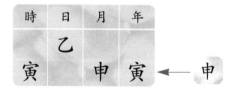

- ●정관격(正官格)이다.

●두 개의 寅이 하나의 申을 충(沖)하지 못한다.

●그러나 운(運)에서 申이 오면 두 개의 충(沖)이 된다.

●심효첨의 설명이다.

서락오는 이에 대해 다음과 같이 말한다.

"두 개의 寅이 하나의 申을 충沖하지 못한다는 설說을 믿기 힘들다. 물론 두 개의 申과 한 개의 寅이 있으면 기氣가 순하지 않다고 할 수 있다. 마치 두 개의 庚金과 한 개의 乙木이 있다면 투합妬合이 되어 쉽게 합合이 되지 않는 것과 같다."

지지에서 일어나는 형충회합(刑沖會合)으로 세상만사가 일어난다. 매일 일어나는 작은 변화도 내 팔자의 기운과 주변의 기운이 부딪치며 발생하는 것이다. 글자에 집착하지 말고 글자가 나타내고자 하는 자연현상에 초점을 맞추어 공부해야 한다. 손가락으로 하늘을 가리키면 하늘을 보아야지 손가락 끝을 보아서는 안 된다. 예를 들면 寅의 전반부와 후반부는 기운이 다르다. 오히려 寅의 후반부와 卯의 전반부는 기운이 비슷하다. 같은 글자에도 다른 기운이 있고 다른 글자에도 같은 기운이 있는 것이다.

공자(孔子)는 운(運)에 대해 다음과 같이 말했다.

"옛날에 성인聖人과 군자君子는 널리 배우고 깊은 생각을 가졌는데도 자신의 뜻을 펼칠 수 없는 경우가 많았다. 때를 못 만난 것이다. 나만 그런 것이 아니다. 사람이 어질다거나 어리석다는 것은 타고난 것이고, 그것을 제대로 쓰느냐 못 쓰느냐는 그 사람 자신의 노력에 달려 있다. 그러나 가진 능력을 사용할 때를 만나느냐 못 만나느냐 하는 것은 시운時運이며, 죽느냐 사느냐 하는 것은 운명運命이다."

　서한 말의 양웅(揚雄)이라는 사람은 "운명運命은 하늘이 결정하는 것이며 사람의 힘으로는 어찌할 도리가 없다. 사람은 하늘이 결정한 운명運命을 피할 수가 없다. 자신의 뜻을 펼칠 수 있는 때를 만나느냐 못 만나느냐는 운명運命에 달려 있는 것이다."라고 하였다.

論行運成格變格

행운(行運)의 성격(成格)과 변격(變格)에 대하여

命之格局, 成於八字, 然配之以運, 亦有成格變格之要權. 其成格變格, 較之喜忌禍福尤重. 何爲成格? 本命用神, 成而未全, 從而就之者是也. 如丁生辰月, 透壬爲宮, 而運逢申子以會之;乙生辰月, 或申或子會印成局, 而運逢壬癸以透之. 如此之類, 皆成格也. 何爲變格? 如丁生辰月, 透壬爲官, 而運逢戊, 透出辰中傷官;壬生戌月, 丁己壬生戌透, 而支又會寅會午, 作財旺生官矣, 而運逢戊土, 透出戌中七殺;壬生亥月, 透己爲用, 作建祿用官矣, 而運逢卯未, 會亥成本, 又化建祿爲傷. 如此之類, 皆變格也. 然亦有逢成格而不喜者, 何也? 如壬生午月, 運透己官, 而本命有甲乙之類是也. 又有逢變格而不忌者, 何也? 如丁生辰月, 透壬用官, 逢戊而命有甲;壬生亥月, 透己用官, 運逢卯未, 而命有庚辛之類是也. 成格變格, 關係甚大, 取運者其細詳之.

사주는 여덟 글자로 이루어진다. 태어날 때 정해져서 바꿀 수 없는 것이다. 태어나는 순간 木火土金水의 모습이 팔자에 다양하게 펼쳐진다. 이 팔자는 운(運)에 의해서 동(動)하게 된다. 팔자가 어떻게 생겼든지 봄·여름·가을·겨울이라는 사계절의 운(運)을 맞게 된다. 팔자 원국으로 성격(成格)·파격(破格)이 결정되지만 운(運)에 의해서도 성격(成格)이 되기도 하고 파격(破格)이 되기도 한다. 운(運)에 의해서 격국(格局)이 변하기도 하는 것이다.

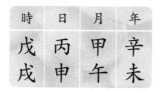

- 午월의 丙火이니 양인격(陽刃格)이다.
- 寅대운(大運)에 寅午戌 화국(火局)이 되었다.
- 양인(陽刃)이 시주(時柱)의 戊戌 식신(食神)으로 설기(洩氣)되어 갈 길을 찾았다.
- 이때 염운사(鹽運使)가 되었다.
- 서락오 동네의 요문부(姚文敷) 사주이다.

운(運)에 의해서 성격(成格)이 된 것은 어떤 경우인가?

팔자 원국에서 성격(成格)이 되지 못하고 불완전할 때, 운(運)에서 성격(成格)이 된 경우를 말한다.

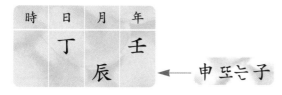

時	日	月	年
	丁	壬	
		辰		← 申 또는 子

- 辰월에 壬水가 투출하여 정관격(正官格)이다.
- 壬水는 辰에서 입묘(入墓)되니 정관격(正官格)이 불완전하다.
- 운(運)에서 申 또는 子가 오면 확실한 정관격(正官格)이 된다.

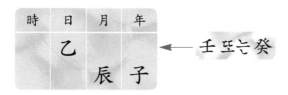

時	日	月	年
	乙		
		辰	子	← 壬 또는 癸

- 子辰반합이 있어 인수격(印綬格)이다.
- 운(運)에서 壬 또는 癸가 오면 인수격(印綬格)이 확실히 성립된다.

운(運)에서 변격(變格)이 되었다는 것은 무엇인가?

時	日	月	年
	丁	壬	
		辰		← 戊

- 정관격(正官格)이다.
- 운(運)에서 戊土가 오면 상관격(傷官格)이 된다.
- 辰의 정기인 戊土가 오기 때문에 정관격(正官格)이 상관격(傷官格)으로 변한다.

- ●戌월에 丁火가 투출하여 재격(財格)이다.
- ●지지의 戌土는 午戌반합으로 火로 변하였다.
- ●운(運)에서 戊土가 오면 칠살격(七殺格)으로 변한다.
- ●서락오는 격국(格局)은 변하지 않고 용신(用神)이 상(傷)했다고 한다.

- ●건록격(建祿格)에 정관(正官)을 용신(用神)으로 삼았다.
- ●운(運)에서 卯가 오면 亥卯반합이 되어 상관격(傷官格)으로 변한다.

　팔자 원국의 지장간에 암장(暗藏)되었던 글자가 운(運)에서 투출하면 힘이 강해진다.

- ●亥 중 甲木이 운(運)에서 투출하여 강해졌다.

팔자 원국에서 성격(成格)이 되었는데도 운(運)에 의해서 좋지 않은
경우가 있다.

- 午월의 壬水 일간(日干)이 은 재격(財格)이다.
- 식신(食神) 甲木이 투출하여 성격(成格)이 되었다.
- 己土운이 오면 정관운(正官運)이 오니 좋을 것 같다.
- 그러나 甲己합이 되어 상신(相神)인 식신(食神)까지 사라지니 좋지 않다.

운(運)에 의해서 격국(格局)이 변해도 나쁘지 않은 경우도 있다.

- 辰월에 壬水가 투출하여 정관격(正官格)이다.
- 운(運)에서 戊土가 오면 상관격(傷官格)이 된다.
- 그러나 인수(印綬) 甲木이 戊土를 방어하니 나쁘지 않다.

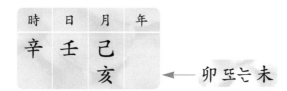

- 己土가 있어 정관격(正官格)이다.
- 정관격(正官格)에 辛金 인수(印綬)가 있어서 성격(成格)이 된다.
- 운(運)에서 卯 또는 未운이 오면 목국(木局)이 되어 식상(食傷)이 된다.
- 식상운(食傷運)이 와도 인수(印綬)가 있어서 식상(食傷)을 방어하니 나쁘지 않다.

論喜忌干支有別

희기(行運)는 천간과 지지가 다르다

命中喜忌, 雖支干俱有, 而干主天, 動而有爲, 支主地, 靜以待
用, 且干主一而支藏多, 爲福爲禍, 安不得殊? 譬如甲用酉官,
逢庚辛則官殺雜, 而申酉不作此例. 申亦辛之旺地, 辛坐申酉,
如府官又掌道印也. 逢二辛則官犯重, 而二酉不作此例. 辛坐二
酉, 如一府而攝二郡也, 透丁則傷官, 而逢午不作此例. 丁動而
午靜, 且丁巳竝藏. 安知其爲財也? 然亦有支而能作禍福者, 何
也? 如甲用酉官, 逢午酉未能傷, 而又遇寅遇戌, 不隔二位, 二
者合而火動, 亦能傷矣. 卽此反觀, 如甲生甲月, 午不制殺, 會寅
會戌, 二者淸局而火動, 亦能矣. 然必會有動, 是正與干有別也.
卽此一端, 余者可知.

천간은 하늘의 기운을 나타내니 수시로 변한다. 그래서 천간은 동적
(動的)이다. 그러나 지지는 우리가 살아가는 환경이다. 환경은 쉽게 변
하지 않으니 지지는 정적(靜的)이다.

지지는 천간에 의해 쓰일 때를 기다린다. 지지에서 합국(合局)이 될 때를 제외하고 주도권은 천간이 가지고 있다. 지구에서 일어나는 밤낮이나 사계절 또는 조수(潮水)의 변화는 태양이나 달의 영향력 때문이다. 주변에 아무리 귀중한 물건이 있어도 내 관심을 끌지 못하면 소용없다. 천간이 지지를 지배하는 것이다.

천간이 지지를 지배하니 명리(命理)에서는 마음이 현실을 지배한다. 일체유심조(一切唯心造)이다. 천간은 동적(動的)이지만 순수하다. 그러나 지지는 정적(靜的)이지만 복잡하다. 지지의 복잡함은 지장간의 글자로 표시되어 있다. 지장간에 따라 희기(喜忌)가 다를 수 있다.

- 酉월의 甲木이 천간에 庚辛金이 투출하였다.
- 천간에 정편관(正偏官)이 혼잡(混雜)되어 있다.
- 두 가지 마음이 월지(月支) 酉에 뿌리를 내리고 있다.

- 지지의 申酉는 관살혼잡(官殺混雜)으로 논하지 않는다.
- 천간 辛金이 申酉 두 곳에 뿌리를 내려 튼튼하다고 본다.
- 천간의 辛金이 지배할 지역이 申과 酉 두 곳으로 본다.

● 두 개의 辛金은 중관(重官)으로 본다.

● 두 개의 辛金이 하나의 지역을 놓고 다투고 있다.

● 한 지역에 두 사람이 발령을 받았다.

● 지지에 두 개의 酉金이 있으니 다스릴 장소가 두 곳이다.

● 하나의 관리가 두 개의 지역을 다스리는 것이다.

● 중관(重官)이 아니다.

● 정관격(正官格)에 상관(傷官)이 투출하였다.

● 상관견관(傷官見官)이다.

● 정관(正官)과 상관(傷官)의 마음이 혼재되어 있다.

時	日	月	年
甲	辛		
		酉	午

● 지지의 午火는 상관(傷官)이 아니다.

● 지지는 주어진 환경이다.

● 하나의 관리가 酉와 午 두 지역을 관리한다.

● 午 지역은 반란 지역이다.

● 午 중 己土가 있어 반란 지역에도 관리를 지지하는 사람이 있다.

다음은 『자평진전평주』에 나오는 서락오의 의견이다.

"행운行運은 지지가 중요하다. 대운大運을 논할 때는 천간과 지지를 5년씩 나누지 않고 10년을 함께 논한다. 庚寅, 庚午대운은 천간 庚金이 지지에 통근通根하지 못했으므로 지지의 木火 기운이 중요하다. 丙子 丙申대운도 역시 통근通根하지 못했으므로 지지의 金水 기운이 중요하다. 庚辰 辛丑대운은 토생금土生金이 되니 지지가 천간을 돕는다. 丙寅 丁卯대운도 목생화木生火로 지지가 천간을 돕는다. 이렇게 천간과 지지를 함께 통합적으로 본다.

그런데 천간과 지지의 희기喜忌가 다를 수 있다. 팔자 원국에 있는 천간의 기신忌神을 제거하는 것이 필요하다면 대운大運의 천간이 중요하다. 만일 원국에서 천간의 용신用神이 뿌리를 내리지 못하고 있다면 뿌리를 내리는 대운의 지지가 중요하다. 또 관살혼잡官殺混雜이 되어도 혼잡混雜으로 논하지 않는 경우가 있고, 관살혼잡官殺混雜을 꺼리지 않는 경우도 있다. 관살官殺을 인수印綬로 화살化殺할 때는 관살혼잡官殺混雜을 꺼리지 않는다. 원국에 관살官殺이 혼잡混雜해도 식신食神이 칠살七殺을 제거하는 식신제살食神制

殺이 되면 혼잡混雜을 꺼리지 않는다. 그러나 재財가 정관正官을 생생生生하는 재생관財生官이 될 때 칠살七殺이 섞이는 관살혼잡官殺混雜은 꺼린다."

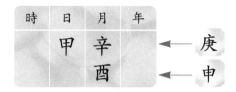

- 운(運)에서 庚金이 오면 관살혼잡(官殺混雜)이다.
- 운(運)에서 申金이 오면 관살혼잡(官殺混雜)이 아니다.
- 지지의 申酉는 다스릴 땅을 두 개로 본다.

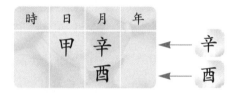

- 운(運)에서 辛金이 오면 중관(重官)이 된다.
- 운(運)에서 酉金이 오면 중관(重官)이 아니다.
- 다스릴 땅이 하나 더 생기는 것이다.

- 운(運)에서 천간으로 丁火가 오면 상관(傷官)이다.
- 운(運)에서 지지로 午火가 오면 己土의 뿌리로 보고 상관(傷官)으로 보지 않는다.

時	日	月	年
	甲	己	
		酉	

- 정관격(正官格)에 재성(財星)이 투출하였다.

- 천간에 甲乙木이 오면 쟁재(爭財)가 된다.

- 그러나 지지로 寅卯가 오면 쟁재(爭財)가 아니고 일간(日干)의 뿌리가 된다.

"재성財星이 천간에 노출되면 천간의 비겁比劫은 꺼리지만 지지의 비겁比劫은 꺼리지 않는다. 만일 천간에 관성官星이나 식상食傷이 투출했다면 천간의 비겁比劫은 제화制化되니 탈재奪財를 꺼리지 않는다. 甲木이 癸水 인수印綬를 쓸 때 戊己土의 재성財星이 있으면 인수印綬를 파괴한다. 그러나 지지에 있는 辰戌丑未는 인수印綬를 파괴하지 않는다. 다른 상황도 마찬 가지로 유추한다."

이상은 서락오의 주장이다.

운(運)에서 똑같은 지지(地支)가 오더라도 화복(禍福)이 다른 경우가 있다.

時	日	月	年
	甲	庚	
		申	午

- 申월의 甲木에 庚金이 투출하여 칠살격(七殺格)이다.

- 午火 상관(傷官)이 칠살(七殺)을 제거하기에 역부족이다.
- 지지는 정적(靜的)이라 동적(動的)인 천간의 글자를 제거하지 못한다.
- 운(運)에서 寅이나 戌이 오면 회국(會局)이 되어 제살(制殺)할 수 있다.
- 회국(會局)이 되면 동(動)하니 천간의 글자와 같은 역할을 한다.

- 酉월의 甲木은 정관격(正官格)이다.
- 辛金이 투출하여 정관격(正官格)이 강해졌다.
- 午火는 상관(傷官)이다.
- 지지 午火로는 천간의 辛金을 상(傷)하게 하지 못한다.
- 그러나 운(運)에서 寅이나 戌이 오면 정관(正官)이 상한다.
- 회국(會局)이 되면 동(動)하여 천간과 같은 역할을 하기 때문이다.

- 지지끼리는 서로 영향을 미친다.
- 午火는 酉金을 극할 수 있다.
- 지지는 회국(會局)으로 동(動)하지 않으면 천간에게 영향을 미치지 못한다.

●巳월에 丁火가 투출하여 록겁격(祿劫格)이다.

●록겁격(祿劫格)에 乙木 인성(印星)이 투출하여 파격(破格)이 된다.

●록겁격(祿劫格)은 강하니 보통 식재관(食財官)을 상신(相神)으로 사용한다.

●辛丑대운(大運)에 辛金이 기신(忌神)인 乙木을 제거한다.

●辛丑대운 지지로는 巳酉丑 삼합(三合)을 이루니 록겁용재격(祿劫用財格)으로 성격(成格)이 된다.

●이때 초상국(招商局)의 독판(督辦)이라는 벼슬을 했다.

●庚子대운 천간의 甲乙木이 합(合)과 극(剋)으로 사라지고 일간(日干)이 힘을 잃어 암살당했다.

●앞에서 나온 조철교(趙鐵橋)의 사주이다.

●卯월에 乙木이 투출하여 상관격(傷官格)이다.

●양인(陽刃)이 많으니 상관(傷官)으로 흘러가서 좋다.

●상관(傷官)은 칠살(七殺)과 양인(陽刃)을 극설(剋洩)하여 힘을 빼고 있다.

● 戊午대운에는 子午충으로 양인(陽刃)의 뿌리를 충(沖)하여 좋았다.

● 己未대운에는 관살혼잡(官殺混雜)에 卯未합이다.

● 己未대운인 戊戌년 戊戌정변 때 죽음을 피해 도피했다.

● 청나라 강유위(康有爲)의 사주이다.

論支中喜忌逢運透淸
지지의 희기신(喜忌神)이 운(運)을 만남

支中喜忌, 固與干有別矣, 而運逢透淸, 則靜而待用者, 正得其用, 而喜忌之驗, 於此乃見. 何謂透淸? 如甲用酉官, 逢辰未卽爲財, 而運透戊, 逢午未卽爲傷, 而運透丁之類是也. 故凡一八字到手, 必須逐干逐支, 上下統看. 支爲干之生地, 干爲支之發用. 如命中有一甲字, 則統觀四支, 有寅亥卯未等字否, 有一字, 皆甲木之根也. 有一亥字, 則統觀四支, 有壬甲二字否. 有壬, 則亥爲壬祿, 以壬水用 ; 用甲, 則亥爲甲長生, 以甲木用 ; 用壬甲俱全, 則一以祿爲根, 一以長生爲根, 二者竝用. 取運亦用此術, 將本命八字, 逐干支配之而已.

지지의 희기신(喜忌神)은 천간과 다르다. 지장간의 글자들은 지지 속에 숨어서 쓰일 때를 기다리다가 운(運)에서 같은 오행(五行)의 천간을 보면 드디어 활동하기 시작하고 그 영향으로 희기(喜忌)가 나타난다.

지장간은 땅 속에 묻힌 지하자원과 같다. 운(運)에서 같은 오행(五行)의 천간이 와서 지하자원을 꺼내려는 마음이 있어야 비로소 쓰임새가 있다.

- 정관격(正官格)에 未土 재성(財星)이 있다.
- 未土 속의 己土는 운(運)에서 戊己土가 오면 재(財)의 작용을 한다.

- 정관격(正官格)이다.
- 운(運)에서 천간으로 丁火가 오면 상관(傷官) 작용이 드러난다.

지장간에 있는 것은 숨어 있어서 직접적인 영향력이 없다. 묻혀 있는 지하자원과 같다. 지장간에 있는 글자들은 희신(喜神)이든 기신(忌神)이든 운(運)에 의해서 지장간이 인출(引出)되어야 쓸모가 드러난다.

팔자 원국의 글자와 운(運)의 글자가 회국(會局)이 되어도 강력하게 동(動)하게 된다.

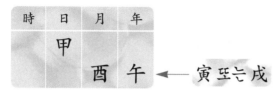

●酉월의 甲木 일간(日干)이니 정관격(正官格)이다.

●운(運)에서 寅이나 戌이 오면 상관(傷官)의 작용이 현저하다.

●일지(日支)의 午는 년지(年支)에 있을 때보다 상관(傷官) 작용이 중(重)
 하지 않다.

●년지(年支)는 삶의 초반부터 영향을 미친다.

●년지(年支)는 유전이나 혈통과 같다.

●시지(時支)의 午는 년지(年支)나 일지(日支)의 午보다 가볍다.

●시지(時支) 글자는 노후에 영향을 준다.

　대운(大運)은 월주(月柱)가 기준이 된다. 팔자 원국은 태어날 때 정해
지고, 운(運)의 흐름에 의해 영향을 받는다. 대운(大運)은 팔자에서 가
장 중요한 월주(月柱)로부터 변화하는데, 대운(大運)을 보는 것도 팔자

를 보는 법과 같다.

팔자 원국이 나무라면 대운(大運)은 계절이 바뀌는 것과 같다. 운(運)에서 오는 글자가 팔자의 글자를 형충파해(刑沖破害)나 회합(會合)하여 동(動)하게 한다. 이렇게 운(運)에서 오는 글자에 의해서 팔자가 동(動)하여 성격(成格)이나 파격(破格) 또는 변격(變格)이 될 수가 있다.

- 未월에 丁火가 투출하였다.
- 월지(月支)가 식신(食神)으로 식신격(食神格)이다.
- 丁火가 통근(通根)하여 일간(日干)도 강하다.
- 팔자에 金이 있어 식신생재(食神生財)로 가면 좋다.
- 巳운에 금국(金局)이 되어 식재(食財)로 가니 뜻을 이루고 재산이 많았다.
- 그러나 卯운에 卯未 목국(木局)이 되어 용신(用神)을 극(剋)하여 사망했다.
- 서락오 친척의 사주이다.

천간은 하고 싶은 마음을 나타내고, 지지는 살아가는 현실을 나타낸다. 그래서 천간의 글자를 보면 지지에 통근(通根)이 되었는지 살피는 것이 중요하다. 하고 싶은 마음을 현실에서 이룰 수 있는가를 보는 것이다. 반대로 지지의 글자는 천간에 투출해야 쓸모가 있다.

천간에 있는 木이라는 글자는 방합(方合)이나 삼합(三合)에 해당하는 글자에 뿌리를 내린다. 甲木이나 乙木이라면 寅卯辰이나 亥卯未에 통근(通根)하는 것이다. 그러나 통근(通根)하는 지지에 따라 강도는 모두 다르다. 甲木이 寅에 뿌리를 내릴 때와 未에 뿌리를 내릴 때가 같을 수가 없다. 그 차이는 12운성으로 살피면 쉽게 판별할 수 있다. 甲木은 亥에서 장생(長生)이고, 寅에서 건록(建祿)이다. 甲木은 卯에서 제왕(帝旺)이고, 辰에서 쇠(衰)에 해당한다. 그리고 甲木은 未에서는 묘(墓)가 된다. 운(運)의 지지에서도 마찬가지이다.

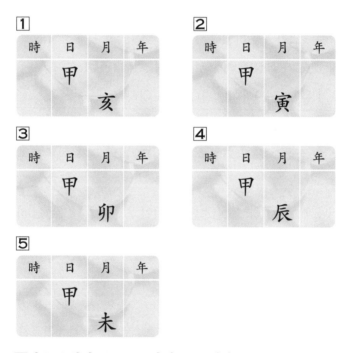

① 번은 亥월의 甲木으로 장생(長生)이다.

② 번은 寅월의 甲木으로 건록(建祿)이다.

③ 번은 卯월의 甲木으로 제왕(帝旺)이다.

④번은 辰월의 甲木으로 쇠(衰)이다.

⑤번은 未월의 甲木으로 묘(墓)이다.

　지지의 지장간이 천간으로 투출할 때는 순서가 있다. 만일 亥에서 壬甲이 투출했다면 亥월에 壬甲이 동시에 뿌리를 내려 힘을 받는 것이 아니다. 亥의 지장간에는 戊甲壬이 있는데 지장간 비율은 7 : 7 : 16이다. 한 달이라면 처음 7일은 戊土가 지배하고, 다음 7일은 甲木이 활동을 한다. 그리고 마지막 16일은 壬水가 활약하는 때이다. 명리(命理)를 처음 배울 때는 亥가 水로만 보이겠지만 다음 표에서 나타나는 것처럼 같은 지지라도 해당 기간에 따라 다른 기운이 지배를 하게 된다. 같은 달이라도 첫 기운과 마지막 기운은 다르다.

	지장간 초기	지장간 중기	지장간 말기
寅(戊丙甲)	戊土 7일	丙火 7일	甲木 16일
卯(甲乙乙)	甲木 10일	乙木 10일	乙木 10일
辰(乙癸戊)	乙木 9일	癸水 3일	戊土 18일
巳(戊庚丙)	戊土 7일	庚金 7일	丙火 16일
午(丙己丁)	丙火 10일	己土 10일	丁火 10일
未(丁乙己)	丁火 9일	乙木 3일	己土 18일
申(戊壬庚)	戊土 7일	壬水 7일	庚金 16일
酉(庚辛辛)	庚金 10일	辛金 10일	辛金 10일
戌(辛丁戊)	辛金 9일	丁火 3일	戊土 18일
亥(戊甲壬)	戊土 7일	甲木 7일	壬水 16일
子(壬癸癸)	壬水 10일	癸水 10일	癸水 10일
丑(癸辛己)	癸水 9일	辛金 3일	己土 18일

☞ 표의 지장간 비율은 지리적으로 차이가 있어 대충을 표시한 것이다.

다음은 『자평진전평주』에 나오는 사주들이다.

時	日	月	年
戊	庚	丙	甲
寅	寅	寅	寅

- 일간(日干)은 뿌리가 없어 약하다.
- 일간(日干)은 강한 세력에 종(從)해야 한다.
- 丙火의 세력도 만만치 않다.
- 『자평진전평주』에 종재격(從財格)이라고 나와 있다.
- 木火운에 좋을 것이다.

時	日	月	年
丙	壬	甲	戊
午	戌	寅	辰

- 寅午戌 화국(火局)이 되어 丙火의 세력이 무척 강하다.
- 寅월의 甲木 또한 무시하지 못할 힘이 있다.
- 종재격(從財格)이다.
- 절강성(浙江省)의 시재촌(施再邨)의 사주이다.

時	日	月	年
癸	戊	辛	丙
丑	子	丑	子

- 지지가 꽁꽁 얼어 있는 팔자이다.

●丙辛합이 되었다.

●丙辛합으로 화(化)가 되어 종격(從格)이 되었다.

●앞에서 나온 청나라 관리 팽옥린(彭玉麟)의 사주이다.

●午월에 丙丁火와 己土가 투출하였다.

●재관(財官)이 강해 일간(日干)이 약하니 인성(印星)을 용신(用神)으로
한다.

●앞에서 나온 외무부 장관을 지낸 오조추(伍朝樞)의 사주이다.

論時說拘泥格局

잘못된 격국(格局)에 얽매임

八字用神專憑月令, 月無用神, 台尋格局. 月令, 本也; 外格,
未也. 今人不知輕重, 拘泥格局, 執假失眞. 故戊生甲寅之月,
時上庚甲, 不以爲明殺有制, 而以爲專食之格, 逢甲減福. 丙生
子月, 時逢巳祿, 不以爲正官之格, 歸祿幇身, 而以爲日祿歸時,
逢官破局. 辛日透丙, 時遇戊子, 不以爲辛日得官逢印, 而以爲
朝陽之格, 因丙無成. 財逢時殺, 不以爲生殺攻身, 而以爲時上
偏官. 癸生巳月, 時遇甲寅, 不以爲暗官受破, 而以爲刑合成格.
癸生冬月, 酉日亥時, 透戊坐戌, 不以爲月劫建祿, 用官通根,
而以爲拱戌之格, 塡實不利. 辛日坐丑, 寅年, 亥月, 卯時, 不以
爲正財之格, 而以爲塡實拱貴. 乙逢寅月, 時遇丙子, 不以爲木
火通明, 而以爲格成鼠貴.

팔자의 용신(用神)은 월령(月令)을 기준으로 한다. 월령(月令)에 용신
(用神)이 없을 때 비로소 외격(外格)을 찾는다. 월령(月令)이 팔자의 본부

이니 근본이고, 외격(外格)은 말단과 같다. 요즘 사람들이 그 경중(輕重)과 우선순위를 모르고 외격(外格)에만 얽매여 가짜를 고집하고 진짜를 놓치고 있다. 팔자를 볼 때는 전체를 보아야 한다. 전체적인 상황을 보지 않고 한두 글자만 보고 외격(外格)을 이야기하는 것은 잘못이다.

옛날 사람들이 정리해 놓은 외격(外格)은 수없이 많다. 그중 몇 가지만 정리해 본다.

암충암합격(暗沖暗合格)

암충(暗沖)이란 팔자에 없는 글자를 충(沖)하여 불러온다는 것이다. 암합(暗合)이란 팔자에 없는 글자를 합(合)으로 불러오는 것을 말한다.

외격(外格)에는 암충이나 암합의 작용과 기반(羈絆), 전실(塡實) 등 법칙이 있다. 암충, 암합으로 불러오는 허자(虛字)는 천간의 글자처럼 상(象)에 불과하다.

외격(外格)을 이루는 조건은 엄격하다. 조금이라도 조건에 부합되지 않으면 일반 내격(內格)으로 본다. 만일 운(運)에서 허자(虛字)와 같은 글자가 오면 전실(塡實)이 되어 사용할 수 없으니 그때는 외격(外格)이 아닌 일반 내격(內格)으로 취급하면 된다.

전실(塡實)이란 이미 채워져 있다는 것으로 이미 원국에 子가 있을 때는 도충(倒沖)으로 허공의 子를 불러오지 못한다. 또 없는 글자를 쓰고 있을 때 운(運)에서 같은 글자가 와도 전실(塡實)이라고 한다. 전실(塡實)을 볼 때는 같은 오행(五行)이 아닌 같은 글자만이 해당된다. 즉, 허자(虛字)는 巳와 午를 구분하는 것이다.

☑ 도충격(倒冲格)

　재관(財官)이 없는 팔자에서 일지(日支)와 같은 글자가 많을 때, 특히 일지(日支)와 시지(時支)의 글자가 같을 때 충(冲)되는 글자를 불러와 재관(財官)으로 쓰는 경우를 도충(倒冲)이라고 한다. 물론 글자가 많으면 더 강하게 도충해 온다. 이때 도충을 불러오는 팔자에 있는 글자는 합(合)과 충(冲)으로 훼손되면 안 된다. 대운(大運)의 글자와 형충(刑冲)이 되어도 허자(虛字)를 불러오지 못하니 그때는 내격(內格)으로 취급한다.

- 일시지(日時支)에 있는 두 개의 午는 충(冲)으로 子를 불러온다.
- 도충(倒冲)으로 불러온 허자(虛字) 子를 관(官)으로 쓴다.
- 팔자에 재관(財官)이 없을 때 허자(虛字)를 사용하여 재관(財官)을 취한다.
- 팔자에 재관(財官)이 있으면 구태여 허자(虛字)를 취할 필요가 없다.
- 이때 운(運)에서 子가 오면 전실(塡實)이 되어 나쁘다고 본다.

- 두 개의 午午가 충(冲)으로 子를 불러온다.
- 월일지(月日支)에 있는 午午보다 일시지(日時支)의 午午가 허자(虛字)를 잘 불러온다.

●넌지(年支)와 월지(月支)가 짝이고, 일지(日支)와 시지(時支)가 서로
짝이기 때문이다.

●대운 午에 의해서도 도충(倒沖) 기운이 생긴다.
●대운(大運)에 의해 허자(虛字)가 생길 때는 세운(歲運)에서 전실(塡實)
을 꺼린다.
●전실(塡實)이란 허자(虛字)로 쓰고 있는 글자가 운(運)에서 올 때를 말
한다.

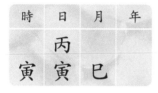

●寅巳형으로 인하여 일시지(日時支)의 寅寅은 申을 도충(倒沖)해 오지
못한다.
●글자가 형충(刑沖)이 되면 도충(倒沖)의 글자를 불러오지 못한다.

●운(運)의 글자에 의해 형충(刑沖)이 되어도 도충(倒沖) 기운은 생기지
않는다.

●허자(虛字)는 외부의 충격에 약하다.

時	日	月	年
甲	丙	庚	甲
午	午	午	寅

●지지에 午가 3개 있다.

●충(沖)으로 子를 불러와 팔자에 없는 관(官)을 취한다.

時	日	月	年
戊	戊	戊	戊
午	午	午	午

●午가 많으니 子를 불러온다.

●허자(虛字)로 팔자에 없는 재성(財星)을 불러와 쓴다.

●관운장(關雲長)의 사주이다.

② 비천록마격(飛天祿馬格)

비천록마격은 도충격(倒沖格)과 원리가 같다. 庚子 壬子 辛亥 癸亥 일주(日柱)가 겨울에 태어나고 일지(日支)의 글자와 같은 글자가 많을 때에 해당된다. 도충격은 충(沖)해 오는 글자의 정기(正氣)만을 취하는 데 비천록마격은 지장간(支藏干)까지 쓴다. 지지의 정기(正氣)를 취하는 도충격은 인정하는 사람도 있지만, 허자(虛字) 속의 지장간까지 취하는 비천록마격에 대해서는 의문을 제시한 학자들이 많다. 외격(外格)에 나오는 모든 허자(虛字)는 전실(塡實)을 꺼린다.

時	日	月	年
壬	癸	癸	戊
子	亥	亥	子

●戊癸합이 있다.

●두 개의 亥가 巳火를 불러온다.

●巳 중 火土를 재관(財官)으로 쓴다.

●그러나 실제 운(運)에서 巳가 오면 전실(塡實)이 되어 흉(凶)하다.

時	日	月	年
丙	庚	丁	丙
子	子	酉	子

●천간에 丙丁火가 있어 비천록마격(飛天祿馬格)이 아니다.

●양인격(陽刃格)에 관살(官殺)을 쓰는 양인가살(陽刃駕殺)이다.

●팔자에 재관(財官)이 있으면 허자(虛字)를 불러올 필요가 없다.

●어느 승상(丞相)의 명(命)이다.

時	日	月	年
丙	庚	丙	己
子	子	子	未

●천간에 丙火가 있어 비천록마격(飛天祿馬格)이 아니다.

●금수상관(金水傷官)에 火가 있는 귀명(貴命)이다.

●금수상관희견관(金水傷官喜見官)이다.

時	日	月	年
丙	壬	壬	壬
午	子	子	子

- ●세 개의 子가 午를 불러온다.
- ●그러나 午가 전실(塡實)이 되어 허자(虛字) 午를 불러오지 못한다.
- ●거지팔자이다.

時	日	月	年
癸	癸	癸	戊
亥	亥	亥	寅

- ●세 개의 亥가 巳火를 불러온다.
- ●그런데 허자(虛字) 巳가 寅巳형하여 거지팔자이다.
- ●불러온 허자(虛字)가 전실(塡實)이나 형충(刑沖)이 되면 좋지 않다.

도충(倒冲)으로 허자(虛字)를 불러오는 글자가 합(合)으로 기반(羈絆)되면 허자(虛字)를 불러오지 못한다. 기반(羈絆)이란 묶여서 작용하지 못한다는 것이다. 허자(虛字)를 불러오는 글자나 허자(虛字)는 모두 형충합(刑沖合)이 되지 않아야 한다.

③ 정란차격(井欄叉格)

庚子·庚辰·庚申 일간(日干)이 지지에 申子辰이 완전하면 정란차격이 된다. 지지 申子辰이 寅午戌을 충(沖)하여 오니 재관(財官)이 생긴다는 것이다. 그러나 지지의 申子辰이 水가 강해지니 火를 불러온다는 것은 인정하지만 寅午戌 세 글자를 불러온다는 설은 비난을 받기도 한다.

- ●지지에 申子辰이 온전하다.
- ●申子辰이 火를 불러와서 허자(虛字)로 관(官)이 생긴다.
- ●곽통수의 명(命)이다.

- ●庚子 일주(日柱)에 지지 申子辰이 온전하다.
- ●강한 水기운이 팔자에 없는 火를 불러와 관(官)을 취한다.
- ●정란차격(井欄叉格)이다.

④ 암합격(暗合格)

  팔자에 관(官)이 없을 때 일지(日支)와 같은 글자가 많으면 충(沖)이 되는 글자만 불러오는 게 아니고 합(合)이 되는 글자도 불러와 관(官)으로 쓴다. 암합(暗合)은 암충(暗沖)보다는 힘이 떨어지지만 합(合)이 되는 글자도 불러오는 것이다. 지지(地支)가 일시(日時)의 지지 포함 두 개 이상이면 되고, 역시 전실(塡實)이나 기반(羈絆)이되면 성립되지 않는다.

- 중국황제 성조의 팔자이다.
- 두 개의 酉金이 辰을 불러와 辰 중 戊土를 관(官)으로 쓴다.

⑤ 합록격(合祿格)

합록격은 팔자에 관(官)이 없으면 간지(干支)가 오운육기(五運六氣)로 관(官)을 불러오는 것을 말한다. 시주(時柱)에 식신(食神)을 쓰는 전식합록격(專食合祿格)과 시주(時柱)에 인수(印綬)를 쓰는 전인합록격(專印合祿格)이 있다.

- 戊土 일간(日干)이 庚申시에 출생했다.
- 시주(時柱)의 庚金이 乙木을 합(合)하여 오고, 지지 申金이 寅을 충(沖)하여 온다.
- 시주(時柱)의 간지(干支)가 힘을 합(合)하여 木을 끌어와서 관(官)을 취했다.
- 시주(時柱) 庚申이 식상(食傷)에 해당하니 전식합록격(專食合祿格)이다.
- 촉왕의 명(命)이다.

전인합록격(專印合祿格)은 癸水 일간(日干)이 팔자에 재관(財官)이 없으면서 庚申시가 될 때를 말한다. 이것은 지지의 申이 합(合)하여 온 巳 중 丙戊를 재관(財官)으로 쓴다는 것인데, 오운육기(五運六氣)로 불러오는 전식합록격(專食合祿格)과 형태는 비슷하나 성립 배경은 다르다.

時	日	月	年
庚申	癸		

- 지지 申이 巳申합으로 巳火를 끌어온다.
- 끌어온 巳 속의 丙戊를 재관(財官)으로 사용한다.
- 시주(時柱)의 간지(干支)가 인성(印星)이 되니 전인합록격(專印合祿格)이다.

時	日	月	年
庚申	癸酉	甲辰	丁酉

- 전인합록격(專印合祿格)이 아니다.
- 재관(財官)이 있으면 외격(外格)을 쓸 필요가 없다.
- 상관패인(傷官佩印)의 귀명(貴命)이다.

6 요합격(遙合格)

子가 동(動)하여 巳火를 불러오면 자요사격(子遙巳格)이 되고, 丑이 동(動)하여 巳火를 불러오면 축요사격(丑遙巳格)이 된다. 요(遙)는 멀리 있는 허자(虛字)를 요동(搖動)치게 한다는 뜻이다. 불러온 巳 중 丙戊를 끌어당겨 재관(財官)으로 쓴다는 것이다. 예를 들어 辛丑일생이 丑이 많아서 巳火를 끌어오면 일간(日干)의 관(官)을 얻는 것이다. 물론 丙丁이 팔자에 이미 있다면 관(官)이 있는 것이니 외격(外格)을 찾을 필요가 없다.

時	日	月	年
庚	辛	辛	辛
寅	丑	丑	丑

● 세 개의 丑이 巳火를 끌어온다.

● 巳 중 丙火를 관(官)으로 얻는 것이다.

● 丑이 巳火를 불러왔다고 해서 축요사격(丑遙巳格)이라 한다.

자요사격(子遙巳格)은 甲子일 甲子시 출생하면 子 중 癸水가 巳 중 戊土를 합(合)하니 巳를 불러온다. 그리고 巳 중 丙火가 丙辛합으로 辛金을 가져와 甲木의 관(官)이 된다는 것이다. 심효첨이나 서락오는 자요사격(子遙巳格)을 부정했다. 자요사격(子遙巳格)은 추동(秋冬)월에만 적용한다.

時	日	月	年
甲	甲	甲	甲
子	子	戌	申

● 두 개의 子가 巳火를 불러온다.

- 巳 중 지장간 丙火가 辛金을 불러와 정관(正官)으로 쓴다.
- 자요사격(子遙巳格)이다.
- 나어사(羅御使)의 명(命)이다.

時	日	月	年
甲	甲	乙	己
子	子	亥	亥

- 전수상의 명(命)이다.
- 두 개의 子가 불러온 巳 중 丙火가 辛金을 합(合)해 와서 정관(正官)으로 취한다.
- 자요사격(子遙巳格)이다.
- 두 개의 亥가 도충(倒沖)으로 巳火를 불러왔다고 해도 된다.

7 형합격(刑合格)

癸水 일간(日干)이 甲寅시나 甲申시에 출생하면 寅이나 申이 巳火를 형(刑)하여 巳 중 丙戊의 재관(財官)을 취한다는 것이다. 당연히 시지(時支)의 寅이나 申은 왕기(旺氣)를 띠어야 한다.

時	日	月	年
甲	癸	癸	乙
寅	亥	未	未

- 癸水 일간(日干)이 甲寅시 출생이다.
- 亥未 목국(木局)에 甲乙木이 투출해 木이 왕기(旺氣)를 띠었다.

●寅이 巳火를 형(刑)하여 와서 巳 중 丙戌를 재관(財官)으로 쓴다.

●형합격(刑合格)이다.

●절도사의 명(命)이다.

●癸水 日干에 甲寅시이다.

●木이 卯未 합국(合局)으로 왕기(旺氣)를 띠었다.

●형합격(刑合格)이다.

●절도사의 명(命)이다.

●寅木이 왕기(旺氣)를 띠지 않았다.

●왕기(旺氣)란 월령(月令)을 얻거나 지지에 합국(合局)을 이루었을 때
이다.

●형합격(刑合格)이 아니다.

8 육음조양격(六陰朝陽格)

辛金 일간(日干)이 戊子시에 출생하고 사주 천간에 재관(財官)이 없으면 육음조양격이 성립한다. 辛 일간에만 해당하니 육신조양격(六辛朝陽格)이라고도 한다. 戊子의 子水가 巳火를 특합(特合)하여 오고 巳 중 丙火를 일간(日干)의 정관(正官)으로 쓴다. 조양격(朝陽格)은 신왕(身旺)해야 한다는 것이 성격(成格)의 조건이다. 辛巳와 辛未 일주(日柱)는 조양격(朝陽格)이 안 된다고 한다. 전실(塡實) 때문이다.

時	日	月	年
戊	辛	辛	戊
子	丑	酉	辰

- 辛 일간에 戊子시가 巳火를 불러와 巳 중 丙火를 관(官)으로 쓴다.
- 子丑합이 巳火를 불러오는 데 장애가 되지 않는다.
- 왕대위의 명(命)이다.

時	日	月	年
戊	辛	辛	戊
子	酉	酉	辰

- 辛 일간에 戊子시이다.
- 시지(時支)의 子가 巳火를 불러와 巳 중 丙火를 정관(正官)으로 쓴다.
- 조양격(朝陽格)이다.
- 장지현의 팔자이다.

- 월령(月令)을 잃어 신왕(身旺)하지 못하여 조양격(朝陽格)이 아니다.
- 조양격(朝陽格)은 신왕(身旺)해야 한다.

⑨ 임기용배격(壬騎龍背格)

壬水 일간(日干)이 팔자에 辰을 많이 보면 壬水가 용(龍)의 등을 탔다고 하여 임기용배격이라 한다. 辰이 戌을 충(沖)하여 戌 중 丁戊의 재관(財官)을 쓴다는 것이다. 壬辰일이나 壬寅일 출생자가 팔자에 재관(財官)이 없을 때 사용한다. 전실(填實)되는 戌운을 기피한다.

時	日	月	年
壬	壬	甲	壬
寅	辰	辰	辰

- 壬水 일간(日干)이 壬寅시에 태어나고 팔자에 辰이 많다.
- 임기용배격(壬騎龍背格)이다.

⑩ 공귀공록격(拱貴拱祿格)

공귀공록격이란 일지(日支)와 시지(時支)가 공협(拱挾)으로 건록(建祿)이나 천을귀인(天乙貴人)을 불러오는 것을 말한다. 예를 들면 일지(日支)와 시지(時支)가 巳未라면 午가 공협(拱挾)인데 이 午火가 일간(日干)의 건록(建祿)이나 천을귀인(天乙貴人)이 될 때를 공귀공록격이라고 한다. 전실(塡實)되면 쓸모가 없다.

- 일지(日支)와 시지(時支) 사이에 午火가 허자(虛字)로 존재한다.
- 午火는 일간(日干)의 건록(建祿)이다.
- 공록격(拱祿格)이다.

- 일지(日支)와 시지(時支) 사이에 酉金이 허자(虛字)로 존재한다.
- 허자(虛字) 酉金은 일간(日干)의 천을귀인(天乙貴人)이다.
- 공귀격(拱貴格)이다.

이상으로 고서(古書)에 나오는 외격(外格)에 대한 몇 가지 정리를 했다. 『자평진전(子平眞詮)』을 쓴 심효첨이나 『자평진전평주』를 쓴 서락오는 외격(外格)을 부정하고 있다.

- 寅월에 甲木이 투출하여 칠살격(七殺格)이다.
- 시주(時柱)에 있는 庚申은 식신(食神)이니 살용식제격(殺用食制格)이다.
- 합록격(合祿格)이 아니다.

다음은 서락오의 설명이다.

"희기편喜忌篇에 '戊일 庚申시는 년월年月에서 甲丙卯寅을 만나면 불우하다.'고 했다. 시주時柱에서 식신食神이 전록專祿이 되는 경우가 많은데 왜 하필 戊일 庚申시만 전식합록격專食合祿格이라고 하는가? 이는 庚申시가 천간으로 乙木을 합合해 오고, 지지로 寅木을 충沖으로 불러와 관官을 취해 온다고 말한다. 하지만 허자虛字로 오는 것을 용신用神으로 삼는 것은 신빙성이 없다. 『삼명통회三命通會』에는 '만약 월령月令에 재관財官이 있다면 당연히 월령月令의 재관財官을 용신用神으로 삼는다고 되어 있다. 또 사주에 억부抑扶하는 것이 있으면 그것을 용신用神으로 삼으면 된다.'고도 했다."

- 子월에 癸水가 투출하여 정관격(正官格)이다.
- 귀록격(歸祿格)에 정관(正官)이 있어 파격(破格)이 된 것이 아니다.
- 귀록(歸祿)이란 시지(時支)에서 록(祿)을 만난 것을 말한다.

다음은 서락오의 말이다.

"희기편에 '일간日干의 록祿이 시時에 있고 관성官星을 만나지 않으면 청운靑雲의 뜻을 이룬다.'고 했다. 시時에 록祿이 있으면 일간日干을 돕는 작용을 하는 것인데도 귀록격歸祿格으로 이름을 붙여 그렇게 말한다. 만일 정관격正官格이 재財의 생생生을 받고 신왕身旺하다면 시時에 록祿이 있다고 해도 대귀大貴할 것이다."

● 칠살격(七殺格)으로 관살(官殺)의 공격이 거세다.

● 일간(日干)의 록(祿)이 시지(時支)에 있다.

● 시지(時支)의 巳火가 없으면 종격(從格)이 되었을 것이다.

● 귀록격(歸祿格)으로 이름을 따로 붙일 필요가 없다.

● 소일보(小日報)의 주인 황광익(黃光益)의 사주이다.

● 『자평진전평주』에 나오는 사주이다.

● 寅월에 丙火가 투출하여 상관격(傷官格)이다.

● 두 개의 재성(財星)이 투출하여 상관생재격(傷官生財格)이다.

● 부자였으나 자식이 없었고 벼슬도 없었다.

- 귀록격(歸祿格)으로 이름을 따로 붙일 필요가 없다.
- 『자평진전평주』에 나오는 서락오 삼촌의 사주이다.

- 정관(正官)과 정인(正印)이 투출하여 좋다.
- 구태여 따로 조양격(朝陽格)이라고 이름을 붙일 필요가 없다.
- 辛金이 丙火를 보아 격(格)을 이루지 못한 것이 아니다.

서락오의 설명이다.

"희기편에 '辛金 일간이 戊子시를 만나면 午운이 나쁘고 酉운은 좋다.'고 했다. 戊土는 辛金의 인수印綬이고, 子水가 암합暗合하여 오는 巳火는 곧 丙火이니 정관正官을 암합暗合하여 오는 셈이니 정관正官과 인수印綬를 겸하게 된다. 따로 조양격朝陽格이라고 이름을 붙일 필요가 없다."

- 卯월에 乙木이 투출하여 편재격(偏財格)이다.
- 조양격(朝陽格)이라고 따로 이름을 붙일 필요가 없다.

칠살(七殺)이 재성(財星)을 만나면 칠살이 내 몸을 심하게 극(剋)하게 된다. 그럼에도 시상편관격(時上偏官格)이 되면 귀격(貴格)이 된다고 따로 격(格)을 만든다.

또 서락오의 설명이다.

"희기편에 '시時에 칠살七殺이 있다고 반드시 흉하다고 보지 말라. 월령月令이 칠살七殺을 제압하고 일간日干이 강하면 그 칠살七殺이 도리어 권위를 이룬다.'고 되어 있다. 칠살七殺은 본래 일간日干을 극剋하는 것이지만 일간日干이 강하고 식상食傷으로 칠살七殺을 제압하면 도리어 권세를 누리는 것이다. 만일 시時에 칠살七殺이 있을 때 일간日干이 신강身强한지 또는 식상食傷으로 제복制伏되었는지 따지지도 않고 무조건 칠살七殺이 있으니 흉凶하다고 하면 큰 오류를 낳는다."

- 巳 중 戊土가 정관(正官)이다.
- 시(時)에 甲寅이 있어 정관(正官)이 파손되었다.
- 형합격(刑合格)이 되었다고 좋아할 일이 아니다.
- 『자평진전(子平眞詮)』의 설명이다.

다음은 형합격(刑合格)에 대한 서락오의 의견이다.

"희기편에 '癸水 일간日干이 甲寅시를 만나면 년월年月에 戊己土가 있음을 두려워한다.'고 하였다. 이는 형합격刑合格을 말한 것이다. 격格 중에 형합격刑合格, 자요사격子遙巳格, 축요사격丑遙巳格은 가장 믿지 못할 학설이다. 암충暗沖의 학설은 더욱 그렇다. 巳申은 형刑과 합슴이지만 寅巳는 형刑만 되고 합슴은 아니다. 따져보지도 않고 옛 책을 그대로 베끼는 것은 의사가 병리病理를 모르고 옛날 처방을 그대로 베끼는 것과 같다. 차라리 대증적對症的 요법이 훨씬 좋을 것이다."

- 겨울철의 癸水는 월겁격(月劫格) 또는 건록격(建祿格)이다.
- 정관(正官)을 써서 용신(用神)으로 삼는다.
- 공술격(拱戌格)에 戌이 있어 전실(塡實)이 되어 나쁜 것이 아니다.

- 지지에 亥卯반합에 寅이 있다.
- 정재격(正財格)이다.
- 공귀격(拱貴格)이 전실(塡實)이 되어 나쁜 것이 아니다.

서락오의 설명이다.

"공귀격拱貴格은 공록협귀격拱祿挾貴格이라고도 하는데 사주에 건록建祿이나 귀인貴人이 없고 지지가 나란히 있는 경우에 쓰는 격格이다."

- 원항성(袁項城)의 사주이다.

- 공협(拱挾)되어 午와 申의 글자가 생겼다.

- 팔자가 성격(成格)이 되면 좋겠지만 공록협귀격(拱祿挾貴格)이 된다고 좋을 리가 없다.

- 지엽적인 이론으로 근본을 망각해서는 안 된다.

- 寅월에 丙火가 투출하여 목화통명(木火通明)이다.

- 육을서귀격(六乙鼠貴格)이 아니다.

다음은 서락오의 글이다.

"희기편에서 '乙木이 子시를 만나면 육을서귀격六乙鼠貴格이다.'라고 했다. 乙木 일간日干이 子시생이면 丙子시가 된다. 丙火의 록祿은 巳인데 巳火가 申을 합습하여 오니 乙木의 관성官星이 된다. 또 子水가 申을 합습하여 오니 삼합三合의 귀貴가 모인다는 것이다. 『신봉통고神峯通考』에서는 '子 중의 癸水가 戊土를 합습하여 오니 이는 일간日干 乙木의 재성財星이 된다. 戊土의 록祿은 巳火에 있고 巳火가 申을 합습하여 오니 일간日干 乙木의 정관正官

이다.'라고 조잡하게 설명했다. 이런 종류의 잡격雜格은 믿을 바가 못 되니 논하지 않는 것이 좋다."

원칙을 정하여 원칙대로 설명하고 그 외의 것이 있으면 외격(外格)으로 취급하면 된다. 그런데 원칙을 모르니 자꾸 이런저런 수많은 변칙이 나오는 것이다.

論時說以訛傳訛

와전(訛傳)된 학설(學說)에 대하여

八字本有定理, 理之不明, 遂生導端, 妄言妄聽, 牢不可破. 如論干支, 則不知陰陽之理, 而以俗書體象歌訣爲確論;論格局, 則不知專尋月令, 而以拘泥外格爲活變;論生剋, 則不察喜忌, 而以傷旺扶弱爲定法;論行運, 則不問同中有導, 而以干支相類爲一例. 究其緣由, 一則書中用字輕重, 不知其意, 而謬生偏見;一則以鴿書無知妄作, 誤會其說, 而深入迷途;一則論命取運, 偶然湊合, 而遂以己見爲不易, 一則以古人命式, 亦有誤收, 卽收之不誤, 又以己意入外格, 尤爲害人不淺. 如壬申·癸丑·己丑·甲戌, 本雜氣財旺生官也, 而以爲乙亥時, 作時上偏官論, 豈知旺財生殺, 將救死之不暇, 于何取貴? 此類甚多, 皆誤收格局也. 如己未·壬申·戊子·庚申, 本食神生財也, 而欲棄月令, 以爲戊日庚申合祿之格, 豈知本身自有財食, 豈不甚美? 又何勞以庚合乙, 求局外之官乎, 此類甚多, 皆硬入外格也. 人苟中無定見, 察理不精, 睹此謬論, 豈能無惑? 何況近日貴格不可解者, 亦往往有之乎? 豈知行術之人, 必以貴命爲指歸, 或將風聞爲實據, 或探其生日, 而即以己意加之生時, 謬造貴格, 其人之八字, 時多未確, 即彼本身, 亦不自知. 若看命者不究其本, 而徒以彼旣富貴遷就其說以相從, 無惑乎終身無解日矣!

팔자에는 정해진 이치가 있다. 그 이치를 모르기에 이단(異端)이 생기고 헛된 학설(學說)이 난무한다. 음양(陰陽)의 이치를 모르니 속서(俗書)에 의지하여 체상가결(體象歌訣)을 옳다고 여긴다. 그리고 격국(格局)은 오로지 월령(月令)에서 찾아야 함에도 원칙을 모르니 외격(外格)에 얽매여 제멋대로 활법(活法)을 바꾼다. 생극(生剋)을 논함에 있어서도 희기(喜忌)를 자세히 살피지도 않고 무턱대고 왕(旺)한 것은 억제하고 약한 것을 도와야 한다고 고집한다. 운(運)을 논할 때는 같은 오행(五行)이라도 희기(喜忌)가 다를 수 있는데도 불구하고 천간과 지지의 구별 없이 같은 오행(五行)만 있으면 같은 작용을 하는 줄 안다.

이런 편견이 생기는 이유는 **첫째**로 책에 쓰인 글자의 경중(輕重)을 몰라서이고, **둘째**로 속서(俗書)를 지은 사람들이 잘못된 학설(學說)을 만들어 혼미(昏迷)하게 했고, **셋째**로 명(命)을 논하고 운(運)을 논하다가 우연히 맞은 경우에 그것을 믿고 따른 것이고, **넷째**로 옛사람들이 외격(外格)의 예를 잘못 기록했음에도 불구하고 그대로 받아들인 경우이다.

時	日	月	年
甲	己	癸	壬
戌	丑	丑	申

- 丑월에 癸水가 투출하여 재격(財格)이다.
- 천간에 甲木이 투출하여 재왕생관격(財旺生官格)이 되었다.

時	日	月	年
乙	己	癸	壬
亥	丑	丑	申

- 재격(財格)이다.
- 왕(旺)한 재성(財星)이 시상(時上)의 칠살(七殺)을 생(生)하니 파격(破格)이 된다.
- 시상편관격(時上偏官格)이라고 귀(貴)하다고 하면 안 된다.

- 申월에 庚金이 투출하여 식신격(食神格)이다.
- 水도 강하니 식신생재격(食神生財格)이 되었다.
- 戊일 庚申시이니 합록격(合祿格)이라고 하면 안 된다.
- 乙木 정관(正官)을 乙庚합으로 구해 올 필요가 없다.

정해진 올바른 견해가 없으면 잘못을 보고도 알지 못한다. 왜 귀격(貴格)이 되는지 모르는 술사(術士)들이 많다. 귀명(貴命)을 귀록(歸祿)

이라고도 하고, 일주(日柱)나 시주(時柱)만 보고 귀격(貴格)을 정하기도 한다. 모두 잘못된 것이다. 사주가 확실하지 않는 경우도 많은데 근본을 연구하지 않고 헛된 이론에 얽매이면 평생을 연구해도 그 이치를 알지 못할 것이다.

다음은 서락오의 말이다.

"팔자의 정해진 이치는 오행五行의 생극제화生剋制化이다. 속서俗書의 체상가결體象歌訣의 예로 파면현침격破面懸針格이 있다. 甲辛은 침針처럼 생겼고, 己酉는 파면破面된다는 것으로 그 논리의 황당함은 이루 말할 수가 없다. 명리命理는 우주 변화의 법칙에 근거를 둔 것이지 그런 측자測字의 놀이가 아니다. 정격正格을 두고 외격外格에 치중하거나 시대가 지나간 성신星辰이나 납음納音을 위주로 팔자를 보거나, 같은 오행五行의 글자라도 서로 다르다는 것을 모르고 오행五行으로만 희기喜忌를 정하면서 스스로 옳다고 믿고 있는 경우도 많다. 물론 옛 명서命書들이 그 뜻을 정확하게 전달하지 못한 면도 있다. 그래서 생각도 없이 무조건 따르는 속서俗書들이 그이치도 모르고 또 헛소리를 양산量産해 내는 것이다.

『신봉통고神峯通考』에서도 일부분 특별한 학설學說을 설명하여 후인後人들이 격국格局을 오해하게 만들었다. 『삼명통회三命通會』나 『연해자평淵海子平』은 너무 광범위하여 잡다하고 정밀하지 못하며 편집의 순서도 조리가 없으니 참고만 해야 한다. 『궁통보감窮通寶鑑』은 내용이 정밀하지만 단지경험담일 뿐 원리에 대한 설명이 부족하다. 『명리정종命理正宗』은 고집에치우쳐 있다. 한 권의 완전한 명리서命理書를 구하기는 참으로 어렵다."

격국론
(格局論)

제3부

論正官

정관격(正官格)에 대하여

官以剋身, 雖與七殺有別, 終受彼制, 何以切忌刑衝破害, 尊
之若是乎? 豈知人生天地間, 必無矯焉自尊之理, 雖貴極天子,
亦有天祖臨之. 正官者分所當尊, 如在國有君, 在家有親, 刑衝
破害, 以下犯上, 烏乎可乎? 以刑衝破害爲忌, 則以生之護之爲
喜矣. 存其喜而去其忌則貴, 而貴之中又有高低者, 何也? 以財
印竝透者論之, 兩不相礙, 其貴也大. 如薛相公命, 甲申・壬
申・乙巳, 戊寅, 壬印戊財, 以乙隔之, 水與土不相礙, 故爲大
貴. 若壬戌・丁未・戊甲・乙卯, 雜氣正官, 透干會支, 最爲貴格,
而壬財丁印, 二者相合, 仍以孤官無輔論, 所以不上七品. 若財
印不以兩用, 則單用印不若單用財, 以印能護官, 亦能泄官, 而
財生官也. 若化官爲印而透財, 則又爲甚秀, 大貴之格也. 如金
狀元命, 乙卯・丁亥・丁未・庚戌, 此竝用財印, 無傷官而不雜
殺, 所謂去其忌而存其喜者也. 然而遇傷在於佩印, 混殺貴乎

取清. 如宣參國命, 己卯·辛未·壬寅·辛亥, 未中己官透干用
清, 支會水局, 兩辛解之, 是遇傷而佩印也. 李參政命, 庚寅·乙
酉·甲子·戊辰, 甲用酉官, 庚金混雜, 乙以合之, 合殺留官, 是
雜殺而取清也. 至於官格透傷用印者, 又忌見財, 以財能去印,
未能生官, 而適以護傷故也. 然亦有逢財而反大貴者, 如范太
傳命, 丁丑·壬寅·己巳·丙寅, 支具巳丑, 會金傷官, 丙丁解之,
透壬豈非破格? 卻不知丙丁竝透, 用一而足, 以丁合壬而財去,
以丙制傷而官清, 無情而愈有情. 此正造化之妙, 變幻無窮, 焉
得不貴? 至若地支刑沖, 會合可解, 已見前篇, 不必再述, 而以
後諸格, 亦不談及矣.

관성(官星)에는 정관(正官)과 편관(偏官)이 있다. 모두 나를 극(剋)하
는 것이다. 정관(正官)은 나를 다정하게 극(剋)하고 편관(偏官)은 나를
심하게 극(剋)하는 차이가 있다. 정관(正官)은 법과 질서와 도덕 그리고
예의를 의미한다. 모두 나를 통제하는 것들이지만 사람이 사는 곳에는
질서를 유지하기 위해 꼭 필요한 것들이다.

비유하자면 정관(正官)은 나라에서는 임금이고, 가정에서는 가장인
부친이 된다. 정관(正官)은 가장 존귀하고 핵심적인 존재이니 형충파해
(刑沖破害)가 되는 것을 꺼린다. 정관(正官)이 형충파해(刑沖破害)된다
는 것은 사회의 질서가 무너지는 것이고 하극상(下剋上)이 일어나는 것
과 같다. 따라서 정관(正官)은 생(生)해 주고 보호해 주어야 한다. 정관
(正官)을 생(生)해 주는 것은 재성(財星)이고, 보호해 주는 것은 인성(印

星)이다. 그래서 정관격(正官格)은 재성(財星)과 인성(印星)이 모두 투출하여 서로 장애가 되지 않으면 대귀(大貴)한 사주가 된다.

- 申월에 壬水가 투출하여 인수격(印綬格)이다.
- 『자평진전(子平眞詮)』은 申월의 乙木이니 정관격(正官格)에서 다루고 있다.
- 戊土 재성(財星)도 힘차게 투출하였다.
- 인수(印綬)와 재성(財星)이 서로 장애가 되지 않으니 대귀(大貴)했다.
- 乙亥대운 寅申巳 삼형이 동하고, 충(沖)으로 풍파가 있었다.
- 설상공(薛相公)의 사주이다.

- 未월에 태어나 잡기격(雜氣格)이다.
- 월령(月令)에서 丁火와 乙木이 투출하였다.
- 정관(正官)과 인수(印綬)가 투출한 것이다.
- 그러나 丁壬합으로 인수(印綬)가 사라져서 잡기정관격(雜氣正官格)이다.
- 정관(正官)은 재성(財星)과 인성(印星)의 도움이 없이 홀로 있는 고관

무보(孤官無輔)를 꺼려한다.

●벼슬이 칠품 이상에 오르지 못했다는 사주이다.

정관격(正官格)일 때 만일 재(財)와 인수(印綬) 중에서 하나만 쓴다면 재(財)를 쓰는 것이 더 좋다. 재성(財星)은 정관(正官)을 생(生)해 주지만 인수(印綬)는 간접적으로 식상(食傷)의 공격을 막아줄 뿐이기 때문이다. 더군다나 인수(印綬)는 정관(正官)을 설기(洩氣)하여 힘을 뺀다. 자고로 일간(日干)과 격국(格局)과 상신(相神)은 힘이 있어야 팔자의 그릇이 커진다. 정관격(正官格)은 인수(印綬)와 재성(財星)이 있고 형충파해(刑沖破害)가 없으면 귀격(貴格)이 된다.

時	日	月	年
庚	丁	丁	乙
戌	未	亥	卯

●亥월의 丁火이니 정관격(正官格)이다.
●지지에 亥卯未삼합이 있고 乙木이 투출하여 인수격(印綬格)이 되었다.
●인수(印綬)와 시간(時干)의 庚金 재성(財星)이 멀리 떨어져 있어서 좋다.
●乙木은 丁火를 생(生)하느라 庚金을 합(合)하지 못한다.
●김장원(金狀元)의 팔자이다.

정관격(正官格)은 상관(傷官)을 싫어한다. 그러나 상관(傷官)이 있어도 인수(印綬)가 있으면 인극식(印剋食)으로 사주가 청(清)해진다. 그리고 칠살(七殺)이 있을 때는 칠살(七殺)이 합살(合殺)되거나 제살(制殺)되어도 사주가 맑아진다. 병(病)이 있고 약(藥)도 있으면 처음부터 병(病)이 없는 것보다 격국(格局)이 높아진다. 면역력이 생기기 때문이다.

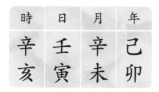

- 未월에 己土가 투출하여 정관격(正官格)이다.
- 지지에 목국(木局)이 형성되어 상관(傷官)의 기운도 강하다.
- 천간에 두 개의 인수(印綬)가 있어서 지지의 상관(傷官)이 힘을 잃었다.
- 선참국(宣參國)의 팔자이다.

- 酉월의 甲木이니 정관격(正官格)이다.
- 천간에 庚金 칠살(七殺)이 투출하였는데 乙庚합으로 사주가 맑아졌다.
- 지지에 인수(印綬)인 子辰 수국(水局)이 있고 시간(時干)에는 재성(財星)이 있다.
- 정관격(正官格)은 재(財)와 인수(印綬)로 성격(成格)이 된다.
- 이참정(李參政)의 사주이다.

정관격(正官格)에 흉신(凶神)인 상관(傷官)이 투출하였을 때 정관(正官)을 보호하기 위해 인수(印綬)를 상신(相神)으로 쓸 경우에는 재성(財

星)이 있으면 좋지 않다. 재성(財星)이 용신(用神)인 인수(印綬)를 재극
인(財剋印)으로 파괴하기 때문이다.

- 寅월의 己土이니 정관격(正官格)이다.
- 丁壬합木으로 木의 기운이 강하다.
- 천간에 재(財)와 인수(印綬)가 있는데 丁壬합으로 사주가 맑아졌다.
- 인수(印綬) 丙火가 정관(正官)을 보호하니 성격(成格)이 된다.
- 범태부(范太傅)의 사주이다.

서락오는 『자평진전평주』에서 정관격(正官格)에 대해 다음과 같이
말하고 있다.

"신강身强할 때는 정관正官이 경미輕微하다면 재성財星을 써서 정관正官
을 생생生해야 한다. 그리고 신약身弱할 때는 정관正官이 강하다면 인성印星을
써서 관성官星의 힘을 설기洩氣해야 한다. 일간日干과 관살官殺의 힘이 비슷
하면 양정兩停이라고 하는데, 신살양정身殺兩停이 되었을 경우 칠살七殺은
식상食傷으로 제압하면 좋다. 그러나 정관正官과 일간日干이 양정兩停이 되
었을 경우 정관正官을 극제剋制하는 것은 좋지 않으니 재성財星을 써서 정관
正官을 생생生해야 한다. 칠살七殺은 흉신凶神이고 정관正官은 길신吉神이기
때문이다.

또 식상食傷이 있어 정관正官을 극극剋하고 있다면 인성印星으로 정관正官

을 보호해야 한다. 인성印星은 인극식印剋食으로 식상食傷을 극剋하여 정관
正官을 보호하게 된다. 이렇게 되면 희신喜神은 보호되고 기신忌神은 제거되
니 좋은 것이다. 장신봉張神峰은 『명리정종命理正宗』에서 '희신喜神을 보호
하고 기신忌神을 제거하는 것은 불변의 진리이다.' 라고 말하였다. 격국格局
의 고저高低는 오로지 팔자 배합의 청탁淸濁과 순잡純雜에 의존한다."

論正官取運

정관격(正官格)의 운(運)에 대하여

取運之道, 一八字則有一八字這論, 其理甚精, 其法甚活, 只可大略言之. 變化在人, 不可泥也. 如正官取運, 卽以正官所統之格分而配之. 正官而用財印, 身稍輕則取助身, 官稍輕則助官. 若官露而不可逢合, 不可雜殺, 不可重官. 與地支刑沖, 不問所就何局, 皆不利也. 正官用財, 運喜印綬身旺之地, 切忌食傷. 若身旺而財輕官弱, 卽仍取財官運可也. 正官佩印, 運喜財鄉, 傷食反吉. 若官重身輕而佩印, 則身旺爲宜, 不必財運也. 正官帶傷食而用印制, 運喜官旺印旺之鄉, 財運切忌. 若印綬疊出, 財運亦無害矣. 正官而帶殺, 傷食反爲不礙. 其命中用劫合殺, 則財運可行, 傷食可行, 身旺, 印綬亦可行, 只不過複露七殺. 若命用傷官合殺, 則傷食與財俱可行, 而不宜逢印矣. 此皆大略言之, 其八字各有議論. 運中每遇一字, 各有研究, 隨時取用, 不可言形. 凡格皆然, 不獨正官也.

운(運)이란 계절의 변화와 같다. 누구나 팔자와 관계없이 여름이면 가벼운 옷을 입고, 겨울이면 두꺼운 옷을 입는다. 이렇게 운(運)은 팔자에 강력한 영향을 미치니 운(運)과 팔자를 군신(君臣)의 관계로 비유하기도 한다. 여기서 말하는 운(運)은 주로 대운(大運)이다.

대운(大運)이 10년을 지배하는 큰 운(運)이라면 대운(大運) 내에 있는 세운(歲運)은 매년(每年)을 지배한다. 월운(月運)과 일진(日辰)은 대운(大運)이나 세운(歲運)의 안에서 움직인다. 큰 운(運)에서부터 작은 운(運)으로 살피는 우선순위를 지켜야 한다. 헌법 내에 법률이 있고 또 그 속에 각종 조례 등이 있는 것과 같다. 세계 경제나 국가 경제가 침체되면 기업이나 개인은 저절로 그 영향을 받게 된다.

운(運)을 논하는 것도 팔자를 보는 법과 같다. 독감 등 유행성 질병이 퍼질 때 개인의 건강 상태에 따라 질병에 노출되는 정도가 다르듯이, 같은 운(運)이 오더라도 팔자의 구조에 따라 그 영향력은 다르게 나타난다.

그래서 운(運)을 팔자에 적용하는 방법은 팔자마다 다르다. 그 이치가 심히 정밀하여 적용에 융통성이 필요하므로 정확히 뭐라고 말할 수 없으므로 여기서는 대략만 설명한다. 사람마다 팔자의 격국(格局)이 다르니 서로 다른 관점으로 세상을 보게 된다. 통변(通辯)도 사람이 하는 것이다. 어느 하나의 이론을 고집하며 집착해서는 안 된다.

정관격(正官格)의 운(運)을 취하는 법도 재(財)와 인수(印綬)를 쓰는 것이 원칙이다. 신약(身弱)하다면 나를 돕는 운(運)이 좋고, 신강(身强)

할 때 정관(正官)이 약하다면 정관(正官)을 돕는 운(運)이 좋다. 정관(正官)이 천간에 노출되었을 경우는 칠살운(七殺運)이 와서 관살혼잡(官殺混雜)이 되면 좋지 않다. 정관격(正官格)에 또 정관(正官)이 와서 중관(重官)이 되어도 좋지 않고, 정관격(正官格)의 지지를 운(運)에서 형충회합(刑沖會合) 하여도 좋지 않다. 다른 격국(格局)도 이처럼 판단하면 된다.

정관격(正官格)일 때 재(財)를 쓰는 정관용재(正官用財)는 일간(日干)이 약해질 우려가 있으니 인수운(印綬運)이나 신왕(身旺)하게 하는 운(運)이 오면 좋다. 식상운(食傷運)은 정관(正官)을 훼손하고 일간(日干)의 힘을 빼므로 당연히 꺼린다. 만일 신왕(身旺)하고 재관(財官)이 약하다면 재관운(財官運)이 좋을 것이다. 모두 음양(陰陽)의 균형을 맞추려는 시도라고 보면 된다.

정관격(正官格)에 인수(印綬)를 상신(相神)으로 쓰는 정관패인(正官佩印)에서 신왕인중(身旺印重)하고 정관(正官)이 약할 때는 재운(財運)이 오면 좋다. 재운(財運)이 약한 정관(正官)을 생(生)하고 중(重)한 인수(印綬)를 재극인(財剋印) 하기 때문이다. 그리고 식상운(食傷運)이 오더라도 인극식(印剋食)으로 인수(印綬)가 정관(正官)을 보호해 주기 때문에 식상운(食傷運)도 좋다. 만약 관(官)이 강하고 신약(身弱)하여 인수(印綬)를 쓸 때는 인수(印綬)를 파괴하는 재운(財運)을 꺼린다. 이는 모두 음양(陰陽)의 균형을 맞추는 면에서 생각하면 이해하기 쉽다.

정관(正官)을 보호하기 위하여 인수(印綬)를 상신(相神)으로 쓰는 사주에서는 관(官)과 인수(印綬)가 왕(旺)해지는 운(運)이 좋다. 식상(食傷)

이 오면 인수(印綬)가 보호해 준다고 해도 관(官)은 설기되어 약해질 우려가 있고, 인수(印綬)도 식상(食傷)을 극(剋)하느라 힘이 빠지기 때문에 관운(官運)과 인수운(印綬運)이 좋은 것이다.

정관격(正官格)에 칠살(七殺)이 섞이면 식상운(食傷運)이 나쁘지 않다. 관살혼잡(官殺混雜)을 해소해 주기 때문이다.

칠살(七殺)을 합(合)하는 경우는 두 가지가 있다. 양간(陽干)은 겁재(劫財)가 칠살(七殺)을 합(合)하고, 음간(陰干)은 상관(傷官)이 칠살(七殺)을 합(合)한다.

겁재(劫財)와 칠살(七殺)이 합(合)을 하고 있다면, 식상운(食傷運)과 재운(財運)이 좋고, 신왕하게 하는 인수운(印綬運)도 좋다.

만일 정관격(正官格)에서 상관(傷官)이 칠살(七殺)을 합(合)하면 재운(財運)은 좋지만 인수운(印綬運)은 불리하다. 재운(財運)은 정관(正官)을 생(生)해 주니 좋지만, 인수운(印綬運)은 상관(傷官)을 극해서 합(合)을 방해하기 때문에 좋지 않다.

정관격(正官格)일 때 신약(身弱)하다면 신왕운(身旺運)과 인수운(印綬運)이 좋다. 그리고 정관격(正官格)은 칠살(七殺)이 드러나 관살혼잡(官殺混雜)이 되는 것을 꺼린다. 칠살(七殺)이 드러났을 경우는 식상운(食傷運)이 오면 좋다. 식상운(食傷運)이 식극관(食剋官)으로 칠살(七殺)을 제극(制剋)하여 관살혼잡(官殺混雜)을 제거하여 팔자를 청(淸)하게 하기 때문이다. 식재관(食財官)을 쓰는 팔자가 신약(身弱)하다면 신왕운(身旺運)이나 인수운(印綬運)이 좋다.

이상으로 정관격(正官格)의 운(運)에 대해 대략 설명했는데 팔자마다 특징이 있으니 일률적으로 뭐라고 말할 수 없다. 상황에 따라 다르니 수학 공식처럼 형태에 얽매이면 안 된다. 정관격(正官格) 이외의 다른 격국(格局)도 마찬가지이다.

다음은『자평진전평주』에 나오는 서락오의 글이다.

"정관격正官格이 재財와 인수印綬를 쓰면 좋다고 했지만 신약身弱하다면 일간日干을 돕는 인수印綬가 위주가 된다. 정관正官이 약하면 정관운正官運이 좋다. 그러나 재財와 인수印綬가 모두 투출했을 때는 관살운官殺運이 좋은데 재생관財生官 관생인官生印이 되기 때문이다. 만일 정관正官이 지지에 숨어 있다면 지지를 형충회합刑沖會合하는 운運을 꺼린다."

時	日	月	年
戊	乙	壬	甲
寅	巳	申	申

- 정관격(正官格)에 재(財)와 인수(印綬)를 겸한 설상공(薛相公)의 사주이다.
- 재(財)와 인수(印綬)가 떨어져 있어서 좋다.
- 壬水의 생(生)을 받은 겁재(劫財) 甲木이 土를 극(剋)한다.
- 癸酉대운은 戊癸합으로 재성(財星)이 합거(合去)되고, 지지에서 관살(官殺)을 인수(印綬)가 설기(洩氣)시켜 좋다.
- 甲戌대운에 지지로 재운(財運)이 왔지만 재(財)와 인수(印綬)가 떨어져서 좋다.

- 乙亥대운에 지지로 寅申巳亥 형충(刑沖)으로 동(動)하여 풍파가 있었다.
- 戊寅대운에 정관(正官)이 충(沖)을 당하고 천간의 인수(印綬)가 극(剋)을 당하였다.
- 戊寅대운에 寅申巳 삼형이 동(動)하여 개고(開庫)되니 일간(日干)이 乙庚합거가 되어 생(生)을 마쳤다.

- 잡기정관격(雜氣正官格)이다.
- 재(財)와 인수(印綬)가 합(合)이 되어 고관무보(孤官無輔)가 된 사주이다.
- 정관격(正官格)에 정관(正官)의 뿌리가 형극(刑剋)을 당해 부실하다.
- 戊申 己酉 庚戌대운(大運)에 정관(正官)의 뿌리가 손상되어 좋지 않았다.
- 辛亥 壬子 癸丑대운(大運)에 재운(財運)으로 흘러 정관(正官)이 힘을 받아 좋았다.

정관패인(正官佩印)도 일간(日干)의 강약(强弱)을 구분하여 인수(印綬)가 중(重)하거나 신왕(身旺)하면 재운(財運)이 와서 인성(印星)을 제극(制剋)하면 좋다. 식상운(食傷運)도 신왕(身旺)한 일간(日干)을 설기(洩氣)하니 좋다.

관(官)이 중(重)하여 살중신경(殺重身輕)하다면 인수(印綬)가 와서 통관(通關) 역할을 하여 약한 일간(日干)을 도우면 좋다. 관(官)도 중(重)하면 칠살(七殺)처럼 쓰일 수 있다. 용신(用神)을 인수(印綬)로 쓸 때는 인수(印綬)와 반대편에 놓이는 재운(財運)이나 식상운(食傷運)은 좋지 않다. 상신(相神)으로 쓰이는 인수(印綬)가 약해지기 때문이다.

- 亥卯未 삼합으로 정관(正官)이 인수(印綬)로 변한다.
- 인수(印綬)가 중(重)한 신왕(身旺)한 사주이니 용신(用神)은 재성(財星)이다.
- 초년 申酉戌운에 시간(時干) 庚金의 뿌리가 되어 좋았다.
- 巳午未대운에는 재성(財星)이 힘을 잃고 일간(日干)은 더욱 강해진다.
- 신왕(身旺)한 사주는 식신생재(食神生財)로 가면 좋다.
- 앞에서 나온 김장원(金狀元)의 사주이다.

정관격(正官格)에 식상(食傷)이 있어 인수(印綬)를 상신(相神)으로 쓸 때는 인수(印綬)의 경중(輕重)을 따져야 한다. 상관(傷官)이 중(重)하고 인수(印綬)가 약하면 인수(印綬)에 힘을 실어주는 관인운(官印運)이 좋고 재운(財運)은 꺼린다. 재운(財運)은 약한 인수(印綬)를 재극인(財剋印)하여 더욱 약하게 만들기 때문이다. 반대로 인수(印綬)가 중첩(重疊)되어 강하면 식상운(食傷運)이 와서 일간(日干)의 힘을 설기(洩氣)하는 것도 좋고, 재운(財運)이 와서 인수(印綬)를 극(剋)하는 것도 좋다.

時	日	月	年
辛	壬	辛	己
亥	寅	未	卯

- 卯未 목국(木局)으로 일간(日干)의 설기(洩氣)가 심하다.
- 인성(印星)인 辛金이 식상(食傷)을 제압하고 일간(日干)을 돕는다.
- 상관(傷官)이 중(重)하고 인성(印星)은 가볍다.
- 己巳 戊辰대운(大運)에 관살(官殺)이 인수(印綬)를 생(生)하여 좋았다.
- 丁卯 丙寅대운(大運)에 다시 木운이 와서 일간(日干)의 설기(洩氣)가 심해 나빴다.

  운(運)을 사주에 배합하는 고정된 방법은 없다. 정관(正官)이 용신(用神)이면 상관(傷官)을 꺼리지만 칠살(七殺)이 섞여 있을 때는 상관운(傷官運)을 꺼리지 않는다. 관살혼잡(官殺混雜)된 사주에서 겁재(劫財)로 칠살(七殺)을 합살(合殺)할 때는 겁재(劫財)를 극하여 합살(合殺)을 방해하는 칠살운(七殺運)을 꺼린다. 상관(傷官)이 칠살(七殺)을 합(合)하는 경우에는 인성운(印星運)은 상관(傷官)을 극(剋)하여 합살(合殺)을 방해하니 좋지 않다.

  운(運)을 보는 방법도 사주를 보는 방법과 크게 다르지 않다. 일정한 규칙이 있는 것이 아니고 그때그때 상황에 따라 팔자의 균형을 맞추려는 글자를 용신(用神)으로 하면 된다. 저울추에 물건을 달 때 물건의 무게에 따라 추(錘)의 위치를 달리하는 것과 같다.

- 정관격(正官格)에 인수(印綬)를 쓰고 있다.

- 인수혼잡(印綬混雜)을 丁壬합으로 제거하고 있다.

- 丁壬합으로 합화(合化)되어 관(官)이 강화된다.

- 庚辛운에 지장간에 숨어 있던 식상(食傷)이 드러나니 좋지 않다.

- 인수(印綬)가 상신(相神)이므로 亥子운은 재극인(財剋印)하여 좋지 않다.

- 酉운에는 금국(金局)이 되어 식상(食傷)이 강해지니 불리하다.

- 앞에서 나온 범태부(范太傅)의 사주이다.

論財

재격(財格)에 대하여

財爲我剋, 使用之物也, 以能生官, 所以爲美. 爲財帛, 爲妻妾, 爲才能, 爲驛馬, 皆財類也. 財喜根深, 不宜太露, 然透一位以時用, 格所最喜, 不爲之露. 卽非月令用神, 若寅透乙·卯透甲之類, 一亦不爲過, 太多則露矣. 然而財旺生官, 露亦不忌, 蓋露不忌, 蓋露以防劫, 生官則劫退, 譬如府庫錢糧, 有官守護, 卽使露白, 誰敢劫之? 如薛參政命, 壬申·壬子·戊午·乙卯, 豈非財露? 唯其生官, 所以不忌也. 財格之貴局不一, 有財旺生官者, 身强而不透傷官, 不混七殺, 貴格也. 有財用食生者, 身强而不露官, 略帶一位比劫, 益覺有情, 如壬寅·壬寅·庚辰·辛巳, 楊待郎之命是也. 透官身弱, 則格壞矣. 有財格佩印者, 蓋孤財不貴, 佩印幫身, 卽印取貴. 如乙未·甲申·丙申·庚寅, 曾參政之命是也, 然財印宜相竝, 如乙未·己卯·庚寅·辛巳, 乙與己兩不相能, 卽有好處, 小富而已. 有用食而兼用印者, 食與印兩不相礙, 或有暗官而去食護官, 皆貴格也. 如吳榜眼命, 庚戌·戊子·戊子·丙辰, 庚與丙隔兩戊而不相剋, 是食與印不相礙也. 如平江伯命, 壬辰·乙巳·癸巳·辛酉, 雖食印相剋, 而欲存巳戊官, 是去食護官也. 反是則減福矣. 有財用傷官者, 財不甚旺而比強, 輅露一位傷官以化之, 如甲子·辛未·辛酉·壬辰, 甲透未庫, 逢辛爲劫, 壬以化劫生財, 汪學士命是也, 財旺無劫而透傷, 反爲不利, 蓋傷官本非美物, 財輕透劫, 不得已而用之. 旺而露傷, 何苦用彼? 徒使財遇傷而死生官之具, 安望富貴乎? 有財帶七殺者, 或合殺存財, 或制殺生財, 皆貴格也, 如毛狀元命, 乙酉·庚辰·甲午·戊辰, 合殺存財也; 李禦史命, 庚辰·戊子·戊寅·甲寅, 制殺生財也. 有財用殺印者, 黨殺爲忌, 印以化之, 格成富局, 若冬土逢之亦貴格. 如趙侍郞命, 乙丑·丁亥·乙亥, 化殺而卽以解凍, 又不露財以雜其印, 所以貴也. 若財用殺印而印獨, 財殺竝透, 非特不貴, 亦不富也. 至於壬生午月, 癸生巳月, 單透財而亦貴, 又月令有暗官也. 如丙寅·癸巳·癸未·壬戌, 林尚書命是也. 又壬生巳月, 單透財而亦貴, 以其透丙藏戊, 棄殺就財, 美者存在贈者棄也. 如丙辰·癸巳·壬戌·壬寅, 王太僕命是也. 至於劫刃太重, 棄財就殺, 如一尚書命, 丙辰·丙申·丙午·壬辰, 此變之又變者也.

재(財)는 내가 극(剋)하여 취하는 재물이다. 식상(食傷)으로 일을 하여 얻는 결과물이 재성(財星)이다. 그만큼 에너지의 소모가 필수적이다.

그래서 재격(財格)은 일간(日干)이 힘이 있어야 한다. 재성(財星)은 재물(財物)이고 처첩(妻妾)이 되고 역마(驛馬)가 된다. 돈을 벌려면 움직여야 하니 재(財)에는 역마(驛馬)의 성향이 있다. 재(財)는 뿌리가 깊은 것이 좋고, 지나친 노출은 남에게 빼앗길 염려가 있어 좋지 않다. 재(財)는 한 개만 천간에 투출하면 바람직하다.

木이 재(財)라면 寅월에 乙木이 투출하거나 卯월에 甲木이 투출한 것은 한 개만 투출한 것이니 지나치다고 할 수 없다. 재성(財星)이 천간에 노출되면 비겁(比劫)의 공격에 대비해야 한다. 비겁(比劫)의 공격은 관(官)이 막아준다. 관청의 돈은 도둑이 함부로 겁탈할 수 없는 것과 같다.

- 申子반합에 壬水가 투출하였다.
- 두 개의 재성(財星)이 정관(正官)에 의해서 보호된다.
- 비겁(比劫)의 분탈(分奪)을 꺼리지 않는 구조이다.
- 일지(日支)에 양인(陽刃)이 있어 일간(日干)이 강하니 재관(財官)을 쓸 수 있다.
- 갈참정(葛參政)의 사주이다.

재격(財格)에 정관(正官)을 용(用)할 때는 신강(身强)해야 하고 상관(傷官)과 칠살(七殺)이 투출하지 않으면 귀격(貴格)이다. 재관(財官)은 일간(日干)의 힘을 빼는 것이므로 일간(日干)이 강해야 한다. 그리고 정관(正官)을 상신(相神)으로 쓸 때는 상관(傷官)이 투출하면 안 된다. 또 재격(財格)일 때 칠살(七殺)이 투출하면 재(財)와 칠살(七殺)이 만나 파격(破格)이 된다. 재(財)가 칠살(七殺)을 생(生)하고 칠살(七殺)이 나를 공격하기 때문이다.

재격(財格)일 때 식상(食傷)을 쓰면 신강(身强)하고 정관(正官)이 투출하지 않아야 한다. 식재관(食財官)은 일간(日干)의 힘을 설기(洩氣)시키므로 일간(日干)이 강해야 한다. 많은 비겁(比劫)은 재(財)를 손상시키므로 한 개의 비겁(比劫)만 있다면 유정(有情)하다. 식상(食傷)을 상신(相神)으로 쓸 때는 정관(正官)을 만나면 안 된다.

時	日	月	年
辛	庚	壬	壬
巳	辰	寅	寅

- 寅월의 庚金 일간(日干)이니 재격(財格)이다.
- 식상(食傷)이 투출하여 재(財)를 생(生)한다.
- 재격(財格)에 한 개의 비겁(比劫)은 일간(日干)을 강하게 하니 좋다.
- 양시랑(楊侍郎)의 사주이다.

재격패인(財格佩印)이란 재격(財格)일 때 인수(印綬)를 쓰는 것이다. 재(財)를 취하는 것은 많은 힘을 요한다. 인성(印星)의 도움으로 일간(日干)이 힘을 얻은 후 재(財)를 취하는 것이 재격패인(財格佩印)이다.

- 申월에 庚金이 투출하여 재격(財格)이다.
- 재격(財格)은 일간(日干)이 강해야 하므로 인수(印綬)의 도움이 필요하다.
- 그러나 재(財)와 인수(印綬)는 서로 극(剋)하지 않는 위치에 있어야 한다.
- 증참정(曾參政)의 명(命)이다.

- 卯월에 乙木이 투출하여 재격(財格)이다.
- 卯未반합도 있어 재(財)가 왕(旺)하다.
- 재(財)가 왕(旺)한데 천간에 인성(印星)도 있다.
- 그러나 재(財)와 인수(印綬)가 서로 극(剋)하여 작은 부자였다.

재격(財格)일 때 식상(食傷)과 인성(印星)을 겸하는 사주가 있다. 당연히 식상(食傷)과 인성(印星)은 서로 장애가 되지 않도록 떨어져 위치해야 한다.

재격(財格)일 때 관성(官星)은 암장(暗藏)되고 식상(食傷)이 드러날 수 있다. 이때는 식상(食傷)을 제거하여 관(官)을 보호하면 귀격(貴格)이 된다.

- 戊土 일간(日干)이 子월에 태어나 재격(財格)이다.
- 식상(食傷)과 인수(印綬)가 멀리 떨어져 있다.
- 子월의 戊土가 꽁꽁 얼었으니 丙火가 상신(相神)이다.
- 오방안(吳榜眼)의 사주이다.

- 巳월에 태어난 癸水로 재격(財格)이다.
- 천간의 乙木 식신(食神)이 재(財)를 생(生)하고 있다.
- 식재(食財)를 쓰려면 일간(日干)이 힘이 있어야 한다.
- 시주(時柱)의 辛酉 인수(印綬)가 일간(日干)을 돕고 있다.
- 평강백(平江伯)의 팔자이다.

재격(財格)일 때 상관(傷官)을 상신(相神)으로 쓰는 경우가 있다. 이때는 비겁(比劫)으로 일간(日干)을 도와야 한다. 식재관(食財官)을 쓸 때

는 일간(日干)이 힘이 있어야 하기 때문이다. 비겁(比劫)이 강해도 상관
(傷官)이 투출하여 있으면 통관(通關) 역할을 하여 상관생재(傷官生財)
가 된다.

- 未월에 甲木이 투출하여 재격(財格)이다.
- 일간(日干)이 강하여 상관(傷官)과 재(財)를 사용할 수 있다.
- 未월이 건조하니 壬水는 조후(調候)로도 좋다.
- 왕학사(汪學士)의 사주이다.

재(財)가 왕(旺)하고 비겁(比劫)이 없다면 신약(身弱)하게 된다. 신약
(身弱)할 때 상관(傷官)이 투출하면 일간(日干)의 설기(洩氣)가 심해 불
리하다. 이때는 인수(印綬)를 써서 일간(日干)을 도와야 한다. 물론 인
수(印綬)와 상관(傷官)의 위치가 적절해야 한다. 만약 비겁(比劫)도 인수
(印綬)도 없다면 재다신약(財多身弱)이 되어 부귀(富貴)와 거리가 멀다.

재(財)가 가벼울 때 겁재(劫財)가 투출하면 상관(傷官)을 쓴다. 겁재
(劫財)는 재(財)를 겁탈하므로 상관(傷官)으로 통관(通關)시켜 아생식(我
生食) 식생재(食生財)로 기(氣)를 유통시키는 것이다. 그러나 재성(財星)
이 왕(旺)할 때는 상관(傷官)은 오히려 방해가 된다. 모두 팔자를 보면
서 육신(六神)의 강약(强弱)을 그때그때 조절해야 한다. 누가 가르쳐줄
수 있는 것이 아니다.

재격(財格)일 때 칠살(七殺)이 있는 경우가 있다. 보통 재(財)와 칠살(七殺)이 함께 있으면 파격(破格)이 된다. 이때는 칠살(七殺)을 합살(合殺)하여 재(財)만 남기거나, 식상(食傷)으로 제살(制殺)하면서 재(財)를 생조(生助)하면 귀격(貴格)이 된다.

●辰월에 戊土가 투출하여 재격(財格)이다.
●庚金 칠살(七殺)을 乙木이 합살(合殺)하였다.
●서락오는 乙庚합과 辰酉합에서 나오는 金기운도 함께 설명하고 있다.
●모장원(矛狀元)의 사주이다.

●戊土가 子辰 수국(水局)을 만나 재격(財格)이다.
●甲木 칠살(七殺)이 투출하여 재(財)의 생(生)을 받고 있다.
●그러나 庚金 식신(食神)이 제살(制殺)하고 있다.
●년주(年柱)부터 금생수(金生水) 수생목(水生木)으로 기(氣)가 흘러간다.
●이어사(李御使)의 사주이다.

재격(財格)일 때 살인(殺印)을 쓰는 경우가 있다. 인수(印綬)가 통관

(通關) 역할을 하며 칠살(七殺)의 힘을 빼서 일간(日干)을 생조(生助)하여 부자(富者)가 된다. 재생관(財生官), 관생인(官生印), 인생아(印生我)로 기(氣)가 유통된다. 겨울의 土 일간이 이렇게 되면 귀(貴)하게 된다.

- 亥월의 己土가 얼어 있는데 丁火로 해동(解凍)한다.
- 재격(財格)일 때 인수(印綬)를 쓰는 예이다.
- 천간에 水운이 와서 丁火를 극(剋)하면 좋지 않다.
- 년간(年干)부터 일간(日干)까지 목생화(木生火) 화생토(火生土)이다.
- 년간(年干)의 乙木은 丁火를 생(生)하느라 일간(日干)을 극(剋)하지 못한다.
- 탐생망극(貪生忘剋)이다.
- 조시랑(趙侍郎)의 사주이다.

재격(財格)에 칠살(七殺)과 인수(印綬)를 겸용할 필요가 있을 경우에는 인수(印綬)만 있거나 인수(印綬)는 없고 재(財)와 칠살(七殺)이 모두 천간에 투출하면 파격(破格)으로 부귀(富貴)를 얻지 못한다. 팔자를 볼 때는 어떠한 공식이 있는 것이 아니니 많은 팔자를 보며 각 글자의 경중(輕重)을 따져 판단해야 한다.

壬水 일간(日干)이 午월에 생(生)하거나, 癸水 일간(日干)이 巳월에 생(生)하면 재(財)를 단독으로 써도 귀(貴)하다. 월령(月令)의 지장간에 재관(財官)이 함께 들어 있기 때문이다.

- 巳월의 癸水 일간(日干)이다.
- 丙火가 투출하여 재격(財格)이다.
- 丙火는 득령(得令)하여 진신(眞神)이 된다.
- 巳 중에 戊庚丙이 있어 재(財)와 인수(印綬) 정관(正官)이 모두 있다.
- 일간(日干)의 뿌리가 약하니 水운이 오기를 기다려야 한다.
- 임상서(林尙書)의 사주이다.

壬水가 巳월에 생(生)하고 재(財)만 단독으로 투출해도 역시 귀격(貴格)이다. 월지(月支) 巳 중에 칠살(七殺)을 감추고 투출한 丙火를 쓰기 때문이다. 칠살(七殺)을 버리고 재(財)를 취한 것이다. 다음의 사주가 그렇다.

- 巳 중 丙火가 투출하여 재격(財格)이다.
- 비겁(比劫)이 재(財)를 위협하고 있으나 재(財)는 강하다.
- 일간(日干)이 강해야 재(財)를 쓸 수 있다.
- 왕태복(王太僕)의 사주이다.

겁재(劫財)와 양인(陽刃)이 너무 많으면 재(財)를 버리고 칠살(七殺)을 써야 한다. 양인(陽刃)과 재(財), 또는 재(財)와 칠살(七殺)은 주로 파격(破格)의 원인이 된다. 재(財)를 버리면 양인(陽刃)과 칠살(七殺)로 성격(成格)이 된다.

● 丙火 일간(日干)이 申월에 태어나서 재격(財格)이다.
● 申월의 壬水가 투출하여 칠살격(七殺格)으로 변했다.
● 칠살격(七殺格)에 양인(陽刃)을 써서 성격(成格)이 되었다.
● 어느 상서(尙書)의 명(命)이다.

심효첨의 설명을 보면 일관성이 없을 때가 있다. 그래서 후대(後代)에 누군가가 내용을 더 끼워 넣지 않았는가 하는 의견도 있다. 이런 부분을 서락오도 『자평진전평주』에서 지적하고 있다.

다음은 서락오의 재격(財格)에 대한 의견이다.

"재財를 취하려면 신강身强해야 한다. 신약身弱하면 오히려 재성財星이 화禍를 부른다. 격국格局에서 단독으로 재財를 쓰는 경우는 흔하지 않다. 신강身强할 때 정관正官이 드러나면 재財로 정관正官을 생생하고, 신강身强할 때 칠살七殺이 약하면 재財로 칠살七殺을 생생하고, 신강身强할 때 인수印綬가 왕旺하면 재財로써 인수印綬를 극剋하고, 신강身强할 때 식상食傷을 쓴다면 식상

食傷이 재성財星을 생생生生하게 해야 한다. 그리고 재왕財旺할 때 신약身弱하면 비겁比劫으로 재財를 나누는 것이 좋다. 이상은 재財를 단독으로 쓰지 않는 예이다. 재財는 뿌리가 있어야 한다. 뿌리 없이 떠 있는 재財는 용신用神으로 사용할 수 없다. 재성財星이 용신用神이면 비겁比劫이 기신忌神이 된다. 그러나 식상食傷을 용신用神으로 삼아 재財를 생생生하면 비겁比劫을 두려워하지 않는다. 식상食傷이 비겁比劫과 재財의 통관通關 역할을 하기 때문이다."

時	日	月	年
庚	丙	癸	己
寅	寅	酉	巳

● 酉월에 庚金이 투출하여 재격(財格)이다.
● 巳酉반합도 있다.
● 정관(正官)이 있어 재(財)를 보호한다.
● 상관(傷官) 己土가 정관(正官)을 극(剋)한다기보다 巳酉반합을 돕는다.
● 식생재(食生財) 재생관(財生官)이 되어 명리쌍전(名利雙全)했다는 사주이다.

재(財)와 인성(印星)을 병용(倂用)하는 것은 어려운 일이다. 서로 극(剋)하기 때문이다. 인수(印綬)가 상신(相神)인 것은 신약(身弱)하다는 의미이다. 그래서 신약(身弱)한 사주에서는 재(財)가 인수(印綬)를 극(剋)하고 있더라도 인수(印綬)를 상신(相神)으로 삼는다. 물론 재(財)와 인수(印綬)가 청(淸)하고 떨어져 있으면 부귀(富貴)하다.

만일 인수(印綬)가 없고 재(財)만 강하다면 재다신약(財多身弱)이 된다. 이때 관살(官殺)까지 투출하면 종(從)해야 한다. 신약(身弱)한 사주에 인수(印綬)가 있다면 인수(印綬)가 상신(相神)이므로 관살(官殺)이 있으면 좋다. 관살(官殺)이 인수(印綬)를 생(生)해 주기 때문이다. 관살(官殺)은 재(財)와 인수(印綬)의 싸움을 화해시켜 주는 역할도 한다.

時	日	月	年
戊	乙	壬	癸
寅	巳	戌	巳

- 戌월에 戊土가 투출하여 재격(財格)이다.
- 년월(年月)에 인수(印綬)가 투출하였다.
- 일간(日干)이 인수(印綬)로부터 힘을 받으니 재(財)를 쓸 수 있다.
- 인수(印綬)는 신약(身弱)한 사주에 큰 힘이 되고 있다.
- 어려서부터 총명하여 벼슬에 나아가 공로국장을 지냈다고 한다.
- 辰대운 亥년 亥월 申시에 사망했다.

時	日	月	年
丁	戊	癸	癸
巳	子	亥	酉

- 亥월에 癸水가 투출하여 재격(財格)이다.
- 재(財)와 인수(印綬)가 서로 장애가 되지 않는다.
- 비겁운(比劫運)에 수백만의 돈을 벌었다는 거상(巨商)의 사주이다.

모두 『자평진전평주』에 나오는 사주들이다.

財格取運, 卽以財格所就之局, 分而配之. 其財旺生官者, 運
喜身旺印綬, 不利七殺傷官;若生官而後透印, 傷官之地, 不甚
有害. 至於生官而帶食破局, 則運喜印綬, 而逢殺反吉矣. 財用
食生, 財食重而身輕, 則喜助身;財食輕而身重, 則仍行財食.
殺運不忌, 官印反晦矣. 財格佩印, 運喜官鄕, 身弱逢之, 最喜
印旺. 財用食印, 財輕則喜財食, 身輕則喜比印, 官運有礙, 殺
反不忌也. 財帶傷官, 財運則亨, 殺運不利, 運行官印, 未見其
美矣. 財帶七殺. 不論合殺制殺, 運喜食傷身旺之方. 財用殺印,
印旺最宜, 逢財必忌. 傷食之方, 亦任意矣.

운(運)이 중요하다지만 어디까지나 원국(原局)이 체(體)이고 운(運)은
용(用)이다. 팔자의 운(運)을 보는 법은 원국(原局)에 운(運)을 대입하면
된다. 원국의 구성에 따라 운(運)의 작용력이 달라지는 것이다. 재격(財

格)도 팔자에서 어떻게 재격(財格)이 구성되어 있는가를 살펴보고 난 후 운(運)을 배합한다.

만일 재왕생관(財旺生官)이 되었다면 일간(日干)이 약해질 우려가 있으므로 신왕운(身旺運)과 인수운(印綬運)이 좋다. 그러나 칠살운(七殺運)이나 상관운(傷官運)은 일간(日干)의 힘을 빼니 좋지 않을 것이다. 물론 재(財)와 칠살(七殺)이 만나면 파격(破格)이 될 가능성이 높아지게 된다. 그리고 상신(相神)으로 쓰는 관성(官星)을 해치는 상관운(傷官運)도 좋을 리가 없다.

재격(財格)일 때 식신(食神)을 쓰는 재용식생(財用食生)의 경우에는 재(財)와 식상(食傷)이 중(重)해서 신약(身弱)해졌다면 신왕운(身旺運)이 좋다. 그러나 재(財)와 식상(食傷)이 약하고 일간(日干)이 신왕(身旺)하면 재운(財運)과 식상운(食傷運)이 좋을 것이다. 신왕(身旺)하면 식재(食財)를 마음껏 쓸 수 있다.

재격(財格)에 식신(食神)을 상신(相神)으로 쓸 때 신왕(身旺)하다면 칠살운(七殺運)도 꺼리지 않지만 관인운(官印運)은 오히려 불리하다. 칠살운(七殺運)은 식신(食神)이 있어 제어할 수 있다. 그러나 정관운(正官運)이 오면 식신(食神)이 정관(正官)을 극하니 좋지 못할 것이고, 인성운(印星運)은 신왕(身旺)한 일간(日干)을 더욱 강하게 만들기 때문에 좋을 리가 없다.

재격(財格)일 때 인수(印綬)를 상신(相神)으로 쓰는 재격패인(財格佩印)의 격국(格局)은 관운(官運)이 와서 소통시켜 주면 좋다. 관운(官運)이 오면 재생관(財生官), 관생인(官生印), 인생아(印生我)로 기(氣)가 소통된다. 그러나 일간(日干)이 약하다면 인수운(印綬運)이 좋을 것이다.

재격(財格)일 때 식신(食神)과 인수(印綬)를 쓰는 재용식인(財用食印)의 격국(格局)은 재성(財星)이 약하면 재(財)를 도와주는 식상운(食傷運)이나 재운(財運)이 좋다. 만일 신약(身弱)하다면 비겁운(比劫運)과 인수운(印綬運)이 좋을 것이다. 또 신약(身弱)하다면 정관운(正官運)이 와서 재생관(財生官), 관생인(官生印), 인생아(印生我)로 이어지면 좋다. 그러나 칠살운(七殺運)은 안 된다. 재(財)와 칠살(七殺)의 조합은 대부분 꺼리게 된다.

재격(財格)일 때 상관(傷官)을 쓰는 재용상관(財用傷官)은 재운(財運)이 오면 격(格)이 튼튼해져서 좋고, 칠살운(七殺運)은 불리하다. 그리고 정관운(正官運)이나 인수운(印綬運)은 상신(相神)으로 쓰이는 상관(傷官)과 대치하니 좋지 않다.

재격(財格)일 때 칠살(七殺)이 있는 재대칠살(財帶七殺)은 파격(破格)이 될 가능성이 크므로 합살(合殺)이나 제살(制殺)이 되어야 한다. 합살(合殺)이든 제살(制殺)이든 항상 식상운(食傷運)이나 신왕운(身旺運)이 좋다. 재(財)와 칠살(七殺)은 일간(日干)의 힘을 빼는 것들이므로 신왕운(身旺運)이 좋은 것이다.

재격(財格)일 때 칠살(七殺)과 인수(印綬)가 있는 재용살인(財用殺印)의 격국(格局)은 인수(印綬)가 왕(旺)한 운(運)이 오면 좋고, 재운(財運)은 반드시 나쁘다. 재(財)는 칠살(七殺)의 힘을 빼는 인수(印綬)를 극(剋)하기 때문이다. 식상운(食傷運)은 좋을 때도 있고 좋지 않을 때도 있다.

論印綬

인수격(印綬格)에 대하여

印綬喜其生身, 正偏同爲美格, 故財與印不分偏正, 同爲一格
而論之. 印綬之格局亦不一, 有印而透官者, 正官不獨取其生
印, 而卽可以爲用, 與用殺者不同. 故身旺印强, 不愁太過, 只要
官星淸純, 如丙寅·戊戌·辛酉·戊子, 張參政之命是也. 然亦有
帶傷食而貴者, 則如朱尙書命, 丙戌·戊戌·辛未·壬辰, 壬爲戊
制, 不傷官也. 又如臨淮侯命, 乙亥·己卯·丁酉·壬寅, 己爲乙
制, 己不礙官也. 有用偏官者, 偏官本非美物, 藉其生印, 不得
已而用之. 故必身重印輕, 或身輕印重, 有所不足, 始爲有性. 如
茅狀元命, 己巳·癸酉·癸未·庚申, 此身輕印重也. 馬參政命,
壬寅·戊申·壬辰·壬寅, 此身重印輕也. 若身印竝重而用七殺,
非孤則貧矣. 有用殺而兼帶傷食者, 則用殺而有制, 生身而有
泄, 不論身旺印重, 皆爲貴格. 有印多而用財者, 印重身强, 透財
以抑太過, 權而用之, 只要根深, 無防財破. 如辛酉·丙申·壬

申·辛亥, 汪侍郎命是也. 若印輕財重, 又無劫財以救, 則爲貪
財破印, 貧賤之局也. 卽或印重財輕而兼露傷食, 財與食相生,
輕而不輕, 卽可就富, 亦不貴矣. 然亦有帶食而貴者, 何也? 如
庚寅·乙酉·癸亥·丙辰, 此牛監薄命, 乙合庚而不生癸, 所以爲
貴, 若合財存食, 又可類推矣. 如己未·甲戌·辛未·癸巳, 此合
財存食之貴也. 又有印而兼透官殺者, 或合殺, 或有制, 皆爲貴
格. 如辛亥·庚子·甲辰·乙亥, 此合殺留官也;壬子·癸卯·丙
子·己亥·此官殺有制也. 至於化印爲劫;棄之以就財官, 如趙
知府命, 丙午·庚寅·丙午·癸巳, 則變之又變者矣. 更有印透七
殺, 而劫財以存殺印, 亦有貴格, 如庚戌·戊子·甲戌·乙亥是
也. 然此格畢竟難看, 宜細詳之.

인수(印綬)는 정인(正印)과 편인(偏印)으로 구별하지만 나를 생(生)해
주는 것이니 둘 다 좋다. 그러므로 인수격(印綬格)은 재격(財格)과 마
찬가지로 정편(正偏)을 나누지 않고 동일한 격(格)으로 논한다.

인수격(印綬格)에 정관(正官)이 투출한 것이 있는데 이때는 위치가 중
요하다. 만일 팔자가 신약(身弱)하다면 관생인(官生印) 인생아(印生我)
로 기(氣)가 흐르면 좋다. 그러나 신왕(身旺)한 인수격(印綬格)일 때는
정관(正官)을 써서 일간(日干)의 힘을 빼야 한다. 이때는 정관(正官) 자
체가 용신(用神)이 될 수 있다. 그래서 교과서적 이론도 중요하지만 실
제 사주풀이에서는 어느 글자가 어디에 위치하느냐가 매우 중요하다.

- 戌월에 戊土가 투출하여 인수격(印綬格)이다.
- 정관(正官) 丙火가 년간(年干)에 있다.
- 화생토(火生土) 토생금(土生金)으로 일간(日干)을 생(生)한다.
- 정관(正官) 인수(印綬) 그리고 일간(日干)이 모두 강하다.
- 삼자개균(三者皆均)으로 격(格)이 높아진다.
- 서락오는 팔자가 건조하니 水를 용신(用神)으로 보았다.
- 장참정(張參政)의 사주이다.

인수격(印綬格)인데 식상(食傷)이 있어서 귀(貴)한 경우도 있다.

- 戌월에 戊土가 투출하여 인수격(印綬格)이다.
- 화생토(火生土) 토생금(土生金) 금생수(金生水)로 생생불식(生生不息)이다.
- 인수(印綬)가 상관(傷官)을 극(剋)하지 못하고 상관(傷官)은 정관(正官)을 극(剋)하지 못한다.
- 서락오는 팔자가 건조하니 火土운에 좋지 않다고 하였다.

- 운(運)이 金水운으로 흘러 귀(貴)하게 되었다.
- 주상서(朱尙書)의 사주이다.

時	日	月	年
壬	丁	己	乙
寅	酉	卯	亥

- 卯월에 乙木이 투출하여 인수격(印綬格)이다.
- 지지에 亥卯반합이 있다.
- 己土 식신(食神)은 강한 木에 극(剋)을 당하여 정관(正官) 壬水를 상(傷) 하게 하지 못한다.
- 서락오는 강한 木을 극(剋)하는 酉金을 용신(用神)으로 삼는다.
- 酉金 재성(財星)이 정관(正官)을 생(生)해 주기 때문이다.
- 임회후(臨准侯)의 사주이다.

인수격(印綬格)에 식상(食傷)을 쓰는 것은 신강(身强)하고 인수(印綬) 도 왕(旺)할 때이다. 강한 일간(日干)의 힘을 식상(食傷)으로 설기(洩氣) 시키는 것이다. 반대로 인수(印綬)도 미약하고 일간(日干)도 신약(身弱) 할 때 식상(食傷)이 중첩(重疊)하여 있다면 빈한(貧寒)한 사람이다.

時	日	月	年
己	丙	乙	戊
亥	午	卯	戌

- 卯월에 乙木이 투출하여 인수격(印綬格)이다.

- 인수(印綬)도 강하고 일간(日干)도 강하니 식상(食傷)으로 설기(洩氣)한다.
- 서락오는 己土가 용신(用神)이라고 보았다.
- 이장원(李狀元)의 사주이다.

인수격(印綬格)에 편관(偏官)을 쓰는 경우도 있다. 일간(日干)이 중(重)하고 인수(印綬)가 경(輕)하거나 일간(日干)이 경(輕)하고 인수(印綬)가 중(重)할 때 그 부족함을 편관(偏官)으로 보충하면 유정(有情)하다.

時	日	月	年
庚	癸	癸	己
申	未	酉	巳

- 酉월에 庚金이 투출하여 인수격(印綬格)이다.
- 巳酉반합에 申金도 있어 인수(印綬)가 중(重)하다.
- 반면 일간(日干)은 申 중 壬水에만 뿌리를 두어 약하다.
- 년간(年干)의 己土 칠살(七殺)은 인수(印綬)를 생(生)하고 인수(印綬)는 일간(日干)을 생(生)한다.
- 모장원(茅狀元)의 사주이다.

時	日	月	年
壬	壬	戊	壬
寅	辰	申	寅

- 申월의 壬水로 인수격(印綬格)이다.

●비견(比肩) 壬水가 많아 일간(日干)이 강하다.

●반면 인수(印綬)는 투출하지도 않고 충(沖)을 맞아 약하다.

●월간(月干)의 칠살(七殺) 戊土가 약한 인수(印綬)를 도와주고 있다.

●마참정(馬參政)의 사주이다.

인수격(印綬格)에서 일간(日干)과 인수(印綬)가 모두 중(重)할 때 칠살(七殺)을 쓰면 안 된다. 칠살(七殺)이 중(重)한 인수(印綬)를 생(生)하고, 중(重)한 인수(印綬)는 또 일간(日干)을 생(生)할 것이기 때문이다. 이렇게 되면 고독(孤獨)하지 않으면 빈한(貧寒)하다.

인수격(印綬格)에 칠살(七殺)을 상신(相神)으로 쓸 때 또 식상이 있으면 칠살(七殺)을 제복(制伏)하기도 하고 강한 일간(日干)의 힘을 빼기도 하니 신왕(身旺)하든 인수(印綬)가 왕(旺)하든지 모두 귀격(貴格)이 된다. 인수격(印綬格)에 칠살(七殺)을 상신(相神)으로 쓴다는 말은 칠살(七殺)이 인수(印綬)를 돕는다는 뜻이다. 이때 식상(食傷)이 있으면 관생인(官生印) 인생아(印生我)로 강해진 일간(日干)을 설기(洩氣)시키는 역할을 한다.

●巳월에 己土로 인수격(印綬格)이다.

●년간(年干)에 乙木 칠살(七殺)은 辛金으로 제살(制殺)되었다.

- 인수(印綬)의 도움을 받은 일간(日干)이 강하니 식상(食傷)으로 설기(洩氣)하면 좋다.
- 손포정(孫布政)의 사주이다.

인수(印綬)가 많아 재(財)를 용신(用神)으로 할 때가 있다. 인수(印綬)가 중(重)하고 신강(身强)하면 투출한 재성(財星)으로 인수(印綬)의 태과(太過)함을 억제한다. 그렇게 되면 인다용재(印多用財)가 되어 성격(成格)이 된다.

- 申월에 辛金이 투출하여 인수격(印綬格)이다.
- 인수(印綬)가 많다.
- 丙辛합으로 강한 인수(印綬)를 약화 시킨다.
- 왕시랑(汪侍郎)의 사주이다.

인수(印綬)가 경미(輕微)하고 재성(財星)이 중(重)하면 재성(財星)이 인수(印綬)를 극(剋)하게 된다. 이때는 겁재(劫財)가 있어서 재(財)를 극(剋)하여 인수(印綬)를 구해야 한다. 그렇지 않으면 탐재괴인(貪財壞印)이 되어 빈천하게 된다.

인수(印綬)가 중(重)하고 재성(財星)이 경미(輕微)할 때 식상(食傷)이 드러나 있으면 식상(食傷)이 재(財)를 생(生)해 주어 부자(富者)가 될 수 있다. 인수(印綬)는 일간(日干)을 생(生)하고, 일간(日干)은 식상(食傷)을 생(生)하고, 식상(食傷)은 재성(財星)을 생(生)해 주기 때문이다. 그러나 이 경우에는 귀(貴)하지는 않다.

그러나 식상(食傷)이 있는데도 귀(貴)할 때가 있다.

- 酉월에 庚金이 투출하여 인수격(印綬格)이다.
- 乙庚합이 되어 있다.
- 乙木 식신(食神)이 있으나 합(合)으로 사라졌다.
- 인수용재(印綬用財)로 귀(貴)하게 되었다.
- 우감부(牛監簿)의 사주이다.

인수(印綬)가 재(財)와 합(合)하여 식신(食神)이 남는 경우도 있다.

- 戌월에 己土가 투출하여 인수격(印綬格)이다.
- 그러나 편인(偏印) 己土가 甲己합이 되어 사라졌다.

- 시간(時干)에 식신(食神)인 癸水만 남아 사주가 맑아졌다.
- 일시지(日時支)의 巳未 사이에 천을귀인(天乙貴人) 午가 공협(拱挾)되었다.
- 『자평진전평주』에 나온 사주이다.

인수격(印綬格)에 관살(官殺)이 모두 투출한 경우가 있다. 합살(合殺)이 되거나 관살(官殺)을 제어하면 모두 귀격(貴格)이 된다.

- 지지가 온통 인수(印綬)로 가득 찼다.
- 천간의 관살(官殺)이 인수(印綬)를 생(生)하고 인수(印綬)는 일간(日干)을 생(生)한다.
- 심효첨은 乙庚합으로 관살혼잡(官殺混雜)이 해소되었다고 한다.
- 신강(身强)할 때 관살(官殺)이 극(剋)하여 주니 귀격(貴格)이다.
- 서락오는 귀격(貴格)이 아니라고 했다.

- 卯월의 丙火로 인수격(印綬格)이다.
- 역시 관살혼잡(官殺混雜) 사주이다.

- 관살(官殺)이 인수(印綬)를 생(生)하고, 인수(印綬)가 일간(日干)을 생(生)하고 있다.
- 심효첨은 己土가 관살(官殺)을 제어하여 귀격(貴格)이라고 한다.
- 역시 서락오는 귀격(貴格)이 아니라고 했다.

인수(印綬)가 변하여 비겁(比劫)으로 되면 인수(印綬)를 버리고 재관(財官)을 쓰면 된다.

- 월지(月支) 寅木이 寅午반합으로 비겁(比劫)이 되었다.
- 일간(日干)이 무척 강하니 재관(財官)을 용신(用神)으로 한다.
- 조지부(趙知府)의 사주이다.
- 서락오는 재관(財官)이 뿌리가 없어 애석하다고 했다.

인수격(印綬格)에 재(財)와 칠살(七殺)이 투출한 경우 겁재(劫財)가 있어 재(財)를 극(剋)하고 칠살(七殺)과 인수(印綬)만 남는다면 귀격(貴格)이다.

- 子월의 甲木으로 인수격(印綬格)이다.
- 천간에 칠살(七殺)과 재성(財星)이 있어 파격(破格)이 된다.
- 이때 겁재(劫財) 乙木이 戊土를 극(剋)하고 있다.

인수격(印綬格)에서 신강(身强)하고 인수(印綬)가 왕(旺)하다면 재(財)를 상신(相神)으로 삼아 인수(印綬)를 극(剋)해야 한다. 만일 신약(身弱)한 사주에서 인수(印綬)가 경미(輕微)하고 재성(財星)이 중(重)하다면 재성(財星)이 병(病)이 된다. 이때는 비겁(比劫)을 상신(相神)으로 하여 재(財)를 극(剋)해야지 그렇지 않으면 탐재괴인(貪財壞印)이 되어 좋지 않다.

時	日	月	年
乙	丙	戊	庚
未	申	寅	申

- 寅월에 乙木이 투출하여 인수격(印綬格)이다.
- 寅申충으로 일간(日干)과 인수(印綬)의 힘이 약하다.
- 식재(食財)도 일간(日干)의 힘을 빼고 있다.
- 식신(食神)으로 강해진 재성(財星)이 병(病)이다.
- 병(病)인 재성(財星)을 극(剋)하려면 비겁(比劫)이 필요한데 비겁(比劫)이 없다.
- 『자평진전평주』에 나오는 사주이다.

제38장

論印綬取運

인수격(印綬格)의 운(運)에 대하여

印格取運, 卽以印格所成之局, 分而配之. 其印綬用官者, 官
露印重, 財運反吉, 傷食之方, 亦爲最利. 若用官而帶傷食, 運
喜官旺印綬之鄕, 傷食爲害, 逢殺不忌矣. 印綬而用傷食, 財運
反吉, 傷食亦利, 若行官運, 反見其災, 殺運則反能爲福矣. 印
用七殺, 運喜傷食, 身旺之方, 亦爲美地, 一見財鄕, 其凶立至,
若用殺而兼帶傷食, 運喜身旺印綬之方, 傷食亦美, 逢官遇財,
皆不吉也. 印綬遇財, 運喜劫地, 官印亦亨, 財鄕則忌. 印格而
官殺競透, 運喜食神傷官, 印旺身旺, 行之亦利. 若再透官殺,
行財運, 立見其災矣. 印用食傷, 印輕者亦不利見財也.

인수격(印綬格)의 운(運)을 보는 방법도 다른 격(格)과 마찬가지이다.
나무라는 팔자에 바람이 불고 비와 눈이 내리는 것이 운(運)이다. 누구
도 피해 갈 수 없는 것이 운(運)이다. 팔자 원국의 모습에 따라 운(運)이

미치는 영향이 다양하게 나타날 것이다. 그래서 똑같은 비바람의 운(運)을 만나더라도 팔자에 따라 길흉(吉凶)이 달라진다.

인수격(印綬格)에 정관(正官)을 쓰는 경우에 인수(印綬)가 중(重)하고 정관(正官)이 노출되어 있다면 재운(財運)이 길(吉)하다. 재(財)가 중(重)한 인수(印綬)를 제(制)하면서 정관(正官)을 생(生)해 주는 역할을 하기 때문이다. 이때도 각 글자의 위치가 중요하다.

식상운(食傷運)도 좋은데 식상(食傷)은 중(重)한 인성(印星)으로 강해진 일간(日干)의 힘을 빼기도 하고, 인수(印綬)나 정관(正官)과 음양(陰陽) 관계를 이루어 균형을 잡기도 한다. 글자의 위치를 보고 판단해야 한다.

서락오는 다음과 같이 말한다.

"월령月令이 인수印綬이면 신약身弱할 때 인수印綬를 용신用神으로 하는 경우를 제외하고는 인수印綬를 용신用神으로 하지 못한다."

이는 억부용신(抑扶用神)과 격국용신(格局用神)의 차이를 구별하지 않고 있는 것이다. 억부용신(抑扶用神)은 팔자 전체의 강약(强弱)을 구분한 후 신약(身弱)하면 인성(印星)이나 비겁(比劫)에서 용신(用神)을 찾고, 신강(身强)하면 식상(食傷)이나 재성(財星) 또는 관성(官星)에서 용신(用神)을 찾는다. 월령(月令)에 근거를 두고 용신(用神)을 찾는 격국용신(格局用神)과는 다른 것이다.

時	日	月	年
戊	辛	戊	丙
子	酉	戌	寅

- ●戌월에 戊土가 투출하여 인수격(印綬格)이다.
- ●서락오의 억부용신(抑扶用神)에서는 水를 용신(用神)으로 취한다.
- ●인수용관격(印綬用官格)으로 인수(印綬)가 중(重)하니 재운(財運)을 반긴다.
- ●金水木대운(大運)에 좋았다.
- ●앞에 나온 장참정(張參政)의 사주이다.

인수격(印綬格)에 관(官)이 있고 식상(食傷)도 있는 팔자라면 관(官)을 왕(旺)하게 하는 운(運)과 인수운(印綬運)이 좋고 식상운(食傷運)은 해롭다. 그 이유는 관(官)을 쓰는 사주에서는 식상(食傷)은 관(官)에게 해로우니 인성(印星)으로 식상(食傷)을 극하면 좋기 때문이다. 그리고 칠살운(七殺運)을 꺼리지 않는 것은 팔자에 식상(食傷)이 있어 관살(官殺)을 막아 주기 때문이다. 또 관(官)도 식상(食傷)도 있는 팔자는 신약(身弱)해지기 쉬우므로 칠살(七殺)이 인수(印綬)를 도와 일간(日干)을 돕는 맛도 있다.

팔자를 볼 때는 거시적인 측면에서 볼 수도 있고, 미시적인 측면에서 볼 수도 있다. 격국(格局)의 성패(成敗)를 보는 것은 거시적인 측면에서 보는 것으로, 일간(日干)과 월령(月令) 중심으로 팔자 전체의 상황을 살펴보는 것이다. 팔자를 미시적으로 볼 때는 주로 세운(歲運)이나 월운

(月運)을 볼 때 사용하는 것으로, 근묘화실(根苗花實)의 흐름이나 형충파해(刑沖破害) 또는 회합(會合) 등을 살펴보면서 여러 가지 신살(神殺)도 참고해야 한다.

『자평진전(子平眞詮)』은 거시적으로 체(體)의 영역을 주로 다루기 때문에 미시적인 형충(刑沖)이나 신살(神殺) 등은 가볍게 취급하고 있다. 그래서 운(運)도 주로 대운(大運)을 보는데 대운(大運)에 의해서 성격(成格) 또는 파격(破格)으로 변할 수 있기 때문이다.

인수격(印綬格)에 식상(食傷)을 쓸 때 인수(印綬)가 강하다면 재운(財運)과 식상운(食傷運)이 길(吉)하다. 인수격(印綬格)에 식상(食傷)을 쓴다는 것은 인생아(印生我) 아생식(我生食)으로 기(氣)가 흐르는 것을 말한다. 이때 식상(食傷)으로 흐르는 기(氣)가 다시 재(財)로 흐르면 좋을 것이다. 그래서 식재운(食財運)이 좋다.

인수격(印綬格)에 식상(食傷)을 쓰는 경우에 인수(印綬)가 경미(輕微)하면 재운(財運)이 나쁘다. 인수(印綬)가 경미(輕微)할 때 재극인(財剋印)으로 약한 인수(印綬)를 더욱 약하게 하면 좋을 리가 없기 때문이다.

인수격(印綬格)에 식상(食傷)을 쓸 때 정관운(正官運)은 기피하지만 칠살(七殺)은 도리어 복(福)이 된다. 같은 관성(官星)이지만 정관(正官)은 보호해야 할 길신(吉神)이고 칠살(七殺)은 극설(剋洩)해야 할 흉신(凶神)이니 잘 구분해야 한다.

인수격(印綬格)에 칠살(七殺)이 있는 사주는 식상운(食傷運)과 신왕운(身旺運)이 좋다. 식상운(食傷運)은 칠살(七殺)을 억제하기 때문이고, 신왕운(身旺運)은 팔자가 칠살(七殺)로 인해 약(弱)해지기 때문이다. 재운(財運)이 오면 칠살(七殺)을 도우니 재앙(災殃)이다.

인수격(印綬格)에 칠살(七殺)도 있고 식상(食傷)도 있을 때는 신왕운(身旺運)과 인수운(印綬運)이 길(吉)하다. 팔자에 식상(食傷)이나 칠살(七殺)이 있으면 일간(日干)이 힘이 있어야 한다. 칠살(七殺)을 극(剋)하는 식상(食傷)에 힘을 더해 주는 식상운(食傷運)도 좋다. 그러나 재관운(財官運)은 불길(不吉)하다. 재운(財運)은 칠살(七殺)을 돕기 때문이고, 관운(官運)은 관살혼잡(官殺混雜)이 되기 때문이다.

인수격(印綬格)에 재성(財星)이 있는 사주는 겁재운(劫財運)이 좋다. 재성(財星)이 인수(印綬)를 극(剋)하니 겁재(劫財)가 와서 인수(印綬)를 보호하는 것이다. 관운(官運)이나 인수운(印綬運)도 역시 좋다. 관(官)과 인수(印綬)는 재성(財星)이 인성(印星)을 극(剋)할 때 인성(印星)에 힘을 더해 주기 때문이다.

인수격(印綬格)에 재성(財星)이 있는 사주에 재운(財運)이 오면 좋지 않다. 재(財)가 강해져서 격국(格局)인 인수(印綬)를 더욱 극(剋)하기 때문이다.

다음은 서락오의 추가 설명이다.

"인수격印綬格에 재성財星이 있으면 두 가지로 나누어 봐야 한다. 인수印綬가 경미輕微하고 재성財星이 중重하다면 탐재괴인貪財壞印이 되니 비겁운比劫運과 인수운印綬運이 좋다. 그러나 재성財星이 경미輕微하고 인수印綬가 많으면 오히려 재財를 써서 인수印綬를 손상시켜야 한다."

인수격(印綬格)에 관살(官殺)이 모두 투출한 경우에는 식상운(食傷運)과 인수운(印綬運) 그리고 신왕운(身旺運)이 좋다. 그러나 결국에는 팔자의 구조를 보고 판단해야 한다.

인수격(印綬格)에 관살(官殺)이 강하다면 식상운(食傷運)이 와서 관살(官殺)을 극하거나 합거(合去)하여 혼잡(混雜)을 막아 주면 좋다. 인수운(印綬運)이 좋다는 것은 관살(官殺)의 힘을 설기(洩氣)시키기 때문이고, 신왕운(身旺運)은 관살(官殺)의 공격으로 약해진 일간(日干)에 힘을 더해 주니 좋다. 그러나 관살(官殺)이 투출한 사주에 재운(財運)으로 가면 재앙이 있다. 관살혼잡(官殺混雜)을 재운(財運)이 부추기기 때문이다.

다음은 인수격(印綬格)에 대한 서락오의 설명이다.
"관官과 인수印綬, 재財와 관官, 또는 재財와 식상食傷은 서로 상생相生하면서 쓰인다. 혼자서 독자적으로 쓰여 귀격貴格이 되는 경우는 드물다. 그러나 운運을 볼 때는 달라진다. 인수격印綬格에 정관正官이 투출하고 신강身强할 때는 재운財運이 와서 정관正官을 생生해 주면 좋다. 신약身弱하다면 인수印綬가 용신用神이 되니 재운財運을 꺼린다. 재운財運이 오면 재財가 정관正官을 생生하니 신약身弱한 사주가 더욱 약해질 것이다. 팔자 원국만 가지고 말하면 신왕身旺하고 인수印綬도 강하다면 정관正官이 많은 것이 좋을 것이다. 물론 위치상으로 정관正官이 인성印星을 생생生生하면 안 된다. 인수격 印綬格에서 신강身强하고 살왕殺旺하다면 관생인官生印 인생아印生我로 일 간日干이 태왕太旺해지니 좋지 않다. 이때는 칠살七殺을 제극制剋하면 권세 權勢를 누리는 사주가 된다."

제살(制殺)해야 할 사주일 때 칠살(七殺)을 돕는 재운(財運)이나 칠살 운(七殺運)은 좋지 않다. 반면에 제살(制殺)이 지나친 제살태과(制殺太 過)의 사주에서는 재운(財運)이나 칠살운(七殺運)이 좋을 것이고 식상 운(食傷運)은 꺼린다.

論食神

식신격(食神格)에 대하여

食神本屬泄氣, 以其能生正財, 所以喜之. 故食神生財, 美格也.
財要有根, 不必偏正疊出, 如身强食旺而財透, 大貴之格. 若丁
未·癸卯·癸亥·癸丑, 梁丞相之命是也;己未·壬申·戊子·庚
申, 謝閣老之命是也. 藏食露傷, 主人性剛如丁亥·癸卯·癸卯·
甲寅, 沈路分命是也. 偏正疊出, 富貴不巨, 職甲午·丁卯·癸
丑·丙辰, 龔知縣命是也. 夏木用財, 火炎土燥, 貴多就武. 如己
未·己巳·甲寅·丙寅, 黃都督之命是也. 不用財而就殺印, 最爲
威權顯赫. 如辛卯·辛卯·癸酉·己未, 常國公命是也. 若無印綬
而單露偏官, 只要無財, 亦爲貴格, 如戊戌·壬戌·丙子·戊戌,
胡會元命是也. 若金水食神而用殺, 貴而且秀, 職丁亥·壬子·
辛巳·丁酉, 舒尚書命是也. 至於食神忌印, 夏火太炎而木焦, 透
印不礙, 如丙午·癸巳·甲子·丙寅, 錢參政命是也. 食神忌官,
金水不忌, 卽金水傷官可見官之謂. 至若單用食神, 作食神有

氣, 有財運則富, 無財運則貧. 更有印來奪食, 透財以解, 亦有富
貴, 須就其全局之勢而斷之. 至於食神而官殺競出, 亦可成局,
但不甚貴耳. 更有食神合殺存財, 最爲貴格.

식신(食神)은 일간(日干)의 힘을 설기(洩氣)시켜 '하고 싶은 일'을 하
는 것이다. 식신(食神)이 정재(正財)를 생(生)하면 좋다. 식신생재(食神
生財)가 되면 성격(成格)이 된다. 식신생재(食神生財)는 일을 하여 결
과물을 얻는 것이다.

재성(財星)이 뿌리가 있으면 정재(正財)와 편재(偏財)가 중첩(重疊)하
여 천간에 투출하는 것은 좋지 않다. 관살혼잡(官殺混雜)뿐 아니라 재
성(財星)이든지 인성(印星)이든지 혼잡(混雜)은 순수한 것만 못하다. 재
(財)도 하나만 우뚝 솟아 힘이 있다면 그것으로 충분하다.

신강(身强)한 사주에 식신(食神)이 왕(旺)하고 재성(財星)이 투출하면
대귀(大貴)하다.

時	日	月	年
癸	癸	癸	丁
丑	亥	卯	未

- 卯월의 癸水로 식신격(食神格)이다.
- 지지에 亥卯未 목국(木局)이 있다.
- 일간(日干) 또한 비견(比肩)과 함께 뿌리를 두어 강하다.

- 신강(身强)하니 년간(年干)에 있는 丁火 재성(財星)을 잘 쓸 수 있다.
- 일간(日干)의 힘이 식신(食神)으로 그리고 다시 재성(財星)으로 흘러 간다.
- 양승상(梁丞相)의 사주이다.

- 申월에 庚金이 투출하여 식신격(食神格)이다.
- 申子반합에 壬水가 투출하여 재성(財星)도 강하다.
- 일간(日干)도 비겁(比劫) 己土와 함께 未土에 뿌리를 두어 강하다.
- 사각로(謝閣老)의 사주이다.

식신(食神)이 지지에 감추어져 있고 상관(傷官)이 투출해 있는 사람은 그 성격(成格)이 무척 강하다.

서락오는 『자평진전평주』에서 다음과 같이 말한다.

"간지干支 중에서 순응順應하는 것은 재관인식財官印食이다. 순응順應하면 유정有情하고 이를 거역하면 무정無情하여 사납다. 성격性格이 강강한지 유柔한지는 사주의 배합에 달려 있는 것이지 천간과 지지로 구분할 수는 없다. 무릇 식상食傷이 용신用神인 사람은 총명하고 재능을 잘 발휘하는데 이는 수기秀氣의 유통이 좋은 탓이다. 또 사주가 양陽으로만 구성된 사람은 성격成格이 강하고 조급하다. 반면에 사주가 음陰으로만 구성된 사람은 사려가 깊고 완만하다."

식상(食傷)은 일간(日干)의 힘이 자연스럽게 흘러가는 곳이다. 그래서 식상(食傷)은 '하고 싶은 일'이 된다. '하고 싶은 일'을 하여 그 결과물인 재성(財星)을 얻는다면 좋을 것이다. 식상(食傷)만 있고 재(財)가 없다면 일만 하고 결과물을 얻지 못하는 모습이 된다. 그러나 일간(日干)의 힘이 아생식(我生食)에서 멈춘다면 식상(食傷)의 힘은 더 큰 에너지를 갖게 된다. 후대(後代)에 이름을 날렸지만 당시에는 가난하게 살았던 유명한 예술가들이 식상(食傷)만 있고 재성(財星)이 없었을 수도 있다.

時	日	月	年
甲	癸	癸	丁
寅	卯	卯	亥

- 亥卯반합에 甲木이 투출하여 상관격(傷官格)이다.
- 식신(食神)이 지지에 있고 상관(傷官)이 투출해 있다.
- 식상(食傷)은 강하나 신약(身弱)하고 재(財)도 미약하다.
- 식상(食傷)이 중첩(重疊)해서 드러나 부귀(富貴)가 크지 못하다.
- 심로분(沈路分)의 사주이다.

時	日	月	年
丙	癸	丁	甲
辰	丑	卯	午

- 卯월의 癸水 일간(日干)이니 식신격(食神格)이다.
- 상관(傷官) 甲木이 천간에 투출해 있다.
- 식상(食傷)과 재(財)는 강하고 일간이 약하여 부귀(富貴)가 크지 않다.
- 공지현(孔知縣)의 사주이다.

여름의 木이 土를 쓰는 경우는 火土가 뜨겁고 건조하니 水가 있으면 무반(武班)에서 귀(貴)하게 된다. 火土로만 되어 있는 사주에서는 水가 시급하다. 조후(調候) 때문이다.

● 여름의 土는 뜨겁다.

● 뜨거운 土 위에서 자라는 木은 시들게 되니 水가 필요하다.

● 조후(調候)는 격국(格局)이나 억부(抑扶)에 우선한다.

時	日	月	年
丙	甲	己	己
寅	寅	巳	未

● 巳월에 丙火가 투출하여 식신격(食神格)이다.

● 己土 재(財)도 힘차게 투출하였다.

● 여름철이라 火는 뜨겁고 土는 메말랐다.

● 황도독(黃都督)의 사주이다.

식신격(食神格)에 재(財)를 쓰지 않고 살인(殺印)을 쓴다면 권위가 혁혁(赫赫)하다. 서락오는 '재(財)를 쓰지 않고……'는 '식신(食神)을 쓰지 않고……'의 오자(誤字)라고 말한다. 그러나 식신격(食神格)이 식신생재(食神生財)로 가지 않고 살인(殺印)을 써서 귀(貴)로 간다는 것이 심효첨의 의견일 것이다.

時	日	月	年
己	癸	辛	辛
未	酉	卯	卯

- 卯월의 癸水이니 식신격(食神格)이다.
- 살인(殺印)이 천간에 투출하였다.
- 인성(印星)이 투하였으니 식신(食神)을 버리고 살(殺)을 취한다(기식 취살).
- 상국공(常國公)의 사주이다.

時	日	月	年
戊	丙	壬	戊
戊	子	戌	戌

- 戌월에 戊土가 투출하여 식신격(食神格)이다.
- 식신(食神)이 제살(制殺)하고 있다.
- 호회원(胡會元)의 사주이다.

다음은 호회원(胡會元)의 사주에 대한 서락오의 설명이다.

"일간日干이 강하지 않고 土가 많아 제살태과制殺太過가 되었다. 인수印綬로써 태과太過한 土를 제거해야 하는데 인수印綬가 없다. 그래서 귀貴할 수 없다. 강한 土를 재財로 설기洩氣할 수 있는데 재財는 칠살七殺을 생조生助하니 안 된다. 중년 이후 대운大運이 丙寅 丁卯 등 木火 인비운印比運으로 흘러 일간日干이 필요한 것들을 채울 수 있었다. 이 팔자는 격국格局이 좋은 것이 아니라 운運이 좋은 것이다."

금수식신격(金水食神格)이 칠살(七殺)을 쓴다면 귀(貴)하고 총명하다. 겨울에 태어난 金 일간은 火가 필요하다. 역시 조후(調候) 때문이다. 같은 火라고 할지라도 칠살(七殺)은 식신(食神)으로 제살(制殺)되면 좋지만, 정관(正官)은 식신(食神)에 손상되면 좋지 않다.

- 子월에 壬水가 투출하여 상관격(傷官格)이다.
- 그러나 丁壬합이 되어 다시 식신격(食神格)이 되었다.
- 金水가 차가우니 火가 필요하다.
- 칠살(七殺) 丁火가 투출하여 좋았다.
- 금수상관희견화(金水傷官喜見火)이다.
- 칠살(七殺)이 있어도 식신(食神)이 제살(制殺)한다.
- 서상서(舒尙書)의 사주이다.

식신격(食神格)에 인수(印綬)가 기신(忌神)이라고 하지만 여름의 木은 너무 뜨거우니 인수(印綬)가 투출해도 장애가 되지 않는다. 조후(調候)가 급할 때는 조후(調候)가 우선이다.

- 巳월에 丙火가 투출하여 식신격(食神格)이다.

●癸水 인수(印綬)가 투출하였다.

●조후(調候)로도 癸水는 꼭 필요하다.

●목화상관희견수(木火傷官喜見水)이다.

●전참정(錢參政)의 사주이다.

식신격(食神格)은 관(官)을 보는 것을 꺼리지만 금수상관격(金水傷官格)은 관(官)을 보는 것이 좋다. 금수상관희견관(金水傷官喜見官)이다. 역시 조후(調候) 때문이다.

다음은 서락오의 설명이다.

"용신用神을 정하는 법은 억부抑扶가 보통이다. 이른바 약자弱者는 부축하고 강자強者는 억제하는 것이 중요하다. 억부抑扶 외에 기후氣候를 조절하는 것 역시 중요한 용신법用神法 중 하나이다."

앞에서 이야기했듯이 서락오는 체(體)와 용(用)을 구분하지 않는다. 격국용신(格局用神)과 조후용신(調候用神)은 주로 체(體)의 영역에서 다루어진다. 체(體)의 영역은 팔자 원국(原局)과 대운(大運)이다. 격국(格局)이 성격(成格)이 되더라도 조후(調候)가 틀어지면 격(格)은 낮아진다. 조후(調候)는 음양(陰陽)의 균형을 보는 것이니 최우선적으로 고려해야 한다. 물론 조후(調候)는 용(用)의 영역에서도 고려해야 하지만 그 영향력은 적다. 용(用)의 영역에서 조후(調候)는 한여름의 소나기와 같은 것이다. 잠깐 시원하지만 소나기가 온 후에 더 더울 수 있다.

체(體)	용(用)
격국용신 (格局用神)	억부용신 (抑扶用神)
조후용신 (調候用神) 90% 정도 영향력	조후용신 (調候用神) 10% 정도 영향력
흉신 (凶神)과 길신 (吉神), 상신 (相神)	기신 (忌神)과 희신 (喜神)

대부분의 사주는 어느 정도 음양(陰陽)이 갖추어져 있어 조후(調候)를 중요하게 생각하지 않는다. 그러나 하목(夏木)이 화염토초(火炎土焦) 되거나 동목(冬木)이 금한수냉(金寒水冷)이 되면 조후(調候)를 최우선적으로 고려해야 한다. 조후(調候)가 상실된 극지방이나 사막에서는 활동이 많이 위축된다. 극지방에서는 우선적으로 火가 필요하고, 사막에서는 水가 필요하다. 팔자를 볼 때도 마찬가지이다.

만일 식신격(食神格)에서 단독으로 식신(食神)을 쓰는 경우에는 식신(食神)이 뿌리를 내리고 재운(財運)으로 흐르면 식신생재(食神生財)가 되어 부(富)하게 되지만 재운(財運)으로 흐르지 못하면 가난하다. 단독으로 식신(食神)을 쓴다는 말은 팔자에서 다른 육친(六親)인 재관인(財官印) 등과 함께 관계를 맺지 않는다는 뜻이다. 이 경우에는 운(運)에서 다른 육친(六親)과 어울려 성격(成格) 또는 파격(破格)이 될 것이다.

다음은 서락오가 예로 들어놓은 사주이다.
그러나 식신격(食神格)이 아니다.

時	日	月	年
辛	戊	辛	戊
酉	戌	酉	戌

- 년주(年柱)와 일주(日柱)가 같고, 월주(月柱)와 시주(時柱)가 같다.
- 팔자가 土金으로만 되어 있는 양신성상격(兩神成象格)이다.
- 서락오는 상관격(傷官格)으로 보고 재운(財運)에 부귀(富貴)할 것이라고 했다.
- 土金의 양신성상격(兩神成象格)은 土金을 해치지 않는 운(運)이 좋다.
- 土金을 거역하는 木운은 나쁠 것이다.

식신격(食神格)에 인수(印綬)가 있어 인극식(印剋食)으로 탈식(奪食)할 때 다시 재(財)가 있어 재극인(財剋印)으로 해소하면 부귀(富貴)하다. 그러나 글자의 위치 등 전체의 상황을 보고 판단해야 한다.

또 식신격(食神格)일 때 관살(官殺)이 모두 투출했을 경우에는 성격(成格)이 될 수도 있지만 대귀(大貴)하지는 못하다. 혼잡(混雜)은 맑고 순수하지 못해 대귀(大貴)는 힘들다. 운(運)에서라도 혼잡(混雜)이 해소되면 좋을 것이다. 그러나 팔자 원국에서 정해진 그릇의 크기는 크게 바뀌지 않는다.

다음은 병약용신(病藥用神)에 대한 서락오의 설명이다.

"일간 日干이 왕旺하여 식신 食神의 설기 洩氣를 좋아할 때 인수 印綬가 식신 食神을 극 剋하면 인수 印綬가 병 病이다. 이때 재성 財星이 있어 재극인 財剋印으로 인수 印綬를 제거하면 재성 財星이 약 藥이다."

時	日	月	年
壬	甲	丙	己
申	寅	寅	亥

●寅월에 丙火가 투출하여 식신격(食神格)이다.

●일간(日干)은 왕(旺)하다.

●일간(日干)이 왕(旺)할 때 인수(印綬)의 도움은 필요가 없다.

●그러나 시간(時干)의 壬水가 왕(旺)한 일간(日干)을 도우니 병(病)이다.

●인수(印綬)를 제거하기에는 土가 약하다.

●병(病)은 중(重)하고 약(藥)은 가벼운 것이다.

●『자평진전평주』에 나오는 사주이다.

時	日	月	年
戊	甲	丙	己
辰	子	寅	丑

●寅월에 丙火가 투출하여 식신격(食神格)이다.

●천간에 戊己土가 투출하여 식신생재(食神生財)로 간다.

●寅월 출생이라 일간(日干) 甲木은 힘이 있다.

●재성(財星)과 인수(印綬)가 천간과 지지로 나뉘어 서로 장애가 되지 않아서 좋다.

●『자평진전평주』에 나오는 사주이다.

- 寅월에 丙火가 투출하여 식신격(食神格)이다.
- 일간(日干)은 寅卯辰 방합(方合)에 뿌리를 두어 강하다.
- 강한 일간(日干)이 식신(食神)으로 흘러 재(財)로 이어지면 좋다.
- 그러나 칠살(七殺)은 강한 왕신(旺神)을 건드리는 형상이다.
- 강자(强者)에게 대들면 안 된다.
- 쇠자충왕왕신발(衰者沖旺旺神發)이 되기 때문이다.
- 土金운에 파산(破産)했다고 한다.
- 『자평진전평주』에 나온 사주이다.

　식신격(食神格)에서 상관(傷官)이 칠살(七殺)을 합거(合去)하고 재(財)를 남기면 귀격(貴格)이다. 『자평진전(子平眞詮)』에는 '식신(食神)이 칠살(七殺)을 합(合)한다'고 나왔는데 그럴 수는 없다. 칠살(七殺)과 합(合)하는 것은 상관(傷官)이다. 유명한 책이라고 실수가 없으라는 법은 없다. 더구나 과거에는 명리학(命理學)을 하는 인구도 많지 않고 교정(校訂) 등 출판 환경이 좋지 못했을 것이다. 틀린 것까지 맹신(盲信)하며 합리화해서는 안 된다.

- 식신격(食神格)은 아니다.
- 상관(傷官)과 칠살(七殺)이 합거(合去)하고 재(財)만 남았다.
- 『자평진전평주』에 나오는 사주이다.

時	日	月	年
乙	辛	庚	丙
未	卯	子	辰

- 辛金이 子월에 태어나 식신격(食神格)이다.
- 식생재(食生財) 재생관(財生官)으로 귀격(貴格)이 되었다는 서락오의 설명이다.
- 억부(抑扶)로 따지면 일간(日干)이 약하여 식재관(食財官)을 사용하지 못한다.
- 子월의 辛金이니 丙火가 조후(調候)를 담당한다.

식신격(食神格)에 칠살(七殺)이 투출했다면 원래 재성(財星)이 있음을 꺼린다. 재성(財星)이 식신(食神)과 칠살(七殺)의 통관(通關) 역할을 하여 식신(食神)이 칠살(七殺)을 통제하지 못하기 때문이다.

그러나 재성(財星)이 앞에 있고 칠살(七殺)이 뒤에 있으면서 식신(食神)이 가운데 있다면 역시 귀(貴)하다. 재성(財星)이 칠살(七殺)을 생조(生助)하지 못하기 때문이다.

時	日	月	年
乙	己	辛	癸
亥	卯	酉	酉

● 酉월에 辛金이 투출하여 식신격(食神格)이다.

● 칠살(七殺)과 재성(財星)이 투출했는데 멀리 떨어져 있다.

● 일간(日干)이 약해 식재관(食財官)을 쓰기가 힘들다.

● 丁巳 丙辰대운(大運)에 인비운(印比運)이 와서 제태(提台)의 벼슬을
했다.

● 유제태(劉提台)의 사주이다.

論食神取運

식신격(食神格)의 운(運)에 대하여

食神取運, 卽以食神所成之局, 分而配之. 食神生財, 財重食輕, 則行財食, 財食重則喜幫身. 官殺之方, 俱爲不美. 食用殺印, 運喜印旺, 切忌財鄕. 身旺, 食傷亦爲福運, 行官行殺, 亦爲吉也. 食傷帶殺, 喜行印綬, 身旺, 食傷亦爲美運, 財則最忌. 若食太重而殺輕, 印運最利, 逢財反吉矣. 食神太旺而帶印, 運最利財, 食傷亦吉, 印則最忌, 官殺皆不吉也. 若食神帶印, 透財以解, 運喜財旺, 食傷亦吉, 印與官殺皆忌也.

　식신격(食神格)의 운(運)을 보는 법도 다른 격(格)과 마찬가지이다. 비유하자면 팔자 원국은 김치의 재료와 같다. 김치의 재료가 좋다고 해도 김치를 담는 사람이나 담근 김치를 어디에 어떤 방식으로 놓아두느냐에 따라 맛이 달라질 것이다. 운(運)도 무시할 수 없는 이유이다.

식신생재(食神生財)에서 재(財)는 중(重)하고 식신(食神)이 경(輕)하다면 비겁운(比劫運)이나 식신운(食神運)으로 가면 좋다. 격국(格局)이나 상신(相神) 중에서 약한 글자를 돕는 운(運)이 좋기 때문이다. 그러나 재(財)와 식상(食傷)이 중(重)하고 신약(身弱)하다면 일간(日干)을 돕는 운(運)으로 가야 한다. 원칙적으로 식재(食財)를 쓰려면 일간(日干)이 강해야 한다. 그리고 식재(食財)를 쓸 때 관살운(官殺運)이 오면 좋지 않다.

다음은 서락오의 추가 설명이다.

"식신생재食神生財는 신강身强할 때와 신약身弱할 때를 나누어야 한다. 신강身强하면 재財와 식신운食神運이 좋고, 신약身弱하면 일간日干을 돕는 운運이 좋다. 만일 식신생재격食神生財格이 천간에 식신食神이 투출해 있다면 비겁운比劫運도 꺼리지 않는다. 그러나 관살운官殺運은 좋지 않다."

다음은 『자평진전평주』에 나오는 사주들이다.

時	日	月	年
癸	癸	癸	丁
丑	亥	卯	未

- 식신격(食神格)에 亥卯未 삼합(三合)이 있다.
- 식신(食神)이 왕(旺)하고 천간에 丁火 재성(財星)이 투출하였다.
- 일간(日干)도 힘이 있다.
- 관살운(官殺運)인 土운은 꺼리지만 그 외에는 좋다.
- 앞에서 나온 양승상(梁丞相)의 사주이다.

時	日	月	年
庚	戊	壬	己
申	子	申	未

- 申월에 庚金이 투출하여 식신격(食神格)이다.
- 팔자가 신약(身弱)하더라도 일간(日干)이 뿌리가 있으면 식재관(食財官)을 쓸 수 있다.
- 바람에 흔들리며 살아가는 억새나 갈대를 생각하면 된다.
- 팔자에 水가 강하지만 戊己土는 년지(年支)의 未土에 뿌리를 내린다.
- 己巳 戊辰운에 일간(日干)을 도우니 좋았다.
- 火 인수운(印綬運)도 좋았다.
- 앞에서 나온 사각로(謝閣老)의 사주이다.

時	日	月	年
甲	癸	癸	丁
寅	卯	卯	亥

- 식상(食傷)이 강한 앞에서 나온 심로분(沈路分)의 사주이다.
- 신약(身弱)하니 인수운(印綬運)이나 비겁운(比劫運)이 좋다.
- 그러나 인수운(印綬運)이나 비겁운(比劫運)이라도 글자에 따라 달라진다.
- 壬水운은 비겁운(比劫運)이지만 丁壬합으로 쓸모가 없다.
- 지지로 亥子丑운(運)이 오면 좋을 것이다.

時	日	月	年
丙	癸	丁	甲
辰	丑	卯	午

- 앞에서 나온 공지현(孔知縣)의 사주이다.
- 식상(食傷)과 재성(財星)이 강하고 신약(身弱)하다.
- 신약(身弱)할 때 식상(食傷)이 중(重)하면 인수운(印綬運)이, 재성(財星)이 중(重)하면 비겁운(比劫運)이 좋다.
- 壬申 癸酉대운(大運)에 좋았다.

　식신격(食神格)에 살인(殺印)을 쓰는 사주는 인수운(印綬運)을 좋아하지만 재운(財運)은 꺼린다. 살인(殺印)을 쓴다는 것은 일간(日干)이 신약(身弱)하여 식신(食神)을 포기하고 칠살(七殺)과 인(印)을 취하는 것이다. 식신(食神)을 포기하고 칠살(七殺)을 취하면 기식취살(棄食取殺)이 되는데 기식취살(棄食取殺)이 되면 칠살(七殺)은 인수(印綬)를 생(生)하고 인수(印綬)는 일간(日干)을 생(生)하게 된다. 기식취살(棄食取殺)에서는 인수운(印綬運)을 좋아하지만 재운(財運)은 인수(印綬)를 극(剋)하고 칠살(七殺)을 생(生)하니 좋지 않다.

　식신격(食神格)이 신왕(身旺)하다면 식상운(食傷運)은 복(福)이 되고 칠살운(七殺運)도 역시 길(吉)하다. 식신격(食神格)이 신왕(身旺)하면 식상운(食傷運)은 설기(洩氣)되니 좋고, 칠살운(七殺運)이 와도 식신(食神)이 제살(制殺)하니 좋다.

時	日	月	年
己	癸	辛	辛
未	酉	卯	卯

●앞에서 나온 상국공(常國公)의 사주이다.

●식신격(食神格)인데 월지(月支) 卯가 강한 辛金에게 극(剋)을 당한다.

●지지에서는 卯酉충이 되어 있다.

●식신(食神)을 버리고 천간의 살인(殺印)을 쓴다.

●살(殺)을 쓸 때는 재운(財運)이 나쁘다.

●신약(身弱)하니 비겁운(比劫運)과 인수운(印綬運)이 좋다.

●『자평진전평주』에 나온 사주이다.

식신격(食神格)에 칠살(七殺)이 있는 식신대살(食神帶殺)의 사주는 인수운(印綬運)이 좋고, 신왕운(身旺運)과 식상운(食傷運)도 좋다. 식신격(食神格)에 칠살(七殺)을 쓰면 신약(身弱)할 우려가 있어 인수운(印綬運)이나 신왕운(身旺運)이 좋다. 그리고 칠살(七殺)은 극(剋)해야 하므로 식상운(食傷運)도 좋다. 그러나 식신(食神)이 너무 많고 칠살(七殺)이 경미(輕微)하다면 제살태과(制殺太過)가 되니 이때는 인수운(印綬運)이나 재운(財運)이 좋다.

다음은 서락오의 이야기이다.

"식신대살食神帶殺은 원국에 인수印綬가 없어야 한다. 식신대살食神帶殺에서 신약身弱한 경우에는 인수운印綬運과 신왕운身旺運이 좋다. 만일 신왕身旺하고 칠살七殺도 강한 경우라면 이때는 식신食神으로 제살制殺하면 귀

貴하게 되니 식상운食傷運은 좋지만 재운財運은 꺼린다. 또 식상食傷이 너무 강하고 칠살七殺은 약해 제살制殺이 지나친 경우에는 칠살七殺을 돕는 재운財運이 길흉하다. 재성財星이 너무 강한 식상食傷의 힘을 빼면서 약한 칠살七殺을 돕기 때문이다."

일간(日干)과 격국(格局)과 상신(相神)이 모두 강한 삼자개균(三者皆均)이 되어야 그릇이 커진다.

- 앞에서 나온 호회원(胡會元)의 사주이다.
- 태과(太過)한 식신(食神)이 약한 칠살(七殺)을 제살(制殺)하고 있다.
- 甲子 乙丑운(運)은 일간(日干)을 돕고 약한 칠살(七殺)을 도와 좋다.
- 丙寅 丁卯운(運)도 일간(日干)을 도와 좋았다.
- 식상운(食傷運)인 戊辰운(運)은 꺼린다.
- 태과(太過)한 식상(食傷)을 또 돕기 때문이다.

- 식신격(食神格)에 재(財)와 칠살(七殺)이 투출하였다.
- 재(財)가 멀리 있어 칠살(七殺)을 생(生)하지 못한다.

● 식신(食神)도 강하고 칠살(七殺)도 힘이 있다.

● 일간(日干)이 약하니 일간(日干)을 강하게 하는 운(運)에 좋았다.

● 己未 戊午 丁巳 丙辰대운(大運)에 제독(提督)이라는 큰 벼슬을 했다.

● 운(運)이 좋은 유제독의 사주이다.

식신(食神)이 태왕(太旺)하고 인수(印綬)가 있는 경우는 재운(財運)이 좋고 식상운(食傷運)도 길(吉)하다. 재운(財運)이 좋은 것은 재성(財星)이 왕(旺)한 식상(食傷)의 기(氣)를 빼내어 식신생재(食神生財)로 만들기 때문이다. 식상운(食傷運)이 길(吉)한 것은 인수(印綬)가 인극식(印剋食)으로 막아 주기 때문이다. 팔자의 글자들은 정적(靜的)으로 가만히 있다가 운(運)에서 생극합(生剋合)하는 글자가 왔을 때 동(動)하게 된다.

식신(食神)이 태왕(太旺)하고 인수(印綬)가 있는 경우는 인수운(印綬運)은 불길(不吉)하고 관살운(官殺運)도 불길(不吉)하다. 그러나 인수운(印綬運)은 격국(格局)을 훼손하기는 하지만 식신(食神)이 태왕(太旺)하니 나쁘지 않을 것이다. 관살운(官殺運)은 인수(印綬)를 도와 격국(格局)을 무너뜨리기 때문에 나쁘다. 이 또한 팔자의 상황에 따라 달라질 수 있다.

다음은 서락오의 설명이다.

"식상食傷이 태왕太旺하면 일간日干이 약해질 우려가 있으니 인수운印綬運이 좋을 것인데 불길不吉하다고 하였다. 관살운官殺運이 오면 인수印綬를 도와 태왕太旺한 식신食神을 대적하니 좋을 것인데 불길不吉하다고 하였다."

서락오는 심효첨과 다른 의견을 제시하고 있다.『자평진전(子平眞詮)』
에도 이 부분에 대해 명쾌한 설명은 없다.

여름의 木 일간이 식신(食神)인 火를 보면 목분화열(木焚火熱)이 되
니 水를 보는 인수운(印綬運)이 좋다. 水가 열을 식히고 木을 윤택하게
하기 때문이다.

●巳월의 甲木이 더우니 癸水가 용신(用神)이다.

●丙申 丁酉대운(大運)에 癸水가 힘을 얻어 좋았다.

●戊戌대운(大運)에는 癸水가 힘을 잃어 나빴다.

●앞에서 나왔던 전참정(錢參政)의 사주이다.

●일간(日干)은 뿌리가 든든하다.

●식상(食傷)이 많은 사주이다.

●庚申 辛酉대운(大運)에 식상(食傷)이 재운(財運)을 만나 길(吉)하다.

●관살운(官殺運)인 水운은 불길(不吉)하다.

●이유는 왕(旺)한 火土를 쇠자(衰者)가 건드리기 때문이다.

●『자평진전평주』에 나온 서락오의 설명이다.

식신격(食神格)에 인수(印綬)가 있는 식신봉효(食神奉梟)는 파격(破格)인데 재성(財星)이 투출하여 재극인(財剋印)하면 다시 성격(成格)이 된다. 식신격(食神格)에 인수(印綬)가 있어 파격(破格)일 때 재운(財運)이 가장 길(吉)하고, 식상운(食傷運) 역시 길(吉)하며 관살운(官殺運)은 꺼린다. 재운(財運)은 격국(格局)을 무너뜨리는 인수(印綬)를 재극인(財剋印)으로 극(剋)하기 때문에 좋고, 식상운(食傷運)은 인수(印綬)에게 공격당하는 식신격(食神格)에 힘을 실어주니 좋다. 그러나 관살운(官殺運)은 격국(格局)을 공격하는 인수(印綬)에 힘을 실어주니 나쁘다.

- 寅월의 甲木이 丙火를 보아 목화통명(木火通明)의 상(象)이다.
- 식신생재(食神生財)로 이어지지만 재성(財星)인 土가 약한 것이 흠이다.
- 재운(財運)과 식상운(食傷運)은 길(吉)하다.
- 관살운(官殺運)은 나쁘다.

- 子월에 辛金 일간(日干)으로 금수상관격(金水傷官格)이다.
- 사주가 차가우니 丁火가 조후용신(調候用神)이다.
- 丁未 丙午대운(大運)에 좋았다.

- 乙巳대운도 좋았다.
- 앞에서 나온 서상서(舒尙書)의 사주이다.

다음은 서락오의 설명이다.

"금수식상격金水食傷格은 火를 용신用神으로 삼고 목화식상격木火食傷格은 水를 용신用神으로 삼는다. 모두 조후調候 때문이다. 그러나 금수식상격金水食傷格은 火 관살官殺이 없으면 안 되지만, 목화식상격木火食傷格은 水 인수印綬가 없어도 신강身强하면 귀貴하게 될 수 있다."

다음 사주가 그렇다.

- 巳월의 甲木은 시들기 쉽다.
- 그러나 甲木은 뿌리가 든든하다.
- 이 사주는 甲木에서 식상(食傷)으로 다시 재성(財星)으로 기(氣)가 흐른다.
- 격국(格局)은 성격(成格)이 되었어도 여름의 甲木은 조후(調候)가 시급하다.
- 그래서 무반(武班)으로 출세했다.
- 목생화(木生火) 화생토(火生土)로 가니 일간(日干)을 도와주는 乙丑 甲子 癸亥대운(大運)에 좋았다.
- 앞에서 나온 황도독(黃都督)의 사주이다.

論偏官

편관격(偏官格)에 대하여

殺以攻身, 似非美物, 百大貴之格, 多存七殺. 蓋控制得宜, 殺爲我用, 如大英雄大豪傑, 似難駕馭, 而處之有方, 則驚天動地之功, 忽焉而就. 此王侯將相所以多存七殺也. 七殺之格局亦不一: 殺用食制者, 上也, 殺旺食强而身健, 極爲貴格. 如乙亥·乙酉·乙卯·丁丑. 極等之貴也. 殺用食制, 不要露財透印, 以財能轉食生殺, 而印能去食護殺也. 然而財先食後, 財生殺而食以制之, 或印先食後, 食太旺而印制, 則格成大貴. 如脫脫丞相命, 壬辰·甲胡·丙戌·戊戌, 辰中暗殺, 壬以透之, 戊坐四支, 食太重而透甲印, 以損太過, 豈非貴格? 若殺强食泄而印露, 則破局矣. 有七殺用印者, 印能護殺, 本非所宜, 而印有情, 便爲貴格. 如何參政命, 丙寅·戊戌·壬戌·辛丑, 戊與辛同通月令, 是殺印有情也. 亦有殺重身輕, 用食則身不能當, 不若轉而就印, 雖不通根月令, 亦爲無情而有情. 格亦許貴, 但不大耳. 有殺而用財者, 財

以黨殺, 本非所喜, 而或食被制, 不能伏殺, 而財以去印存食, 便
爲貴格. 如周丞相命, 戊戌·甲子, 丁未·庚戌, 戊被制不能伏殺,
時透庚財, 卽以清食者, 生不足之煞. 生煞卽以制煞, 兩得其用,
尤爲大貴. 又有身重殺輕, 殺又化印, 用神不清, 而借財以清格,
亦爲貴格. 如甲申·乙亥·丙戌·庚寅, 劉運使命是也. 更有雜氣
七殺, 干頭不透財以清用, 亦可取貴. 有殺而雜官者, 或去官, 或
去殺, 取清則貴. 如嶽統制命, 癸卯·丁巳·庚寅·庚辰, 去官留
殺也. 夫官爲貴氣, 去官何如去殺? 豈知月令偏官, 殺爲用而官
非用, 各從其重. 若官格雜殺而去官留殺, 不能如是之清矣. 如
沈郎中命, 丙子·甲午·辛亥·辛卯, 子沖午而剋殺, 是去殺留官
也. 有殺無食制而用印當者, 如戊辰·甲寅·戊寅·戊午·趙員外
命是也. 至書有制殺不可太過之說, 雖亦有理, 然運行財印, 亦
能發福, 不可執一也, 乃若棄命從殺, 則於外格詳之.

칠살(七殺)은 나를 심하게 공격하는 것으로 사흉신(四凶神)에 포함된
다. 그러나 훌륭한 선원이 되려면 큰 파도를 이겨내야 하고, 위대한 사
람이 되려면 강한 시련을 이겨내야 되듯이 대귀(大貴)한 사람의 팔자에
는 칠살격(七殺格)이 많다. 그 이유는 나를 공격하는 칠살(七殺)을 잘
통제한 까닭이다. 영웅(英雄)이나 호걸(豪傑)들은 거칠어 다스리기 어
렵지만 이들을 잘 관리하면 경천동지(驚天動地)의 공로(功勞)를 세우는
것과 같다. 그래서 왕후장상(王侯將相)의 사주 가운데에는 칠살격(七殺
格)이 많다.

서락오는 칠살(七殺)에 대해 다음과 같이 말한다.

"정관正官과 칠살七殺은 나를 극剋하는 점에서는 같지만, 정관正官은 유정有情하고 칠살七殺은 무정無情하다. 그래서 정관正官은 손상되면 안 되고, 칠살七殺은 극제剋制함이 마땅한 것이다. 그러나 정관正官도 많으면 관다신약官多身弱이 되어 칠살七殺과 다름없고, 만일 살약신강殺弱身强하다면 칠살七殺도 정관正官과 다름없다."

칠살격(七殺格) 역시 한두 가지가 아니다. 칠살격(七殺格)은 식신(食神)이 제살(制殺)하는 사주를 최고로 친다. 칠살(七殺)도 강하고 식신(食神)도 강하고 일간(日干)도 강하면 극히 귀(貴)하게 된다.

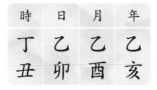

- ●칠살격(七殺格)이다.
- ●천간의 乙木 비견(比肩)들이 일지(日支) 卯에 뿌리를 두었다.
- ●비견(比肩)들이 힘이 있어 칠살(七殺)의 공격을 건뎌낼 수 있다.
- ●식신(食神) 丁火가 투출하였다.
- ●육상염(陸商閻)의 사주이다.
- ●『자평진전(子平眞詮)』에 극도로 귀(貴)한 사주의 예로 나와 있다.

칠살격(七殺格)에 식신(食神)의 제살(制殺)을 쓰는 경우에는 재(財)와 인수(印綬)가 투출하면 안 된다. 재(財)는 식신(食神)과 칠살(七殺)의 통관(通關) 역할을 하여 칠살(七殺)을 도우니 좋지 않다. 또 인수(印綬)는 인극식(印剋食)으로 상신(相神)인 식신(食神)을 극(剋)하기 때문에 좋지 않다.

　그러나 재성(財星)이 앞에 있고 식신(食神)이 뒤에 있으면 재성(財星)이 생(生)한 칠살(七殺)을 식신(食神)이 다시 극제(剋制)하니 무방하다. 또 식신(食神)이 태왕(太旺)한 경우에는 인수(印綬)가 앞에 있고 식신(食神)이 뒤에 있는 것도 격(格)은 떨어지나 성격(成格)이다. 그러나 인수(印綬)가 강하거나 뒤에 있으면 파격(破格)이다. 그래서 팔자는 각 글자의 위치와 통근(通根)의 여부 등을 관찰하여 살펴야 한다. 뭐라고 단정적으로 말하기 어렵다.

- 辰월의 丙火 일간(日干)에 壬水가 투출하여 칠살격(七殺格)이다.
- 식신(食神) 戊土도 통근(通根)되어 강하다.
- 년간(年干)부터 수생목(水生木) 목생화(木生火) 화생토(火生土)로 이어진다.
- 제살태과(制殺太過)된 상태에서 甲木 인수(印綬)가 식신(食神)을 극(剋)하니 좋아졌다.
- 서락오는 丙午 丁未대운(大運)에 대귀(大貴)했다고 한다.
- 탈승상(脫丞相)의 사주이다.

칠살(七殺)이 강하고 식신(食神)이 경미(輕微)할 때 인수(印綬)가 천간에 드러나면 파격(破格)이 된다. 칠살격(七殺格)에 식신(食神)으로 제살(制殺)할 경우에 재(財)와 인수(印綬)가 투출하면 좋지 않다.

- ●卯월의 己土가 월령(月令)에서 투출한 글자가 없어 칠살격(七殺格)이다.
- ●일간(日干) 己土는 통근(通根)하였다.
- ●천간에 식신(食神)이 투출하여 지지에 있는 칠살(七殺)을 제살(制殺)하고 있다.
- ●재성(財星)인 壬癸水는 뿌리가 없어 약하다.
- ●『자평진전평주』에 나오는 참모총장을 지낸 정잠(程潛)의 사주이다.

칠살격(七殺格)에 인수(印綬)가 용신(用神)인 경우가 있다. 인수(印綬)는 식신(食神)을 극(剋)하여 칠살(七殺)을 보호하니 좋지 않다. 그러나 팔자에 식신(食神)이 없을 때는 인수(印綬)가 칠살(七殺)의 힘을 설기(洩氣)시켜 일간(日干)을 도우니 좋을 때가 있다.

- ●戌월에 戊土가 투출하여 칠살격(七殺格)이다.

●재성(財星) 丙火가 칠살(七殺)을 생(生)하니 파격(破格)이 된다.

●시간(時干)의 辛金 인수(印綬)가 壬水를 생(生)하고 있다.

●재살(財殺)로 약해진 일간(日干)이 인수(印綬)의 생(生)을 받고 있다.

●병(病)이 있고 약(藥)도 있으면 격국(格局)이 높아진다.

●하참정(何參政)의 팔자이다.

　만약 칠살(七殺)이 중(重)하고 신약(身弱)하다면 식신(食神)이 있다고
해도 약한 일간(日干)이 식신(食神)을 감당하지 못한다. 이때는 식신(食
神)을 버리고 인수(印綬)를 취한다면 유정(有情)하게 된다. 칠살(七殺)의
기운이 인수(印綬)로 흐르고 인수(印綬)의 기운은 일간(日干)으로 흘러
유통된다. 이렇게 되면 귀(貴)하기는 하지만 귀(貴)가 크지는 않다.

　살용식제격(殺用食制格)은 신강(身强)을 전제로 한다. 신약(身弱)
하면 극설교가(剋洩交加)가 되니 식신(食神)을 감당하지 못할 것이다.
그럴 때는 식신(食神)을 버리고 인수(印綬)를 취한다.

●식신격(食神格)에 나왔던 상국공(常國公)의 팔자이다.

●칠살(七殺)이 중(重)하고 신약(身弱)하다.

●식신(食神)을 버리고 인수(印綬)를 용신(用神)으로 삼아 화살(化殺)한다.

●격국(格局)이 청(清)해 귀(貴)하게 되었다.

칠살격(七殺格)에 재(財)를 쓰는 경우가 있다. 재(財)는 칠살(七殺)을 생(生)해 주니 대부분 파격(破格)이 된다. 그러나 식신(食神)이 인수(印綬)에 의해 극(剋)을 당해 식신(食神)이 칠살(七殺)을 제거하지 못할 때는 재(財)를 써서 재극인(財剋印)으로 인수(印綬)를 제거하고 식신(食神)을 살려내야 한다. 이때 재성(財星)은 칠살(七殺)을 돕는 것이 아니라 인수(印綬)를 제거하기 위함이다. 이렇게 되면 귀격(貴格)이 된다. 같은 글자가 있더라도 위치에 따라 달라지니 잘 살펴야 한다. 재성(財星)이 칠살(七殺)을 돕는 것인지 아니면 재성(財星)이 인수(印綬)를 극(剋)하는 것인지에 따라 성격(成格), 파격(破格)이 달라지는 것이다.

- 子월의 丁火로 칠살격(七殺格)이다.
- 강한 식상(食傷)이 칠살(七殺)을 극(剋)하니 제살태과(制殺太過)이다.
- 그러나 칠살(七殺)의 생(生)을 받은 인수(印綬)가 戊土 상관(傷官)을 극(剋)하고 있다.
- 또 甲木 인수(印綬)는 칠살(七殺)의 도움을 받아 일간(日干)을 생(生)한다.
- 일간(日干)은 인수(印綬)의 도움을 받아 庚金을 효과적으로 취하고 있다.
- 주승상(周丞相)의 사주이다.

주승상(周丞相)의 명(命)을 서락오는 다음과 같이 풀이한다.

- 일간(日干)은 戌未에 뿌리가 있으니 약하지 않다.

- 칠살(七殺) 子水가 강한 식상(食傷)에게 극을 당하여 제살태과(制殺太過)가 된다.

- 子水는 甲木을 보아 더욱 설기(洩氣)된다.

- 인수(印綬)를 버리고 재(財)를 취해 칠살(七殺)을 도와야 할 팔자이다.

- 시간(時干)의 庚金이 약(藥)이 되었다.

그림을 그리거나 글을 쓰거나 작곡을 하거나 남의 것을 똑같이 베끼면 표절이 된다. 자기만의 독창적인 방법으로 표현해야 한다. 사주를 볼 때도 간명인(看命人)의 색안경인 격국(格局)에 따라 보는 법이 다를 수 있다. 다른 사람들의 다양한 관법을 보면서 자기만의 관법을 만들어 가야 한다. 역(易)을 공부하는 사람들은 만물의 다양성을 인정하고 자기의 인생을 살아가야 한다. 남의 삶을 모방하는 것은 감동도 없고 행복하지도 못할 것이다.

- 일간(日干)이 통근(通根)되어 힘이 있다.

- 칠살(七殺)도 월지(月支)에 뿌리를 두나 일간(日干)보다 약하다.
- 일간(日干)보다 칠살(七殺)이 약하니 재(財)로 칠살(七殺)을 돕는다.
- 木火대운(大運)에 벼슬이 혁혁(赫赫)했다고 한다.
- 『자평진전평주』에 나오는 사주이다.

신강(身强)하고 칠살(七殺)이 약할 때 인수(印綬)가 있어서 칠살(七殺)의 기운을 설기(洩氣)하면 사주의 균형이 무너진다. 이때는 재(財)를 써서 칠살(七殺)을 도우면 귀격(貴格)이 된다.

- 亥월에 甲乙木이 투출하여 인성혼잡(印星混雜)이다.
- 『자평진전(子平眞詮)』에서는 亥월의 丙火이니 칠살격(七殺格)에서 설명하고 있다.
- 칠살(七殺)이 약하니 재성(財星)으로 도우면 좋다.
- 유운사(劉運使)의 사주이다.

다음은 유운사(劉運使)의 사주에 대한 서락오의 설명이다.

- 寅亥합을 寅申충이 풀었다.
- 천간에는 乙庚합이 있고, 庚金은 申戌에 통근(通根)하고 있다.
- 일간(日干) 丙火는 寅戌에 뿌리를 내려 힘이 있다.
- 재(財)로 칠살(七殺)을 생(生)해 격국(格局)이 좋아졌다.
- 신약(身弱)하다면 사정이 다르다.

잡기칠살격(雜氣七殺格)은 천간에 재성(財星)이 투출하지 않으면 용신(用神)이 맑으니 귀(貴)하다. 칠살(七殺)을 쓰는 경우에는 식신(食神)으로 제살(制殺)하거나 인수(印綬)로 화살(化殺)해야 좋다. 칠살(七殺)이 몹시 약할 때는 재(財)로 칠살(七殺)을 생(生)해야 한다.

- 서락오의 사주이다.
- 辰월에 壬水가 투출하여 잡기칠살격(雜氣七殺格)이다.
- 천간에 있는 세 개의 丙火는 뿌리가 미약하다.
- 壬水는 하나이지만 뿌리가 튼튼하다.
- 칠살(七殺)은 식신(食神)으로 극(剋)하면 좋다.
- 辰戌 속의 戊土로 壬水를 공격한다.
- 살용식제(殺用食制)로 성격(成格)이 되었다.

다음은 서락오 자신의 설명이다.

- 잡기칠살격(雜氣七殺格)에 천간에 재성(財星)이 투출하지 않았다.
- 재(財)로 칠살(七殺)을 생(生)하지도 못하고 식신(食神)으로 제살(制殺)하지도 못한다.
- 칠살(七殺)을 설기(洩氣)시키는 辰 중 乙木은 공망(空亡)이다.
- 그래도 팔자 전체를 보면 인수(印綬)가 용신(用神)이다.
- 인수(印綬)로 칠살(七殺)과 일간(日干)을 통관(通關)하면 된다.
- 인수(印綬)가 유력(有力)했다면 귀(貴)하게 되었을 것이다.
- 서락오는 자신이 귀(貴)하다고 생각하지 않았다.

칠살격(七殺格)에 정관(正官)이 섞인 사주는 정관(正官)과 칠살(七殺) 중에서 하나를 제거하면 사주가 맑아져서 귀(貴)하다.

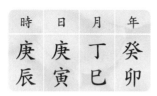

- 巳월의 庚金은 칠살격(七殺格)이다.
- 巳월에 丁火가 투출하여 정관격(正官格)이다.
- 칠살격(七殺格)에 정관(正官)이 혼잡(混雜)되었다고 본다.

- 癸水가 丁火를 극(剋)하니 정관(正官)이 사라져서 팔자가 맑아졌다.
- 거관류살(去官留殺)된 사주이다.
- 악통제(岳統制)의 명(命)이다.

위 설명을 보면 巳 중 丙火와 월간(月干)의 丁火를 관살혼잡(官殺混雜)으로 보아 하나가 합(合)이나 극(剋)을 당하면 팔자가 맑아져서 좋은 것으로 보았다.

그러나 『자평진전(子平眞詮)』의 앞부분에서는 巳火를 월간(月干)의 丁火가 다스리는 땅으로 보았다. 심지어 지지에 巳午火가 있다고 하더라도 관살혼잡(官殺混雜)으로 보지 않고 한 명의 관리가 다스리는 땅이 두 곳이라는 통근(通根)의 개념으로 설명을 했었다.

이렇게 부분적으로 앞뒤가 다른 부분들이 있지만 『자평진전(子平眞詮)』에서 말하려고 하는 큰 의미인 격국(格局)에 대해 올바른 이해를 하면 되겠다. 나무 한 그루를 보며 비방(誹謗)하기보다는 숲의 큰 의미를 놓치지 않아야 한다.

칠살격(七殺格)에 정관(正官)이 있을 때 정관(正官)을 제거하는 이유는 월령(月令)이 칠살(七殺)이고 칠살(七殺)이 격국(格局)이기 때문이다. 그래서 정관(正官)과 칠살(七殺)이 혼잡(混雜)된 경우에는 그 비중이 큰 것을 남기면 좋다. 만일 정관격(正官格)일 때 칠살(七殺)이 혼잡(混雜)되어 있다면 칠살(七殺)을 제거하고 정관(正官)을 남기면 사주가 맑아졌다고 할 수 있다.

時	日	月	年
辛	辛	甲	丙
卯	亥	午	子

- 午월의 辛金은 칠살격(七殺格)이다.
- 천간에 丙火 정관(正官)이 투출하였다.
- 子午충으로 칠살(七殺)이 제거되어 거살류관(去殺留官)이 되었다.
- 천간이나 지지에 관(官)과 칠살(七殺)이 모두 있을 때 관살혼잡(官殺混雜)이 된다.
- 이 사주처럼 따로 있으면 관살혼잡(官殺混雜)으로 보지 않는다.
- 丙火가 午에 통근(通根)했다고 본다.
- 심낭중(沈郎中)의 사주이다.

다음은『자평진전평주』에 나오는 서락오의 글이다.

"정관正官과 칠살七殺은 같은 관官이지만 다르다. 팔자에서는 청清하면 귀貴한 것이니 거관去官이든 거살去殺이든 가리지 않고 둘 중 하나가 제거되면 좋다. 무릇 월령月令이 칠살七殺인 사주는 칠살七殺이 진신眞神이다. 악통제의 사주는 거관류살去官留殺의 사주이고, 심낭중의 사주는 거살류관去殺留官의 사주이다. 심낭중의 사주는 진신眞神을 제거하고 가신假神을 쓰는 것인데『적천수』에 '진신眞神이 용신用神이면 평생 동안 귀貴하고, 가신假神이 용신用神이면 평생 동안 평범하다.'고 하였다."

칠살격(七殺格)에 식신(食神)이 없으면 인수(印綬)를 쓰는 것이 당연하다. 칠살(七殺)은 흉신(凶神)이므로 식신(食神)으로 극(剋)하면 좋지만 식신(食神)이 없다면 인수(印綬)로 설기(洩氣)시키는 것이다.

- 寅월에 甲木이 투출하여 칠살격(七殺格)이다.
- 식신(食神)이 없으니 寅午반합으로 칠살(七殺)의 기운을 설기(洩氣)한다.
- 인수(印綬)는 칠살(七殺)을 설기(洩氣)하면서 일간(日干)을 돕는 일석이조(一石二鳥)의 역할을 한다.
- 조원외(趙員外)의 사주이다.

다음은 서락오의 말이다.

"책에서는 '제살制殺이 태과太過하면 불가하다.'고 하였다. 그러나 재운財運과 인수운印綬運에서 발복發福하는 사람도 있으니 그 말을 믿으면 안 된다. 재운財運에는 식신食神의 힘을 빼며 약한 칠살七殺을 도우니 좋아지고, 인수운印綬運에는 칠살七殺을 극剋하는 식신食神을 제制하니 좋아지는 것이다. 그러나 운運에서는 좋아질망정 제살태과制殺太過는 팔자의 균형을 깨니 좋지 않게 본다. 칠살七殺이 태과太過하여 칠살七殺에 종從하는 기명종살격棄命從殺格도 있다. 또 칠살격七殺格에 재財를 쓰는 경우와 인수印綬를 쓰는 경우가 있다. 신왕身旺하면 재財를 쓰고, 신약身弱하면 인수印綬를 쓰면 좋다."

다음은 서락오의 『자평진전평주』에 나오는 사주들이다.

●丙午 월주(月柱)에 丙午 일주(日柱)이다.

●신왕(身旺)하다.

●두 개의 칠살(七殺)이 있으나 묘지(墓地)에 뿌리를 두었다.

●그리고 水는 여름에 약하다.

●재운(財運)인 金대운(大運)에 대발(大發)했다고 한다.

時	日	月	年
壬	壬	戊	甲
寅	辰	辰	寅

●辰월에 戊土가 투출하여 칠살격(七殺格)이다.

●식신(食神)도 뿌리가 강하다.

●식신(食神)이 칠살(七殺)을 제(制)하여 좋다.

●식신(食神)이나 일간(日干)보다 칠살(七殺)이 더 강한 맛이 있어 금운
(金運)이 좋다.

●금운(金運)이 오면 칠살(七殺)의 힘을 빼면서 일간(日干)을 돕는다.

●서락오는 제살태과(制殺太過)로 보고 금운(金運)이 좋다고 했다.

時	日	月	年
戊	丙	壬	戊
戌	子	戌	戌

● 戌월에 戊土가 투출하여 식신격(食神格)이다.

● 칠살(七殺)이 식신(食神)보다 약하다.

● 제살태과(制殺太過)가 되어 신약하니 인수운(印綬運)이 좋고 재운(財
運)은 나쁘다.

● 인수운(印綬運)은 강한 식신(食神)을 극(剋)하니 좋다.

● 재운(財運)은 식신(食神)과 칠살(七殺)로 약해진 일간(日干)을 더욱 약
하게 만든다.

論偏官取運

편관격(偏官格)의 운(運)에 대하여

偏官取運, 卽以偏官所成之局分而配之. 殺用食制, 殺重食輕
則助食, 殺輕食重則助殺, 殺食均而日主根輕則助身. 忌正官之
混雜, 畏印綬之奪食. 殺用印綬, 不利財鄕, 傷官爲美, 印綬身
旺, 俱爲福地. 殺用傷官, 行運與食同(食傷同類). 其以財而助
殺不及者, 財已足, 則喜食印與幫身;財未足, 則喜財旺而露殺.
殺帶正官, 不論去官留殺, 去殺留官, 身輕則喜助身, 食輕則喜
助食. 莫去取淸之物, 無傷制殺之神. 殺無食制而用刃當殺, 殺
輕刃重則喜助殺, 刃輕殺重, 則宜制伏, 無食可奪, 印運何傷?
七殺旣純, 雜官不利.

　편관격(偏官格)의 운(運)을 보는 법도 다른 격(格)의 운(運)을 보는 법
과 같다. 팔자 원국(原局)과 대운(大運)은 체(體)의 영역이고 세운(歲運)
과 월운(月運)은 용(用)의 영역이다. 내가 체(體)라면 계절은 용(用)이다.

나는 계절의 영향을 받으며 살아간다. 체(體)가 우선이고 용(用)이 그 다음이다.

칠살격(七殺格)에서 식신(食神)을 써서 제살(制殺)할 때 칠살(七殺)은 강하고 식신(食神)이 가볍다면 식신(食神)을 돕는 운(運)이 와야 할 것이다. 만일 칠살(七殺)이 약하고 식신(食神)이 중(重)하다면 칠살(七殺)을 돕는 운(運)으로 가야 좋다.

칠살(七殺)과 식신(食神)이 균형을 이루고 있을 때 일간(日干)의 뿌리가 약하다면 일간(日干)을 돕는 운(運)이 좋다. 칠살격(七殺格)에 정관운(正官運)이 와서 관살혼잡(官殺混雜)이 되면 좋지 않다.

팔자에서 식신(食神)으로 제살(制殺)하고 있을 때에는 정관운(正官運)과 탈식(奪食)하는 인수운(印綬運)을 꺼린다. 식신(食神)이 필요할 때 인수운(印綬運)이 오면 인극식(印剋食)으로 식신(食神)을 극(剋)하기 때문이다.

살용식제격(殺用食制格)에서는 식신(食神)과 칠살(七殺) 그리고 일간(日干)이 모두 강하면 격국(格局)이 높아지니 좋다. 항상 일간(日干)과 격국(格局)과 상신(相神)이 균일하게 힘이 있으면 삼자균등(三者均等)이 되어 좋다. 식신(食神)과 칠살(七殺)을 쓴다는 것은 일간(日干)이 강하다는 것을 전제로 한다. 식신(食神), 칠살(七殺)은 일간(日干)의 힘을 빼는 것이므로 일간(日干)이 강하지 않으면 안 된다. 일간(日干)이 신약

(身弱)할 때는 칠살(七殺)의 힘을 인수(印綬)로 빼서 일간(日干)을 도우면 좋다.

다음은 서락오의 글이다.

"신강身强하고 칠살七殺이 중중重重하고 식신食神이 경미輕微하면 식상운食傷運이 와서 칠살七殺을 극제剋制하면 좋다. 칠살격七殺格에 정관운正官運이 오면 관살혼잡官殺混雜이 되니 좋지 않다. 상신相神으로 식신食神을 쓸 때 인수운印綬運이 와서 식신食神을 극剋하면 좋지 않다. 칠살격七殺格에 재운財運이 와서 칠살七殺을 돕는 것도 좋지 않다. 만일 칠살七殺이 경미輕微하고 식신食神이 강하다면 정관운正官運과 재운財運과 인수운印綬運을 꺼리지 않는다."

時	日	月	年
丁	乙	乙	乙
丑	卯	酉	亥

- ●酉월의 乙木이니 칠살격(七殺格)이다.
- ●투출한 丁火 식신(食神)이 뿌리가 없어 약하다.
- ●대운(大運)이 남방(南方)으로 향하여 좋았다.
- ●식신(食神)으로 칠살(七殺)을 제거한 것이다.
- ●壬水운이 오면 丁火 식신(食神)이 합거(合去)가 되어 바람직하지 않다.

칠살격(七殺格)에 인수(印綬)를 상신(相神)으로 쓰는 사주는 재운(財運)에 불리하다. 재운(財運)에는 상신(相神)인 인수(印綬)가 극(剋)을 당하기 때문이다. 그러나 상관운(傷官運)은 좋고, 인수운(印綬運)과 신왕운(身旺運)에도 복(福)이 된다. 상관운(傷官運)은 제살(制殺)하니 나쁘지 않고, 인수운(印綬運)은 칠살(七殺)의 힘을 빼는 운(運)이니 좋다. 그리고 칠살격(七殺格)에는 일간(日干)이 약하게 될 우려가 있어 신왕운(身旺運)도 좋다.

서락오의 글이다.

"칠살격七殺格에 인수印綬를 쓸 때 상관운傷官運이 좋다는 말은 착오일 것이다. 이미 인수印綬를 쓰는데 또다시 설기洩氣하는 상관傷官을 쓸 필요가 없다. 인수印綬가 상관傷官을 극剋하니 나쁘지는 않겠지만 좋다고까지 말하기는 힘들다."

보는 각도에 따라 생기는 약간의 차이가 큰 싸움으로 갈 수 있다.

- 천간의 壬甲戊가 모두 월지(月支)에 뿌리를 두었다.
- 戊土가 가장 강하니 식신격(食神格)으로 본다.
- 팔자에 土가 많아 제살태과(制殺太過)가 되기 쉽다.
- 월지(月支)에서 투간한 甲木이 태과한 식신을 제하고 화살(化殺)하니 길하다.
- 년간(年干)부터 수생목(水生木) 목생화(木生火) 화생토(火生土)로 이어진다.

- 乙巳 丙午 丁未대운(大運)에 좋았다.
- 戊申대운(大運) 이후에는 좋지 않았다.

칠살격(七殺格)에 상관(傷官)을 쓰는 사주도 식신(食神)을 쓰는 사주와 마찬가지로 운(運)을 적용한다.

칠살격(七殺格)에 칠살(七殺)이 약(弱)하여 재(財)를 쓰는 사주는 비겁운(比劫運)이 불리하다. 비겁운(比劫運)은 상신(相神)인 재(財)를 극(剋)하기 때문이다. 식상운(食傷運)은 상신(相神)을 도우니 길(吉)하고, 재운(財運)도 상신운(相神運)이니 길(吉)하다. 그러나 신강(身强)하다면 인수운(印綬運)은 불리하다. 신강(身强)할 때는 인수(印綬)의 도움이 필요 없고, 인수(印綬)는 약한 칠살(七殺)을 설기(洩氣)하기 때문이다. 대운(大運)의 천간으로 칠살(七殺)이 와서 약한 칠살(七殺)을 도와주어도 좋다.

다음은 서락오의 설명이다.

"칠살격七殺格에 재財를 쓰는 경우는 한 가지가 아니다. 신강身强하고 식신食神이 중중重重하고 칠살七殺이 약하다면 재財를 써서 칠살七殺을 도와주어야 한다. 이때 재財는 식신食神과 칠살七殺의 통관通關 역할을 한다. 이것이 재자약살격財滋弱殺格이다. 또 신강身强한 사주에 식신食神으로 제살制殺하는데 인수印綬가 있어서 식신食神을 극剋하면 재財를 써서 인수印綬를 제거해야 한다."

똑같은 글자를 사용하더라도 팔자의 구조에 따라 역할이 다르니 명리 학습에 어려움이 따른다. 그러나 그러한 어려움은 다른 학문도 마찬가지이다.

재성(財星)으로 칠살(七殺)의 부족함을 보충할 때는 재(財)가 충분하다면 식신운(食神運)과 인수운(印綬運)과 일간(日干)을 돕는 운(運)이 좋다. 재성(財星)과 칠살(七殺)을 쓰려면 신강(身强)해야 하므로 신약(身弱)할 때는 인수운(印綬運)이나 비겁운(比劫運)이 좋다. 식신운(食神運)을 쓴다는 것은 미약한 칠살(七殺)을 포기하고 식신생재(食神生財)로 쓰겠다는 뜻일 것이다. 그러나 칠살격(七殺格)에 칠살(七殺)이 약하고 재성(財星)도 부족하다면 재운(財運)과 칠살운(七殺運)이 좋다. 재운(財運)이나 칠살운(七殺運)은 약한 칠살(七殺)을 돕게 된다.

時	日	月	年
庚	丙	乙	甲
寅	戌	亥	申

● 앞에서 나온 유운사(劉運使)의 사주이다.
● 亥월의 丙火로 칠살격(七殺格)에서 다루고 있다.
● 丙火는 寅戌에 통근(通根)하였다.
● 甲乙木이 투출하여 인성(印星)도 강하다.
● 재(財)를 용신(用神)으로 삼아 인수(印綬)를 제거하면 좋다.
● 戊土운은 식신(食神)이 칠살(七殺)을 제(制)하고, 재(財)를 생(生)하는 식신생재(食神生財)가 된다.

- 己土운은 甲己 합거(合去)로 인성혼잡(印星混雜)이 사라진다.
- 지지 寅卯운이 오면 인수(印綬)가 간지결합(干支結合)이 되어 더욱 강해진다.
- 비겁운(比劫運)이 오면 용신(用神)인 재(財)를 극(剋)하니 나쁘다.
- 서락오의 해설이다.

칠살격(七殺格)에 식신(食神)을 쓸 때 정관(正官)이 있는 사주는 관살혼잡(官殺混雜)이 되니 거살류관(去殺留官)하든지 거관유살(去官留殺)하든지 하나를 제거하면 사주가 청(淸)해지니 좋다. 그러나 이때 신약(身弱)하면 일간(日干)을 돕는 운(運)이 오면 좋고, 식신(食神)이 경미(輕微)하면 식신(食神)을 돕는 운(運)이 좋다. 제살(制殺)할 때는 다른 글자에 손상을 주어 사주가 흐려지면 안 된다.

- 앞에서 나온 악통제(岳統制)의 명(命)이다.
- 서락오는 巳월에 丁火가 투출하여 丁火를 칠살(七殺)로 본다고 한다.
- 그러나 巳火는 칠살(七殺)로 보고, 丁火는 정관(正官)으로 보면 된다.
- 천간과 지지에 관살(官殺)이 따로 있으면 관살혼잡(官殺混雜)으로 보지 않는다.
- 丁火가 월지(月支) 巳火에 뿌리를 내렸다고 보면 된다.

時	日	月	年
辛	辛	甲	丙
卯	亥	午	子

- 앞에서 나온 심낭중(沈郎中)의 사주이다.

- 지지의 午火는 칠살(七殺)이고 천간의 丙火는 정관(正官)이다.

- 심효첨은 관살혼잡(官殺混雜)으로 본다.

- 서락오는 丙火가 午에 뿌리를 두고 있으니 칠살(七殺)로 보아야 한다고 한다.

- 천간은 마음을 나타내고 지지는 살아가는 환경을 나타낸다.

- 마음은 정관(正官)인데 현실에서 칠살(七殺)의 기운을 받는다고 보면 된다.

칠살격(七殺格)에서 식신(食神)의 제살(制殺)이 없고 양인(陽刃)이 있으면, 양인(陽刃)으로 칠살(七殺)을 감당해야 한다. 이때 칠살(七殺)이 경미(輕微)하고 양인(陽刃)이 중(重)하다면 칠살(七殺)을 돕는 운(運)이 좋고, 양인(陽刃)이 경미(輕微)하고 칠살(七殺)이 왕(旺)하다면 마땅히 칠살(七殺)을 제복(制伏)하는 운(運)으로 가야 한다.

그러나 원국(原局)에 제살(制殺)할 식신(食神)이 없다면 인수운(印綬運)이 좋다. 인수(印綬)가 칠살(七殺)의 힘을 빼면서 약한 양인(陽刃)을 돕기 때문이다. 칠살(七殺)은 경미(輕微)하고 양인(陽刃)이 중(重)하다면 정관운(正官運)이 그리 나쁘지는 않지만, 칠살(七殺)이 중(重)하고 양인(陽刃)이 가볍다면 정관운(正官運)은 좋지 않다.

時	日	月	年
戊	戊	甲	戊
午	寅	寅	辰

●寅월에 甲木이 투출하여 칠살격(七殺格)이다.

●신강(身强)하고 칠살(七殺)도 왕(旺)하다.

●칠살(七殺)이 중(重)하니 인수운(印綬運)과 비겁운(比劫運)이 좋다.

●일간(日干)도 강하니 乙卯 정관운(正官運)도 나쁘지 않다.

●庚申운은 제살(制殺)하니 불길(不吉)하다.

論傷官

상관격(傷官格)에 대하여

傷官雖非吉神, 實爲秀氣, 故文人學士, 多於傷官格內得之. 而
夏木見水, 冬金見火, 則又爲秀之尤秀者也. 其中格局比他格
多, 變化尤多, 查其氣候, 量其强弱, 審其喜忌, 觀其純雜, 微之
又微, 不可執也. 故有傷官用財者, 蓋傷不利於民, 所以爲凶, 傷
官生財, 則以傷官爲生官之具, 轉凶爲吉, 故最利. 只要身强而
有根, 便爲貴格, 如壬午·己酉·戊午·庚申, 史春芳命也. 至於
化傷爲財, 大爲秀氣, 如羅狀元命, 甲子·乙亥·辛未·戊子, 干
頭之甲, 通根於亥, 然又會未成局, 化水爲木, 化之生財, 尤爲有
情, 所以傷官生財, 冬金不貴, 以凍水不能生木. 若乃化木, 不待
于生, 安得不爲殿元乎? 至於財傷有情, 與化傷爲財者, 其秀氣
不相上下, 如秦龍圖命, 己卯·丁丑·丙寅·庚寅, 已與庚同根月
令是也. 有傷官佩印者, 印能制傷, 所以爲貴, 反要傷官旺, 身稍
弱, 始爲秀氣. 如孛羅平章命, 壬申·丙午·申午·壬申·傷官旺,

印根深, 身又弱, 又是夏木逢潤, 其秀百倍, 所以一品之貴. 然印旺極深, 不必多見, 偏正疊出, 反爲不秀, 故傷輕身重而印綬多見, 貧窮之格也. 有傷官兼用財印者, 財印相剋, 本不竝用, 只要干頭兩淸而不相礙; 又必生財者, 財太旺而帶印, 佩印者印太重而帶財, 調停中和, 遂爲貴格. 如丁酉·己酉·戊子·壬子, 財太重而帶印, 而丁與壬隔以戊己, 兩不礙, 且金水多而覺寒, 得火融和, 都統制命也. 又如壬戌·己酉·戊午·丁巳, 印太重而隔戊己, 而丁與壬不相礙, 一丞相命也. 反是則財印不竝用而不秀矣. 有傷官用殺印者, 傷多身弱, 賴殺生印以邦身而制傷, 如己未·丙子·庚子·丙子, 蔡貴妃也. 殺因傷而有制, 兩得其宜, 只要無財, 便爲貴格, 如壬寅·丁未·丙寅, 夏閣老命是也. 有傷官用官者, 他格不用, 金水獨宜, 然要財印爲輔, 不可傷官竝透. 如戊申·甲子·庚午·丁丑, 藏癸露丁, 戊甲爲輔, 官又得祿, 所以爲丞相之格. 若孤官無輔, 或官傷竝透, 則發福不大矣. 若冬金用官, 而又化傷爲財, 則尤爲極秀極貴. 如丙申·己亥·辛未·己亥, 鄭丞相命是也. 然亦有非金水而見官, 何也? 化傷爲財, 傷非其傷, 作財旺生官而不作傷官見官, 如甲子·壬申·己亥·辛未, 章丞相命也. 至於傷官而官煞竝透, 只要干頭取淸, 金水得之亦淸, 不然則空結構而已.

상관(傷官)은 정관(正官)을 상(傷)하게 하므로 사흉신(四凶神)에 포함되었다. 그러나 독창력과 창의력이 뛰어나서 예술인(藝術人)이나 문인

학사(文人學士)의 사주에 상관격(傷官格)이 많다.

격국(格局) 가운데 상관격(傷官格)이 가장 종류가 많고 변화 또한 가장 많다. 그래서 상관격(傷官格)을 볼 때는 기후(氣候)를 보아야 하고, 강약(强弱)을 보아야 하고, 희기(喜忌)를 살펴야 하고, 순잡(純雜)을 보아야 하니 다양한 각도의 세심한 관찰이 필요하다.

여름의 木이 水를 보거나 겨울의 金이 火를 보면 수기(秀氣)가 매우 빼어나다. 여름의 木 일간(日干)은 목화상관희견수(木火傷官喜見水)이니 水를 보면 좋고, 겨울의 金 일간(日干)은 금수상관희견화(金水傷官喜見火)이니 火를 보면 좋다.

다음은 서락오의 말이다.

"신왕身旺한 사주가 관살官殺의 극체을 받는 것은 식상食傷의 설기洩氣보다 못하다. 식상食傷을 용신用神으로 쓰는 사람은 반드시 총명하다. 문인文人이나 학자學者들에게는 상관격傷官格이 많은데 이 역시 자연스러운 현상이다. 팔자를 볼 때 기후氣候나 강약强弱, 또는 희기喜忌와 순잡純雜을 살피는 것은 간명看命의 요법이며 상관격傷官格만 그런 것은 아니다."

상관격(傷官格)에 재(財)를 쓰는 상관용재(傷官用財)의 사주는 상관(傷官)이 재(財)를 생(生)하면 재성(財星)이 다시 정관(正官)을 생(生)하여 좋아진다. 상관(傷官)은 정관(正官)을 상(傷)하게 하니 흉(凶)하지만, 재성(財星)이 있어 통관(通關)시키면 흉(凶)이 길(吉)로 변하게 된다. 다만 상관용재격(傷官用財格)이 되려면 신강(身强)하고 재성(財星)이 뿌리가 있어야 한다.

●酉월에 庚金이 투출하여 식신격(食神格)이다.

●酉월의 戊土 일간(日干)이니 상관격(傷官格)에서 다루고 있다.

●마음은 식신격(食神格)이고, 현실은 상관격(傷官格)으로 보면 된다.

●식상(食傷)이 강한 사주라고 해도 된다.

●사춘방(史春芳)의 사주이다.

다음은 『자평진전평주』에 나오는 사주들이다.

●酉월의 戊土로 상관격(傷官格)이다.

●초반에는 壬水 재(財)를 써서 상관생재(傷官生財)하고 있다.

●그러나 겁재(劫財) 己土가 壬水를 극(剋)하고 있다.

●기토탁임(己土濁壬)이다.

●격국(格局)이 상관격(傷官格)인데 후반 乙木 정관(正官)이 있다.

●서락오는 상관견관(傷官見官)으로 보고, 壬水가 통관(通關)하고 있다고
  말한다.

●지나친 비약처럼 보인다.

●정관(正官)이 뿌리가 있어 정관(正官)을 쓸 수 있다.

●모시랑(某侍郎)의 사주이다.

- 卯월의 壬水 일간(日干)이니 상관격(傷官格)이다.
- 두 개의 정관(正官)이 투출하여 있어 상관견관(傷官見官)이 되었다.
- 午 중에 丁火와 己土가 있어 목생화(木生火) 화생토(火生土)로 흘러간다.
- 재(財)가 상관(傷官)과 정관(正官)을 통관(通關)시키고 있다고 서락오는 말한다.
- 이것도 억지스럽다.
- 상관격(傷官格)에 관인(官印)이 투출하여 관인(官印)을 썼다고 보면 될 것 같다.
- 모지부(某知府)의 사주이다.

상관(傷官)을 설기(洩氣)하여 재(財)를 생(生)하는 상관생재격(傷官生財格)이 되면 좋다. 그러나 신강(身强)을 전제로 한다.

- 亥월에 甲乙木이 투출하여 재격(財格)이다.
- 심효첨은 亥월의 辛金 일간(日干)이니 상관격(傷官格)으로 보았다.
- 재격(財格)이 상관(傷官)을 보거나 상관격(傷官格)이 재(財)를 보았다.

- 상관(傷官)과 재(財)를 쓰려면 신강(身强)해야 하는데 일간(日干)이 약하다.
- 시간(時干)의 戊土 인수(印綬)에 의존하고 있다.
- 戊土는 강한 水를 막아주는 역할도 한다.
- 심효첨은 亥未 목국(木局)으로 상관(傷官)이 재(財)로 변했다고 한다.
- 겨울의 나무가 얼어 있는데 亥未가 木으로 변해 좋다는 것이다.
- 나장원(羅狀元)의 명(命)이다.

다음은 서락오의 의견이다.

"반합半合은 사정四正의 글자인 子午卯酉가 없으면 국局을 이루지 못한다. 그러나 寅戌이 있고 천간에 丁火가 있다던가, 申辰이 있고 천간에 癸水가 있으면 국局을 이룬다. 또 巳丑이 있고 辛金이 투출하거나 亥未가 있고 乙木이 투출하면 역시 국局을 이룬다. 무릇 丁은 午이고, 癸는 子이며, 辛은 酉이고, 乙은 卯인 까닭이다."

나장원의 명(命)에서 亥未와 乙木이 있으니 목국(木局)이 형성되었다는 것을 설명하기 위한 보충 설명이다. 그러나 丁은 午가 아니고, 癸는 子가 아니며 辛은 酉가 아니고, 乙은 卯가 아니다. 앞에서 설명했듯이 천간과 지지는 다르고 그 차이는 지장간을 통해 알 수 있다. 그러나 천간의 글자가 두 개의 지지에 뿌리를 두면 삼합(三合) 정도는 아니더라도 기운이 강해질 것은 틀림없다.

서락오는 또 "木을 子水가 생生하고 있으니 식상食傷은 재성財星의 뿌리

가 된다."고 하였다. 통근(通根)이 되지 않는 인수(印綬)를 뿌리로 본 것
이다.

재(財)와 상관(傷官)이 유정(有情)한 것과 상관(傷官)이 재(財)로 화(化)
한 것은 빼어난 수기(秀氣)라는 면에서 똑같다. 재격(財格)에 상관(傷官)
을 쓰거나, 상관격(傷官格)에 재(財)를 쓰는 것은 수기(秀氣)가 뛰어나다.

●丑월에 己土가 투출하여 상관격(傷官格)이다.

●庚金 재성(財星)도 월지(月支)에 뿌리를 내리고 있다.

●상관격(傷官格)에 재(財)를 상신(相神)으로 쓰고 있다.

●성격(成格)이 된 사주에 격국(格局)과 상신(相神)이 월지(月支)에 통근
　(通根)하면 팔자가 청(淸)하고 빼어나다.

상관격(傷官格)에 인수(印綬)를 쓰는 상관패인(傷官佩印)은 귀격
(貴格)이다. 그러나 이 경우는 상관(傷官)이 왕(旺)하고 조금 신약(身弱)
하여야 수기(秀氣)가 빼어나다. 상관(傷官)이 왕(旺)하면 일간(日干)이
약해지니 인수(印綬)가 일간(日干)을 생(生)하면 강해진 일간(日干)은
다시 상관(傷官)을 생(生)하여 기(氣)가 유통이 잘 된다.

팔자(八字)나 풍수(風水)를 보는 방법 중 하나는 살아가는 인간의 모

습을 관찰하는 것이다. 음양운동(陰陽運動)은 기(氣)의 순환이다. 기(氣)의 순환이 있어야 생명력(生命力)이 생긴다. 호흡(呼吸)을 하는 것도 기(氣)의 순환이고, 집을 지을 때 창문을 만드는 것도 기(氣)의 순환을 위해서이다. 북반구에서 남향집을 선호하는 것이나 배산임수(背山臨水)를 이야기하는 것도 기(氣)의 순환을 위해서이다. 답답한 도시에서 벗어나 자연 속으로 가는 것도 기(氣)의 순환 때문이다. 숨이 막힌다거나 답답하다는 것은 기(氣)의 순환이 잘 안 되기 때문이다. 사람이 살지 않는 집은 기(氣)의 순환이 없어 폐가(廢家)가 된다. 기(氣)의 순환이 없으면 생명력을 잃는다. 음양운동(陰陽運動)이 활발할수록 기(氣)의 순환이 잘 이루어진다.

팔자를 볼 때도 기(氣)의 순환이 잘 되는지 살펴야 한다. 천간은 목화토금수(木火土金水)로 흐르면 좋고, 지지는 목화금수(木火金水)로 흘러가면 기(氣)의 흐름이 좋다. 탐생망극(貪生忘剋)이나 탐합망극(貪合忘剋)도 생(生)이나 합(合)이 극(剋)보다 기(氣)의 흐름이 자연스럽기 때문이다.

甲庚과 丙壬은 음양(陰陽) 관계이다. 서로가 나아가야 할 큰 목적지이다. 甲木은 庚金을 향해서 나아가고, 庚金은 甲木을 향해서 나아가며 순환운동을 하고, 壬水는 丙火를 향해서 나아가고 丙火는 壬水를 향해 나아가며 순환운동을 한다. 癸甲, 乙丙, 丁庚, 辛壬의 글자도 나란히 있으면 좋은 관계가 된다. 기(氣)의 흐름이 자연스럽기 때문이다.

- ●午월에 丙火가 투출하여 식신격(食神格)이다.
- ●심효첨은 午월의 甲木 일간(日干)이니 상관격(傷官格)이라고 한다.
- ●일간(日干)이 뿌리가 없어 약한데 식상(食傷)이 왕(旺)하고 인수(印綬)도 강하다.
- ●목화상관희견수(木火傷官喜見水)로 壬水가 돋보인다.
- ●나평장(羅平章)의 사주이다.

인수(印綬)가 왕(旺)하고 뿌리가 깊으면 많이 있을 필요는 없다. 정인 (正印)과 편인(偏印)이 혼잡(混雜)되어 투출하면 빼어나지 못하다. 어머 니가 여러 명인 꼴이다. 그러므로 상관(傷官)이 경미(輕微)하고 신강 (身强)할 때 인수(印綬)가 많으면 빈궁(貧窮)하다. 신강(身强)할 때 인수 (印綬)가 많다는 것은 어머니의 간섭이 지나치다는 것이다. 어머니의 자애(慈愛)가 지나치면 아이를 망친다. 모자멸자(母慈滅子)이다.

- ●未월에 己土가 투출하여 상관격(傷官格)이다.
- ●巳午未 방합(方合)이 있고 火土가 강하다.

●화염토조(火炎土燥)이다.

●水가 조후용신(調候用神)이다.

다음은 서락오의 글이다.

"정인正印과 편인偏印이 잡다하게 투출하면 청清하지 못하니 꺼린다. 필요하면 많이 있어도 좋지만 지나치면 병病이 된다. 신강身强하면 인수印綬의 생조生助가 필요 없다. 상관傷官이 경미輕微할 때는 인수印綬의 극제剋制를 꺼린다. 만일 사주에 인수印綬가 많을 때 재성財星이 없다면 병病은 있는데 약藥이 없으므로 빈궁하다."

신약(身弱)할 때 인수(印綬)의 도움은 필요하지만 신강(身强)할 때 인수(印綬)의 생조(生助)는 해(害)가 된다는 이야기이다.

상관격(傷官格)에 재(財)와 인수(印綬)를 겸용하는 경우가 있다. 재(財)와 인수(印綬)는 상극(相剋) 관계이므로 원래는 병용(倂用)하지 못한다. 그러나 재(財)와 인수(印綬)가 모두 청(清)하고 서로 장애가 되지 않으면 겸용할 수 있다. 상관(傷官)과 재(財)를 쓰면 일간(日干)이 약해질 우려가 있으니 인수(印綬)가 일간(日干)을 도우면 좋다. 물론 재(財)와 인수(印綬) 그리고 상관(傷官)과 인수(印綬)의 위치가 장애가 되지 않아야 한다.

또 상관생재(傷官生財)에서 재성(財星)이 태왕(太旺)할 때 인수(印綬)가 있는 경우는 귀격(貴格)이다. 왜냐하면 인수(印綬)가 생재(生財)하려는 상관(傷官)을 제(制)하기 때문이다. 그리고 인수(印綬)가 너무 많을 때 재성(財星)이 있는 경우는 재(財)가 인수(印綬)를 제(制)하니 중화(中和)를 이루어 귀격(貴格)이 된다.

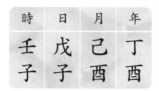

- 酉월의 戊土 일간(日干)이니 상관격(傷官格)이다.
- 壬水 재성(財星)이 뿌리를 두어 강하다.
- 상관생재(傷官生財)로 가면 좋다.
- 일간(日干)도 통근(通根)하지 못했고, 인수(印綬) 丁火도 뿌리가 없어 약하다.
- 재(財)와 인수(印綬)는 멀리 떨어져 있다.
- 丁火는 조후(調候)로 좋다.
- 도통제(都統制)의 명(命)이다.

- 酉월의 戊土 일간(日干)이니 상관격(傷官格)이다.
- 巳午에서 丁火가 투출하여 인수(印綬)가 강하다.
- 년간(年干)의 壬水는 뿌리가 없다.
- 水대운(大運)에 壬水는 힘을 받을 것이다.
- 어느 승상(丞相)의 사주이다.

재(財)와 인수(印綬)가 가깝게 있으면 겸용하지 못하고 수기(秀氣)도 빼어나지 못하다. 서로 극(剋)하는 관계에 있는 글자는 가까이 있으면 제 역할을 온전히 하지 못한다. 재(財)와 인수(印綬)뿐 아니라 정관(正官)과 상관(傷官) 등 다른 글자들도 마찬가지이다.

서락오의 설명이다.

"재財와 인수印綬가 천간에 투출했다면 서로 극剋하지 않아야 한다. 그렇지 않다면 인수印綬가 왕旺한 사주에서는 재財를 용신用神으로 삼을 수 있겠지만, 재성財星이 왕旺한 사주에서는 인수印綬를 용신用神으로 삼지 못하니 비겁比劫을 용신用神으로 삼아야 한다. 재財와 인수印綬가 서로 싸우고 있으면 격국格局이 청淸하지 못하므로 좋은 운運으로 간다고 해도 큰 발전이 없다."

위치의 중요성을 말하고 있다.

상관격(傷官格)에 칠살(七殺)과 인수(印綬)를 쓰는 경우가 있다. 신약(身弱)할 때 상관(傷官)이 왕(旺)하면 칠살(七殺)이 생(生)한 인수(印綬)가 일간(日干)을 도우니 좋다.

- 子월의 庚金 일간(日干)이니 상관격(傷官格)이다.
- 칠살(七殺) 丙火의 생(生)을 받은 인수(印綬) 己土가 상관(傷官)을 제압하고 있다.

- 살인(殺印)이 힘을 합쳐 일간(日干)을 도우면서 상관(傷官)을 제압하고 있다.
- 금수상관(金水傷官)에 丙火가 있어 귀격(貴格)이다.
- 성격(成格)이 되고 조후(調候)까지 갖추어져서 귀(貴)하게 된 것이다.
- 채귀비(蔡貴妃)의 사주이다.

時	日	月	年
壬	丙	丁	壬
辰	寅	未	寅

- 未월에 丁火가 투출하였으나 丁壬합이 되었다.
- 未월의 丙火 일간(日干)이니 잡기상관격(雜氣傷官格)이다.
- 편인(偏印) 寅木이 양쪽에서 未土 상관(傷官)을 공격하고 있다.
- 壬水가 조후(調候)를 갖추어 좋다.
- 성격(成格)이 되고 조후(調候)가 갖추어지면 격(格)이 더욱 높아진다.
- 水대운(大運)에 더욱 발달했다.
- 하각로(夏閣老)의 사주이다.

상관격(傷官格)에 정관(正官)을 쓰는 경우도 있다. 상관용관(傷官用官)이라고 한다. 보통 상관견관(傷官見官)은 좋지 않지만 금수상관격(金水傷官格)은 관살(官殺)이 필요하다. 금수상관희견관(金水傷官喜見官)이다. 그러나 금수상관격(金水傷官格)에서도 재(財)와 인수(印綬)로 정관(正官)을 보좌해야 하고 정관(正官)과 상관(傷官)이 모두 투출하면 좋지 않다.

정관(正官)을 용신(用神)으로 삼는 경우 신왕(身旺)하다면 재(財)로써 정관(正官)을 보좌하고 신약(身弱)하다면 인수(印綬)로 일간(日干)을 보좌해야 한다. 그런데 서로 싸우지 않도록 위치가 잘 배치되어야 한다.

- 子월의 庚金으로 상관격(傷官格)이다.
- 丁火는 정관(正官)이고 인수(印綬)와 재성(財星)이 년월간(年月干)에 있다.
- 심효첨은 년월간(年月干)의 재인(財印)이 정관(正官)을 보필한다고 한다.
- 앞에서는 재인(財印)은 떨어져야 한다고 말했었다
- 고관무보(孤官無輔)가 되지 않아 승상(丞相)이 되었다고 한다.
- 상관(傷官)은 지지에 있고 정관(正官)은 천간에 있어 좋았다고 한다.
- 지나친 해석이라고 생각된다.
- 모 승상(丞相)의 사주이다.

위 승상(丞相)의 사주에 대한 서락오의 설명이다.

- 일간(日干)이 년지(年支) 申에 득록(得祿)하고 인수(印綬)의 생조(生助)

를 받는다.

- 정관(正官) 丁火는 午에 득록(得祿)하고 甲木의 생조(生助)를 받는다.
- 申子가 회국(會局)하여 子午충을 해소한다.
- 子丑합으로 상관(傷官)이 변해 인수(印綬)가 되었다.
- 신왕(身旺)하여 재생관(財生官)을 썼지만 인수운(印綬運)도 좋다.
- 신왕(身旺)하니 대운(大運)이 木火로 갈 때 귀(貴)하게 되었다.

앞의 사주는 금수상관희견관(金水傷官喜見官)에 해당한다. 甲庚丁이 있어 벽갑인정(劈甲引丁)에도 해당한다. 팔자에 뿌리가 없는 甲木은 운 (運)에서 힘을 받는다.

겨울의 金 일간이 정관(正官)을 쓰는데 상관(傷官)이 변하여 재성(財 星)이 되었다면 극히 수기(秀氣)가 빼어나고 귀(貴)하다. 정관(正官)이 상관(傷官)을 보면 좋지 않지만 상관(傷官)의 글자가 합(合) 등으로 재성 (財星)으로 변해 정관(正官)을 생(生)해 주면 좋은 것이다.

- 亥월의 辛金 일간(日干)이니 상관격(傷官格)이다.
- 정관(正官) 丙火가 己土를 돕고 己土는 일간(日干)을 돕는다.
- 정관(正官) 丙火는 조후(調候)로도 좋다.
- 금수상관희견관(金水傷官喜見官)이다.

●심효첨은 상관견관(傷官見官)으로 보고 亥未가 재(財)로 변해 좋다고 말한다.

금수상관(金水傷官)이 아닌데도 정관(正官)을 보아 좋은 경우도 있다. 상관(傷官)이 변하여 재성(財星)이 되면 재(財)로 보아야지 상관(傷官)으로 보면 안 된다. 상관(傷官)이 재(財)로 변했으면 상관견관(傷官見官)이 아니고 재왕생관(財旺生官)이 된다.

●申월에 辛金이 투출하여 식신격(食神格)이다.
●심효첨은 申월의 己土 일간(日干)이니 상관격(傷官格)에서 다룬다.
●申子반합으로 상관(傷官)이 재(財)로 변했다.
●년간(年干)의 甲木은 亥未에 뿌리를 두어 정관(正官)이 강하다.
●재(財)가 관(官)을 생(生)하는 재왕생관(財旺生官)의 모습이 되었다.
●장승상(章丞相)의 사주이다.

상관격(傷官格)에 관살(官殺)이 모두 투출하였을 때 청(淸)하면 금수상관격(金水傷官格) 역시 귀(貴)하다. 청(淸)하지 못하다면 공허(空虛)하다.

다음은 서락오의 설명이다.

"금수상관격金水傷官格은 관살官殺을 기뻐한다. 그러나 이것은 관살官殺

이 용신用神이란 말은 아니고 조후調候 때문에 그렇다. 용신用神이 아니라면 관살官殺이 혼잡混雜하여 투출했다고 해서 장애가 되지는 않는다. 팔자가 청清하다는 것은 극제剋制나 합거合去하여 혼잡함이 제거되는 것을 말한다. 정관正官을 용신用神으로 삼는 사주는 반드시 재財와 인수印綬로 보좌해야 한다."

論傷官取運

상관격(傷官格)의 운(運)에 대하여

傷官取運, 卽以傷官所成之局, 分而配之. 傷官用財, 財旺身輕, 則利印比; 身强財淺, 則喜財運, 傷官亦宜. 傷官佩印, 運行官殺爲宜, 印運亦吉, 傷食不礙, 財地則凶. 傷官而兼用財印, 其財多而帶印者, 運喜助印, 印多而帶財者, 運喜助財. 傷官而用殺印, 印運最利, 傷食亦亨, 雜官非吉, 逢財卽危. 傷官帶殺, 喜印忌財, 然傷重殺輕, 運喜印而財亦吉. 惟七根重, 則運喜傷食, 印綬身旺亦吉, 而逢財爲凶矣. 傷官用官, 運喜財印, 不利食傷, 若局中官露而財印兩旺, 則比劫傷官, 未給非吉矣.

운(運)은 팔자 원국(原局)의 구성을 보고 난 후 상황에 따라 논한다. 팔자가 성격(成格)이나 파격(破格) 또는 변격(變格)이 되는 과정을 잘 이해하면 운(運)을 보는 법도 쉽게 이해할 수 있다. 대운(大運)에 의해서 성격(成格)이 파격(破格)이 되고, 파격(破格)이 성격(成格)이 될 수도 있지만 기본적으로 팔자 원국에서 가지고 있는 성향은 바뀌지 않는다. 운(運)이란 운(運)의 기간 동안만 작용하기 때문이다. 예를 들면 은행나무가 그 속성은 그대로 가지고 있지만 계절에 따라 모습이 달라지는 것과 같다. 운(運)에 의해서 은행나무가 단풍나무가 될 수는 없다. 태어날 때 정해진 팔자 원국의 중요성이다.

상관용재(傷官用財)의 팔자는 재성(財星)이 왕(旺)하고 일간(日干)이 약(弱)하다면 인수운(印綬運)과 비겁운(比劫運)이 좋다. 상관(傷官)이나 재성(財星)을 쓰려면 일간(日干)이 강해야 하기 때문이다. 만일 일간(日干)은 강하고 재성(財星)이 약하다면 재운(財運)이 좋고 상관운(傷官運)도 좋다. 상관운(傷官運)이 좋은 것은 상관(傷官)이 약한 재(財)를 생(生)하기 때문이다.

- 앞에서 나온 사춘방(史春芳)의 사주이다.
- 일간(日干) 戊土가 두 개의 午를 보아 양인(陽刃)으로 강하다.
- 식재(食財)로 가는 운(運)이 좋아 辛亥 壬子 癸丑대운(大運)에 좋았다.

- 앞에서 나왔던 나장원(羅狀元)의 사주이다.

- 금수상관격(金水傷官格)이다.

- 천간의 甲乙木이나 戊土가 양(陽)의 기운이 강하니 조후(調候)는 갖추어졌다.

- 지지에 亥未가 있고 천간의 甲乙木이 있어 재성(財星)이 강하다.

- 亥水는 水의 역할이 아닌 木의 역할을 한다.

- 지지의 子水는 식신(食神)이니 식상생재(食傷生財)의 모습이 되었다.

- 식상생재(食傷生財)는 일간(日干)이 강해야 한다.

- 庚辰 辛巳대운(大運)에 좋았다.

- 戊寅 己卯대운(大運)은 재왕신약(財旺身弱)이 되어 좋지 않았다.

- 丑월에 己土가 투출하여 상관격(傷官格)이다.

- 庚金 재성(財星)도 월지(月支)에 통근(通根)하여 상관(傷官)과 재성(財星)이 유정(有情)하다.

- 일간(日干) 丙火는 寅에서 장생(長生)하여 강하고, 庚金은 丑에서 묘(墓)이니 약하다.

- 신강(身强)하니 식재운(食財運)이 좋다.

상관패인격(傷官佩印格)에는 관살운(官殺運)이 좋고 인수운(印綬運)도 좋다. 흉신(凶神)인 상관(傷官)을 극(剋)하려면 인수(印綬)가 힘이 있어야 하니 관살운(官殺運)이나 인수운(印綬運)이 좋은 것이다. 식상운(食傷運)은 꺼리지 않으나 재운(財運)은 흉(凶)하다. 인수(印綬)가 있으니 식상운(食傷運)은 꺼리지 않는다. 물론 인수(印綬)가 식상(食傷)을 통제할 힘이 있는지 상황을 봐야 한다. 재운(財運)은 상신(相神)인 인수(印綬)를 극(剋)하니 당연히 좋지 않다.

- 앞에서 나온 나평장(羅平章)의 사주이다.
- 午월의 甲木이 약한데 壬水가 돕고 있다.
- 壬水는 조후용신(調候用神)의 역할도 한다.
- 인수(印綬)를 돕는 金운에 좋았고, 인수(印綬)를 극(剋)하는 土운에 나빴다.
- 특히 戌운에 午戌반합이 되어 더욱 나빴다.

상관격(傷官格)에 재인(財印)을 겸용하는 사주가 있다. 이때 재성(財星)이 많으면 인수(印綬)를 돕는 운(運)이 좋고, 인수(印綬)가 많으면 재(財)를 돕는 운(運)이 좋다. 일간(日干)이나 격국(格局) 그리고 상신(相神)은 균형을 이루면 좋으니, 강한 자는 극설(剋洩)하여 힘을 빼고 약한 자는 생조(生助)해야 한다는 것은 당연한 말이다.

다음은 서락오의 글이다.

"상관격傷官格일 때 재財와 인수印綬를 겸용하는 것은, 재격財格일 때 인수印綬를 용신用神으로 하는 것이나 인수격印綬格에 재財를 용신用神으로 삼는 것과 같다. 비록 월령月令이 상관傷官이더라도 상관傷官의 기氣가 재財로 설기洩氣되어 있다면 그 중심은 재財에 있다. 그리고 재財와 인수印綬는 병용併用하지 않는 것이 원칙이지만 천간에서 서로 떨어져 관계가 청淸하다면 역시 용신用神으로 삼을 수 있다. 혹은 재財와 인수印綬가 하나는 천간에 있고, 다른 하나는 지지에 있어서 서로 장애가 되지 않으면 역시 청淸하다고 본다."

- 상관격(傷官格)으로 일간(日干)이 뿌리가 없어 재다신약(財多身弱)이다.
- 재(財)와 인수(印綬)가 서로 장애가 되지 않는다.
- 재(財)가 왕(旺)하니 인수(印綬)를 상신(相神)으로 삼는다.
- 丁未 丙午대운(大運)에 좋았고, 乙巳 甲辰대운(大運)도 역시 좋았다.
- 앞에서 나온 어느 도통제의 사주이다.

- 인수(印綬)가 많아 신강(身强)하니 재(財)를 상신(相神)으로 한다.

- 재(財)와 인수(印綬)가 떨어져 있어서 극(剋)하지 못한다.
- 재(財)를 돕는 辛亥 壬子 癸丑대운(大運)에 좋았다.
- 인수(印綬)를 돕는 甲寅 乙卯대운(大運)은 좋지 않았다.
- 앞에 나온 어느 승상(丞相)의 사주이다.

상관격(傷官格)에 살인(殺印)을 쓰는 경우는 인수운(印綬運)이 가장 좋고 식상운(食傷運)도 역시 좋다. 정관(正官)이 와서 칠살(七殺)과 혼잡하면 길(吉)하지 못하고, 재운(財運)에는 위험하다.

상관격(傷官格)에 칠살(七殺)과 인수(印綬)를 쓰는 것은 신강(身强)과 신약(身弱)을 구분해야 한다. 상관격(傷官格)에 인수(印綬)를 쓸 때는 격국(格局)과 상신(相神)이 서로 일대일로 대등해야 한다. 힘의 균형이 한 쪽으로 치우치면 약한 쪽은 보강하고 강한 쪽은 설기(洩氣)시키는 운(運)이 좋다. 다른 격(格)에서도 마찬가지이다.

- 庚金 일간(日干)이 신약(身弱)하다.
- 신약(身弱)하니 己土 인수(印綬)를 상신(相神)으로 삼는다.
- 금수상관(金水傷官)으로 丙火가 조후(調候)를 담당한다.
- 己未가 있어 조후(調候)가 시급하지는 않다.
- 乙亥대운(大運)에 출신은 좋았으나 고생했다.

●甲戌대운(大運)에는 甲己합이 되고 용신운(用神運)이 와서 좋았다.

●재운(財運)이 오면 용신(用神)인 인수(印綬)를 극(剋)하니 좋지 않다.

●『자평진전평주』에 나오는 사주이다.

●앞에서 나온 하각로(夏閣老)의 사주이다.

●丁壬합이 있고 신강(身强)하다.

●未월의 丙火가 건조하니 칠살(七殺) 壬水를 용신(用神)으로 한다.

●金水운에 부귀(富貴)했다.

상관격(傷官格)에 칠살(七殺)이 있는 상관대살(傷官帶殺)은 인수운 (印綬運)이 좋고 재운(財運)을 꺼린다. 그러나 상관(傷官)은 중(重)하고 칠살(七殺)이 약하다면 제살태과(制殺太過)가 되니 인수운(印綬運)과 재운(財運)이 모두 길(吉)하다. 상관(傷官)이 중(重)하니 인수운(印綬運) 이 와서 상관(傷官)을 극(剋)하면 좋고, 칠살(七殺)이 약하니 재운(財運) 으로 칠살(七殺)을 돕는 운(運)도 좋은 것이다.

상관대살(傷官帶殺)에서 칠살(七殺)의 뿌리가 중(重)하다면 식상운 (食傷運)이 좋고 인수운(印綬運)과 신왕운(身旺運)도 역시 좋다. 그러나 재운(財運)에는 흉(凶)하다. 칠살(七殺)이 강하면 식상운(食傷運)으로 식극관(食剋官)하면 좋을 것이다. 또 칠살(七殺)의 공격을 견뎌낼 수 있는 인수운(印綬運)과 신왕운(身旺運)도 좋다. 그러나 재운(財運)은 중(重)한 칠살(七殺)을 도우니 좋지 않다.

● 戌월 丙火에 戊己土가 투출하여 상관(傷官)이 왕(旺)하고 건조하다.

● 시지(時支)의 亥水가 용신(用神)이다.

● 乙未대운(大運)에 卯未 亥未 목국(木局)으로 목극토(木剋土)하여 칠살(七殺)을 보호하니 과거에 급제했다.

● 甲午대운(大運)에는 甲己합土로 상관(傷官)이 강해진다.

● 甲午대운(大運)인 己巳년 용신(用神)이 巳亥충되어 사망했다.

● 丑월에 癸水가 투출하여 상관격(傷官格)이다.

● 칠살(七殺)이 寅에 뿌리를 두어 강하니 신약(身弱)한 사주이다.

● 강한 칠살(七殺)을 치는 식상운(食傷運)에 좋았다.

● 그리고 신약(身弱)하니 인수운(印綬運)과 비겁운(比劫運)도 좋았다.

● 특히 辛酉 庚申대운(大運)에 좋았다고 한다.

● 재운(財運)과 칠살운(七殺運)은 좋지 않았다.

● 절강성(浙江省)의 장(長)이었던 장재양(張載陽)의 사주이다.

상관용관(傷官用官)의 사주는 재운(財運)과 인수운(印綬運)이 좋고, 식상운(食傷運)이 불길(不吉)하다. 재운(財運)은 상관(傷官)과 정관(正官)을 통관(通關)시키니 좋다. 그리고 인수운(印綬運)은 상관(傷官)을 극(剋)하니 좋다.

만일 원국에 정관(正官)이 노출되고 재(財)와 인수(印綬)가 왕(旺)하다면 비겁운(比劫運)과 상관운(傷官運)은 좋지 않다. 인수(印綬)가 왕(旺)하면 비겁운(比劫運)은 좋지 않을 것이다. 인비(印比)가 모두 강하면 일간(日干)이 태왕(太旺)해져서 좋을 리가 없다. 또 재(財)는 상관격(傷官格)과 정관(正官)을 소통시켜 주는데 비겁운(比劫運)이 오면 재(財)를 극하니 역시 좋지 않다. 그리고 정관(正官)이 노출되어 상신(相神)으로 쓸 때 상관운(傷官運)은 당연히 좋지 않다.

- 금수상관격(金水傷官格)이다.
- 시간(時干)의 丁火가 조후용신(調候用神)이다.
- 정관(正官)이 용신(用神)이니 재운(財運)과 인수운(印綬運)이 모두 좋았다.
- 丙寅 丁卯 戊辰 己巳 庚午대운(大運)에 좋았다.
- 앞에서 나온 모 승상(丞相)의 사주이다.

時	日	月	年
辛	己	壬	甲
未	亥	申	子

● 申子반합으로 상관(傷官)이 재(財)로 변했다.

● 재왕생관(財旺生官)이다.

● 재관(財官)을 쓰면 신약(身弱)할 우려가 있으니 인수운(印綬運)과 비겁
운(比劫運)이 좋다.

● 재왕(財旺)하니 정관운(正官運)이 와도 왕(旺)한 재성(財星)이 설기(洩
氣)되어 좋다.

제45장

論陽刃

양인격(陽刃格)에 대하여

陽刃者, 劫我正財之神, 乃正財之七殺也. 祿前一位, 惟五陽
有之, 故爲旭刃. 不曰劫而曰刃, 劫之甚也. 刃宜伏制, 官殺皆
宜, 財印相隨, 尤爲貴顯. 夫正官而財印相隨美矣, 七殺得之,
夫乃甚乎? 豈知他格以殺能傷身, 故喜制伏, 忌財印;陽刃用
之, 則賴以制刃, 不怕傷身, 故反喜財印, 忌制伏也. 陽刃用官,
透刃不慮;陽刃露殺, 透刃無成. 蓋官能制刃, 透而不爲害;刃
能合殺, 則有何功? 如丙生午月, 透壬制刃, 而又露丁, 丁與壬
合, 則七殺有貪合忘剋之意, 如何制刃? 故無功也. 然同是官
殺制刃, 而格亦有高低, 如官殺露而根深, 其貴也大;官殺藏而
不露, 或露而根淺, 其貴也小. 若己酉·丙子·壬寅·丙午, 官透
有力, 旺財生之, 丞相命也. 又辛酉·甲午·丙申·壬辰, 透殺根
淺, 財印助之, 亦丞相命也. 然亦有官殺制刃帶傷食而貴者, 何
也? 或是印護, 或是殺太重而裁損之, 官殺輕而取淸之, 如穆
同知命, 甲午·癸酉·庚寅·戊寅, 癸水傷寅午之官, 而戊以合

之, 所謂印護也, 如賈平章命, 甲寅·庚午·戊申·甲寅, 殺兩透
而根太重, 食以制之, 所謂裁損也. 如丙戌·丁酉·庚申·壬午,
官殺競出, 而壬合丁官, 殺純而不雜. 況陽刃之格, 利於留殺,
所謂取清也. 其於丙生午月, 內藏己土, 可以剋水, 尤宜帶財佩
印, 若戊生午月, 干透丙火, 支會火乙, 則化刃爲印, 或官或殺,
透則去刃存印其格愈清. 倘或財煞並透露, 則犯去印存殺之
忌, 不作生殺制殺之例, 富貴兩空矣. 更若陽刃用財, 格所不
喜, 然財根深而用傷食, 以轉刃生財, 雖不比建祿月劫, 可以取
貴, 亦可就富. 不然, 則刃與財相搏, 不成局矣.

양인(陽刃)은 양간(陽干)의 겁재(劫財)를 말하는데 나의 정재(正財)를
겁탈한다. 오양간(五陽干)에만 있기 때문에 양인(陽刃)이라고 한다. 양
인(陽刃)은 겁재(劫財)보다 재(財)를 겁탈하는 능력이 극렬하다. 이렇게
강렬한 양인(陽刃)을 상대할 수 있는 것은 관살(官殺)이다. 재(財)와 인
수(印綬)로 관살(官殺)을 보좌하면 더욱 귀(貴)하다.

길신(吉神)인 정관(正官)은 재(財)와 인수(印綬)의 보필을 받는 것이
당연하지만 양인격(陽刃格)에서는 흉신(凶神)인 칠살(七殺)이 재(財)와
인수(印綬)의 보필을 받는 것은 무엇 때문인가? 양인격(陽刃格)을 제외
한 다른 격국(格局)에서는 칠살(七殺)이 재(財)와 인수(印綬)의 보좌를
받는 것을 꺼린다. 그러나 양인(陽刃)은 너무나 강하여 칠살(七殺)의 공
격이 있더라도 견딜 수 있다. 양인(陽刃)이 있으면 칠살(七殺)이 있어야
하므로 양인격(陽刃格)에서는 칠살(七殺)을 재(財)와 인수(印綬)로 보좌

해야 하는 것이다. 양인격(陽刃格)에서는 칠살(七殺)을 식상(食傷)으로 제복(制伏)하면 안 된다.

다음은 서락오의 설명이다.

"양인陽刃이란 기후를 뜻하는 말이기도 하다. 甲木이 卯월에 나면 양인陽刃이지만 卯월이 아닌 년지年支 일지日支 시지時支의 卯는 겁재劫財일 뿐이지 양인陽刃이 아니다. 일인日刃이니 시인時刃이니 하는 말도 있지만 실제로는 양인陽刃이라고 하지 못한다. 양인陽刃과 겁재劫財는 작용이 같은데 단지 그 힘에서 차이가 난다. 왕성함이 극極에 이르러 지나치니 양인陽刃은 칠살七殺로 제복制伏되어야 마땅하다. 제복制伏할 때는 관官과 칠살七殺을 구분하지 않는다. 양인격陽刃格은 인강살왕刃强殺旺한 것을 좋게 본다. 식상食傷의 제살制殺이 필요가 없다. 양인격陽刃格은 양인陽刃과 칠살七殺이 대치하고 있는 살인양정殺刃兩停을 좋게 본다. 그러나 살인양정殺刃兩停이 된 사주는 거의 없다."

時	日	月	年
己	甲	乙	癸
巳	子	卯	未

- 卯월의 甲木 일간(日干)으로 양인격(陽刃格)이다.
- 양인격(陽刃格)은 칠살(七殺)이 있으면 좋은데 칠살(七殺)이 지장간에 숨어 있다.
- 辛亥대운에 亥卯未 삼합(三合)이 된다.
- 辛亥대운 辛酉년 강한 木을 칠살(七殺)이 공격하여 화(禍)를 당했다.

- 쇠자충왕왕신발(衰者沖旺旺神發)이 된 것이다.
- 약(弱)한 것이 강(强)한 것을 충(沖)하면, 강(强)한 것이 동(動)하게 된다.

다음은 위의 사주에 대한 서락오의 설명이다.

- 양인(陽刃)은 왕(旺)하고 칠살(七殺)은 경미(輕微)하다.
- 약한 칠살(七殺)을 재(財)와 인수(印綬)로 보좌해야 한다.
- 인수운(印綬運)이 오니 칠살(七殺)을 보호하여 좋았다.
- 辛亥대운(大運)에 亥卯未 삼합(三合)이 되고, 巳火를 충(沖)한다.
- 辛酉년에 양인(陽刃)인 卯를 충(沖)한다.
- 그때 관살(官殺)과 양인(陽刃)의 싸움이 극렬하여 화(禍)를 당했다.

양인격(陽刃格)에 정관(正官)을 쓰는 양인용관(陽刃用官)은 양인(陽刃)이 천간에 투출해도 두렵지 않다. 그러나 양인격(陽刃格)에 칠살(七殺)을 쓰는 양인용살(陽刃用殺)은 양인(陽刃)이 천간에 투출하면 격국(格局)이 성립되지 못한다. 정관(正官)은 능히 양인(陽刃)을 제압하니 양인(陽刃)이 천간에 투출해도 해롭지 않지만, 칠살(七殺)은 겁재(劫財)와 합거(合去)되니 양인(陽刃)이 천간에 투출하면 양인용살(陽刃用殺)이 성립되지 못하게 된다.

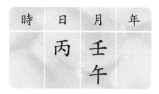

●午월의 丙火 일간(日干)이니 양인격(陽刃格)이다.

●천간에 칠살(七殺)이 투출하여 양인(陽刃)을 제압하고 있다.

●겁재(劫財) 丁火가 천간에 투출하면 丁壬합이 된다.

●칠살(七殺)이 탐합망극(貪合忘剋)하여 양인(陽刃)을 제압하지 못한다.

●월령(月令)이 양인(陽刃)이지만 土가 너무 많아 설기(洩氣)가 심하다.

●신약(身弱)하니 인수(印綬) 木을 써서 土를 극(剋)하고 일간(日干)을 도우면 좋다.

●양인격(陽刃格)이라고 무조건 관살(官殺)이 용신(用神)인 것은 아니다.

●월령(月令)이 양인(陽刃)이라고 해서 반드시 신왕(身旺)한 것은 아니기 때문이다.

時	日	月	年
庚	甲	丁	甲
午	寅	卯	申

- 卯월의 甲木이니 양인격(陽刃格)이다.
- 칠살(七殺)이 있지만 겁재와 합하여 양인을 제압하지 못한다.
- 어느 내관(內官)의 사주이다.
- 이상은 『자평진전평주』에 나오는 사주들이다.

관살(官殺)로 양인(陽刃)을 극(剋)하는 관살제인(官殺制刃)이라도 격국(格局)의 고저(高低)는 있다. 만일 관살(官殺)이 천간에 노출되고 뿌리가 깊으면 귀(貴)가 크다. 관살(官殺)이 지지에만 있거나 천간에 드러났어도 뿌리가 미약하면 귀(貴)가 작다.

時	日	月	年
丙	壬	丙	己
午	寅	子	酉

- 子월의 壬水로 양인격(陽刃格)이다.
- 양인격(陽刃格)이어도 신약(身弱)하다.
- 丙火 재(財)가 투출한 정관(正官)을 생(生)하고 있다.
- 재왕생관(財旺生官)이 되었다.
- 신약(身弱)한데 대운(大運)이 서북(西北)으로 흘러서 좋았다.
- 어느 승상(丞相)의 사주이다.

時	日	月	年
壬	丙	甲	辛
辰	申	午	丑

- 午월의 丙火로 양인격(陽刃格)이다.
- 칠살(七殺)이 천간에 투출했다.
- 양인(陽刃)과 칠살(七殺)이 균형을 이룬 승상(丞相)의 사주이다.

時	日	月	年
壬	庚	乙	庚
午	午	酉	午

- 酉월의 庚金으로 양인격(陽刃格)이다.
- 乙庚합이 있다.
- 양인격(陽刃格)이라도 일간(日干)이 신약(身弱)한 사주이다.
- 인수(印綬) 土를 써서 지지의 강한 火기운을 설기(洩氣)시키고 일간(日干)을 도와야 한다.
- 戊子 己丑대운(大運)은 인수운(印綬運)으로 정관(正官)을 설기(洩氣)하고 일간(日干)을 생하니 좋았다.
- 庚寅대운에 寅午반합으로 火가 강해져 패가망신(敗家亡身)했다.

관살(官殺)이 양인(陽刃)을 극(剋)하는 경우 식상(食傷)이 있으면 파격(破格)이 된다. 그런데도 귀(貴)하게 되는 경우도 있다. 그것은 인수(印綬)가 있어서 식상(食傷)을 극하여 관살(官殺)을 보호하는 경우이거나 또는 칠살(七殺)이 태과(太過)할 경우 식상(食傷)으로 칠살(七殺)을 손상

시키는 경우이다. 그리고 관살(官殺)이 식상(食傷)과 합하여 거관류살
(去官留煞)이 되어도 사주가 맑아져서 좋다.

- 酉월의 庚金 일간(日干)이니 양인격(陽刃格)이다.
- 양인격(陽刃格)이 식재(食財)로 흘러 나간다.
- 천간이 토생금(土生金) 금생수(金生水) 수생목(水生木)으로 역행(逆行)
  한다.
- 목동지(穆同知)의 사주이다.

- 午월의 戊土 일간(日干)이니 양인격(陽刃格)이다.
- 寅午반합으로 양인(陽刃)이 강해진다.
- 두 개의 甲木이 투출하여 칠살(七殺)의 힘이 강하다.
- 庚金 식신(食神)이 강한 칠살(七殺)을 억제하고 있다.
- 서락오는 寅午반합으로 양인(陽刃)이 아니고 인수격(印綬格)이라고
  한다.
- 사주가 조열하니 조후(調候)로 水가 좋다고 한다.
- 가평장(賈平章)의 사주이다.

- 酉월의 庚金이니 양인격(陽刃格)이다.

- 申酉戌 방합(方合)이 있어 양인격(陽刃格)이 강하다.

- 천간에 관살(官殺)이 모두 투출하여 양인(陽刃)과 대적하고 있다.

- 심효첨은 관살혼잡(官殺混雜)을 丁壬합으로 해소하고 있다고 말한다.

- 酉월의 庚金으로 양인격(陽刃格)이다.

- 양인격(陽刃格)에 관살(官殺)이 모두 투출하였다.

- 앞에서 나온 건륭(乾隆)황제의 사주이다.

- 戊土 일간(日干)이 午월에 태어났다.

- 午 중에 己土 겁재(劫財)가 있다.

- 양간(陽干)의 겁재(劫財)가 양인(陽刃)이니 양인격(陽刃格)이다.

時	日	月	年
戊	丙	丁	
寅	午		

- 午월의 戊土는 양인격(陽刃格)이다.

- 천간에 인수(印綬) 丙丁이 투출하였고 지지는 寅午반합이 있다.

- 寅午반합으로 양인(陽刃)이 변하여 인수(印綬)가 되었다.

- 이때 木이 투출하면 午 중 己土를 제거한다.

- 己土가 제거되면 인수(印綬)만 남으니 격국(格局)이 청(淸)해진다.

- 이때 水도 투출하면 인수(印綬)를 극(剋)하고 칠살(七殺)을 남겨 부귀
  (富貴)하지 못할 것이다.

- 『자평진전(子平眞詮)』에 나오는 심효첨의 설명이다.

- 그러나 火土가 강하면 조후(調候)로 水가 필요할 것이다.

다음은『자평진전평주』에 나오는 사주들이다.

時	日	月	年
壬	丙	甲	丙
辰	申	午	寅

- 午월의 丙火로 양인격(陽刃格)이다.

- 寅午반합으로 양인(陽刃)이 더욱 강해진다.

- 壬水 칠살(七殺)이 뿌리를 두어 강하다.

- 지지의 申金 재성(財星)은 천간의 甲木을 극(剋)하지 못한다.

- 생살대권(生殺大權)을 쥐었다는 사람의 사주이다.

- 午월의 丙火로 양인격(陽刃格)이다.

- 火의 기운이 강해 癸水가 없었다면 종격(從格)이 되었을 것이다.

- 그러나 癸水 또한 뿌리가 없으니 증발 직전이다.

- 화염토조(火炎土燥)한 사주이다.

- 역시 화염토조(火炎土燥)한 사주이다.

- 지지의 寅은 寅午반합이 되어 있다.

- 천간의 甲木이 칠살(七殺) 작용을 하지만 너무 약하다.

- 甲木은 왕(旺)한 기세(氣勢)를 거역하니 좋지 않다.

- 金운이 와서 土기운을 설기(洩氣)하고 甲木을 제살(制殺)해야 좋다.

時	日	月	年
甲	戊	庚	甲
寅	寅	午	寅

- 午월의 戊土이니 양인격(陽刃格)이다.

- 寅午반합으로 인수격(印綬格)이 되었다.

- 甲木 칠살(七殺)은 뿌리가 튼튼하다.

- 칠살(七殺)이 인수(印綬)로 설기(洩氣)되고 인수(印綬)는 일간(日干)을 돕는다.
- 부귀수복(富貴壽福)을 누리고 명리쌍전(名利雙全)했다는 사주이다.

양인격(陽刃格)에 재(財)를 쓰는 격국(格局)은 좋지 않다. 그러나 재(財)의 뿌리가 깊고 식상(食傷)이 통관(通關)하면 좋다. 양인(陽刃)이 식상(食傷)을 생(生)하고 식상(食傷)이 다시 재(財)를 생(生)하기 때문이다. 비록 건록격(建祿格)이나 월겁격(月劫格)보다는 못하지만 부귀(富貴)할 수 있다. 만일 식상(食傷)이 없다면 양인(陽刃)이 재(財)를 극(剋)하니 파격(破格)이 된다.

다음은 『자평진전평주』에 나오는 사주들이다.

- 子월의 壬水 일간(日干)이니 양인격(陽刃格)이다.
- 申子반합으로 양인(陽刃)이 더욱 강해진다.
- 팔자가 차가우니 丙火는 조후(調候)로도 좋다.
- 서락오는 양인격(陽刃格)에 재성(財星)이 있으니 식신(食神)이 통관(通關)했다고 한다.

- 午·戌반합으로 양인(陽刃)의 세력이 무척 강하다.

- 화염토조(火炎土燥)하니 水가 필요하다.

- 그러나 水가 너무 미약하다.

- 역시 양인격(陽刃格)이다.

- 子와 申이 있어 위의 사주보다는 덜 조열(燥熱)하다.

論陽刃取運

양인격(陽刃格)의 운(運)에 대하여

陽刃用官, 則運喜助官, 然命中官星根深, 則印綬比劫之方, 反爲美運, 但不喜傷食合官耳.

양인격(陽刃格)의 운(運)을 보는 법은 다른 격(格)에 비하여 간단하다. 양인격(陽刃格)은 거의 신강(身强)하므로 관살(官殺)로 극(剋)하거나 아니면 식상(食傷)으로 설기(洩氣)하면 좋다.

양인(陽刃)이 재(財)를 만나면 식상(食傷)으로 설기(洩氣)하는 운(運)이 와야 한다. 이때 식상(食傷)은 양인(陽刃)과 재(財)를 통관(通關)시키는 역할을 할 것이다. 양인(陽刃)이 왕(旺)하고 관살(官殺)이 경미(輕微)하면 인수(印綬)로 통관(通關)하는데 이는 종격(從格)을 만들기 위함이다. 그러나 월령(月令)이 양인(陽刃)인데도 팔자 전체적으로 보면 신약(身弱)한 경우도 있다.

양인격(陽刃格)에 정관(正官)이 있는 양인용관(陽刃用官)은 정관(正官)을 돕는 운(運)이 좋다. 그러나 사주 원국에 정관(正官)의 뿌리가 깊다면 양인(陽刃)보다 정관(正官)이 강할 수 있으니 인수운(印綬運)이나 비겁운(比劫運)이 좋다. 그리고 정관(正官)을 합(合)하는 운(運)은 좋지 않다.

- 子월의 壬水 일간(日干)이니 양인격(陽刃格)이다.
- 己土 정관(正官)이 강한 재(財)의 생(生)을 받고 있다.
- 팔자가 신약(身弱)하니 인수운(印綬運)과 비겁운(比劫運)에 좋았다.
- 癸酉 壬申 辛未대운(大運)에 좋았다.

양인격(陽刃格)에 칠살(七殺)을 쓰는 양인용살(陽刃用殺)의 경우는 칠살(七殺)이 강하지 않다면 재운(財運)이 와서 칠살(七殺)을 도와야 한다. 칠살(七殺)이 너무 강하면 일간(日干)을 돕는 신왕운(身旺運)이나 인수운(印綬運)이 좋고, 식상운(食傷運)도 꺼리지 않는다. 이때 식상운(食傷運)은 강한 칠살(七殺)을 억제하는 역할을 한다.

양인용살(陽刃用殺)과 양인용관(陽刃用官)의 차이는 비슷하면서도 약간 다르다. 정관(正官)은 길신(吉神)이니 도와야 하고, 칠살(七殺)은 흉신(凶神)이니 제복(制伏)해야 하는 것이다.

다음은 『자평진전평주』에 나오는 팔자들이다.

- 양인격(陽刃格)에 칠살(七殺)이 투출하였다.
- 인수(印綬)의 도움을 받는 양인(陽刃)도 힘이 있고 칠살(七殺)도 힘이 있다.
- 양인용살(陽刃用殺)로 성격(成格)이 되었다.
- 辛卯 庚寅대운(大運)은 재(財)가 칠살(七殺)을 돕고 인수(印綬)가 양인(陽刃)을 도와 격(格)이 높아진다.
- 己丑대운(大運)은 식상운(食傷運)으로 상신(相神)인 칠살(七殺)을 극(剋)하지만 팔자에 인수(印綬)가 있어 무난했다.
- 戊子대운(大運)에는 子午충이 있어 양인(陽刃)이 흔들리니 불길(不吉)했다.
- 앞에서 나온 어느 승상(丞相)의 명(命)이다.

- 앞에서 나온 목동지(穆同知)의 사주이다.
- 양인격(陽刃格)을 午火가 극(剋)한다.
- 천간에 癸水 식상(食傷)이 투출하여 午火를 극(剋)하면 파격(破格)이 된다.

- 戊癸합이 되어 다시 성격(成格)이 된다.
- 寅午 화국(火局)이 되어 재생관(財生官)으로 양인용관(陽刃用官)과 비슷하다.
- 인비(印比) 대운(大運)에 좋았다.
- 식상운(食傷運)은 약한 정관(正官)을 극(剋)하니 꺼린다.
- 子대운(大運)은 午를 충거(沖去)하여 좋지 않았다.
- 서락오의 풀이이다.

양인격(陽刃格)에 관살(官殺)이 모두 투출하면 거관(去官)이든 거살(去殺)이든 관살(官殺) 중 하나를 합거(合去)하는 운(運)이 좋다. 관살(官殺)이 일간(日干)을 공격하므로 신왕운(身旺運)도 좋다. 그러나 재관운(財官運)은 관살(官殺)을 도우니 좋지 않다.

- 앞에서 나온 사주이다.
- 관살(官殺)이 모두 투출하여 있다.
- 서락오는 丁壬합으로 격(格)이 청순하게 되었다고 한다.
- 칠살(七殺)이 강한데 운(運)이 식상운(食傷運)인 亥子丑으로 가니 좋았다.
- 관살(官殺)에 맞서는 신왕운(身旺運)도 좋다.
- 서락오의 설명이다.

論建祿月劫

건록격(建祿格)과 월겁격(月劫格)에 대하여

建祿者, 月建逢祿堂也, 祿卽是劫. 或以祿堂透出, 卽可依以用者, 非也. 故建祿與月劫, 可同一格, 不必加分, 皆以透干支, 別取財官殺食爲用. 祿格用官, 干頭透出爲奇, 又要財印相隨, 不可孤官無輔. 有用官而印護者, 如庚戌‧戊子‧癸酉‧癸亥, 金丞相命是也. 有用官而財助者, 如丁酉‧丙午‧丁巳‧壬寅, 李知府命是也. 有官而兼帶財印者, 所謂身强値三奇, 尤爲貴氣. 三奇者, 財官印也. 只要以官隔之, 使財印兩不相傷, 其格便大, 如庚午‧戊子‧癸卯‧丁巳, 王少師命是也. 祿劫用財, 須帶食傷, 蓋月令爲劫而以財作用, 二財相剋, 必以傷食化之, 始可轉劫生財, 如甲子‧丙子‧癸丑‧壬辰, 張都統命是也. 至於化劫爲財, 與化劫爲生, 尤爲秀氣. 如己未‧己巳‧丁未‧辛丑, 丑與巳會, 卽以劫財之火爲金局之財, 安得不爲大貴? 所謂化劫爲財也. 如高尙書命, 庚子‧甲申‧庚子‧甲申, 卽以劫財之金, 化爲生財

之水, 所謂化劫爲生也. 祿劫用殺, 必須制伏台, 如婁參政命, 丁
巳·壬子·癸卯·己未, 壬合丁財以去其黨殺, 卯未會局以制伏
是也. 至用殺而又財, 本爲不美, 然能去殺存財, 又成貴格. 戊
辰·癸亥·壬午·丙午, 合殺存財, 袁內閣命是也. 更有祿劫而官
殺競出, 必取淸方爲貴格. 如一平章命, 辛丑·庚寅·甲辰·乙
亥·合殺留這也; 如辛亥·庚寫·甲申·丙寅, 制殺留官也. 倘或
兩官競出, 亦須制伏, 所謂爭正官不可無傷也. 若夫用官而孤官
無輔, 格局更小, 難於取貴, 若透傷食便不破格. 然亦有官傷竝
透而貴者, 何也? 如己酉·乙亥·壬戌·庚子, 庚合乙而去傷存
官, 王總兵命也. 用財而不透傷食, 便難於發端, 然干頭透一位
而不雜, 地支根多, 亦可取富, 但不貴耳. 用官殺重而無制伏, 運
行制伏, 亦可發財, 但不可官殺太重, 致令身危也.

건록격(建祿格)이란 월지(月支)에 일간(日干)과 음양(陰陽)이 같은 오
행(五行)이 있을 때를 말한다. 월겁격(月劫格)은 월지(月支)에 일간(日
干)과 음양(陰陽)이 다른 같은 오행(五行)이 올 때를 말한다. 즉 월지(月
支)에 비견(比肩)이 오면 건록격(建祿格)이고, 월지(月支)에 겁재(劫財)
가 오면 월겁격(月劫格)으로 보면 된다. 비견(比肩)이나 겁재(劫財)가
천간에 투출하고 지지에서 회국(會局)이 되면 재(財)·관살(官殺)·식상
(食傷) 등을 취하여 사용한다.

다음은 서락오의 글이다.

"월령月令에서 록祿을 만나면 건록建祿이고, 일지日支에서 록祿을 만나면 전록專祿이고, 시지時支에서 록祿을 만나면 귀록歸祿이고, 년지年支에서 록祿을 만나면 세록歲祿이다. 월겁月劫이란 월지月支가 겁재劫財인 것을 말한다. 월지月支의 겁재劫財를 양陽 일간日干은 양인陽刃이라고 하고, 음陰 일간日干은 겁재劫財라고 한다. 건록격建祿格이든지 월겁격月劫格이든지 비견比肩이나 겁재劫財를 취하여 격국格局으로 쓰지 않고 별개의 재財·관살官殺·식상食傷 등을 용신用神으로 정한다. 그렇게 격격을 정하고 난 후, 보는 법은 재격財格·정관격正官格·칠살격七殺格·식신격食神格·상관격傷官格을 보는 것처럼 하면 된다. 그러므로 월겁격月劫格이라고 해서 용신用神 정하는 법을 따로 분류할 필요는 없다."

건록격(建祿格)에 정관(正官)을 쓰는 록격용관(祿格用官)의 경우는 정관(正官)이 천간에 투출하면 좋다. 재(財)와 인수(印綬)가 보좌해야 좋고, 정관(正官)만 홀로 있는 고관무보(孤官無輔)는 꺼린다.

록겁격(祿劫格)일 때 정관(正官)을 쓰는데, 인수(印綬)로 정관(正官)을 보호하는 경우의 사주이다.

● 子월의 癸水이니 록겁격(祿劫格)이다.
● 록겁격(祿劫格)은 월지(月支)에서 용신(用神)을 취하지 않는다.

- 戊土 정관(正官)이 투출했으니 정관격(正官格)처럼 보면 된다.
- 인수(印綬) 庚金이 정관(正官)을 보좌한다.
- 김승상(金丞相)의 사주이다.

록겁격(祿劫格)일 때 정관(正官)을 쓰는데, 재(財)로써 돕는 경우의 사주이다.

- 午월의 丁火로 록겁격(祿劫格)이다.
- 록겁격(祿劫格)은 월지(月支)에서 용신(用神)을 취하지 않는다.
- 壬水 정관(正官)을 용신(用神)으로 삼는다.
- 년지(年支)의 酉金 재성(財星)을 상신(相神)으로 한다.
- 이지부(李知府)의 사주이다.

록겁격(祿劫格)에 정관(正官)이 있으면서 재(財)와 인수(印綬)를 모두 가지고 있으면 이른바 신강치삼기(身强値三奇)라고 하여 더욱 귀(貴)하다. 삼기(三奇)란 재(財)와 정관(正官)과 인수(印綬)를 말한다. 삼기(三奇)가 있는 사주는 정관(正官)이 재(財)와 인수(印綬) 사이에 위치하여 재(財)와 인수(印綬)가 싸우지 않아야 한다. 삼기(三奇)가 투출하고 지지에 통근(通根)하여 힘이 있어 천복지재(天覆地載)가 되면 완전한 삼기격(三奇格)이 된다. 천복지재(天覆地載)란 천간과 지지가 통근

(通根)하고 투출하여 힘이 있는 것을 말한다.

- 子월의 癸水 일간(日干)이니 록겁격(祿劫格)이다.
- 戊土 정관(正官)을 용신(用神)으로 한다.
- 재(財)와 인수(印綬)가 멀리 떨어져 정관(正官)을 보좌한다.
- 왕소사(王少師)의 사주이다.

록겁격(祿劫格)에 재(財)를 쓰는 록격용재(祿劫用財)는 반드시 식상(食傷)이 있어야 한다. 식상(食傷)이 비겁(比劫)과 재(財)의 통관(通關) 역할을 하기 때문이다. 비겁(比劫)이 식상(食傷)을 생(生)하고 식상(食傷)이 재(財)를 생(生)하게 되는 것이다.

- 子월의 癸水이니 록겁격(祿劫格)이다.
- 재(財)를 용신(用神)으로 쓰는데 식상(食傷)이 있다.
- 식상(食傷)이 비겁(比劫)과 재(財)의 통관(通關) 역할을 한다.
- 식신(食神) 甲木이 힘을 얻는 戊寅 己卯대운(大運)에 좋았다고 한다.
- 丙火는 조후(調候)를 담당하니 더욱 좋다.
- 장도통(張都統)의 사주이다.

록겁격(祿劫格)에서 겁재(劫財)가 재(財)로 변하는 화겁위재(化劫爲財)가 되거나, 겁재(劫財)가 식상(食傷)으로 변하는 화겁위생(化劫爲生)이 되면 더욱 좋다.

- 巳월의 丁火 일간(日干)이니 록겁격(祿劫格)이다.
- 巳丑이 합(合)을 이루어 겁재(劫財)가 재성(財星)이 되었다.
- 화겁위재(化劫爲財)가 된 경우이다.
- 심효첨의 설명이다.
- 시간(時干)의 辛金이 巳丑에 뿌리를 내렸다.
- 신약(身弱)하니 인비운(印比運)인 丙寅 丁卯대운(大運)에 좋았다.

- 申월의 庚金 일간(日干)이니 록겁격(祿劫格)이다.
- 천간의 재성(財星)인 甲木을 사용한다.
- 申子반합으로 비견(比肩)이 식상(食傷)으로 변했다.
- 식상(食傷)이 재(財)를 도우니 화겁위생(化劫爲生)이 되었다.
- 일간(日干)이 강하니 水木火대운(大運)에 좋았다고 한다.
- 고상서(高尙書)의 사주이다.

록겁격(祿劫格)에 칠살(七殺)을 쓰는 록겁용살(祿劫用殺)의 사주는 칠살(七殺)이 강하다면 반드시 칠살(七殺)을 제복(制伏)해야 한다.

- 子월의 癸水이니 록겁격(祿劫格)이다.
- 시간(時干)의 己土 칠살(七殺)을 쓴다.
- 丁壬합이 되어 丁火가 己土를 생(生)하지 못한다.
- 卯未반합이 칠살(七殺)을 제압하고 있어 좋았다.
- 巳 중 丙火가 조후(調候)를 담당하고 있다.
- 누참정(婁參政)의 사주이다.

록겁격(祿劫格)에 칠살(七殺)이 있는데 재성(財星)이 있으면 좋지 않다. 그러나 칠살(七殺)을 제거하고 재(財)만 남기면 귀격(貴格)이 된다.

- 亥월의 壬水 일간(日干)으로 록겁격(祿劫格)이다.
- 칠살(七殺)과 재성(財星)이 있으나 칠살(七殺)은 戊癸합으로 합거(合去)되었다.
- 재(財)만 남아 좋아졌다.

- 서락오는 午 중 己土를 정관(正官)으로 써서 재관(財官)을 쓴다고 말한다.
- 원내각(袁內閣)의 사주이다.

록겁격(祿劫格)에서는 재관(財官)이 없으면 식상(食傷)으로 설기(洩氣)해야 한다. 그러나 설기(洩氣)가 태과(太過)하면 비록 식상(食傷)이 수기(秀氣)라고 하더라도 문제가 된다. 봄의 木 일간(日干)과 가을의 金 일간(日干)은 식상(食傷)으로 설기(洩氣)되면 더욱 귀(貴)하다. 木은 火를 만나면 목화통명(木火通明)이 되고, 金은 水를 만나면 금수상함(金水相涵)이 되어 영통(靈通)하게 된다. 상관격(傷官格) 가운데 목화상관(木火傷官)과 금수상관(金水傷官)이 가장 수려하고 귀(貴)한 까닭이다. 화토상관(火土傷官)과 토금상관(土金傷官)은 같은 상관격(傷官格)이라도 격(格)이 떨어진다.

- 寅월의 甲木 일간(日干)이니 록겁격(祿劫格)이다.
- 火를 용신(用神)으로 써서 목화통명(木火通明)이 되었다.
- 지지에 水가 있어 더욱 좋았다.
- 장장원(張狀元)의 사주이다.

- 申월의 庚金 일간(日干)이니 록겁격(祿劫格)이다.
- 申子辰 삼합(三合)이 있어 금수상함(金水相涵)이 되었다.
- 년지(年支)의 卯木이 강한 水의 수로(水路)가 되었다.
- 木운에 좋았다고 한다.

록겁격(祿劫格)에 관살(官殺)이 모두 투출하면 반드시 하나를 제거하여 사주를 맑게 해야 귀격(貴格)이 된다.

- 寅월의 甲木 일간(日干)이니 록겁격(祿劫格)이다.
- 천간에 庚辛이 있어 관살혼잡(官殺混雜)이다.
- 乙庚합으로 혼잡(混雜)이 해소되어 좋다.
- 어느 평장(平章)의 명(命)이다.

- 寅월의 甲木 일간(日干)이니 록겁격(祿劫格)이다.

- 천간에 庚辛이 있어 관살혼잡(官殺混雜)이다.
- 丙辛합으로 혼잡(混雜)이 해소되었다.
- 합관류살(合官留殺)이 된 것이다.

다음은 『자평진전평주』에 나오는 사주들이다.

- 천간에 甲木과 乙木이 투출하여 관살혼잡(官殺混雜)이 되었다.
- 甲己합으로 합살류관(合殺留官)이 되었다.

- 천간에 庚辛金이 투출하여 관살혼잡(官殺混雜)이다.
- 丙辛합으로 혼잡(混雜)이 해소되었다.

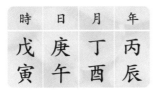

- 酉월의 庚金 일간(日干)이니 양인격(陽刃格)이다.
- 『자평진전평주』에서는 록겁격(祿劫格)에 배치해 두고 있다.

- 관살(官殺)이 모두 천간에 투출하였고 寅午에 뿌리를 두어 튼튼하다.
- 관살(官殺)이 양인(陽刃)보다 더 강하니 인수(印綬)로 통관(通關)시켜야 한다.
- 인수(印綬)가 상신(相神)이다.
- 어느 군수(郡守)의 사주이다.

록겁격(祿劫格)에 정관(正官)이 두 개 이상 투출하면 중관(重官)이 되니 역시 정관(正官)을 극제(剋制)해야 한다. 정관(正官)이 중관(重官)이 되면 상관(傷官)으로 강한 정관(正官)을 억제시키면 좋다. 보통 정관(正官)에 상관(傷官)이 있으면 부정적으로 보지만 정관(正官)이 많을 때는 상관(傷官)도 필요한 것이다. 모든 것은 상대적이니 하나의 이론에 집착하지 말고 주변 상황을 잘 살펴야 한다.

정관(正官)이 많으면 칠살(七殺)처럼 논하고, 칠살(七殺)이 경미(輕微)하면 정관(正官)처럼 논한다. 정관(正官)은 나를 적당히 통제하지만, 칠살(七殺)은 나를 거세게 압박하기 때문이다.

- 午월의 丁火 일간(日干)이니 록겁격(祿劫格)이다.
- 정관(正官)이 일간(日干)의 양쪽에 있다.
- 그러나 천간에 투출한 재관(財官)은 뿌리가 없다.

- 재관운(財官運)에 부자가 되었다.
- 정관(正官)이 두 개 투출하면 반드시 하나를 극(剋)해야 하는 것은 아니다.
- 뿌리없는 천간은 두 개라도 약하다.

만일 록겁격(祿劫格)에 정관(正官)을 쓰는데 재(財)와 인수(印綬)가 없는 고관무보(孤官無輔)가 되었다면 귀(貴)를 누리기 힘들다. 이때 식상(食傷)까지 투출하여 정관(正官)을 극(剋)하면 파격(破格)이 된다. 그러나 정관(正官)과 상관(傷官)이 모두 투출했는데도 귀(貴)하게 되는 팔자가 있다. 정해진 원칙은 없고 모두 주변 상황에 따라 변하는 것이다.

- 亥월의 壬水로 록겁격(祿劫格)이다.
- 己土 정관(正官)이 있고 乙木 상관(傷官)이 있다.
- 乙庚합으로 상관(傷官)이 합거(合去)되어 맑아졌다.
- 대운(大運)이 관인(官印)으로 갈 때 좋았다.
- 왕총병(王總兵)의 사주이다.

록겁격(祿劫格)에 재(財)를 쓰는데 식상(食傷)이 투출하지 않으면 발달하기 어렵다. 그러나 재성(財星)이 천간에 한 개만 투출하고 잡다하지 않으면서 지지에 뿌리가 많다면 귀(貴)하지는 못하지만 부(富)하다.

時	日	月	年
癸	癸	辛	丁
亥	亥	亥	丑

- 水가 많다.

- 丁火를 조후용신(調候用神)으로 쓴다.

- 丁火가 힘을 얻는 丁未 丙午 乙巳대운(大運)에 좋았다.

- 록겁용재격(祿劫用財格)에 식상이 투출하지 않았지만 운(運)이 도와서
  귀해졌다.

- 청나라 모 관찰사(觀察使)의 사주이다.

  록겁격(祿劫格)의 사주에 관살(官殺)이 중첩되고 제복(制伏)이 없어
도 관살(官殺)을 제복(制伏)하는 운(運)이 오면 역시 발재(發財)한다. 그
러나 관살(官殺)이 너무 태중(太重)하면 신상(身上)에 위험이 있을 수
있다. 관살(官殺)이 중(重)할 때는 식상(食傷)의 제복(制伏)이 없다면 반
드시 인수(印綬)라도 있어서 관살(官殺)의 힘을 설기(洩氣)시키고 일간
(日干)을 도와야 한다. 그렇지 않으면 살중신경(殺重身輕)이 되어 운
(運)에서 식상운(食傷運)이 오더라도 극설교가(剋洩交加)가 되어 몹시
나쁘다.

時	日	月	年
丙	己	丙	戊
寅	卯	辰	寅

- 관살(官殺)이 천간에 투출하지 않았지만 寅卯辰 방합(方合)이 되어 강하다.
- 丙火 인수(印綬)가 두 개 있어 강한 木의 기운이 火로 흐른다.
- 火 인수는 일간(日干)을 돕는다.
- 초반 비겁운(比劫運)에 고생이 극심했다.
- 庚申 辛酉대운(大運)에 식상(食傷)이 관살(官殺)을 제(制)하여 수십만 냥의 돈을 벌었다.
- 만년에 재운(財運)이 와서 인수(印綬)를 파(破)하고 관살(官殺)을 도와 망했다.
- 서락오의 고향 사람으로 『자평진전평주』에 나오는 사주이다.

論建祿月劫取運

건록격(建祿格)과 월겁격(月劫格)의 운(運)에 대하여

祿劫取運, 卽以祿劫所成之局, 分而配之. 祿劫用官, 印護者喜財, 怕官星之逢合, 畏七殺這相乘. 傷食不能爲害, 劫比未卽爲凶. 財生喜印, 宜官星之植根, 畏傷食之相侮, 逢財愈見其功, 雜殺豈能無礙? 祿劫用財而帶傷食, 財食重則喜印綬, 而不畏法比肩; 財食輕則宜助財, 而不喜印比. 逢殺無傷, 遇官非福. 祿劫用殺食制, 食重殺輕, 則運宜助殺; 食輕殺重, 則運喜助食. 若用殺而帶財, 命中合殺存財, 則傷食爲宜, 財運不忌, 透官無慮, 身旺亦亨. 若命中合財存殺, 而用食制, 殺輕則助殺, 食輕則助食則已. 若用殺而帶財, 命中合殺存財, 則傷食爲宜, 財運不忌, 透官無慮, 身旺亦亨. 若命中合財存殺, 而用食制, 殺輕則助殺, 食輕則助食則已. 祿劫而官殺竝出, 不論合殺留官, 存官制殺, 運喜傷食, 比肩亦宜, 印綬未爲良圖, 財官亦非福運.

건록격(建祿格)과 월겁격(月劫格)의 운(運)을 보는 법도 다른 격(格)과 마찬가지로 팔자 원국을 보고 운(運)을 배합한다.

록겁격(祿劫格)에 정관(正官)이 있는 록겁용관(祿劫用官)의 경우에 인수(印綬)의 보호가 있으면 재운(財運)이 좋다. 정관격(正官格)에 인수(印綬)와 재(財)를 쓰는 것과 같다. 정관(正官)을 합(合)하는 운(運)이나 칠살(七殺)과 혼잡(混雜)되는 운(運)은 꺼린다.

록겁용관(祿劫用官)에 인수(印綬)가 투출했으면 식상운(食傷運)은 해롭지 않다. 식상운(食傷運)이 오더라도 인수(印綬)가 방어해 주기 때문이다. 또 정관(正官)이 있으므로 비겁운(比劫運)도 흉하지 않다.

- 子월에 癸水 일간(日干)이니 록겁격(祿劫格)이다.
- 戊土 정관(正官)이 있고 庚金 인수(印綬)도 있다.
- 인수(印綬)는 식상운(食傷運)이 올 때 정관(正官)을 보호해 준다.
- 庚寅 辛卯 壬辰대운(大運)에는 평범했다.
- 癸巳대운(大運) 이후 운(運)이 巳午未로 가니 정관(正官)이 힘을 얻어 좋았다.
- 巳午未운에는 정관(正官)을 생(生)하고 조후(調候)도 적합해지니 좋다.

록겁용관(祿劫用官)에서 정관(正官)은 뿌리를 내려야 하고 재(財)의 생조(生助)를 받으면서 인수(印綬)가 있으면 좋다. 재관(財官)을 쓸 때는 일간(日干)이 약해질 우려가 있으므로 인수(印綬)가 필요하다. 인수(印綬)는 정관(正官)을 보호하고 일간(日干)을 돕는 역할을 한다.

록겁용관(祿劫用官)에서 식상(食傷)이 정관(正官)에게 해(害)를 끼치면 파격(破格)이 된다. 이때 재(財)를 만나면 식상(食傷)이 재(財)를 생(生)하고 재성(財星)이 정관(正官)을 생(生)하여 좋다. 록겁용관(祿劫用官)에서 관(官)을 용신(用神)으로 하는데 칠살(七殺)과 섞이면 혼잡(混雜)이 되어 좋지 않다.

다음은 서락오의 설명이다.

"원국에 재성財星이 정관正官을 생生하고 있을 때 운運에서 인수印綬가 오면 좋다. 壬水가 정관正官이고 용신用神일 때 운運에서 壬水가 오면 중관重官이 되고 癸水가 오면 혼잡混雜이 된다. 그래서 원국에서 壬水가 정관正官으로 투출했을 때는 운運에서 지지로 亥子丑이 와야 정관正官이 힘을 얻는다. 정관正官은 식상食傷의 극剋을 싫어하고 재성財星의 생조生助를 좋아한다."

時	日	月	年
壬	丁	丙	丁
寅	巳	午	酉

● 앞에서 나온 이지부(李知府)의 사주이다.
● 일간(日干)은 강하고 정관(正官)이 약하게 떠 있다.

- 정관(正官)은 재(財)와 인수(印綬)가 있으면 좋은데 지지에 재인(財印)이 있다.
- 원국에 정관(正官)의 뿌리가 없으니 정관(正官)을 돕는 재관운(財官運)이 좋다.
- 그래서 재관운(財官運)인 庚子대운(大運)에 좋았다.
- 戊戌대운(大運)은 식상운(食傷運)으로 정관(正官)을 극(剋)하니 흉(凶)했다.

- 앞에서 나온 왕소사(王少師)의 사주이다.
- 재관인(財官印)이 모두 있는 삼기격(三奇格)이다.
- 재관인(財官印)이 모두 시지(時支) 巳火에 통근(通根)하고 있다.
- 지지에 통근(通根)하지 못했으면 귀하지 못했을 것이다.
- 재(財)와 인수(印綬)가 멀리 있는 것도 좋다.
- 일간(日干)은 戊土 정관(正官)과 합(合)이 되어 유정(有情)하다.
- 재관운(財官運)이나 인수운(印綬運)이 길(吉)하다.
- 『자평진전평주』를 쓴 서락오의 설명이다.

록겁격(祿劫格)에서 재(財)를 쓰는 록겁용재(祿劫用財)에 식상(食傷)이 있는 경우가 있다. 이때 재성(財星)과 식상(食傷)이 중(重)하다면 인수운(印綬運)이 오면 좋고 비겁운(比劫運)도 꺼리지 않는다. 식재(食

財)를 쓰려면 일간(日干)이 강해야 하기 때문이다.

반면에 재(財)와 식상(食傷)이 경미(輕微)하다면 마땅히 재(財)를 도와야 하니 인수운(印綬運)과 비겁운(比劫運)은 좋지 않다. 원국에 식상(食傷)이 있으니 칠살운(七殺運)이 와도 상해(傷害)가 없지만 정관운(正官運)을 만났을 때 식상(食傷)이 있으면 복(福)이 되지 않는다. 칠살(七殺)은 식상(食傷)으로 제복(制伏)되어야 하지만 정관(正官)은 식상(食傷)의 극(剋)을 받으면 좋지 않기 때문이다.

다음은 서락오의 설명이다.

"록겁격祿劫格과 양인격陽刃格은 비슷하다. 단독으로 재財를 쓰는 것은 꺼린다. 그러나 신강身强과 신약身弱을 구분하여 식상食傷이 중중重重하면 설기洩氣가 태과太過하니 인수印綬가 있어야 좋고, 비겁比劫을 만나면 식상食傷이 있으므로 꺼리지 않는다. 재財와 식상食傷이 경미輕微하다면 재운財運도 길吉하지만 식상운食傷運이 제일 좋다. 인수印綬는 식상食傷을 극剋하고 비겁比劫은 재성財星을 겁탈하니 좋지 않다. 관살官殺은 식상食傷이 극剋하므로 큰 해害는 없지만 복福이 되지는 못한다."

時	日	月	年
丙	癸	丙	甲
辰	丑	子	子

●앞에서 나온 장도통(張都統)의 사주이다.
●록겁격(祿劫格)에 식재(食財)가 있으나 재성(財星)은 통근(通根)하지 못했다.

- 식상운(食傷運)이 와서 재(財)를 생(生)해 주면 좋다.
- 戊寅 己卯대운(大運)에 좋았다.
- 庚辰운은 천간으로 甲木을 극(剋)하고 지지는 子辰반합이 된다.
- 子辰반합으로 비겁(比劫)이 강해져서 재(財)를 극(剋)하니 불길(不吉)하다.

- 록겁격(祿劫格)인데 천간의 식신(食神)과 재성(財星)이 통근(通根)하고 있다.
- 일간(日干)도 힘이 있다.
- 식재(食財)를 쓰니 대운(大運)은 인수운(印綬運)이나 비겁운(比劫運)이 좋다.
- 丙寅 丁卯대운(大運)에 좋았다.
- 乙丑 甲子 癸亥대운(大運)은 길(吉)하지 않았다.

- 앞에 나온 고상서(高尚書)의 사주이다.
- 록겁격(祿劫格)에 재성(財星)이 투출하였다.
- 지지에 申子반합이 있어 통관(通關) 역할을 하니 좋다.

- 팔자가 金水木으로만 되어 있어 金水木운이 좋다.
- 기세(氣勢)에 순응하는 것이다.

록겁격(祿劫格)에 칠살(七殺)을 쓸 때 식상(食傷)이 있을 경우가 있다. 이때는 식상(食傷)이 중(重)하고 칠살(七殺)이 미약하면 칠살(七殺)을 돕는 운(運)으로 가야 한다. 반면에 식상(食傷)이 미약하고 칠살(七殺)이 무거우면 식상(食傷)을 돕는 운(運)으로 가면 좋다.

록겁격(祿劫格)에 칠살(七殺)을 쓸 때 식상(食傷)과 재성(財星)이 함께 있을 경우가 있다. 이때 원국에서 칠살(七殺)이 합거(合去)되고 식상(食傷)과 재성(財星)만 남을 경우에는 식상운(食傷運)으로 가면 좋고, 재운(財運)도 꺼리지 않는다. 또 칠살(七殺)이 합거(合去)되면 정관운(正官運)이 와도 좋고 신왕(身旺)한 운(運)도 좋다.

그러나 원국에서 재(財)를 합거(合去)하고 칠살(七殺)만 남았을 때, 만일 칠살(七殺)이 미약하다면 칠살(七殺)을 돕는 운(運)이 와야 한다. 만일 식상(食傷)이 미약하다면 식상(食傷)을 돕는 운(運)이 와야 한다. 운(運)을 보는 법이나 원국을 보는 법이나 이치는 같다. 일간(日干)과 격국(格局)과 상신(相神)은 균등하게 힘이 있어야 좋다.

서락오의 보충 설명이다.

"록겁격祿劫格에서 칠살七殺을 쓰는데 재성財星이 있다면 재성財星이 칠살七殺을 생조生助하니 원래는 꺼린다. 그러나 칠살七殺을 제거하거나 재財를 제거하면 사주가 맑아져서 귀貴하다. 또 합살合殺하여 재財를 남기면 재財

로 논하니 반드시 식상食傷이 재財를 생생해 주어야 한다. 재財를 합거合去하고 칠살七殺을 남기는 경우에는 칠살七殺로 논하니 반드시 식신食神으로 칠살七殺을 제복制伏해야 한다."

- 앞에서 나온 누참정(婁參政)의 사주이다.
- 록겁격(祿劫格)에 재(財)와 칠살(七殺)이 투출했다.
- 丁壬합으로 재(財)를 합거(合去)하고 칠살(七殺)을 남겼다.
- 卯未합으로 칠살(七殺)을 제복(制伏)하니 사주가 맑아졌다.
- 신약(身弱)하니 己酉 戊申대운(大運)에 좋았고, 丁未 丙午대운(大運)에 나빴다.

- 앞에서 나온 원내각(袁內閣)의 사주이다.
- 록겁격(祿劫格)에 칠살(七殺)과 재성(財星)이 있다.
- 戊癸합으로 칠살(七殺)을 합거(合去)하고 재(財)를 남겼다.
- 亥 중 甲木을 식신(食神)으로 쓴다.
- 식재(食財)를 쓰면 신약(身弱)하니 신왕운(身旺運)이 좋다.
- 록겁격(祿劫格)이니 힘이 있어 식상운(食傷運)도 길(吉)하다.

- 丙寅 丁卯대운(大運)인 식재운(食財運)에 좋았다.
- 戊辰대운(大運)은 관살운(官殺運)이라서 나빴다.

　록겁격(祿劫格)에 식상(食傷)을 쓰는 경우에는 재운(財運)이 가장 길(吉)하다. 칠살운(七殺運)도 식상(食傷)이 있으니 꺼리지는 않는다. 록겁격(祿劫格)에 식상(食傷)을 쓸 때는 식상격(食傷格)과 같이 보아 재운(財運)이 좋다. 그리고 팔자에 식상(食傷)이 있으니 운(運)에서 칠살(七殺)이 와도 꺼리지 않는 것이다.

　그러나 인수운(印綬運)은 불길(不吉)하고 천간으로 정관운(正官運)이 오는 것도 좋지 않다. 식상(食傷)을 상신(相神)으로 쓰고 있는데 운(運)에서 인수(印綬)가 와서 인극식(印剋食)으로 상신(相神)을 극하면 좋을 리가 없다. 또 식상(食傷)을 쓸 때 운(運)에서 정관(正官)이 와서 손상당해도 좋을 리가 없다.

　만일 사주 원국에 식상(食傷)이 태과(太過)하다면 재운(財運)이 와서 왕(旺)한 식상(食傷)의 기(氣)가 재(財)로 흘러도 좋고, 인수운(印綬運) 역시 식상(食傷)을 극(剋)하니 좋다.

- 월령(月令)이 건록(建祿)이고 식신(食神) 丙火가 투출하여 목화통명(木火通明)이다.
- 子水가 있어 조후(調候)를 맞추었다.

- 대운(大運)이 남방(南方)으로 흘렀을 때 마음껏 재능을 발휘하였다.
- 庚午대운은 庚金이 뿌리가 없어 나쁘지 않았다.
- 辛未대운에는 丙辛합으로 식신(食神)이 합거(合去)되어 운세가 막혔다.
- 壬申대운에는 申子반합으로 인수(印綬)가 강해져서 식신(食神)을 극하므로 불길(不吉)했다.

- 앞에서 나온 어느 장원(壯元)의 사주이다.
- 록겁격(祿劫格)에 申子辰 수국(水局)을 이루고 癸水가 투출하였다
- 金水가 많으니 火가 좋다.
- 그러나 강한 水기운에 웬만한 火는 꺼진다.
- 기세(氣勢)를 따라가는 것이 좋다.
- 비겁운(比劫運)과 재운(財運)은 길(吉)했다.
- 丙辰대운(大運) 이후 천하를 주름잡았다고 한다.

록겁격(祿劫格)에 관살(官殺)이 모두 투출하면 합살류관(合殺留官)이나 존관제살(存官制殺)하면 좋다. 그러나 어느 경우든지 식상운(食傷運)과 비겁운(比劫運)은 좋지만 인수운(印綬運)이나 재관운(財官運)은 안 좋다.

록겁격(祿劫格)에 관살(官殺)이 모두 투출하면 식상운(食傷運)이 와서 강한 관살(官殺)을 제(制)하면 좋을 것이다. 관살(官殺)은 일간(日干)

을 극하는 것이므로 일간(日干)을 강하게 해주는 비겁운(比劫運)도 좋다. 그러나 인수운(印綬運)은 관살(官殺)을 보호하니 좋지 않고, 재관운(財官運)이 오면 관살(官殺)에 힘을 더하니 좋지 않다.

時	日	月	年
乙	甲	庚	辛
亥	辰	寅	丑

- 앞에서 나온 어느 평장(平章)의 사주이다.
- 록겁격(祿劫格)에 관살(官殺)이 투출하였는데 합살류관(合殺留官)이 되었다.
- 일간(日干)이 강하여 관살(官殺)을 대적할 수 있다.
- 인수운(印綬運)과 관살운(官殺運)에 나빴다.

時	日	月	年
丙	甲	庚	辛
寅	申	寅	亥

- 록겁격(祿劫格)에 관살(官殺)이 투출하였다.
- 식신(食神) 丙火가 투출하여 관살(官殺)을 제(制)하고 있다〔합관유살〕.
- 일간(日干)도 힘이 있어 관살(官殺)을 이겨낸다.
- 천간의 관살(官殺)을 억제하는 丁亥 丙戌대운에 좋았다.

時	日	月	年
庚	壬	乙	己
子	戌	亥	酉

●앞에서 나온 왕총병(王總兵)의 사주이다.

●록겁격(祿劫格)에 정관(正官)과 상관(傷官)이 투출하였다.

●乙庚합으로 상관(傷官)이 합거(合去)되었다.

●병(病)을 제거하여 귀(貴)하게 되었다.

●관인(官印)이 힘을 얻는 辛未 庚午대운에 좋았다.

제**49**장

論雜格

잡격(雜格)에 대하여

雜格者, 月令無用, 以外格而用之, 其格甚多, 故謂之雜. 大約
要干頭無官無殺, 方成格, 如有官殺, 則自有官殺爲用, 列外格
矣. 試以諸格論之, 有取五行一方秀氣者, 取甲乙全亥卯未・寅
卯辰, 又生春月之類, 本是一派劫財, 以五行各得其全體, 所以
成格, 喜印露而體純. 如癸亥・乙卯・乙未・壬午, 吳相公命是
也. 運亦喜印綬比劫之鄕, 財食亦吉, 官殺則忌矣. 有從化取格
者, 要化出之物, 得時乘令, 四支局全. 如丁壬化木, 地支全亥
卯未・寅卯辰, 而又生於春月, 方爲大貴. 否則, 亥未之月亦是
木地, 次等之貴, 如甲戌・丁卯・壬寅・甲辰, 一品貴格命也. 運
喜所化之物, 與所化之印綬, 財傷亦可, 不利官殺. 有倒沖成格
者, 以四柱列財官而對面以沖之, 要支中字多, 方沖得動. 譬如
以弱主邀强官, 主不衆則賓不從. 如戊午・戊午・戊午・戊午,
是沖子財也; 甲寅・庚午・丙午・甲午, 是沖子官也. 運忌塡實,

餘俱可行. 有朝陽成格者, 戊去朝丙, 辛日得官, 以丙戊同祿於 巳, 卽以引汲之意. 要干頭無木火, 方成其格, 蓋有火則無待於 朝, 有木財觸戊之怒, 而不爲我朝. 如戊辰·辛酉·戊子, 張知縣 命是也. 運喜土金水, 木運平平, 火則忌矣. 有合祿成格者, 命 無官星, 借干支以合之. 戊日庚申, 以庚合乙, 因其主而得其偶. 如己未·戊辰·戊辰·庚申, 蜀王命是也. 癸日庚申, 以申合巳, 因其主而得其朋, 如己酉·癸未·癸未·庚申, 起丞相命是也. 運亦忌塡實, 不利官殺, 理會不宜以火剋金, 使彼受制而不能 合, 余則吉矣, 有棄命保財者, 四柱皆財而身無氣, 舍而從之, 格成大貴. 若透印則身賴印生而不從, 有官殺則亦無從財兼從 殺之理, 其格不成. 如庚申·乙酉·丙申·乙丑, 王十萬命造也. 運喜傷食財鄉, 不宜身旺. 有棄命從殺者, 四柱皆殺, 而日主無 根, 舍而從之, 格成大貴. 若有傷食, 則殺受制而不從, 有印則 印以化殺而不從. 如乙酉·乙酉·乙酉·甲申, 李侍郎命是也. 運喜財官, 不宜身旺, 食傷則尤忌矣. 有井欄成格者, 庚金生三 七月, 方用此格. 以申子辰沖寅午戌, 財官印綬, 合而沖之, 若 透丙丁, 有巳午, 以現有財官, 而無待於沖, 乃非井欄之格矣. 如戊子·庚申·庚申·庚申, 郭統制命也. 運喜財, 不利塡實, 余 亦吉也. 有刑合成格者, 癸日甲寅時, 寅刑巳而得財官, 格與合 祿相似, 但合祿則喜以合之, 而刑合則硬以致之也. 命有庚申, 則木被沖剋而不能刑;有戊巳字, 則現透官殺而無待于刑, 非 此格矣. 如乙未·癸卯·癸卯·甲寅, 十二節度使命是也. 運忌

塡實, 不利金鄉, 余則吉矣. 有遙合成格者, 巳與丑會, 本同一
局, 丑多則會巳而辛丑處官, 亦合祿之意也. 如辛丑·辛丑·辛
丑·庚寅, 章統制命是也. 若命是有子字, 則丑與子合而不遙,
有丙丁戊巳, 則辛癸之官殺已透, 而無待於遙, 另有取用, 非此
格矣. 至於甲子遙巳, 轉輾求侯, 似覺無情, 此格可廢, 因羅禦
史命, 聊複存之. 爲甲申·甲戌·甲子·甲子, 羅禦史命是也. 若
夫拱祿·拱貴·趨乾·歸祿·夾戌·鼠貴·騎龍·日貴·日德·富
祿·魁罡·食神時墓·兩干不雜·干支一氣·五行具足之類, 一
切無理之格, 旣置勿取. 卽古人格內, 亦有成式, 總之意爲牽就,
硬塡人格, 百無一是, 徒誤後學而已. 乃若天地雙飛, 雖富貴亦
有自有格, 不全賴此. 而亦能增重基格, 卽用神不甚有用, 偶有
依以爲用, 亦成美格. 然而有用神不吉, 卽以爲凶, 不可執也.

팔자용신전구월령(八字用神專求月令).

　용신(用神)을 찾는 기본 원칙이다. 그러나 용신(用神)을 월령(月令)에
서 찾지 않을 때가 있다. 이를 잡격(雜格)이라고 한다. 잡격(雜格)이 되
려면 천간에 관살(官殺)이나 재(財)가 없어야 한다. 관살(官殺)이나 재
(財)가 있다면 그것을 용신(用神)으로 쓰면 되는 것이지 구태여 외격(外
格)을 찾을 필요가 없다. 만일 재(財)가 두 개 이상 투출하고 재(財)의
뿌리가 깊다면 재(財)가 중(重)한 것이므로 외격(外格)을 찾을 필요가
없다.

다음은 『자평진전평주』에 나오는 서락오의 설명이다.

"용신用神은 월령月令에서 찾으니 월령月令에 용신用神이 있으면 이를 취하는 것이 정확하다. 그러나 월령月令에 있는 재관인식財官印食이 용신用神이 되지 못한다면 년일시年日時에서 용신用神을 찾으면 된다. 격국格局마다 용신用神이 다르니 재財나 관살官殺에만 얽매이면 안 된다. 용신用神을 정하는 데는 억부抑扶가 일반적인 방법이다. 만일 억부抑扶로 설명할 수 없는 일행득기격一行得氣格이나 양신성상격兩神成象格 또는 종격從格은 그 기세氣勢에 순응하는 세력을 용신用神으로 한다. 강한 세력을 억지로 극제剋制하려고 하면 도리어 격동激動시켜 우환憂患을 만들기 때문이다. 화기격化氣格도 화신化神의 왕旺한 기세氣勢에 순응하는 것을 용신用神으로 삼는다."

『자평진전(子平眞詮)』에 나오는 여러 외격(外格)에 대해 알아본다. 외격(外格)에 대해서는 앞에서 정리한 적이 있으니 병행하여 참고하면 이해하기 쉬울 것이다.

오행(五行) 중 하나의 수기(秀氣)를 취하는 것이 있다.

甲木이나 乙木 일간(日干)일 때 亥卯未나 寅卯辰이 모두 있으면서 봄에 출생했다면 팔자가 木 오행(五行)으로만 가득 차게 된다. 이런 팔자는 강한 세력을 돕는 인수(印綬)가 있는 것이 좋다. 강한 세력을 극(剋)하는 반대편 오행(五行)이 있으면 순수하지 못하여 좋지 않다. 팔자가 하나의 오행(五行)으로 강하게 뭉치면 강한 오행(五行)에 종(從)하는 운(運)이 좋다.

- 오상공(吳相公)의 사주이다.

- 亥卯未 목국(木局)이 있고 卯월 출생이니 木이 강하다.

- 水火가 있어 강한 木의 기운을 거스르지 않았다.

- 인비운(印比運)이나 식상운(食傷運)이 좋다.

- 식상(食傷)이 있으니 재운(財運)도 좋다.

- 관살운(官殺運)은 강한 기운을 거역하니 나쁘다.

다음은 서락오의 설명이다.

"하나의 오행五行으로만 되어 있는 팔자에는 곡직격曲直格·염상격炎上格·가색격稼穡格·종혁격從革格·윤하격潤下格이 있다. 삼합三合이나 방합方合을 완전히 갖추지 않았다고 해도 그 기세氣勢가 전일專一하다면 왕旺한 세력을 좇아가야 한다."

- 팔자가 木의 기운으로 뭉쳐진 곡직격(曲直格)이다.

- 인비운(印比運)이 좋고 원국에 식상(食傷)이 없으니 재운(財運)은 좋지 않다.

- 곡직격(曲直格)은 강한 木기운을 거스르지 않는 水木火운이 좋다.

●『자평진전평주』에 나오는 사주이다.

時	日	月	年
甲	丙	甲	丙
午	午	午	午

●팔자가 火의 기세(氣勢)가 강하니 염상격(炎上格)이다.
●木火운인 인비운(印比運)이 좋다.
●강한 오행(五行)을 거스르는 운(運)이 오면 나쁘다.
●관살운(官殺運)이 왔을 때 원국에 인수(印綬)가 없다면 재앙이 가볍지 않다.
●『자평진전평주』에 나오는 사주이다.

천간합(天干合)으로 인하여 발생하는 화(化)한 기운을 좇아 격(格)을 정할 때도 있다. 그 경우에는 화(化)한 기운이 반드시 득시(得時) 병령(秉令)해야 하고 지지에 국(局)이 완전해야 한다.

예를 들면 일간(日干)이 丁壬합이 되면서 팔자에 亥卯未나 寅卯辰이 온전하게 갖추어지고 봄에 출생하면 화격(化格)이 되어 대귀(大貴)하게 된다. 만일 봄에 태어나지 않고 亥월이나 未월에 태어나 亥卯未가 되었다면 귀(貴)가 낮아진다.

화격(化格)은 화기격(化氣格)이라고도 말한다. 일간(日干)이 천간합(天干合)이 되고 팔자에 화(化)한 오행(五行)의 기운이 가득하면 일간(日干)은 고유의 오행(五行)을 버리고 새롭게 화(化)한 기운에 종(從)할 수 있다. 예를 들어 丙火 일간(日干)이 丙辛합이 되고 팔자에 申子辰이나 亥子丑 등 水의 기운이 강하고 겨울철 출생이라면 일간(日干)은 丙火를 버리고 새롭게 생성된 水의 기운에 종(從)하게 된다. 이때는 화(化)한 기운인 水를 거역하지 않는 金水木운이 좋고, 水기운을 거역하는 火土운은 좋지 않다.

時	日	月	年
甲	壬	丁	甲
辰	寅	卯	戌

- 일간(日干)이 丁壬합이 되고 寅卯辰 방합(方合)이 있다.
- 卯월에 태어났다.
- 木의 기운을 거스르는 戌土가 있으나 卯戌합으로 힘이 줄었다.
- 일품(一品)의 귀(貴)를 누린 사주이다.
- 木火운이 좋다.
- 합화(合化) 오행(五行)인 木을 극(剋)하는 관살운(官殺運)은 안 좋다.

다음은 서락오의 설명이다.

"화기격化氣格에서 꼭 필요한 것은 辰이다. 무릇 오행五行의 둔간遁干은 辰에 이르러 화신化神이 투출하게 된다. 예를 들어 甲己합土에서 甲己의 둔간遁干은 辰에 이르면 戊辰이 된다. 丁壬합木에서는 辰에 이르면 甲辰이 되고 나머지도 마찬가지이다. 이것을 가리켜 용龍을 만나면 변화한다고 하는 것이다. 화기격化氣格은 필히 지지의 기氣를 얻어야 하고 또 반드시 월령月令을 얻어야 한다. 월령月令에서 기氣를 얻지 못하면 화기격化氣格이 될 수 없다. 丁

壬합木이 되려면 반드시 寅卯월이어야 한다. 이것을 가리켜 화신化神은 반드시 득시得時 병령秉令해야 한다고 하는 것이다. 반드시 삼합三合이나 방합方合이 있어야 하는 것은 아니다. 오히려 기세氣勢가 순수해야 한다. 丁壬합이 未월에 출생하면 화기격化氣格이 되기 힘들다. 丁壬합으로 인한 화化 기운은 木인데 未월이라면 화化의 기운을 거스르는 土가 되기 때문이다. 다른 천간합天干合도 화격化格이 되기 위해서는 마찬가지 법칙을 적용해야 한다. 그런데 화기격化氣格은 기氣가 왕旺한 것과 약한 것을 구분해야 한다. 왕旺한 것은 설기洩氣를 좋아하고, 약한 것은 부조扶助를 하면 좋다. 화신化神을 생조生助하는 인수印綬가 가장 좋은 것은 아니다."

종격(從格)과 화격(化格)에서 심효첨은 반드시 종(從)하거나 화(化)한 기운의 계절에 출생해야 한다고 말한다. 그러나 서락오는 합국(合局)이 되는 오행(五行)과 같은 계절이 아니어도 좋다고 한다. 결론적으로 종격(從格)이나 화격(化格)의 오행(五行)의 계절에 태어나면 격(格)이 더 높아질 것이다.

- 앞에서 나온 사주이다.
- 丁壬합으로 木의 기운이 강하니 화격(化格)이다.
- 지지에 寅卯辰 방합(方合)이 있고 卯월에 태어났다.
- 木의 기운이 강하니 설기(洩氣)시키는 火운이 좋다.

도충격(倒沖格)이라는 것이 있다. 사주에 재관(財官)이 없을 때 지지에 같은 글자가 많으면 그 글자들이 충(沖)하여 오는 글자의 재관(財官)을 용신(用神)으로 삼는다는 것이다.

- 재관(財官)인 水木이 없다.
- 지지에 있는 많은 午火가 충(沖)으로 子水를 불러온다.
- 火土가 강하여 설기(洩氣)하는 金운이 좋았다고 한다.
- 水운은 왕(旺)한 기운을 거역하니 좋지 않았다.
- 앞에서 나온 관운장(關雲長)의 사주로 알려져 있다.

- 관(官)은 없고 재(財)는 있으나 뿌리가 없다.
- 뿌리가 오더라도 금방 녹을 것이다.
- 지지의 강한 火기운이 子水를 불러온다.
- 전실(塡實)이란 허자(虛字)와 같은 글자가 운(運)에서 다시 올 때를 말한다.
- 전실(塡實)되는 子운은 좋지 않고 다른 운(運)은 무방하다.
- 전실(塡實)이 되면 좋지 않다.
- 강한 기운을 설기(洩氣)시키는 土운이 좋았다.

도충격(倒沖格)에 대하여 서락오는 "옛날에 사주를 보는 사람들이 재관 財官을 중요시하여 이런 잡격 雜格을 만들고, 이치에도 맞지 않는 도충격 倒沖 格 같은 것을 만들었다."고 비판했다. 심효첨이나 서락오는 원칙에 어긋 나게 새로운 격(格)을 만들어 이름을 붙이는 것을 싫어했다.

조양격(朝陽格)이라는 것이 있다. 辛金 일간(日干)이 戊子시에 태 어나면 子巳특합으로 子는 巳火를 끌어와 巳 중 丙火를 관(官)으로 취 한다는 것이다. 팔자에 재관(財官)이 없을 때 사용한다. 사주에 火가 있거나 木이 있으면 재관(財官)이 있으므로 조양격(朝陽格)이 성립하 지 않는다.

- 辛金 일간(日干)이 시주(時柱)에 戊子시를 만났다.
- 팔자에 재관(財官)이 없다.
- 辰 중 乙木은 辰酉합으로 묶였다.
- 시지(時支)의 子가 巳火를 끌어와 巳 중 丙火를 관(官)으로 쓴다.
- 이미 허자(虛字)로 관(官)을 쓰고 있을 때 운(運)에서 오는 火운은 꺼 린다.
- 앞에서 나온 장지현(張知縣)의 사주이다.
- 서락오는 土金이 강하여 水를 용신(用神)으로 취한 종왕격(從旺格)으 로 보았다.

조양격(朝陽格)에 대해 서락오는 다음과 같이 말했다.

"辛金 일간日干이 戊子시에 태어나고 사주에 재관財官이 없으면 육음조양
격六陰朝陽格이 된다. 子가 巳火를 불러와 巳 중의 丙火를 관官으로 쓴다는
것이다. 그러나 어찌 辛 일간만 가능한가? 더군다나 辛 일간 중에서도 辛巳
와 辛未는 조양격朝陽格이 안 된다고 한다. 참으로 왜곡된 학설이다."

합록격(合祿格)이 있다. 사주에 정관(正官)이 없으면 간지(干支)에
서 이를 합(合)하여 온다는 것이다. 戊土 일간(日干)이 庚申시에 출생하
면 庚金이 乙木을 합(合)해 와서 정관(正官)을 얻는다는 것이다.

時	日	月	年
庚	戊	戊	己
申	辰	辰	未

●촉왕의 사주이다.
●戊土 일간(日干)이 庚申시에 태어났다.
●시간(時干)의 庚金이 乙木을 합(合)해 와서 정관(正官)으로 쓴다.
●합록격(合祿格)이다.

癸水 일간(日干)이 庚申시에 출생하면 시지(時支)의 申金이 巳火를 합
(合)해 와서 巳 중 戊土를 정관(正官)으로 쓴다.

時	日	月	年
庚	癸	辛	己
申	未	未	酉

- 조승상의 사주이다.
- 시지(時支)의 申이 합해 온 巳 중의 戊土를 정관(正官)으로 쓴다.
- 잡격(雜格)은 운(運)에서 전실(塡實)됨을 꺼린다.
- 전실(塡實)인 관살운(官殺運)이 불리하다.
- 火운이 오면 巳火를 불러오는 申金을 극(剋)하니 특히 나쁘다.

기명종재(棄命從財)는 사주가 모두 재(財)로 이루어지고, 신약(身弱)하여 무력(無力)한 경우에 나를 버리고 재(財)에 종(從)한 것을 말한다. 종재격(從財格)이 되면 대귀(大貴)하다. 이때 인수(印綬)가 투출하면 인수(印綬)에 의존하려 하니 종격(從格)이 되지 못한다. 또 관살(官殺)이 있을 때도 종격(從格)이 성립되지 않는다.

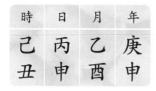

時	日	月	年
己	丙	乙	庚
丑	申	酉	申

- 乙庚합金으로 합화(合化)가 되니 金의 기운이 강하다.
- 합(合)이 되어 있는 인수(印綬)에게 의존할 수는 없다.
- 종재격(從財格)이 성립한다.
- 왕십만(王十萬)의 사주이다.

기명종살(棄命從殺)은 사주가 모두 관살(官殺)로 되어 있을 때 일간(日干)이 자기를 버리고 관살(官殺)에 종(從)할 때를 말한다. 종살격(從殺格)이 이루어지면 대귀(大貴)하다. 식상(食傷)이 있다면 종살격(從

殺格)이 되지 않는다. 인수(印綬)가 있을 때도 마찬가지이다.

- ●종(從)하려면 인비(印比)의 세력이 없어야 한다.
- ●천간의 비겁(比劫)이 뿌리가 없어 지지의 강한 金기운(氣運)에 종(從)한다.
- ●관(官)에 힘을 실어주는 재관운(財官運)이 길(吉)하다.
- ●신왕운(身旺運)이나 식상운(食傷運)은 꺼린다.
- ●이시랑(李侍郎)의 사주이다.

다음은 서락오의 말이다.

"종재격從財格과 종살격從殺格은 그 이치가 하나이다. 기세氣勢가 한쪽으로 치우쳐서 왕旺하고, 일간日干이 뿌리도 없이 허약하여 부득이 왕旺한 기세氣勢를 따라가야 할 때 종격從格이 성립된다. 종재격從財格일 때 인수印綬가 있으면 인수印綬가 통근通根하지 않아야 한다. 통근通根하면 인수印綬에 의존하려 하니 종격從格이 안 된다. 사주에 재성財星이 많고 칠살七殺이 있으면 종살격從殺格이 된다. 종재격從財格은 비겁운比劫運을 꺼린다. 그러나 팔자에 식상食傷이 있다면 비겁比劫이 식상食傷을 생생生生하고 식상食傷은 다시 재財를 생생生하니 종재격從財格이 성립된다. 재성財星이 많을 때 관살官殺이 있다면 강한 기운을 설기洩氣하니 종재격從財格이 아니다. 종살격從殺格은 재살운財殺運이 좋고, 인수운印綬運은 관살官殺의 기운을 설기洩氣하니 좋지 않다. 비겁운比劫運도 관살官殺과 대치하니 좋지 않다. 식상운食傷運은 관살官殺을 극헌하니 더욱 꺼린다. 종합하면 종격從格에서는 왕旺한 세력을 극설剋洩하는 운運을 꺼린다."

 정란차격(井欄叉格)이 있다. 庚金 일간(日干)이 辰월과 申월에 출생하고 지지에 申子辰 수국(水局)을 이룬다면 정란차격(井欄叉格)이 된다. 지지의 申子辰이 寅午戌을 충(沖)으로 불러와서 재관(財官)을 사용한다는 것이다. 만일 丙丁이 투출하거나 巳午가 있다면 이미 관(官)이 있으므로 충(沖)하여 허자(虛字)를 불러올 필요가 없다. 그런 경우는 정란차격(井欄叉格)이 아니다.

- 팔자에 火 관(官)이 없다.
- 申子辰이 寅午戌을 불러와 관(官)을 만든다는 것이다.
- 관(官)을 돕는 재운(財運)은 길(吉)하다.
- 전실(塡實)되는 운(運)은 꺼린다.
- 전실(塡實)이란 허자(虛字)로 쓰는 글자와 같은 글자의 운(運)이 올 때를 말한다.
- 곽통제(郭統制)의 사주이다.

 다음은 서락오의 글이다.

"정란차격井欄叉格은 庚子 庚辰 庚申 일주日柱가 지지에 申子辰이 완전하면 성립한다. 정란차격井欄叉格은 사실상 금수상관격金水傷官格이다. 곽통제의 사주는 戊土가 무근無根하니 상관傷官이 용신用神이다. 동방東方의 재운財運이 좋고 북방北方의 식상운食傷運도 좋다. 꺼리는 운運은 관인官印의 운運이다. 관살官殺은 일간日干을 극剋하고, 인수印綬는 식신食神을 극剋하니 왕旺한 세력을 거역하는 것이다."

형합격(刑合格)이 있다. 癸水 일간(日干)이 甲寅시에 출생하면 寅木이 巳火를 형(刑)하여 와서 巳 중의 재관(財官)을 쓴다는 것이다. 원리가 합록격(合祿格)과 유사하다. 합록격(合祿格)은 기쁘게 합(合)하여 오고, 형합격(刑合格)은 강제로 형(刑)하여 오는 차이가 있다. 사주에 庚申이 있으면 시지(時支)의 寅을 극(剋)하니 형합격(刑合格)이 성립되지 않는다. 戊己土가 있으면 관살(官殺)이 이미 투출하여 있으니 형합(刑合)하여 올 필요가 없다.

時	日	月	年
甲	癸	己	乙
寅	卯	卯	未

● 시지(時支)의 寅木이 巳火를 형(刑)으로 불러와 巳 중 戊丙을 재관(財官)으로 쓴다.

● 전실(塡實)이 되는 운(運)은 꺼린다.

● 전실(塡實)이란 허자(虛字)로 쓰고 있을 때 운(運)에서 같은 글자가 오는 것을 말한다.

- 시지(時支)의 寅을 극(剋)하는 金운을 꺼린다.
- 여타의 운(運)은 길(吉)하다.
- 십이절도사의 사주이다.

서락오의 설명이다.

"형합격刑合格은 癸亥 癸卯 癸酉 일주日柱가 甲寅시를 만나면 성격成格이 된다. 형합격刑合格은 비천록마격飛天祿馬格 · 합록격合祿格 · 정란차격井欄叉格과 마찬가지로 상관격傷官格의 변종變種이다. 원국에 재관財官이 없는데도 잘 나간 사람들이 있기 때문에 도충倒沖이니 형합刑合이니 하는 말로 그럴 듯하게 꾸며놓은 것이다. 앞에 나온 절도사의 사주는 『적천수』에서는 종아격從兒格으로 구분하여 놓았다. 종아격從兒格은 식상食傷에 종從하는 사주이다. 재財를 만나면 좋고 인수운印綬運은 꺼린다. 관살운官殺運을 꺼리는 것은 전실塡實되기 때문이다. 전실塡實이 되면 재財를 설기洩氣하고 일간日干을 극剋하니 좋지 않은 것인데 사람들이 그 이치를 모르고 왜곡시켜 설명한다."

요합격(遙合格)이 있다. 辛金 일간이나 癸水 일간(日干)이 丑이 많아서 巳火를 합(合)하여 와서 정관(正官)을 얻는다는 학설이다. 합록격(合祿格)과 비슷하다.

時	日	月	年
庚	辛	辛	辛
寅	丑	丑	丑

- 장통제의 사주이다.

●축요사격(丑遙巳格)이다.

●寅 중 재관(財官)이 용신(用神)이라는 서락오의 설명이다.

●서락오는 외격(外格)을 인정하지 않는다.

●사주에 子가 있으면 子丑합이 되어 丑이 巳火를 합(合)하여 오지 못한다.

●丙丁戊己가 있으면 辛癸의 관살(官殺)이 있으므로 요합격(遙合格)이 되지 못한다.

●앞에서 나온 나어사(羅御使)의 사주이다.

●월령(月令)이 잡기편재격(雜氣偏財格)이다.

●甲子 일주(日柱)의 자요사격(子遙巳格)은 폐기해야 한다.

●서락오는 "외격(外格)을 쓸 필요 없이 편재(偏財)를 용신(用神)으로 하면 된다."고 말한다.

다음은 서락오의 설명이다.

"요합격遙合格에는 두 가지가 있다. 축요사격丑遙巳格과 자요사격子遙巳格이다. 축요사격丑遙巳格은 辛丑 일주日柱와 癸丑 일주日柱가 사주에 丑이 많으면 丑 중의 辛癸가 巳 중의 丙戊를 합합하여 와서 정관正官이 생긴다는 것이다. 원국에 申酉가 있으면 巳火를 합합하여 오니 좋지만, 子가 있으면 丑을 묶어두므로 격格이 성립하지 못한다. 巳가 있으면 전실塡實이 되니 축요사격丑遙巳格이 되지 못한다. 자요사격子遙巳格은 甲子일 甲子시에 출생하여 子 중의 癸水가 巳 중의 戊土를 합습하여 오고, 戊土는 丙火를 동요시켜 丙火는 辛金을 합습하여 오니 辛金은 곧 甲木의 정관正官이 된다. 요합격遙合格도 이렇게 정관正官을 구하려고 전전긍긍하니 이치에 맞지 않다. 이치에 맞지도 않은 이론으로 소란을 피우고 있는 것이다."

잡격(雜格)에는 그 외에도 공록격, 공귀격, 추건격, 귀록격, 협술격, 서귀격, 기룡격, 일귀격, 일덕격, 복록격, 괴강격, 식신시묘격, 양간부잡격, 간지일기격, 오행구족격 등이 있는데 모두 이치에 맞지 않으니 논할 필요도 없다. 고인들이 만들어 놓았으나 이치에 맞지 않는데도 일부 후학(後學)들이 이론을 답습하고 있을 뿐이다.

다음은 『자평진전(子平眞詮)』에 나오는 상관상진(傷官傷盡)에 대한 심효첨의 말이다. 오타(誤打)인지 상관상진(傷官傷盡)에 대한 내용이 잘못되었다.

"상관상진傷官傷盡이라는 것이 있다. 정관正官을 보면 안 되는 사주에서는 상관傷官으로 정관正官을 제거해야 한다는 것이다. 더욱이 운運이 상관傷官으로 가면 부귀富貴하다고 한다. 정관正官이 좋지 않을 때는 극剋해야 하지만 정관正官이 무슨 죄가 있다고 이렇게 미워하는가? 상관상진傷官傷盡이 된 사람도 빈천한 사람은 많았고 부귀한 사람은 적었다. 그러니 상관상진傷官傷盡은 믿을 만한 이론이 못된다. 상관상진傷官傷盡이 된 사람 중에 대귀大貴한 사람을 보기는 했으나 그 이유를 알 수 없었다. 상관상진傷官傷盡이 된 사람 중에 지극히 천한 사람도 많았으니 인물을 보고 참고할 수밖에 없다."

윗글은 『자평진전(子平眞詮)』에 나오는 내용인데 일반적인 상관상진(傷官傷盡)에 대한 설명과는 다르다. 다음은 상관상진(傷官傷盡)에 대한 설명이다.

상관(傷官)을 상진(傷盡)시키면 두 가지 면에서 좋은 점이 있다. 첫째는 상관(傷官)은 길신(吉神)인 정관(正官)을 상(傷)하기 때문에 상관(傷官)이 상진(傷盡)이 되면 관(官)의 불안함이 해소되어 좋고, 둘째는 상관(傷官)은 내 기운을 심하게 설기(洩氣)시키니 상관(傷官)이 상진(傷盡)이 되면 나의 기운이 설기(洩氣)되지 않아서 좋다. 상관상진(傷官傷盡)의 사주에서는 인수(印綬)를 보면 귀(貴)가 매우 크다. 인수(印綬)가 상관(傷官)을 상진(傷盡)시키는데 도움을 주기 때문이다.

그러나 상관(傷官)이 흉신(凶神)이라고 모조리 극제(剋制)되어야 하는 것은 아니다. 때로는 상관(傷官)을 상진(傷盡)시키면 불길(不吉)하게 되니 도리어 상관(傷官)을 보호해야 하는 경우가 있다. 가상관(假傷官)이라고 한다. 일간(日干)이 왕(旺)하였을 때는 상관(傷官)으로 힘을 설기(洩氣)해야 한다. 또 일간(日干)이 왕(旺)하고 상관(傷官)이 미약할 때 재(財)가 있어 상관용재(傷官用財)가 되면 큰 부자이다. 또는 일간(日干)이 신약(身弱)하고 칠살(七殺)이 왕(旺)하여 일간(日干)을 공격할 때 상관(傷官)을 상진(傷盡) 시키면 생명이 위험하게 된다. 이런 경우에는 상관(傷官)을 상진(傷盡)시키면 좋지 않다.

다음은 서락오의 말이다.

"상관傷官을 쓸 때는 정관正官을 꺼리고, 정관正官을 쓸 때는 상관傷官을 꺼린다. 인수印綬를 쓸 때는 재財를 꺼리고, 재財를 쓸 때는 인수印綬를 꺼린다. 어떤 격국格局이든 희기喜忌가 있는 것이니 상관격傷官格도 좋은 경우와 나쁜 경우가 있을 것이다. 격국格局들 중에는 해석할 수 없는 것이 아주 많다. 나는 학식이 부족해서 오묘한 이치를 알지 못한다. 아는 것을 안다고 하고 모르는 것을 모른다고 해야지 왜곡하거나 허튼 소리를 하며 학설學說을 날조해서는 안 된다."

附論雜格取運

잡격(雜格)의 운(運)에 대하여

雜格不一, 大都氣勢偏旺, 出於五行常理之外. 昔人評命, 泥於
財官之說, 四柱無財可取, 則不惜遙合倒沖, 牽強附會, 以期合
於財官, 未免可嗤. 命理不外乎五行, 氣勢雖爲偏旺, 而偏旺之
中, 仍有正理可取, 詳《滴天髓徵義》. 偏旺之格, 取運大都須順
其氣勢, 雖干支喜忌, 須察四柱之配合, 而順勢取運, 大致有定.
茲就本篇所引各造°約略言之:

잡격(雜格)의 운(運)은 『자평진전(子平眞詮)』 원문에는 없다. 서락오
의 『자평진전평주』에만 있는 내용이다.

잡격(雜格)은 한두 가지가 아니다. 대체로 오행(五行)의 기세(氣勢)가
한쪽으로만 치우쳐 있어 일반 내격(內格)으로 해결할 수 없으니 따로
잡격(雜格)을 만들었다. 팔자에 재관(財官)이 없는데도 어느 정도 지위
에 있는 사람들을 보면 요합(遙合)이나 도충(倒沖)을 사용하여 억지로

재관(財官)을 만들어 내었던 것이다. 지탄을 받아 마땅하다.

명리(命理)는 오행(五行)에서 벗어나지 못한다. 비록 기세(氣勢)가 한 쪽으로 치우쳐 있다 하더라도 편왕(偏旺)된 가운데서도 종격(從格)이나 화격(化格)등을 통해 올바른 이치를 찾아야 하는 것이다. 한쪽으로 치우친 팔자는 필히 그 기세(氣勢)에 순응해야 한다. 『적천수징의(滴天髓徵義)』에도 "편왕偏旺한 격국格局은 반드시 그 기세氣勢에 순응해야 하고 사주 전체의 배합을 보아서 기세氣勢에 맞게 운運을 취하는 것이 정설이다."라고 나와 있다.

다음은 『자평진전평주』에 나오는 사주들이다.

- 乙木 일간(日干)이고 지지에는 亥卯未가 있다.
- 水木火만 있어 왕(旺)한 木의 기운을 거스르는 기운이 없다.
- 木火水운이 좋다.
- 관살운(官殺運)이나 재운(財運)은 나쁘다.
- 곡직격(曲直格)이다.
- 팔자의 강한 기운(氣運)에 순응해야 한다.

時	日	月	年
甲	壬	丁	甲
辰	寅	卯	戌

- 丁壬합에 지지에는 寅卯辰이 있다.

- 합화(合化) 기운인 木의 기운을 거스르는 글자가 없다.

- 년지(年支)의 戌土는 卯戌합으로 묶였다.

- 화신(化神)이 왕(旺)해지는 木운이 좋다.

- 화신(化神)인 木의 인수운(印綬運)도 좋다.

- 화신(化神)을 극(剋)하는 金운은 나쁘고, 원래 일간(日干)의 오행(五行)
  인 水운도 나쁘다.

- 일간(日干)의 운(運)이 오면 힘이 생겨 합화(合化)하려고 하지 않기 때
  문이다.

時	日	月	年
戊	戊	戊	戊
午	午	午	午

- 기세(氣勢)가 火土에 집중되어 있는 종왕격(從旺格)이다.

- 가장 좋은 운(運)은 土의 운(運)을 설기(洩氣)하는 金운이다.

- 그러나 火土만 있어 너무 건조하다.

- 火土가 강할 때는 습토(濕土) 운(運)이 오면 좋다.

- 水운은 쇠자충왕왕신발(衰者沖旺旺神發)이 되어 나쁘다.

- 水운은 午火가 도충(倒沖)으로 불러오는 子水의 전실(塡實) 운(運)이라

나쁘다.

- 木운은 왕토(旺土)를 거스르니 나쁘다.

- 庚辰 辛丑대운(大運)에 좋았다.

- 午월의 丙午 일주(日柱)이다.

- 木火의 기운이 강하다.

- 庚金이 뿌리가 없어 염상격(炎上格)으로 본다.

- 庚金의 뿌리가 오는 운(運)에는 일반 내격(內格)이 될 것이다.

- 酉월의 辛金 일간(日干)이 신왕(身旺)하여 식상(食傷)으로 설기(洩氣)
  하면 좋다.

- 土金水로만 되어 있으니 기세(氣勢)에 순응하는 운(運)이 좋다.

- 土金水운에 좋다.

- 왕(旺)한 金의 기운과 반대편에 있는 木火운은 꺼린다.

- 속설에서 말하는 조양격(朝陽格)이다.

時	日	月	年
庚	戊	戊	己
申	辰	辰	未

- ●팔자가 土金으로만 되어 있다.

- ●강한 土가 金으로 설기(洩氣)되고 있다.

- ●金운이 좋고 水운도 길(吉)하다.

- ●왕(旺)한 土를 도와주는 火운은 좋지 않다.

- ●木운이 오면 쇠자충왕왕신발(衰者沖旺旺神發)이 되어 좋지 않다.

- ●木은 팔자의 土金과 상쟁(相爭)을 하는 것이다.

- ●속설에는 합록격(合祿格)으로 본다.

- ●庚金이 乙木을 합(合)하여 와서 정관(正官)이 생긴다고 한다.

- ●존재하지 않는 것을 찾을 필요가 없이 재(財)를 기뻐한다고 보면 된다.

時	日	月	年
庚	癸	辛	己
申	未	未	酉

- ●팔자의 강한 기운인 土金에 순응하면 좋다.

- ●강한 세력에 종(從)하니 종세격(從勢格)이다.

- ●土金운에 좋을 것이다.

- ●속설에는 합록격(合祿格)이라고 한다.

- ●申이 巳火를 합(合)하여 오고 巳 중 戊土를 정관(正官)으로 취한다고
  억지를 부린다.

時	日	月	年
己	丙	乙	庚
丑	申	酉	申

- 乙庚합이 있고 일간(日干) 丙火는 뿌리가 없다.

- 팔자에 土金이 왕(旺)하다.

- 기세(氣勢)가 金에 치우쳐 있으니 기명종재격(棄命從財格)이다.

- 土金水운이 좋고 火운은 나쁘다.

時	日	月	年
甲	乙	乙	乙
申	酉	酉	酉

- 천간의 甲乙木이 뿌리가 없다.

- 뿌리 없는 천간은 미약하다.

- 기명종살격(棄命從殺格)이다.

- 금운이 가장 좋고, 金의 기운을 거스르지 않는 土水운도 좋다.

- 木운은 불리하고 火운은 흉(凶)하다.

時	日	月	年
庚	庚	庚	戊
辰	申	申	子

- 지지에 申子辰 수국(水局)이 있고 팔자가 土金水로만 되어 있다.

- 강한 기세(氣勢)에 순응해야 한다.

- 土金水운이 좋다.

●木운은 나쁘지 않지만 火운은 나쁘다.

●속설로 말하는 정란차격(井欄叉格)이다.

時	日	月	年
庚	辛	辛	辛
寅	丑	丑	丑

●팔자가 土金으로만 되어 있다.

●시지(時支)에 寅이 있지만 미약하다.

●강한 세력인 土金에 순응하는 土金水운에 길(吉)하다.

●강한 오행(五行)인 金을 거역하는 木火운은 불길(不吉)하다.

●속설에서는 축요사격(丑遙巳格)이라고 한다.

時	日	月	年
甲	癸	己	乙
寅	卯	卯	未

●癸水 일간(日干)에 木이 왕(旺)하니 종아격(從兒格)이다.

●기세(氣勢)가 木에 편중되니 木火운이 길(吉)하다.

●비겁운(比劫運)은 식상(食傷)을 생(生)하니 꺼리지 않는다.

●팔자에서 강한 木의 세력을 거역하는 土운을 꺼린다.

●金운 또한 왕(旺)한 木을 거역하니 나쁘다.

時	日	月	年
甲	甲	甲	甲
子	子	戌	申

● 월령(月令)이 편재(偏財)이니 편재격(偏財格)이다.

● 사주가 차가우니 戌 중의 丁火가 좋다.

● 운(運)에서 丁火가 오면 좋다.

● 金운은 水를 생(生)하여 丁火를 상(傷)하게 하니 나쁘다.

부 록

제4부

고전 용어 정리

가살위권_假殺爲權

흉신(凶神)인 칠살(七殺)이 변하여 정관(正官)처럼 좋게 쓰이는 것을 말한다. 예를 들면 일간(日干)이 왕(旺)할 때 칠살(七殺)이 용신(用神)으로 사용되거나, 칠살(七殺)이 인수(印綬)를 생(生)하고 인수(印綬)가 다시 일간(日干)을 생(生)하여 칠살(七殺)의 흉의가 없어지거나, 아니면 양인(羊刃)으로써 합살(合殺)하여 칠살(七殺)의 흉의가 사라지는 경우를 말한다.

가상관_假傷官

월지(月支)에 인수(印綬)나 비겁(比劫)이 있고 팔자에 있는 상관(傷官)을 용신(用神)으로 쓸 때를 말한다. 예를 들어 亥子寅卯월에 태어난 甲乙일생이 丙丁火 상관(傷官)을 볼 경우이다.

갑목맹아_甲木萌芽

甲木의 싹이란 뜻이다. 甲木은 亥월에 싹이 트기 시작하니 亥 중의 甲木을 주의 깊게 살펴야 한다는 뜻이다. 예를 들어 亥월생이면 팔자에 甲乙木이 나타나 있지 않아도 甲木의 작용이 있다는 것이다. 亥월생은 팔자에 火가 있으면 수극화(水剋火)로 火가 꺼진다고 보지 말고 亥 중 甲木이 수생목(水生木) 목생화(木生火) 하니 통관(通關) 역할을 한다고 볼 수 있다.

거관유살_去官留殺

관살(官殺)이 함께 있을 경우 정관(正官)은 합거(合去)되고 칠살(七殺)만 남는 경우를 말한다. 관살(官殺)이 혼잡(混雜)되어 있을 때 관(官)이 합거(合去)되고 칠살(七殺)만 남게 되면 팔자가 청(淸)해져서 좋다.

거류서배_去留舒配

관살(官殺)이 혼잡(混雜)된 사주가 조정이 되어 좋아진 경우를 말한다. 예를 들면 팔자에 칠살(七殺)이 두 개이고 관(官)이 하나이거나 또는 관(官)이 두 개 있고 칠살(七殺)이 하나 있을 때 관살(官殺)이 충극(沖剋)을 당하거나 합(合)이 되어 사주가 맑아지는 경우를 말한다. 거류서배(去留舒配)가 되어 팔자가 맑아지면 부귀(富貴)하고 복록(福祿)을 누리게 된다.

거탁유청_去濁留淸

청탁(淸濁)이 섞여 있을 때 탁(濁)을 제거하면 청(淸)만 남아 팔자가 맑아져서 길(吉)해진다는 뜻이다. 즉, 팔자에 탁(濁)한 글자를 없애고 청(淸)한 글자만 남겨 깨끗하게 사용할 때를 말한다.

과어유정_過於有情

유정(有情)이란 삼합(三合)·방합(方合)·육합

(六合)이 되어 정(情)이 있다는 뜻이다. 그리고 과어(過於)는 너무 지나치다는 뜻이니, 과어유 정(過於有情)이란 사주에 합(合)이 너무 많아 정(情)에 이끌려 자기 일을 할 수 없다는 뜻이 다. 유정(有情)은 본래 좋은 것이지만 정(情)이 지나치면 좋지 않다.

관록분야_官祿分野

일간(日干)의 정관(正官)이 지지에 록(祿)을 놓 고, 록(祿)이 국(局)을 이루고 있는 경우를 말한 다. 예를 들면 甲木 일간(日干)의 관(官)은 辛金 이고 록(祿)은 酉金이므로, 甲木 일간(日干)이 辛金과 酉金을 만나는 것을 말한다. 그리고 분 야(分野)란 지지에 삼합(三合)이나 반합(半合) 또는 방합(方合)이 된 것이니, 관록분야(官祿分 野)가 되면 관(官)이 록(祿)에 튼튼한 뿌리를 두 게 되어 만일 신왕(身旺)한 사주라면 고관대작 (高官大爵)이 되거나 현명한 자식들을 둔다고 한다.

관살병용_官殺倂用

관(官)과 칠살(七殺)을 모두 병용(倂用)하여 쓴 다는 뜻이다. 관살(官殺)이 혼잡(混雜)되면 대 단히 꺼리지만 오히려 관살(官殺)이 혼잡(混雜) 되어야 대길(大吉)한 경우도 있다. 예를 들면 酉월 庚金은 관살(官殺)인 丙丁火가 함께 있어 도 좋다.

구통수화_溝通水火

水火가 상극(相剋)이지만 중간에 木을 만나면 통관(通關)되어 왕래(往來)가 잘 된다는 뜻이다.

사주가 水火로 몰려 있을 때 중간에 木이 있어 구통(溝通)되느냐 아니면 木이 없어 불통(不通) 되느냐에 따라 길흉(吉凶)과 귀천(貴賤)이 판가 름 난다.

군겁쟁재_群劫爭財

많은 비견(比肩)이나 겁재(劫財)가 재(財)를 놓 고 다투는 것을 말한다. 팔자에서 군겁쟁재(群 劫爭財)가 되면 비겁(比劫)이 妻財(처재)를 극하 는 것으로 극부(剋父)·상처(喪妻)·파재(破財) 의 현상이 일어난다.

귀물제거_鬼物除去

일간(日干)이 종(從)하려고 할 때 미약한 인수 (印綬)나 비견(比肩)이 있어 종(從)을 방해할 때 방해하는 글자를 충거(沖去)하는 것을 말한다. 종(從)해야 할 때 종(從)을 방해하는 귀물(鬼物) 은 제거하면 오히려 격(格)이 높아지게 된다.

금실무성_金實無聲

金이 너무 태왕(太旺)할 때 火나 水를 얻지 못하 여 아무런 명성(名聲)을 나타내지 못하는 경우 를 말한다. 金이 왕(旺)한 사주는 火를 만나 제 련(製鍊)되거나 水운에 설기(洩氣)되면 크게 명 성(名聲)을 날릴 수 있다. 그러나 金이 토다금매 (土多金埋)되거나 또는 비겁(比劫)으로 왕(旺)할 때 火나 水를 만나지 못하면 금실무성(金實無 聲)이 된다.

금침수저_金沈水底

수다금침(水多金沈)과 같은 말로서 水가 왕(旺)

하면 金이 물 속에 잠긴다는 뜻이다. 금침수저(金沈水底)가 되면 金이 몹시 약하니 다시 운(運)에서 水운이 오면 신명(身命)이 위험하게 된다. 금침수저(金沈水底) 사주에 土운이 오면 水를 제하고 金을 생(生)하니 金이 구출된다.

급신이지_及身而止

오행(五行)이 년간(年干)에서부터 서로 생(生)하다가 일간(日干)에 이르러 생(生)하는 것을 멈춘 상황을 말한다. 예를 들어 일간(日干)이 甲木이면 년간(年干)부터 금생수(金生水) 수생목(水生木)으로 일간(日干)까지 생(生)하다가 일간(日干)은 火를 생(生)하지 못할 때를 말한다. 급신이지(及身而止)가 되면 자기 대(代)에서 큰 뜻을 펼치지 못하고 멈추게 된다.

기관팔방_氣寬八方

사주의 네 기둥이 팔방(八方)을 차지하였다는 뜻으로, 예를 들면 사주의 지지가 子午卯酉, 또는 寅申巳亥, 또는 辰戌丑未로만 되어 있으면 기관팔방(氣貫八方)이 된다. 격국(格局)이 성격(成格)이 되고 기관팔방(氣貫八方)을 이루면 이름이 사해(四海)에 떨치게 된다고 한다.

기취감궁_氣聚坎宮

감궁(坎宮)은 水를 말한다. 기취감궁(氣聚坎宮)이란 사주의 기(氣)가 전부 수기(水氣)로 취합(聚合)된 경우를 말한다. 하나의 목표점인 水를 향하니 순수하고 또 한곳으로 모인 기(氣)는 강왕(强旺)해지므로 성패(成敗)가 뚜렷하다. 기취건궁(氣聚乾宮) 등도 있다.

대목지토_帶木之土

木을 대동하고 있는 土라는 뜻이다. 예를 들어 辰戌丑未 중에 辰土와 未土는 각각 지장간에 乙木이 있으니 대목지토(帶木之土)가 된다. 未土는 木의 고(庫)가 되므로 왕(旺)하지는 못하지만 辰土는 봄의 끝자락이니 未土에 비해서 훨씬 강하다. 辰土나 未土가 寅卯木이나 또는 甲木이나 乙木과 함께 있다면 土는 土의 역할보다는 오히려 木의 역할을 한다.

득비리재_得比理財

재(財)가 많아 신약(身弱)해진 재다신약(財多身弱)의 사주가 비겁(比劫)의 도움을 얻어 재(財)를 취하거나 다스릴 수 있는 것을 말한다. 득비리재(得比理財)는 비겁(比劫)의 도움을 받으니 형제나 동료 친구가 능력이 있게 된다. 따라서 형제, 동료와 함께하는 동업(同業) 등 공동투자 사업이 좋다.

등라계갑_藤蘿繫甲

등나무덩굴 乙木이 甲木에 의존하여 존재한다는 뜻이다. 乙木이 좀 약하면서 甲木을 보면 무조건 등라계갑(藤蘿繫甲)이라고 하는 것은 잘못이다. 사주의 강약 등 상황에 따라 길흉이 달라질 수 있으니 한 면만 보고 전체를 단정해서는 안 된다.

명관과마_明官跨馬

천간의 관성(官星)이 지지에 있는 재(財)의 생(生)을 받고 있다는 뜻이다. 재(財)가 없으면 관

(官)은 오래 가지 못한다. 명관과마(明官跨馬)는 지지에 있는 재(財)가 천간에 있는 관(官)을 생(生)하고 있기 때문에 재(財)의 도움을 받아 크게 성공할 것이다.

명암부집_明暗夫集

투출된 관(官)과 암장된 관(官)이 함께 있다는 뜻이다. 명암부집(明暗夫集)은 드러난 남편과 숨어 있는 남편이 함께 있으니 품행이 단정하지 못하다고 하여 여명(女命)에서는 크게 꺼린다. 명암부집(明暗夫集)된 여인은 본 남편과 해로(偕老)를 못하고 여러 번 개가(改嫁)할 수도 있다.

모쇠자왕_母衰子旺

일간(日干)은 약하고 식상(食傷)은 강하다는 뜻이다. 여기서 모(母)는 인수(印綬)가 아니고 일간(日干)을 말하고 또 자(子)는 식상(食傷)을 말한다. 식상(食傷)이 자녀이므로 모쇠자왕(母衰子旺)이라는 용어는 남명(男命)에는 사용하지 않고 여명(女命)에서만 사용한다. 모(母)가 허약하니 유산(流産) 등 정상적으로 잉태 출산하기가 어렵다.

모자멸자_母慈滅子

모친(母親)이 너무 인자하여 도리어 그 아들을 망친다는 뜻이다. 모자멸자(母慈滅子)는 인수(印綬)가 태왕(太旺)하니 종강격(從强格)이 되면 좋다. 종강격(從强格)이 아닐 경우에는 강한 재(財)로 인수(印綬)를 극해야 한다.

모정유변_母情有變

어머니의 정(情)에 변화가 생겼다는 뜻이다. 예를 들면 甲乙木 일간(日干)이 한두 개의 火를 보았을 때 甲乙木은 모(母)가 되고, 火는 자식이 된다. 사주 전체에 木이 넘치면 火에게 木은 병(病)으로 작용하게 된다. 이때 만일 水를 보면 모친인 木은 수생목(水生木)으로 더욱 강해지고 자식인 火는 수극화(水剋火)로 꺼져서 모자(母子)가 필멸(必滅)하게 된다.

미온지토_微溫之土

겨울의 丑土가 화기(火氣)를 받으면 미약하나마 따뜻하게 되니 미온지토(微溫之土)라 한다. 丑土는 원래 동토(冬土)가 되어 丙丁火나 巳午火 혹은 戌未 중의 丁火를 기뻐한다. 火를 보면 차가운 丑土라도 능히 金을 생(生)하고 水를 극(剋)할 수 있다.

방신유정_幇身有情

일간(日干)이 약하면 비겁(比劫)이나 인수(印綬)로 도와야 하는데 비겁(比劫)으로 돕는 방법을 방(幇)이라 하고, 인수(印綬)로 돕는 방법을 조(助)라고 한다. 그래서 방신유정(幇身有情)이란 일간(日干)이 약할 때 팔자나 또는 대운(大運)에서 비겁(比劫)으로 일간(日干)을 돕는 글자가 와서 매우 유정(有情)하게 되는 것을 말한다.

방조설상_幇助泄傷

방조(幇助)란 일간(日干)이 약할 때 비겁(比劫)

이나 인성(印星)으로 돕는 것을 말한다. 그래서 방조(幫助)란 사주가 약할 때 사용하는 단어이다. 그리고 설(洩)이란 강한 글자의 기운(氣運)을 설기(洩氣)시키는 것을 말하고, 상(傷)이란 강한 글자를 극제(剋制)하는 것을 말하는 것이므로 설상(洩傷)은 사주가 강할 때 사용하는 단어이다.

배록축마 背祿逐馬

관성(官星)이 극(剋)을 받거나 절지(絕地)에 있어 힘이 미약할 경우 배록(背祿)이라 하고, 재(財)가 비겁(比劫)을 만나 축출되는 경우를 축마(逐馬)라고 한다. 여기서 록(祿)은 정관(正官)이고 마(馬)는 재성(財星)이다. 배록축마(背祿逐馬)가 되면 관(官)을 배신하고 재물을 쫓아내니 사회적으로 크게 출세하기가 어렵다.

변화상관 變化傷官

진상관(眞傷官)이 가상관(假傷官)으로, 또는 가상관(假傷官)이 진상관(眞傷官)으로 변한 것을 말한다.

병약상제 病藥相濟

사주에 병(病)이 있을 때 약(藥)이 있어 병(病)을 치료하고 있는 경우를 말한다. 예를 들면 수왕(水旺)한 木 일간은 부목(浮木)이 되기 쉬우므로 이때 土가 있으면 부목(浮木)을 방지할 수 있다. 이때는 土가 용신(用神)이므로 土를 극하는 木을 병(病)이라 하고, 병(病)인 木을 극(剋)하는 金을 약신(藥神)이라고 한다.

병중무구 病重無救

병(病)이 중(重)할 때에 구제할 약(藥)이 없다는 뜻이다. 병(病)이 있는 사주에 약(藥)이 있어서 병(病)이 제거되면 부귀(富貴)하지만, 반대로 병(病)이 있는데도 약(藥)이 없는 병중무구(病重無救)가 되면 목숨이 위태롭다.

부성입묘 夫星入墓

관성(官星)이 묘(墓)에 들어갔다는 뜻이다. 부성입묘(夫星入墓)는 남편이 무덤으로 들어간다는 뜻이니 상부(喪夫)하게 된다. 따라서 부성(夫星)이 입묘(入墓)되는 팔자를 가진 여명(女命)은 부부가 해로(偕老)하기 어렵고, 또 남편이 있다고 해도 남편이 출세하지 못하니 좋은 가정을 이루기 어렵다.

살인상생 殺印相生

칠살(七殺)이 인수(印綬)를 생(生)하고 인수(印綬)가 다시 나를 생(生)하게 되는 것을 말한다. 칠살(七殺)은 나를 극(剋)하는 것이지만 인수(印綬)가 있으면 칠살(七殺)은 나를 극하는 것이 아니라 인수(印綬)를 생하게 된다. 탐생망극(貪生忘剋)이다.

살인상정 殺刃相停

칠살(七殺)과 양인(羊刃)이 서로 균형을 이루고 있다는 뜻이다. 칠살(七殺)과 양인(羊刃)이 함께 드러나 균형(均衡)을 이루면 지위가 왕후(王侯)에 이른다고 한다.

살장관로_殺藏官露

칠살(七殺)은 지지에 암장(暗藏)되고 관(官)은 천간에 노출되어 있다는 뜻이다. 반대로 칠살(七殺)이 나타나고 관(官)이 암장(暗藏)되어 있을 경우에는 관장살로(官藏殺露)라고 말한다. 관(官)도 노출되고 칠살(七殺)도 노출되면 관살혼잡(官殺混雜)이 된다.

삼기득위_三奇得位

삼기(三奇)란 정재(正財)·정관(正官)·정인(正印)을 말하는데 삼기득위(三奇得位)란 삼기(三奇)가 지지에 뿌리를 내려 힘을 얻었음을 말한다. 남명(男命)이나 여명(女命)이나 모두 재관인(財官印)을 온전히 갖추면 대귀(大貴)하게 된다고 한다.

삼반귀물_三般貴物

정인(正印)·정관(正官)·정재(正財)를 말한다. 이 세 가지가 함께 있으면 서로 돕고 견제하여 힘의 균형이 이루어진다. 사주에 이 삼기(三奇)가 있으면 대체적으로 귀하게 될 수 있다.

상관상진_傷官傷盡

상관(傷官)이 극(剋)을 당해 기진맥진(氣盡脈盡)하게 되었다는 뜻이다. 상관상진(傷官傷盡)된 사주에 관성(官星)이 없고 인수운(印綬運)으로 가면 크게 귀히 된다. 그러나 일간(日干)이 왕(旺)한 경우에는 상관(傷官)으로 힘을 설기(洩氣)해야 좋으므로 상관상진(傷官傷盡)이 되면 좋지 않다.

상하정화_上下情和

천간과 지지가 서로 정(情)을 나누며 화목하게 협조한다는 뜻이다. 예를 들어 관(官)이 약하고 상관(傷官)이 왕(旺)할 때 재성(財星)이 통관(通關) 역할을 하는 경우이거나 또는 관(官)이 왕(旺)하고 재(財)가 왕(旺)할 때 비겁(比劫)이 재(財)를 제(制)하여 일간(日干)을 돕는 경우 등이다.

설상유정_泄傷有情

관살(官殺)을 쓰면 내 몸이 손상되니 상(傷)이라 하고, 식상(食傷)으로 설기(洩氣)되는 경우를 설(泄)이라 하니 합쳐서 설상(泄傷)이라고 한다. 신강(身强)할 때 설상(泄傷)은 유정(有情)하니 설상유정(泄傷有情)이 된다.

쇠왕태극_衰旺太極

태쇠(太衰)·쇠극(衰極)·태왕(太旺)·왕극(旺極)을 말한다. 태쇠(太衰)는 너무 지나치게 쇠(衰)하다는 뜻이고, 쇠극(衰剋)은 쇠(衰)가 극(極)에 이르렀다는 것을 말한다. 태왕(太旺)이란 보통 이상으로 지나치게 왕(旺)하다는 뜻이고, 왕극(旺極)은 태왕(太旺)보다도 더 왕(旺)이 극(極)에 이르렀다는 의미이다.

수대근심_樹大根深

수대(樹大)라 하면 큰 나무이고 근심(根深)은 뿌리가 깊이 박혔다는 뜻이니 수대근심(樹大根深)이란 木 일간이 지지에 뿌리를 튼튼히 내렸다는 뜻이다. 寅월의 甲乙木일생이 지지에 목기(木氣)가 왕(旺)하면 수대근심(樹大根深)이 된다.

순환상생_循環相生

사주 중에 木火土金水 오행(五行)이 모두 갖추어져 있어서 금생수(金生水) 수생목(水生木) 목생화(木生火) 화생토(火生土) 토생금(土生金)으로 순환하며 서로 생(生)한다는 뜻이다. 순환상생(循環相生)이 되면 부귀(富貴)가 무궁(無窮)하다고 한다.

신불가과_臣不可過

신하에게 너무 힘이 있으면 불가(不可)하다는 뜻이다. 일간(日干)이 신(臣)이라면 관살(官殺)이 군(君)이 된다. 만약 일간(日干)이 쇠약(衰弱)할 때 관살(官殺)이 태과(太過)하면 하극상(下剋上)이 일어나게 된다.

신왕적살_身旺敵殺

일간(日干)이 왕(旺)할 때는 칠살(七殺)을 대적해도 겁날 것이 없다는 뜻이다. 팔자는 신약(身弱)한 것보다 신강(身强)하면 좋다. 신강(身强)해야 식재관(食財官)을 마음대로 쓸 수 있기 때문이다. 신왕(身旺)해야 칠살(七殺)의 공격도 감당할 수 있게 된다.

신청기수_神淸氣秀

신청(神淸)이란 일간(日干)이 강하여 그 정신(精神)이 청(淸)한 것을 말한다. 또 기수(氣秀)란 용신(用神)이 뿌리가 튼튼하여 그 기(氣)가 빼어난 것을 말한다. 예를 들어 용신(用神)은 지지에 뿌리를 두고 천간에 투출하여야 귀(貴)하게 되니 용신(用神)인 庚金이나 辛金이 투간(透干)하고 지지가 巳酉丑 금국(金局)이 되면 신청기수(神淸氣秀)라고 한다.

아능생모_兒能生母

나의 아(兒), 즉 식상(食傷)의 입장에서는 일간(日干)이 모(母)가 된다. 그래서 아능생모(兒能生母)는 자식인 식상(食傷)이 칠살(七殺)을 제거하여 모(母)인 일간(日干)을 살리는 것을 말한다.

아우생아_兒又生兒

내 아(兒)가 또다시 아(兒)를 낳았다는 뜻이다. 아(兒)란 내 자신이 생(生)한 식상(食傷)을 말한다. 그래서 아우생아(兒又生兒)란 식상(食傷)이 또다시 아이를 생(生)한다는 뜻이니 나의 재성(財星)을 만나는 것을 말한다. 즉, 식상생재(食傷生財)가 된다.

양금지토_養金之土

庚辛金을 자양하는 辰土와 丑土가 12운성으로 양(養)이 될 경우를 말한다. 辰土와 丑土는 12운성으로 각각 庚金과 辛金의 양(養)이 되니 庚辰일의 辰土, 辛丑일의 丑土를 각각 양금지토(養金之土)라고 한다. 未土는 未 중 丁火가 있고, 戌土는 戌 중 丁火가 있어 화극금(火剋金)을 하므로 양금지토(養金之土)라고 하지 않는다.

왕희순세_旺喜順勢

왕(旺)할 때는 설기(洩氣)시키는 운(運)을 기뻐한다는 뜻이다. 여기에서 왕(旺)이란 팔자가 전체적으로 한쪽으로 편중(偏重)된 종격(從格) 같

고전 용어 정리

은 경우를 말한다. 예를 들면 인수(印綬)가 많을 때는 세력에 순(順)하는 비겁(比劫)으로 설기(洩氣)시키면 대길(大吉)해진다. 만일 왕(旺)한 인수(印綬)를 재성(財星)으로 재극인(財剋印)하면 화(禍)가 있게 된다.

원신투출_元神透出

원신(元神)이란 뿌리를 두고 투출한 천간을 말한다. 예를 들면 寅卯월생에게 甲木이나 乙木이 투출되어 있으면 木의 원신(元神)이 투출되었다고 말한다. 또 申酉월생에게 庚金이나 辛金이 투출되면 金의 원신(元神)이 투출되었다고 한다. 또 亥子월생에게 壬癸水가 투출하거나, 巳午월생에게 丙丁火가 투출되면 원신투출(元神透出)이라고 말한다.

일락서산_日落西山

태양이 서산으로 넘어간다는 뜻이니 丙火 일간(日干)이 申酉월에 출생한 경우를 말한다. 丙火는 申酉에서 12운성으로 병사(病死)가 되어 세력을 잃게 된다. 이를 비유하여 申酉월생의 丙火를 서산에 지는 태양으로 비유하여 일락서산(日落西山)이라고 한다.

일장당관_一將當關

하나의 장수(將帥)가 관문을 지킨다는 뜻으로 한 장수(將帥)가 나를 괴롭히는 자인 칠살(七殺)을 제압하여 주는 것을 말한다. 이때 장수(將帥)는 뿌리를 두고 천간에 투출(透出)되어야 한다. 식신(食神)이 칠살(七殺)을 제압하는 경우를 말한다.

자매강강_姉妹剛强

비겁(比劫)이 태왕(太旺)하다는 뜻이다. 비겁(比劫)이 태왕(太旺)하면 남녀를 막론하고 극부(剋父)나 손재(損財)가 일어나게 된다. 남명(男命)에서는 처첩(妻妾)을 극(剋)하게 되며 여명(女命)에서는 시모(媤母)를 극하게 된다.

자오쌍포_子午雙包

子水와 午火는 충(沖)이면서도 서로 공존(共存)을 원한다는 뜻이다. 천간의 합(合)이나 지지의 충(沖)은 음양(陰陽) 관계를 이루어 대립상태로 보이지만 서로 없어서는 안 될 존재이다. 그래서 자오쌍포(子午雙包)도 구성이 잘 되면 귀격(貴格)이 된다.

재관쌍미_財官雙美

사주에 정재(正財)와 정관(正官)이 둘 다 한곳에 있어 아름답다는 뜻으로 癸巳일 壬午일에 한정한다. 육십갑자 중 乙巳일과 己亥일도 일지(日支)에 재관(財官)이 있으나 일간(日干)이 너무 약하여 장간(藏干)에 있는 재관(財官)을 쓸 수 없기 때문에 재관쌍미격(財官雙美格)에서 제외되어 있다.

재록분야_財祿分野

관록분야(官祿分野)와 비슷한 것으로 재록분야(財祿分野)가 있다. 예를 들면 庚金 일간(日干)이 丁未년 乙卯월 출생이라면 庚金의 재(財)는 乙木이고, 乙木의 록(祿)은 卯이며, 卯未는 국(局)을 이루니 재록분야(財祿分野)가 된다. 만약 신왕(身旺) 사주에 재록분야(財祿分野)를 이루면 수십 억대의 부자가 된다고 한다.

재명유기_財命有氣

재(財)와 일간(日干)이 모두 뿌리가 있어 튼튼한 것을 말한다. 즉, 재명유기(財命有氣)는 신왕재왕(身旺財旺)의 사주를 말한다. 그러나 재(財)와 명(命)이 똑같이 왕(旺)할 수는 없으니 일간(日干)이 재(財)보다 강하면 식상(食傷)이나 재운(財運)에 발(發)하고, 일간(日干)보다 재(財)가 왕(旺)하면 인수운(印綬運)이나 비겁운(比劫運)에 발(發)하게 된다.

재인불애_財印不碍

인수(印綬)와 재(財)가 함께 있어도 장애가 되지 않는 경우를 말한다. 즉, 인성(印星)이 왕(旺)한 사주에서는 재(財)를 써서 인다용재(印多用財)로 인성(印星)을 조절하면 흉(凶)이 길(吉)로 변하는데 이것을 재인불애(財印不碍)라고 한다.

재자약살_財滋弱殺

신왕(身旺)하면 관살(官殺)을 용신(用神)으로 쓰는데 이때 관살(官殺)이 미약할 때는 재(財)의 도움을 받으면 좋다는 뜻이다. 신왕(身旺)한 사주에 칠살(七殺)이 약할 경우에는 재(財)가 있으면 명관과마(明官跨馬)라 하여 남편을 번창하게 하는 귀부인이 된다.

적수오건_滴水熬乾

적수(滴水)란 한 방울의 물이란 뜻이고 오건(熬乾)은 말랐다는 뜻이니, 적수오건(滴水熬乾)이란 천간에 水가 하나 아니면 둘이 있어도 뿌리

가 없고 지지 전체가 화국(火局)이 되는 것을 말한다. 지지에 申子辰亥丑의 글자가 있으면 마르지 않았으니 적수오건(滴水熬乾)이 아니다.

전이불항_戰而不降

칠살(七殺)과 양인(羊刃)이 서로 물러서지 않는다는 뜻이다. 칠살(七殺)의 공격은 양인(羊刃)으로 맞서는 것이 상책이다. 칠살(七殺)과 양인(羊刃)이 균형을 이루어 살인상정(殺刃相停)이 되면 무인(武人)으로서 크게 권력을 쥐게 된다. 그런데 칠살(七殺)이나 양인(羊刃)이 힘의 균형을 이루지 못하고 한쪽으로 쏠리면 죽음을 면치 못한다.

전인후종_前引後從

전인(前引)이란 앞에서 끌어당기고 후종(後從)이란 뒤에서 따른다는 뜻이다. 생년(生年)을 기준으로 앞에서 끄는 전삼위(前三位)와 뒤에서 따르는 후삼위(後三位)를 말한다. 예를 들면 甲子생이라면 앞으로 甲子 乙丑 丙寅이 전삼위(前三位)이고, 뒤로 甲子 癸亥 壬戌이 후삼위(後三位)이다. 인종(引從)이 한 순중(旬中) 내에서 구성되면 더욱 귀(貴)하다고 한다.

정신포만_精神飽滿

일간(日干)이 건전하고 힘이 있다는 의미인데, 즉 비겁(比劫)이나 인수(印綬)가 많아 신강(身强)할 때를 말한다. 그러나 비겁(比劫)보다는 인수(印綬)로 강해지는 것을 정신포만(精神飽滿)이라고 하는데 그 이유는 인수(印綬)가 일간(日干)에게 정신적인 포만감을 주기 때문이다.

정신포만(精神飽滿)이 되면 식재관(食財官)을 마음껏 쓸 수 있다.

제거기병_除去其病

사주에 병(病)이 되는 글자를 제거시킨다는 뜻이다. 병(病)이란 팔자에서 소중한 글자를 해치거나 또는 팔자에 지나치게 많아서 팔자의 균형을 깨뜨리는 글자를 말한다. 사주에 병(病)이 있고 이를 제거하면 병(病)이 없는 것보다 더 귀하게 된다.

제살태과_制殺太過

나를 극(剋)하는 칠살(七殺)을 제복(制伏)하는 것을 제살(制殺)이라 하는데, 이러한 제살(制殺) 작용이 지나칠 때를 제살태과(制殺太過)라고 말한다. 일반적으로 생(生)이든 극(剋)이든 항상 균형을 이루는 것이 좋고, 지나치면 좋지 않다.

종지진가_從之眞假

팔자에 어느 하나의 기운이 너무 강하여 그 세력을 거역할 수 없을 때는 그 세력에 종(從)해야 하는데 이를 종격(從格)이라고 한다. 종지진가(從之眞假)란 종격(從格)에는 진종(眞從)과 가종(假從)이 있다는 뜻이다. 가종(假從)은 식재관(食財官)으로 진종(眞從)을 하고 싶을 때 일간(日干)을 돕는 인비(印比)의 기운이 미약하나마 존재하여 진종(眞從)을 못할 경우를 말한다.

지지연여_地支連茹

연월일시(年月日時)의 지지가 나무 뿌리처럼 순서대로 이어져 있는 것을 말한다. 예를 들면 子년 丑월 寅일 卯시 또는 丑년 寅월 卯일 辰시처럼 될 때이다. 또 지지의 간격이 한 칸이나 두 칸씩 규칙적으로 떨어질 때도 지지연여(地支連茹)라고 한다. 성격(成格)이 되고 지지연여(地支連茹)가 되면 나무가 뿌리를 뻗어 나가는 것처럼 생활 기반이 튼튼하여 부귀(富貴)하다고 한다.

진기왕래_眞氣往來

일간(日干)에게 필요한 신(神)이 시지(時支)에 있고 시간(時干)에게 필요한 신(神)은 일지(日支)에 있어 서로 바뀌어 왕래(往來)하고 있다는 뜻이다. 일간(日干)에게 필요한 신(神)이란 신왕(身旺)하면 재관(財官), 신약(身弱)하면 인수(印綬)를 말한다. 진기교류(眞氣交流)라고도 한다.

진법무민_盡法無民

법(法)이 다하여 따르는 백성이 없다는 뜻이다. 팔자에서 법(法)에 해당하는 관살(官殺)이 제극(制剋)당하고 다시 운(運)에서 관살(官殺)이 제극(制剋)당하면 관살(官殺)은 설 땅이 없어진다. 다시 말해 팔자에서 제살(制殺)되고 운(運)에서 다시 제살(制殺)되어 제살태과(制殺太過)가 됨을 말한다.

진상관_眞傷官

월지(月支)에 상관(傷官)이 있는 경우를 말한다. 예를 들어 巳午未월의 甲乙일생, 辰戌丑未월의 丙丁일생, 申酉戌월의 戊己일생, 亥子丑월의 庚辛일생, 寅卯辰월의 壬癸일생을 말한다.

천관지축_天關地軸

팔자에 戌亥나 未申이 있어야 되는데, 천문(天門)에서는 戌이나 亥 중 하나만 있어도 되고, 지호(地戶)에서는 申이나 未 중에서 하나만 있어도 성립된다. 천관지축(天關地軸)이 되고 성격(成格)이 되면 귀격(貴格)이 된다고 한다.

천지교태_天地交泰

하늘의 기(氣)와 땅의 기(氣)가 서로 크게 통한다는 뜻이다. 예를 들면 천간이 모두 木으로 되어 있으면 지지도 모두 木으로 되어 있는 것을 말한다. 즉, 천간은 甲乙木으로만 되어 있고 지지는 亥卯未나 寅卯辰 목국(木局)이 되면 천지교태(天地交泰)가 된다.

천지덕합_天地德合

천간이 합(合)되고 지지도 합(合)되는 것을 말한다. 예를 들면 癸未일 戊午시의 경우는 천간으로 戊癸가 合하고 지지로 午未가 合한다. 또는 乙酉일 庚辰시의 경우는 천간으로 乙庚으로 合하고 지지로는 辰酉로 合하니 천지덕합(天地德合)이 된다.

천한지동_天寒地凍

하늘은 차고 땅은 얼었다는 뜻이다. 壬水나 癸水, 또는 庚金이나 辛金 일간(日干)이 다시 庚辛金 혹은 壬癸水를 천간에서 만나면 천한(天寒)이 된다. 그리고 만일 亥子丑월에 태어나면 지동(地凍)이 되어 천한지동(天寒地凍)이 된다. 팔자가 천한지동(天寒地凍)이 되면 火가 시급히 필요하다.

체전지상_體全之象

水 일간이 申酉월에 출생하고 두 개의 庚辛金을 만나는 것을 말한다. 이렇게 되면 水 일간은 庚辛金 인수(印綬)의 생(生)을 받아 매우 왕(旺)하여진다. 독수(獨水)가 강해지면 戊土로 막든지 甲木으로 설기(洩氣)시키면 좋다. 만일 巳午월에 출생하면 庚辛金이 세 개 있어도 성립되지 않는다.

추수통원_秋水通源

추수(秋水)가 근원이 통하였다는 뜻이니, 申酉월의 壬癸일을 말한다. 壬癸水는 가을이 되면 금생수(金生水)가 되어 스스로 왕(旺)해진다. 가을철의 水는 매우 맑아 금수쌍청(金水雙淸)이 된다. 격국(格局)이 탁(濁)하게 되지 않는 한 대체적으로 부귀(富貴)한 경우가 많다.

축수양목_蓄水養木

지장간에 저장한 물로 나무를 기른다는 의미이다. 지장간에 물을 간직하는 지지는 亥子丑辰申이 있는데 亥子는 지지에 드러나 있고, 申 중 壬水는 水보다 金이 강하니 木을 키울 수 없다. 그래서 진정한 축수(蓄水)는 丑과 辰 속에 있는 癸水라고 할 수 있다.

춘양조열_春陽燥烈

봄철에는 양기(陽氣)가 점차 왕(旺)하여지니 건조(乾燥)해진다는 뜻이다. 寅卯辰월생이 사주에 火가 많고 수기(水氣)가 없으면 만물이 마르니 이때 만약 습토(濕土), 즉 辰土나 丑土가 있으면 귀하게 된다. 그러나 寅卯辰월생이라도

고전 용어 정리

팔자에 火가 많지 않거나 金이나 水가 많으면 춘양조열(春陽燥烈)에 해당되지 않는다.

탐재괴인_貪財壞印

재(財)를 탐하여 인수(印綬)가 파괴된다는 뜻이다. 그래서 인성(印星)을 쓰는 학자나 문인이 재물을 탐하면 명예가 달아나게 된다. 인수(印綬)를 용신(用神)으로 쓰는 경우 팔자에 재(財)가 있으면 재극인(財剋印)으로 인수(印綬)가 파괴되니 이를 탐재괴인(貪財壞印)이라고 한다.

파료상관_破了傷官

상신(相神)으로 쓰이는 상관(傷官)이 손상되었다는 뜻이다. 상관상진(傷官傷盡)은 신약(身弱)한 사주에서 상관(傷官)이 해(害)가 될 때 상관(傷官)을 극설(剋洩)하는 것을 말하고, 파료상관(破了傷官)은 신왕(身旺)한 사주에서 상관(傷官)을 유용하게 쓸 때 인수운(印綬運)이 와서 상관(傷官)을 파괴해 버리는 것을 말한다. 상관상진(傷官傷盡)은 길(吉)하고, 파료상관(破了傷官)은 흉(凶)하다.

형전형결_形全形缺

甲乙木은 목형(木形)이고 丙丁火는 화형(火形)이고 戊己土는 토형(土形)이고 庚辛金은 금형(金形)이고 壬癸水는 수형(水形)이다. 그래서 형전(形全)이란 사주 오행(五行)의 형(形)이 완전하다는 뜻으로 甲乙木생이 寅卯辰월에 태어나거나 丙丁火생이 巳午未월에 태어난 것을 말한다. 형결(形缺)이란 사주 오행(五行)의 형(形)이 결함되어 있다는 뜻으로 戊己土생이 寅卯辰월, 庚辛金생이 巳午未월에 태어난 것을 말한다. 나머지 오행도 같은 방법으로 유추해서 적용할 수 있다.

호환재록_互換財祿

호환(互換)이란 서로 바꾼다는 말이다. 그래서 호환재록(互換財祿)은 재록(財祿)을 바꾼다는 의미가 되어 나의 재록(財祿)이 타지(他支)에 있고 타간(他干)의 재록(財祿)이 일지(日支)에 있을 때 서로 바꾸어서 사용할 수 있다는 의미이다. 여기서 말하는 록(祿)은 십간(十干)의 록(祿)을 말한다. 예를 들면 庚金의 록(祿)은 申이고, 甲木의 록(祿)은 寅이 된다.

화신설수_化神洩秀

천간합(天干合)이 되어 화(化)한 화신(化神)이 다시 설기(洩氣)되어 빼어났다는 뜻이다. 예를 들면 甲己가 합(合)하고 지지에 토국(土局)을 이루면 강한 土기운이 생성되는데 이때 강한 土기운이 金으로 설기(洩氣)되면 기쁘다는 것이다. 이때 팔자에 화(化)한 오행(五行)을 극(剋)하는 글자가 있으면 안 된다.

화위설상_化爲泄傷

천간합(天干合)이 되어 생성된 합화(合化) 기운이 설기(洩氣)가 심하여 상(傷)할 정도라는 뜻이다. 예를 들면 丙火가 辛金을 만나 丙辛합水가 될 때 팔자에 木이 태과(太過)하다면 합화(合化)

기운인 水기운의 설기(洩氣)가 지나치게 된다. 또 乙木이 庚金을 만날 때 지지에 水가 많으면 합화(合化)된 金기운이 水로 지나치게 설기(洩氣)되어 상(傷)하게 된다.

회동제궐_會同帝闕

戌亥는 천문(天門)이기 때문에 제궐(帝闕)이라고 한다. 회동제궐(會同帝闕)이란 팔자에 戌亥를 갖추었다는 것이다. 사주에 戌亥 천문(天門)이 있고 관인격(官印格)으로 격국(格局)이 성격(成格)이 되면 귀(貴)하게 되어 궁궐(宮闕)에 출입하게 된다. 천문(天門) 戌亥와 지축(地軸) 未申이 있으면 천관지축(天關地軸)이라고 하여 천하에 이름을 날리게 된다.

참고문헌

자평진전평주　박영창 譯　청학출판사

자평진전리뷰　이　수 著　장서원

자평진전강해　이을로 著　동학사

명리 고전 해설서
나이스 **자평진전** 子-平眞-詮

1판 1쇄 인쇄 | 2015년 04월 28일
1판 2쇄 발행 | 2020년 01월 10일

원 저 | 심효첨
평 주 | 서락오
해 설 | 맹기옥
펴낸이 | 문해성
펴낸곳 | 상원문화사
주소 | 서울시 은평구 증산로 15길 36(신사동) (03448)
전화 | 02)354-8646 · **팩시밀리** | 02)384-8644
이메일 | mjs1044@naver.com
출판등록 | 1996년 7월 2일 제8-190호

책임편집 | 김영철
표지 및 본문디자인 | 개미집

ISBN 979-11-85179-12-4 (03180)

이 도서의 국립중앙도서관 출판예정도서목록(CIP)은 서지정보유통지원시스템 홈페이지
(http://seoji.nl.go.kr)와 국가자료공동목록시스템(http://www.nl.go.kr/kolisnet)에서 이
용하실 수 있습니다. (CIP제어번호 : CIP2015011985)